Universum

Physik

9|10

Sachsen-Anhalt

Cornelsen

Universum Physik

Band 9/10 Gymnasium Sachsen-Anhalt

Autoren:
Björn Mai; Volker Torgau

Teile dieses Werkes beruhen auf den Arbeiten von:
Dr. Ana Alboteanu-Schirner; Sven Bengelsdorf; Benedict Bogenberger; Ruben Brand; Ralf Buric; Dr. Christian Burisch; Dr. Hans-Otto Carmesin; Anneke Emse; Eva-Maria Geck; Werner Hasler; Karla Käbbe; Jens Kahle; Prof. Dr. Lutz Kasper; Dr. Reiner Kienle; Ulf Konrad; Dr. Josef Küblbeck; Dr. Detlef Lauterjung; Susanne Lauterjung; Thorsten Mitschke; Carl-Julian Pardall; Inka Katharina Pröhl; Prof. Bruno Rager; Stefan Ronellenfitsch; Josef Schöpper; Dr. Georg Trendel; Torsten Trumme; Dr. Gerhard Wenschkewitz; Dr. Ursula Wienbruch; Lutz Witte

Beratung: Dr. Rüdiger Schülbe, Eisleben

Redaktion: Markus Heim

Grafik: Franz Josef Domke, Hannover; Karin Mall, Berlin; Atelier tigercolor Tom Menzel, Scharbeutz/Klingberg; newVISION! GmbH Bernhard A. Peter, Pattensen; ww-visuell Werner Wildermuth, Würzburg

Layoutkonzept, Umschlaggestaltung: SOFAROBOTNIK GbR, Augsburg & München

Layout und technische Umsetzung: Typo Concept GmbH, Hannover

Begleitmaterial zum Lehrwerk	
E-Book	ISBN 978-3-06-420240-5
Lösungen zum Schülerbuch	ISBN 978-3-06-420225-2
Kopiervorlagen, Teil 1	ISBN 978-3-06-420084-5
Editierbar zum Download	ISBN 978-3-06-012071-0
Kopiervorlagen, Teil 2	ISBN 978-3-06-420085-2
Editierbar zum Download	ISBN 978-3-06-012072-7
Kopiervorlagen, Teil 3	ISBN 978-3-06-420086-9
Editierbar zum Download	ISBN 978-3-06-012073-4
Begleitmaterial auf USB-Stick mit Unterrichtsmanager und E-Book auf scook	ISBN 978-3-06-011874-8

www.cornelsen.de

1. Auflage, 1. Druck 2018

Alle Drucke dieser Auflage sind inhaltlich unverändert
und können im Unterricht nebeneinander verwendet werden.

© 2018 Cornelsen Verlag GmbH, Berlin

Druck: Mohn Media Mohndruck, Gütersloh

ISBN 978-3-06-420239-9

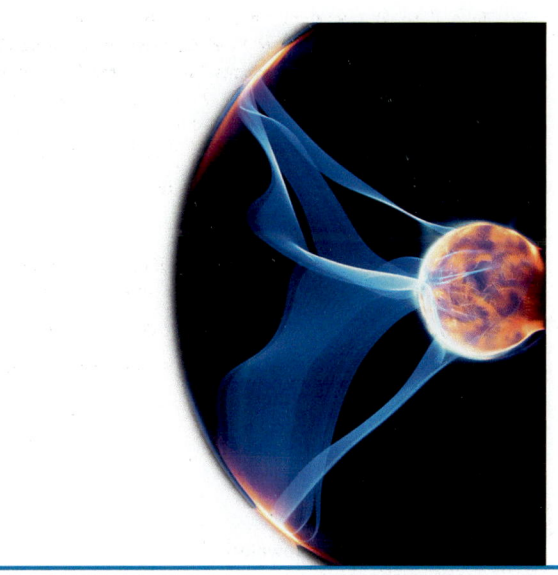

Beschleunigte Bewegungen und Energiebilanzen 6

Elektromagnetische Induktion und Leitungsvorgänge 44

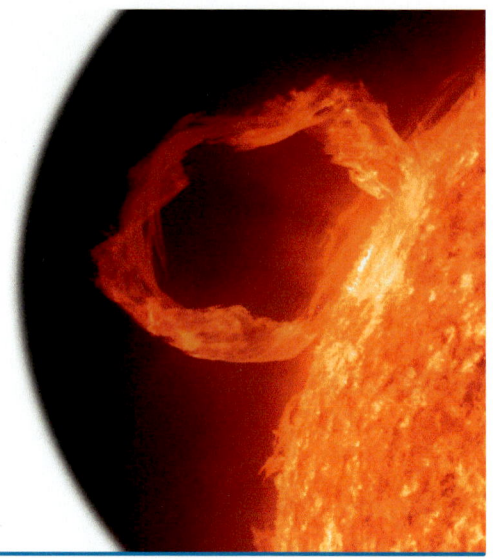

Radioaktivität und Kernenergie 84

Mechanische Schwingungen und Wellen 116

Eigenschaften des Lichtes 164

Anhang

Beschleunigte Bewegungen und Energiebilanzen

In diesem Kapitel beschäftigst du dich mit

- den Gesetzen der gleichmäßig beschleunigten Bewegung. Du lernst den freien Fall als Spezialfall kennen. Außerdem erweiterst du deine Fähigkeiten, Diagramme zu erstellen und daraus Informationen zu entnehmen.

- den Newtonschen Axiomen. Dazu zählen das Trägheitsgesetz, das Wechselwirkungsgesetz und das Grundgesetz der Dynamik.

- mechanischer Arbeit und mechanischer Energie, insbesondere mit dem Zusammenhang zwischen Beschleunigungsarbeit und kinetischer Energie sowie zwischen Hubarbeit und potenzieller Energie.

- Reibung als ständig wirksames Naturphänomen. Du erfährst den Unterschied zwischen Haft- und Gleitreibung.

Bewegung und Kraft

Bezugssystem: Ob und wie schnell sich ein Körper bewegt, können wir nur in Bezug auf ein festgelegtes System, das Bezugssystem, beschreiben.

Geschwindigkeit: Wenn bei einer Bewegung während der kleinen Zeitspanne Δt die Strecke Δs zurückgelegt wird, dann gilt für die Geschwindigkeit v hierbei:

$$v = \frac{\Delta s}{\Delta t}.$$

Bewegungen mit konstanter Geschwindigkeit nennt man **gleichförmig.**

Ist die Geschwindigkeit nicht konstant, nennt man die Bewegung **ungleichförmig.**

Einwirkung auf einen Körper: Durch eine mechanische Einwirkung von außen wird ein Körper verformt, oder seine Geschwindigkeit ändert sich. Oft treten beide Effekte gleichzeitig auf.

Kraft als physikalische Größe: Die Kraft gibt an, wie stark die Einwirkung auf einen Körper ist. Die Einheit der Kraft ist ein Newton (1 N).

Modell Kraftpfeil: Die Kraft ist eine gerichtete Größe. Sie ist gekennzeichnet durch einen **Betrag,** eine **Richtung** und einen **Angriffspunkt.** Zur Darstellung wird daher oft ein Kraftpfeil benutzt.

HOOKE'sches Gesetz: Wenn eine Schraubenfeder verlängert wird, dann ist die Verlängerung s proportional zur ausgeübten Kraft: $F = D \cdot s$.

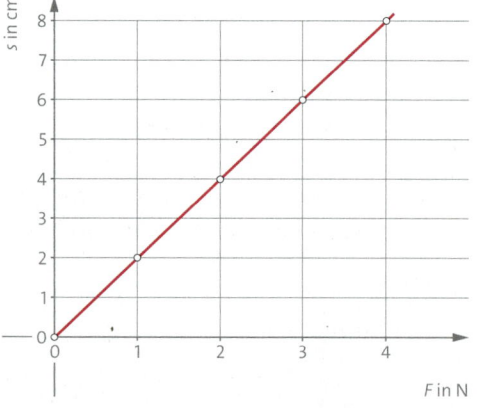

01 Proportionalität zwischen Verlängerung einer Feder und ausgeübter Kraft

Dabei ist D die **Federkonstante** der verwendeten Feder. Die Einheit der Federkonstante ist ein Newton/Meter ($1 \frac{N}{m}$).

In kalibrierten **Federkraftmessern** wird das HOOKE'sche Gesetz ausgenutzt.
Das HOOKE'sche Gesetz gilt nur, solange die Verlängerung der Feder nicht zu groß wird.

Masse als physikalische Größe: Schwere und Trägheit sind Körpereigenschaften. Die physikalische Größe Masse gibt an, wie schwer und wie träge ein Körper ist. Die Einheit der Masse ist ein Kilogramm (1 kg).

Gewichtskraft: Je größer die Masse eines Körpers ist, desto stärker wird er von der Erde angezogen. Der Betrag der Gewichtskraft ist proportional zur Masse:

$$F = m \cdot g.$$

Dabei ist g der Ortsfaktor. Er ist abhängig von dem Ort, an dem sich der Körper befindet. Auf der Erdoberfläche beträgt der Ortsfaktor ungefähr $9{,}8 \frac{N}{kg}$.

Energie und Arbeit

Arbeit als physikalische Größe: Wenn auf einen Körper entlang der Strecke s eine Kraft F in Bewegungsrichtung ausgeübt wird, dann wird Energie auf ihn übertragen. Diese mechanisch übertragene Energie wird als Arbeit W bezeichnet. Die Arbeit hat die gleiche Einheit wie die Energie: 1 J.

Für die verrichtete Arbeit gilt: $W = F \cdot s$.
Für die Einheit Joule gilt: $1\,J = 1\,N \cdot m$.

Goldene Regel der Mechanik: Wenn an einem Körper auf unterschiedliche Weise mechanische Arbeit verrichtet wird, gilt stets: $W = F \cdot s$.

Je größer die zurückgelegte Strecke s ist, desto kleiner ist die ausgeübte Kraft F.

Energieerhaltungssatz: In einem abgeschlossenen System kann Energie weder vermindert noch vermehrt werden. Sie bleibt erhalten.

Die Energie wird mit E bezeichnet.
Die Einheit der Energie ist ein Joule (1 J).

Bewegung

1 a) Ein ICE braucht 35 Minuten von Mannheim nach Stuttgart (107 km). Bestimme seine Durchschnittsgeschwindigkeit.

b) Beim Cooper-Test im Sportunterricht muss man 12 Minuten lang laufen. Tim läuft gleichmäßig mit $4\,\frac{m}{s}$. Ermittle die zurückgelegte Strecke.

c) Informiere dich: Erkläre den Begriff „Lichtjahr". Wie lange ist das Licht von der Sonne zur Erde unterwegs?

d) Ein Polizist hält eine ältere Dame im Auto an: „Sie sind in der Stadt über 70 Kilometer in der Stunde gefahren!" Da sagt die Dame: „Aber so lange bin ich doch noch gar nicht unterwegs!" Überlege dir für den Polizisten eine freundliche Antwort, die die Sache physikalisch korrekt erklärt.

Kraft

2 a) Beschreibe, wie man die resultierende Kraft konstruiert.

b) Zeichne die vier Paare von Kräften aus ▸ Bild 02 in dein Heft.

c) Zeichne die vier resultierenden Kräfte ein.

d) Bestimme die Beträge der vier resultierenden Kräfte. Ein Kästchen entspricht drei Newton.

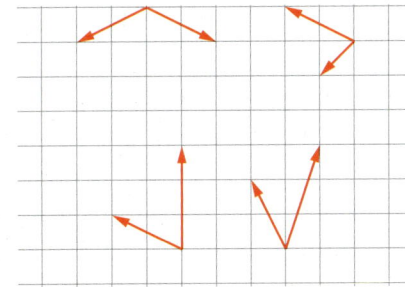

02 Resultierende Kräfte gesucht

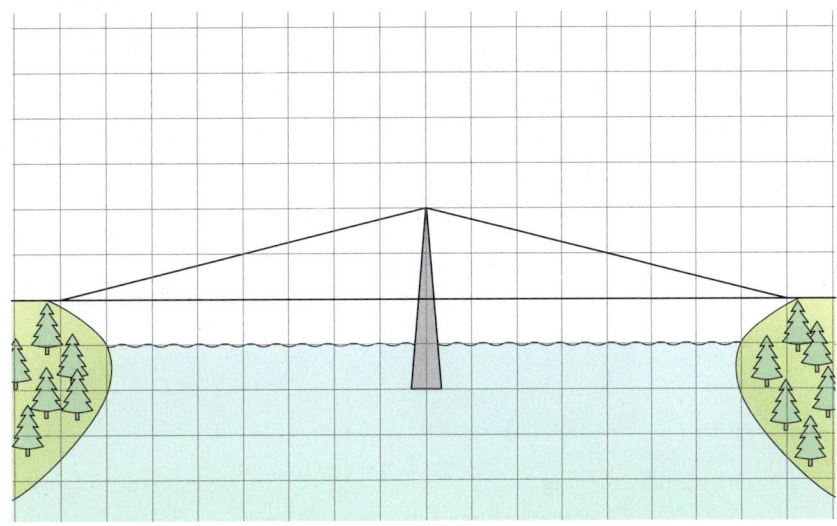

03 Kräfte an der Schrägseilbrücke

3 Die Seile der Brücke im ▸ Bild 03 üben auf die Pfeilerspitze eine Kraft von je 40 Millionen Newton aus.

a) Zeichne die Brücke als Skizze in dein Heft.

b) Zeichne die resultierende Kraft ein. Dabei soll ein Kästchen einer Kraft von fünf Millionen Newton entsprechen.

c) Zeichne die Kraft ein, die die Pfeilerspitze auf die beiden Seile ausübt.

d) Begründe, dass hier drei Kräfte zusammen ein Kräftegleichgewicht bilden.

4 a) Bei einem Tauziehen ist zeitweise keine Mannschaft im Vorteil. Erkläre.

b) Zeichne zu der Situation aus a) die Kräfte so ein, dass ein Kräftegleichgewicht entsteht.

Energie

5 a) Beschreibe die Energieumwandlung während der Bewegung eines Skates in einer Halfpipe.

b) Wenn man statt des Skaters einen Ball in der Halfpipe rollen lässt, dann erreicht der Ball auf der anderen Seite nicht mehr ganz seine ursprüngliche Höhe. Erkläre, was mit der „verlorenen" Energie passiert ist.

c) Ein Skater kann den „Energieverlust" ausgleichen und sogar über die Höhe kommen, aus der er gestartet ist. Überlege dir, woher die erforderliche Energie kommt. Hast du eine Idee, wie der Skater das macht?

6 Kängurus bewegen sich mit großen Sprüngen fort. Dabei nutzen sie die Energieumwandlung. Die Sehnen und Muskeln ihrer Hinterbeine wirken beim Springen wie Stahlfedern.

a) Beschreibe die Energieumwandlungen beim Kängurusprung.

b) Erkläre, warum diese Art der Fortbewegung energiesparend ist.

04 Kängurusprung

01 Beim Überholen

Beschleunigung

Bei der Formel 1 gewinnt nicht unbedingt das Auto mit der größten Höchstgeschwindigkeit, sondern das Auto, das beim Start und nach der Kurve „am schnellsten schneller wird". Im Folgenden untersuchen wir solche Geschwindigkeitsänderungen genauer.

$1 \frac{\text{m}}{\text{s}} : 1\,\text{s} = 1 \frac{\text{m}}{\text{s}^2}$

„1 Meter pro Sekunde zum Quadrat"

DIE BESCHLEUNIGUNG · „Von 0 auf 200 in 4 Sekunden" – das schaffen Formel-1-Autos. Ein Mittelklasse-Pkw benötigt etwa dreimal solange, um von $0 \frac{\text{km}}{\text{h}}$ auf nur $100 \frac{\text{km}}{\text{h}}$ zu beschleunigen. Gut vergleichen kann man beide Beschleunigungsvorgänge, wenn man die Geschwindigkeitsänderungen Δv durch die dafür benötigten Zeitspannen Δt dividiert. Den Quotienten aus Δv und Δt nennt man die **Beschleunigung** a.

Für die Beschleunigung des Formel-1-Autos ergibt sich:

$$a = \frac{\Delta v}{\Delta t} = \frac{200 \frac{\text{km}}{\text{h}}}{4\,\text{s}} = \frac{55,6 \frac{\text{m}}{\text{s}}}{4\,\text{s}} = 13,9 \frac{\text{m}}{\text{s}^2}.$$

Beim Pkw beträgt die Beschleunigung:

$$a = \frac{\Delta v}{\Delta t} = \frac{100 \frac{\text{km}}{\text{h}}}{12\,\text{s}} = \frac{27,8 \frac{\text{m}}{\text{s}}}{12\,\text{s}} = 2,3 \frac{\text{m}}{\text{s}^2}.$$

Die Beschleunigung des Formel-1-Autos ist also etwa sechsmal so groß wie die Beschleunigung des Pkws.

Die Beschleunigung gibt an, wie schnell sich die Geschwindigkeit ändert. Zum Beispiel bedeutet eine Beschleunigung von $4 \frac{\text{m}}{\text{s}^2}$, dass sich die Geschwindigkeit pro Sekunde um $4 \frac{\text{m}}{\text{s}}$ erhöht. Allerdings steigt bei einem Auto die Geschwindigkeit meistens nicht so gleichmäßig an. Die Beschleunigung ist dann nicht konstant. Um die Beschleunigung genauer zu berechnen, muss man wie bei der Geschwindigkeit eine kleine Zeitspanne Δt betrachten.

Wenn sich bei einer Bewegung während der kleinen Zeitspanne Δt die Geschwindigkeit um Δv ändert, dann kann man die Beschleunigung a mit folgender Gleichung berechnen:
$a = \frac{\Delta v}{\Delta t}$.
Die Einheit der Beschleunigung ist $1 \frac{\text{m}}{\text{s}^2}$.

VOM $v(t)$- ZUM $a(t)$-DIAGRAMM · Ein Messwerterfassungssystem liefert neben dem $v(t)$- auch das $a(t)$-Diagramm einer Bewegung. Wie hängen beide zusammen? Zur Berechnung der Beschleunigung a muss man die Geschwindigkeitsänderung Δv und die zugehörige Zeitspanne Δt kennen. ▸ Bild 02 A zeigt, wie man Δv und Δt mithilfe eines Steigungsdreiecks bestimmen kann.

In den Bereichen II und IV ist das einfach, weil dort die Beschleunigung konstant ist. Im Bereich II liest man $\Delta v = 0{,}8\,\frac{m}{s}$ und $\Delta t = 0{,}2$ s ab. Aus diesen Werten berechnet man die Beschleunigung zu $a = 4\,\frac{m}{s^2}$. Für den Bereich IV entnimmt man dem $v(t)$-Diagramm $\Delta v = 0\,\frac{m}{s}$ und erhält daraus $a = 0\,\frac{m}{s^2}$. Diese Werte zeigt das $a(t)$-Diagramm in den entsprechenden Bereichen II und IV.

In den Bereichen I und III ändert sich die Beschleunigung. Deshalb muss man die Zeitspanne Δt so klein wählen, dass sich die Beschleunigung währenddessen praktisch nicht ändert. Ein Computer hat das für uns gemacht und so die Werte für die Beschleunigung berechnet (▸ Bild 02 B).

Ein Vergleich der beiden Diagramme zeigt:
- Im Bereich I nimmt die Steigung im $v(t)$-Diagramm zu. Im $a(t)$-Diagramm wird die Beschleunigung größer.
- Im Bereich II ändert sich die Steigung im $v(t)$-Diagramm nicht. Die Beschleunigung ändert sich ebenfalls nicht.
- Im Bereich III nimmt die Steigung im $v(t)$-Diagramm ab. Die Beschleunigung wird kleiner.
- Im Bereich IV ist die Steigung im $v(t)$-Diagramm null. Die Beschleunigung ist ebenfalls null.

/// Im $v(t)$-Diagramm gibt die Steigung des Graphen die Beschleunigung an.

VOM $a(t)$- ZUM $v(t)$-DIAGRAMM · Im $a(t)$-Diagramm sind auch Informationen über die Geschwindigkeit enthalten. Wenn die Beschleunigung wie im Bereich II konstant ist, dann gilt für die Geschwindigkeitsänderung

$$\Delta v = a \cdot \Delta t = 4\,\tfrac{m}{s^2} \cdot 0{,}6\ s = 2{,}4\,\tfrac{m}{s}.$$

Dieser Wert entspricht im $a(t)$-Diagramm genau dem Flächeninhalt der getönten Fläche zwischen dem Graphen und der t-Achse.

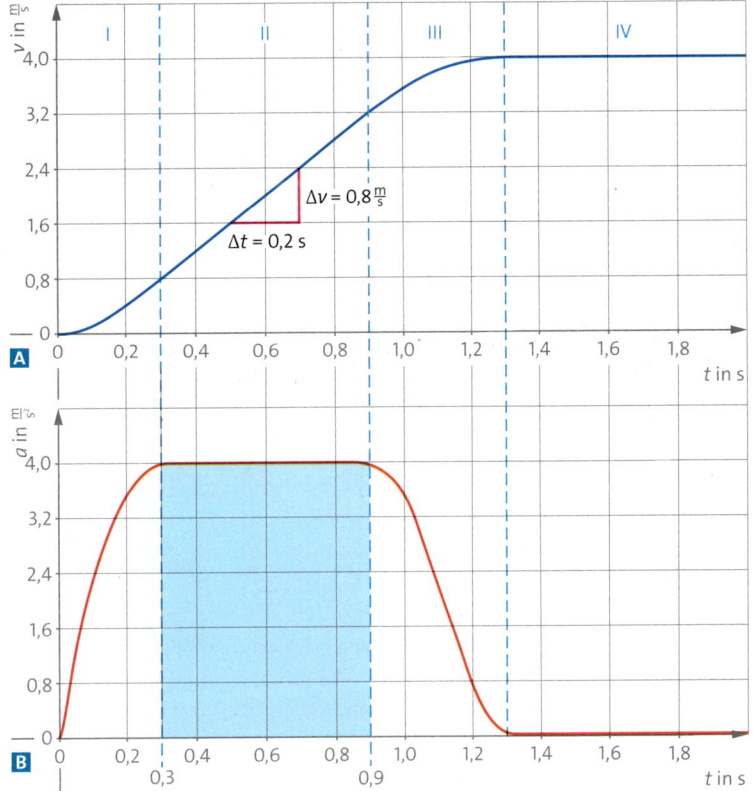

02 **A** Das $v(t)$-Diagramm, **B** das zugehörige $a(t)$-Diagramm

Mit dieser Methode kann man aber nur Geschwindigkeitsänderungen berechnen, nicht die Geschwindigkeit selbst. Was wir hier für einen Spezialfall gezeigt haben, gilt allgemein:

/// Im $a(t)$-Diagramm erhält man die Geschwindigkeitsänderung Δv als Inhalt der Fläche zwischen dem Graphen und der t-Achse.

1 Ein Auto beschleunigt in sieben Sekunden von $30\,\frac{km}{h}$ auf $80\,\frac{km}{h}$. Berechne die Beschleunigung.

2 Bestimme mithilfe des $a(t)$-Diagramms die Geschwindigkeitsänderung im Bereich I. Kontrolliere dein Ergebnis anhand des $v(t)$-Diagramms.

3 Im Bereich III von ▸ Bild 02 nimmt die Beschleunigung ab. Bedeutet dies, dass das Auto langsamer wird? Erläutere.

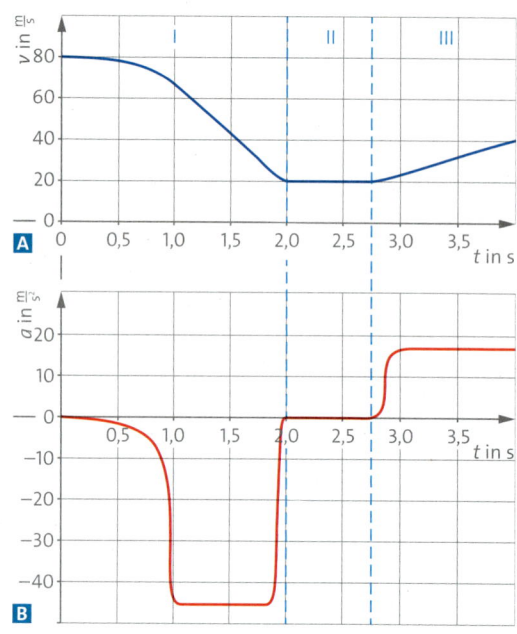

01　A Das $v(t)$-Diagramm, B das zugehörige $a(t)$-Diagramm

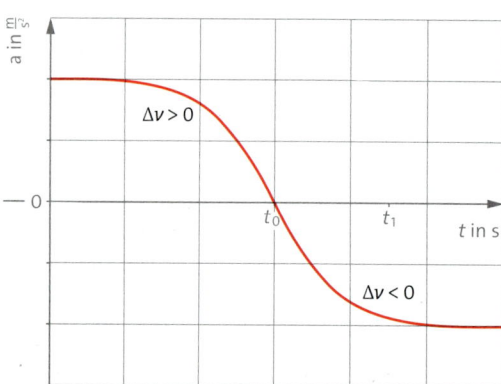

02　Beschleunigen und Bremsen

BREMSEN · Spät auf die Bremse, schnell durch die Kurve und gleich wieder Vollgas – so gewinnt man ein Autorennen. Im $v(t)$-Diagramm erkennt man die drei Bereiche gut (► Bild 01): Abbremsen (I), Fahrt mit konstanter Geschwindigkeit (II) und Beschleunigen (III). Wie erkennt man diese drei Abschnitte im $a(t)$-Diagramm?

Im Bereich I wird die Geschwindigkeit kleiner. Das bedeutet, die Geschwindigkeitsänderung Δv ist negativ. Damit wird auch der Quotient $\frac{\Delta v}{\Delta t}$ negativ, denn Δt ist positiv. Die Beschleunigung

ist also negativ. Im $a(t)$-Diagramm verläuft der Graph deshalb unterhalb der t-Achse.

Im Bereich II ändert sich die Geschwindigkeit nicht, also ist die Beschleunigung null. Der Graph im $a(t)$-Diagramm verläuft auf der t-Achse.

Im Bereich III nimmt die Geschwindigkeit zu, die Beschleunigung ist also positiv. Im $a(t)$-Diagramm verläuft der Graph oberhalb der t-Achse. Fassen wir zusammen:

///　Wenn die Beschleunigung a positiv ist, dann nimmt die Geschwindigkeit v zu.
Wenn die Beschleunigung a negativ ist, dann nimmt die Geschwindigkeit v ab.
Wenn die Beschleunigung a null ist, dann bleibt die Geschwindigkeit v konstant.

NEGATIVE FLÄCHENINHALTE? · Wenn wir aus dem $a(t)$-Diagramm die Geschwindigkeitsänderung Δv bestimmen, dann müssen wir das Vorzeichen der Beschleunigung a berücksichtigen. Es ist ein Unterschied, ob die Geschwindigkeit zu- oder abnimmt!

► Bild 02 zeigt das $a(t)$-Diagramm einer Bewegung. Bis zum Zeitpunkt t_0 ist die Beschleunigung positiv, danach negativ. Um die Gesamtänderung der Geschwindigkeit bis zum Zeitpunkt t_1 zu bestimmen, muss man die Geschwindigkeitszunahme bis zum Zeitpunkt t_0 und die Geschwindigkeitsabnahme ab dem Zeitpunkt t_0 miteinander verrechnen.

Dabei ist es sinnvoll, Flächen oberhalb der t-Achse einen positiven Flächeninhalt und Flächen unterhalb der t-Achse einen negativen Flächeninhalt zuzuordnen.

1) Der McLaren F1-Rennwagen kann in ca. sieben Sekunden von 371 $\frac{km}{h}$ auf 80 $\frac{km}{h}$ abbremsen. Berechne die Beschleunigung.

2) Man kann im ► Bild 02 näherungsweise den Zeitpunkt bestimmen, an dem die Geschwindigkeit genauso groß wie zum Zeitpunkt $t = 0$ s ist. Erläutere.

Material A ▸ Diagramme

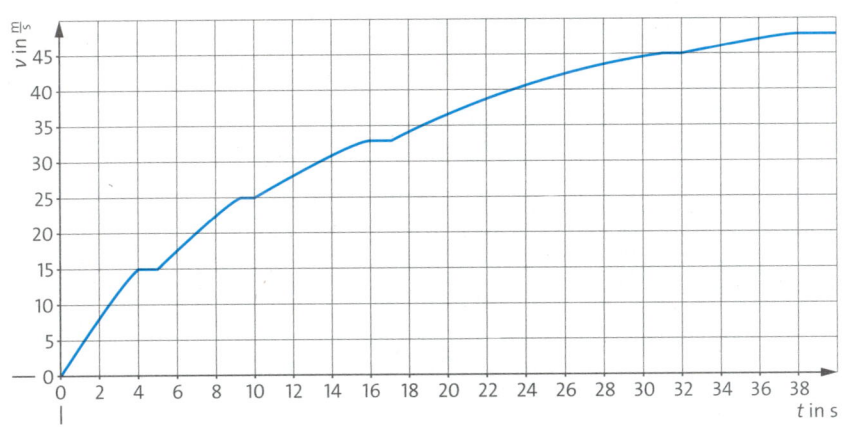

03 $v(t)$-Diagramm der Bewegung eines Autos

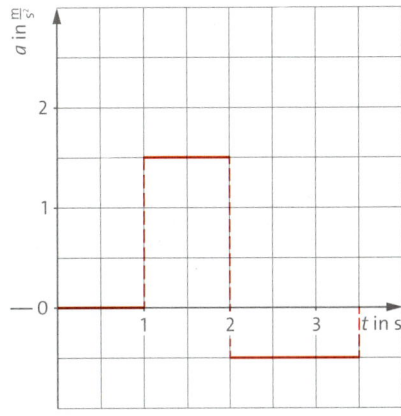

04 Ein $a(t)$-Diagramm

A1 ▸ Bild 03 zeigt das $v(t)$-Diagramm eines anfahrenden Autos. Beim Schalten wird kurz die Kupplung gedrückt und das Auto rollt ohne Antrieb weiter.
a) Im Diagramm erkennt man fünf Gänge. Begründe.
b) Begründe anhand des Diagramms, dass die Beschleunigung im ersten Gang am größten ist und dann von Gang zu Gang abnimmt.
c) Berechne die Beschleunigung im ersten, zweiten und dritten Gang.

A2 Zu der Bewegung eines Experimentierwagens gehört das idealisierte $a(t)$-Diagramm im ▸ Bild 04.
a) Zeichne jeweils das zugehörige $v(t)$-Diagramm für die Anfangsgeschwindigkeiten ($t = 0$ s): $0\,\frac{m}{s}$; $2\,\frac{m}{s}$; $-1\,\frac{m}{s}$.
b) Nimm Stellung zu folgenden Aussagen:
1. Während der zweiten Sekunde nimmt die Geschwindigkeit des Wagens zu.
2. Ab dem Zeitpunkt $t = 2$ s fährt der Wagen rückwärts.

3. Während der ersten Sekunde bewegt sich der Wagen nicht.
c) Erläutere, inwiefern das Diagramm idealisiert ist.

A3 Skizziere jeweils ein $v(t)$-Diagramm mit folgenden Eigenschaften:
a) Die Geschwindigkeit nimmt zu und die Beschleunigung ist konstant.
b) Die Geschwindigkeit nimmt zu und die Beschleunigung nimmt ab.
c) Die Geschwindigkeit nimmt ab und die Beschleunigung ist konstant.

Material B ▸ Geschwindigkeit und Beschleunigung

B1 Die Beschleunigung eines Motorrads beträgt $6\,\frac{m}{s^2}$.
a) Es startet aus dem Stand und beschleunigt fünf Sekunden lang. Berechne die Geschwindigkeit in $\frac{km}{h}$.
b) Das Motorrad beschleunigt von $50\,\frac{km}{h}$ auf $120\,\frac{km}{h}$. Berechne die dafür benötigte Zeit in Sekunden.
c) Wenn das Motorrad zwei Sekunden lang beschleunigt, dann nimmt

die Geschwindigkeit unabhängig von der Anfangsgeschwindigkeit immer um den gleichen Betrag zu. Legt das Motorrad dabei auch immer die gleiche Strecke zurück? Begründe.

B2 Eine Kugel rollt einen Hang hinunter (▸ Bild 05). Wie ändern sich dabei die Geschwindigkeit und die Beschleunigung der Kugel?

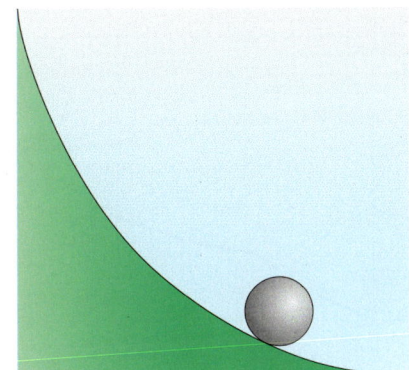

05 Eine Kugel rollt einen Hang hinunter.

01 Bahnsprint

Gleichmäßig beschleunigte Bewegungen

Ein Radsprint über mehrere Runden. Nach einer Beschleunigungsphase wird die Zeit für die letzte Runde gemessen. Wie lässt sich so ein Rennen beschreiben?

DIE BESCHLEUNIGUNGSPHASE · ▶ Bild 02 zeigt das $v(t)$-Diagramm eines solchen Rennens. Anfangs beschleunigt der Rennfahrer auf seine Höchstgeschwindigkeit von ungefähr $70 \frac{km}{h}$. Diese erreicht er zu Beginn der letzten Runde, 40 s nach dem Start. Welche Strecke legt er beim Beschleunigen zurück?

Du weißt schon, dass die zurückgelegte Strecke der Fläche zwischen dem Graphen und der t-Achse im $v(t)$-Diagramm entspricht. Da der Graph keine Gerade ist, ist die Flächenberechnung aufwendig.

Einfacher wird es, wenn wir annehmen, dass der Graph für die ganze Beschleunigungsphase eine Gerade ist. Dann steigt die Geschwindigkeit gleichmäßig und die Beschleunigung ist konstant. So eine Vereinfachung nennt man Modellierung.

ANWENDUNG · ▶ Bild 03 zeigt das $v(t)$-Diagramm nach der Vereinfachung. Die Fläche und damit die zurückgelegte Strecke Δs lässt sich nun leicht berechnen, da es sich um ein Dreieck handelt. Für die Höhe lesen wir $v = 19 \frac{m}{s}$ ab und für die Grundseite $\Delta t = 40$ s. Für die Dreiecksfläche gilt somit:

$$\Delta s = \frac{1}{2} \cdot v \cdot \Delta t = \frac{1}{2} \cdot 19 \frac{m}{s} \cdot 40 \text{ s} = 380 \text{ m}.$$

Während der Beschleunigungsphase hat der Rennfahrer also eine Strecke von ca. 400 Metern zurückgelegt.

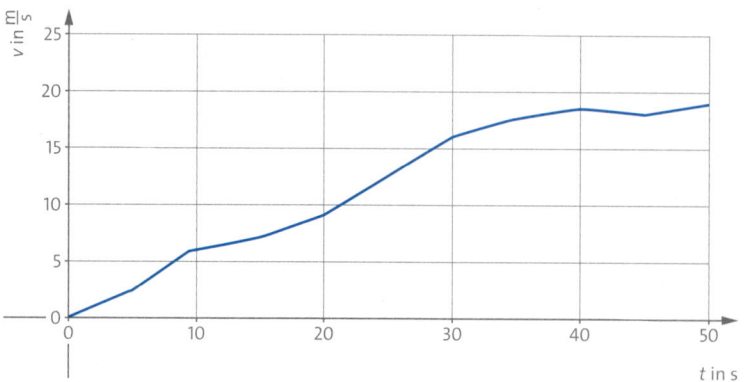

02 $v(t)$- Diagramm des Radfahrers

EINE ALLGEMEINE FORMEL FÜR DIE STRECKE ·
Wir haben gerade die zurückgelegte Strecke
zum Zeitpunkt $t = 40$ s ausgerechnet. Um die
Strecke für jeden anderen Zeitpunkt bestim-
men zu können, suchen wir eine allgemeine
Formel. Wir beginnen wie oben:

$$\Delta s = \tfrac{1}{2} \cdot v \cdot \Delta t.$$

Während der Bewegung ändert sich aber die
Geschwindigkeit v. Wir müssen umständlich
für jedes t die zugehörige Geschwindigkeit v
bestimmen. Eine andere Größe hilft weiter: Die
Beschleunigung a. Wir erhalten sie als Steigung
im $v(t)$-Diagramm (▸ Bild 03):

$$a = \frac{\Delta v}{\Delta t} = \frac{19 \, \tfrac{m}{s}}{40 \, s} = 0{,}48 \, \tfrac{m}{s^2}.$$

Dieser Wert ist während der gesamten Beschleunigungsphase konstant!

Da die betrachtete Bewegung aus der Ruhe
startet, gilt sogar

$$a = \tfrac{v}{t} \quad \text{bzw.} \quad v = a \cdot t.$$

Damit folgt für die zurückgelegte Strecke

$$\Delta s = \tfrac{1}{2} \cdot v \cdot \Delta t = \tfrac{1}{2} \cdot (a \cdot t) \cdot t = \tfrac{1}{2} \cdot a \cdot t^2.$$

> /// Bei einer Bewegung aus der Ruhe mit der
> konstanten Beschleunigung a gilt für die
> Strecke Δs, die bis zum Zeitpunkt t zurück-
> gelegt wird:
> $$\Delta s = \tfrac{1}{2} \cdot a \cdot t^2.$$

WIR ÜBERPRÜFEN DAS · Im ▸ Bild 04 hat ein
Computer ein $s(t)$-Diagramm der Bewegung erstellt (graue Kurve). Die grüne Kurve ist eine Pa-
rabel. Man erhält sie, wenn man die zurückgelegte Strecke zu verschiedenen Zeitpunkten mit
der Gleichung $\Delta s = \tfrac{1}{2} \cdot 0{,}48 \, \tfrac{m}{s^2} \cdot t^2$ berechnet.

Die beiden Kurven unterscheiden sich kaum,
also ist unsere Vereinfachung gut geeignet, um
die Bewegung zu beschreiben.

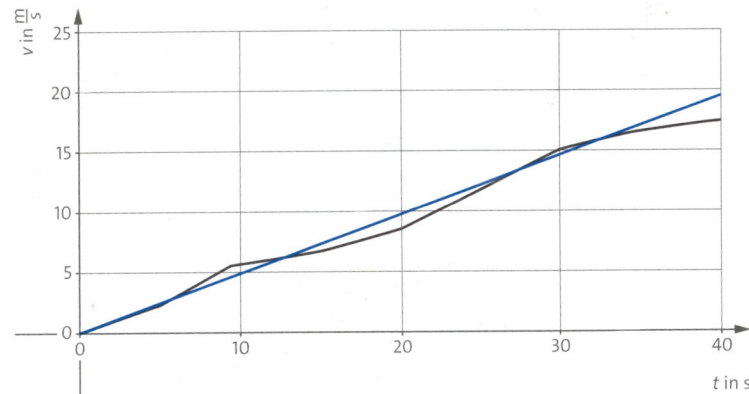

03 Beschleunigungsphase: $v(t)$- Diagramm

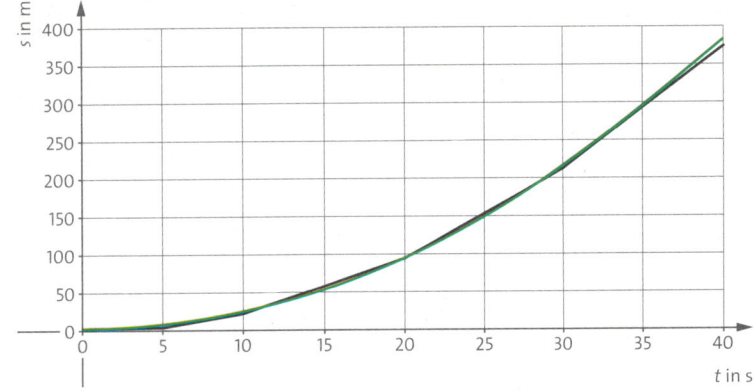

04 Modellierung des $s(t)$-Diagramms

KONSTANTE GESCHWINDIGKEIT · Auch die
letzte Runde kann man modellieren. Die Geschwindigkeit ändert sich kaum, deswegen
nehmen wir sie als konstant an. Du weißt
schon, dass man in diesem Fall die zurückgelegte Strecke Δs so berechnet:

$$\Delta s = v \cdot \Delta t.$$

1 ❘ Berechne die Strecke, die der Radfahrer zu
den Zeitpunkten 10 s und 35 s zurückgelegt
hat. Kontrolliere deine Ergebnisse im
Diagramm (▸ Bild 04).

2 ❘ Berechne allgemein die in der dreifachen
Zeit zurückgelegte Strecke beim Beschleunigen aus der Ruhe.

3 ❘ Berechne die Länge der letzten Runde.

01 Vollbremsung

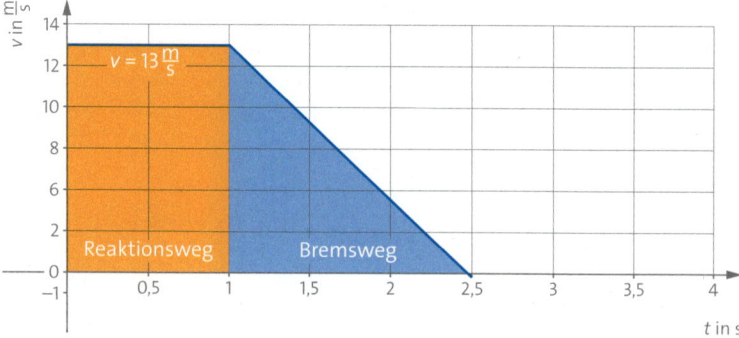

03 $v(t)$-Diagramm der Bremsbewegung

BREMSEN · Gerade noch mal gut gegangen (▸ Bild 01)! Da der Autofahrer sich an die Geschwindigkeitsbegrenzung gehalten hat, kommt er bei einer Vollbremsung noch vor dem Kind zum Stillstand. Wie hängt die Strecke, die das Auto bis zum Stillstand braucht, von der Geschwindigkeit ab?

Klar ist: Je größer die Geschwindigkeit ist, desto größer ist der **Anhalteweg**, also die Strecke, die der Fahrer zum Anhalten benötigt. Zudem spielen die Bodenverhältnisse eine Rolle (▸ Bild 02).

▸ Bild 03 zeigt das $v(t)$-Diagramm einer solchen Bewegung bei trockenem Asphalt. Bei $t = 0\,$s erkennt der Fahrer die Gefahr. In der ersten Sekunde, der „Schrecksekunde", fährt das Auto noch mit konstanter Geschwindigkeit weiter. Es legt dabei den **Reaktionsweg Δs_R** zurück:

$$\Delta s_R = v \cdot \Delta t = 13\,\tfrac{m}{s} \cdot 1\,s = 13{,}0\,m.$$

Erst danach beginnt das Bremsen. Aus dem Diagramm lesen wir die Bremszeit $\Delta t_B = 2{,}5\,s - 1\,s = 1{,}5\,s$ ab. Dann berechnen wir die Strecke, die bis zum Stillstand zurückgelegt wird, den **Bremsweg Δs_B**:

$$\Delta s_B = \tfrac{1}{2} \cdot v \cdot \Delta t_B = \tfrac{1}{2} \cdot 13\,\tfrac{m}{s} \cdot 1{,}5\,s = 9{,}8\,m.$$

Der gesamte Weg, den das Auto bis zum Anhalten benötigt, der **Anhalteweg Δs_A,** ist die Summe aus Reaktions- und Bremsweg:

$$\Delta s_A = \Delta s_R + \Delta s_B = 13\,m + 9{,}8\,m = 22{,}8\,m.$$

EINE FORMEL FÜR DEN BREMSWEG · Wir suchen eine Möglichkeit, den Bremsweg ohne die Bremszeit zu berechnen. Denn die Bremszeit kennt man oft gar nicht. Dazu modellieren wir die Bremsbewegung als eine Bewegung mit konstanter Beschleunigung. Die Geschwindigkeit nimmt dann gleichmäßig ab (▸ Bild 03). Für die konstante Beschleunigung a während des Bremsens bis zum Stillstand gilt:

$$a = \frac{\Delta v}{\Delta t_B} = \frac{0 - v}{\Delta t_B} = -\frac{v}{\Delta t_B}.$$

Bei der Berechnung des Bremswegs kommt es nur auf den Betrag $|a|$ der Beschleunigung an:

$$|a| = \frac{v}{\Delta t_B} \quad \text{bzw.} \quad \Delta t_B = \frac{v}{|a|}.$$

Damit erhalten wir für den Bremsweg:

$$\Delta s_B = \tfrac{1}{2} \cdot v \cdot \Delta t_B = \tfrac{1}{2} \cdot v \cdot \frac{v}{|a|} = \tfrac{1}{2} \cdot \frac{v^2}{|a|}.$$

///⟋ Beim Bremsen mit der konstanten Beschleunigung a aus der Geschwindigkeit v bis zum Stillstand gilt für den Bremsweg Δs_B:
$\Delta s_B = \tfrac{1}{2} \cdot \frac{v^2}{|a|}.$

Der Bremsweg ist also nicht proportional zur Geschwindigkeit. Bei der doppelten Geschwindigkeit vervierfacht sich der Bremsweg!

1 ⌡ Auf nassem Asphalt bremst ein Auto nach 0,8 s Reaktionszeit ab. Berechne die Anhaltewege für die Anfangsgeschwindigkeiten $v_1 = 10\,\tfrac{m}{s}$ und $v_2 = 20\,\tfrac{m}{s}$.

Unter-grund	$|a|$ in $\frac{m}{s^2}$
trockener Beton	9,8
nasser Beton	5,9
trockener Asphalt	8,8
nasser Asphalt	4,9
vereiste Fahrbahn	2,0

02 Maximale Beschleunigung eines Autos beim Bremsen

04 Fallschirmspringer

FREIER FALL · Direkt nach dem Absprung aus dem Flugzeug stürzen Fallschirmspringer nahezu ungehindert in die Tiefe. Auf den ersten Metern bewegen sie sich noch langsam, sie spüren dabei keinen nennenswerten Luftwiderstand.

Eine Fallbewegung, die vollkommen ungebremst verläuft, bezeichnet man als freien Fall. Das Experiment mit einer Fallröhre macht den Unterschied zwischen einem gebremsten und einem freien Fall deutlich (► Bild 04). Ein Bleiplättchen und eine Flaumfeder werden in eine Glasröhre gebracht. Die Röhre dreht man in einer schnellen Bewegung um, sodass beide Körper gleichzeitig nach unten fallen.

Befindet sich Luft in der Röhre, so kommt das Bleiplättchen deutlich früher unten an als die Feder, die nur langsam herabsinkt.

Pumpt man dagegen die Luft aus der Röhre, sodass die Körper in einem Vakuum fallen, macht man eine andere Beobachtung: Die Flaumfeder fällt nun genauso schnell wie das Bleiplättchen – beide Körper kommen gleichzeitig unten an.

FALLBESCHLEUNIGUNG · Beim Fallen eines kompakten Metallkörpers aus geringer Höhe spielt der Luftwiderstand keine Rolle. Die Beschleunigung einer Stahlkugel in Luft entspricht daher der Beschleunigung im freien Fall. ► Bild 07 zeigt einen Aufbau, mit dem sich diese Beschleunigung messen lässt.

Eine Stahlkugel hängt zunächst an einem Elektromagneten. Zum Starten der Fallbewegung wird der Magnet ausgeschaltet; dies wird von einer elektronischen Uhr registriert. Nach dem Durchfallen der Strecke Δs trifft die Kugel auf einen Kontakt, der die Uhr stoppt. Die Messung wird für unterschiedliche Fallhöhen durchgeführt.

In ► Tabelle 06 sind typische Messwerte aufgeführt. Die Werte für die Beschleunigung a wurden nach der Gleichung für die gleichmäßig beschleunigte Bewegung berechnet. Aus der Gleichung $\Delta s = \frac{1}{2} a \cdot t^2$ folgt:

$$a = 2 \frac{\Delta s}{t^2}.$$

Es zeigt sich, dass die gemessenen Zeiten für die unterschiedlichen Fallhöhen tatsächlich zu einer Bewegung mit konstanter Beschleunigung passen.

//// Der freie Fall ist eine Bewegung mit konstanter Beschleunigung g.
Die Fallbeschleunigung ist für jeden Körper auf unserem Breitengrad etwa 9,8 $\frac{m}{s^2}$.

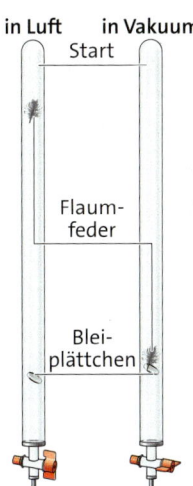

05 Bleiplättchen und Feder in einer Fallröhre

Δs in m	t in s	$\vert a \vert$ in $\frac{m}{s^2}$
0,2	0,20	10,0
0,4	0,28	10,2
0,6	0,35	9,8
0,8	0,41	9,5
1,0	0,45	9,9

06 Messwerte für eine fallende Kugel

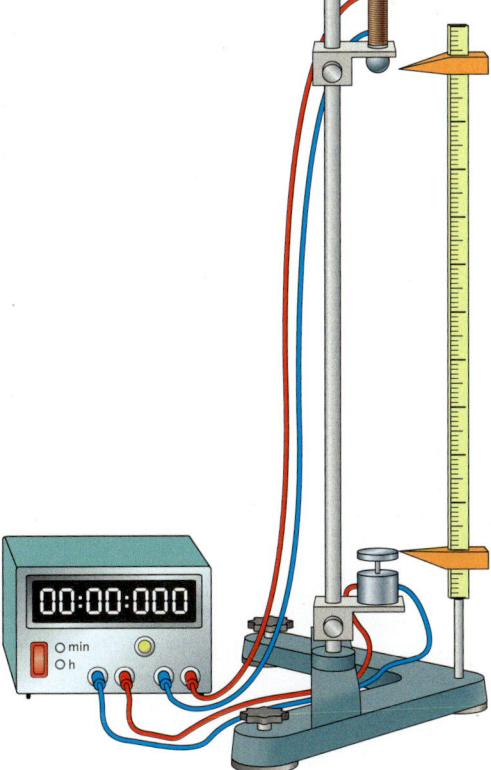

07 Aufbau zur Messung der Fallbeschleunigung

Material A ▸ Beschleunigen

A1 a) Die Beschleunigung eines Motorrads beträgt $6{,}0 \frac{m}{s^2}$.
Es beschleunigt aus dem Stand 4 s lang und fährt danach
mit konstanter Geschwindigkeit weiter. Berechne die
zurückgelegte Strecke und die Geschwindigkeit 2,0 s; 4,0 s
und 6,0 s nach dem Start.

b) Ein anderes Motorrad beschleunigt aus dem Stand und
erreicht nach 30 m die Geschwindigkeit $65 \frac{km}{h}$. Berechne
die benötigte Zeitspanne und die Beschleunigung.

A2 „Der Rekordzug, ein umgerüsteter TGV, fuhr am 3. 4. 2007
um 13:00 Uhr bei km 264 in westlicher Richtung ab.
$200 \frac{km}{h}$ wurden bei km 258 erreicht. Bei km 191,92 wurde
um 13:13 Uhr mit $574{,}8 \frac{km}{h}$ der Weltrekord aufgestellt."
a) Modelliere die Beschleunigungsphase bis 200 km/h
als Bewegung mit konstanter Beschleunigung.
Berechne die Beschleunigung und die benötigte Zeit.

b) Zeige durch Rechnung, dass die Beschleunigung für
die gesamte Beschleunigungsphase nicht konstant ist.

A3 100-m-Sprinter interessiert häufig ihre Geschwindigkeit
an bestimmten Positionen und nicht zu bestimmten Zeitpunkten. In der ▸ Tabelle 01 siehst du Originaldaten zu
USAIN BOLTs Weltrekordlauf (9,58 s) aus dem Jahr 2009
in Berlin.
a) Stelle die Werte der Tabelle in einem $v(s)$-Diagramm. dar.
b) Nach welcher Strecke erreichte BOLT seine Höchstgeschwindigkeit? Gib diese Geschwindigkeit in $\frac{km}{h}$ an.
c) Vereinfache die ersten 50 Meter des Laufs als Bewegung
mit konstanter Beschleunigung. Berechne die Beschleunigung und die benötigte Zeit. Beurteile die Vereinfachung.

s in m	0	10	20	30	40	50	60	70	80	90	100
v in $\frac{m}{s}$	0	5,29	10,10	11,11	11,63	12,05	12,20	12,35	12,20	12,05	12,05

01 USAIN BOLTs Weltrekordlauf: Geschwindigkeiten während des Laufs

Material B ▸ Bremsen

B1 Die Maximalbeschleunigung eines
ICE beim Bremsen beträgt $0{,}6 \frac{m}{s^2}$.
a) Berechne den Bremsweg des ICE
beim Bremsen aus $200 \frac{km}{h}$.
b) Gib an, wie sich der Bremsweg bei
einer Halbierung der Geschwindigkeit ändert.

B2 Ein Auto bremst auf trockenem
Asphalt von $50 \frac{km}{h}$ bis zum Stillstand
ab. Modelliere dies als Bewegung
mit konstanter Beschleunigung.

a) Berechne den Bremsweg.
b) Zeichne das $v(t)$-Diagramm.
c) Nach der Hälfte der Bremszeit hat
das Auto einen Teil des Bremswegs
zurückgelegt. Bestimme diesen Anteil. Gilt das Ergebnis allgemein?
d) Nach der Hälfte des Bremswegs
hat das Auto noch einen gewissen
Teil der ursprünglichen Geschwindigkeit. Bestimme diesen Anteil.
Gilt das Ergebnis allgemein?

B3 „Tachoanzeige (in $\frac{km}{h}$) durch 10 mal
Tachoanzeige (in $\frac{km}{h}$) durch 10."
In der Fahrschule lernt man diese
Faustformel für den Bremsweg (in
m) bis zum Stillstand.
a) Berechne den Bremsweg bei
$60 \frac{km}{h}$ mit der Faustformel.
b) Berechne die Beschleunigung,
die bei der Faustformel verwendet
wird. Beurteile die Faustformel.

VERSUCHE ▸ Fallbewegungen

V1 Freier Fall?

Du untersuchst, bei welchen Voraussetzungen der freie Fall eine gute Näherung für den Fall in Luft ist.

Material:

Ein Blatt Papier, zwei gleich große Kugeln unterschiedlicher Masse (z. B. Tischtennisball und Knete)

Durchführung:

a) Lass eine Kugel und das Blatt Papier gleichzeitig aus ca. 2 m Höhe fallen. Notiere, welcher Gegenstand zuerst auf den Boden trifft. Schaffst du es, dass beide gleichzeitig den Boden erreichen? Erkläre.

b) Lass die Kugeln gleichzeitig aus ca. 2 m und dann aus ca. 15 m Höhe (z. B. Treppenhaus oder aus dem Fenster) fallen. Notiere, welche Kugel jeweils zuerst auf den Boden trifft.

c) Der freie Fall kann eine gute Näherung für diese Bewegung sein. Gib die Voraussetzungen dafür an.

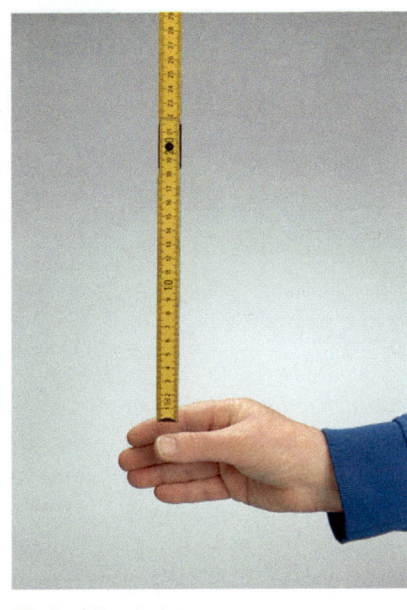

02 Reaktionstest

V2 Reaktionstest

Mit diesem Versuch ermittelst du deine Reaktionszeit.

Material:

Lineal (mindestens 30 cm lang) oder Meterstab, Partner

Durchführung:

a) Du hältst das Lineal mit dem Nullpunkt nach unten zwischen Daumen und Zeigefinger deines Partners (▸ Bild 02) und lässt es plötzlich los. Dein Partner muss es durch Zupacken stoppen. Miss die Fallstrecke. Berechne daraus die Reaktionszeit.

b) Klebe Papier auf das Lineal und markiere die Stellen für eine Reaktionszeit von 0,05 s; 0,10 s; 0,15 s; 0,20 s und 0,25 s.

Material C ▸ Der freie Fall

C1 a) Manche Autofahrer halten das Anlegen des Gurtes in der Stadt für überflüssig. Berechne die Fallzeit und die Fallstrecke, um im freien Fall eine Geschwindigkeit von 36 $\frac{km}{h}$ zu erreichen. Würdest du dich anschnallen?

b) Ein Körper soll beim Fallen Schallgeschwindigkeit erreichen. Berechne die Fallstrecke. Beurteile das Ergebnis.

c) Löse Aufgabe a) für den Fall eines Körpers auf dem Mond.

C2 a) Berechne die Fallzeit und die Auftreffgeschwindigkeit beim Sprung vom 10-Meter-Turm (▸ Bild 03).

03 Audrey Labeau (FRA) bei den Olympischen Spielen in London 2012

b) Berechne die Position und die Geschwindigkeit nach der Hälfte der Fallzeit.

c) Berechne die Position beim Erreichen der halben Auftreffgeschwindigkeit.

C3 a) Ein Kind lässt einen Stein von einem 60 m hohen Turm fallen. Nach einiger Zeit hört es den Stein auf den Boden treffen. Berechne diese Zeitspanne.

b) Ein anderes Kind lässt einen Stein in eine dunkle Felsspalte fallen und hört nach sechs Sekunden den Aufprall. Berechne die Tiefe der Spalte.

Geschnallt?

01 Hoffentlich (an-)geschnallt!

Trägheitsgesetz

Zum Glück ist das Mädchen angeschnallt! Aber warum bewegt sich der Teddybär eigentlich weiter? Warum fliegen die Kisten vom Autodach? Warum hältst du dich im Bus besser fest?

SICHER UNTERWEGS · Das Mädchen links in ▸ Bild 01 sitzt in einem Auto, das stark bremst. Es kann seinen Teddy nicht festhalten, sodass sich dieser ungebremst weiter geradeaus bewegt. Dem Mädchen selbst würde ohne Sicherheitsgurt das Gleiche passieren! Bei den Kisten in ▸ Bild 01 sieht es genau so aus: Das Auto fährt um die Kurve. Die Kisten bewegen sich jedoch geradeaus weiter. Wenn sie mit Spanngurten auf dem Autodach befestigt worden wären, hätten sie die Kurve mitgemacht.

Teddy und Kisten brauchen keinen Antrieb, um sich weiterzubewegen. Im Gegenteil: Von sich aus können sie ihre Bewegung gar nicht ändern. Das geht nur durch einen anderen Körper – beim Mädchen z.B. durch den Sicherheitsgurt.

Das kennst du auch, wenn du im Bus stehen musst und dich nicht festhalten kannst. Wenn der Bus plötzlich bremst, hast du das Gefühl, nach vorne geschleudert zu werden. Wenn man den Vorgang von außen betrachtet, bist du diesmal der „Teddy": Du bewegst dich zunächst noch mit gleichbleibender Geschwindigkeit geradeaus weiter, bis du unsanft gegen einen anderen Fahrgast stößt. Auch hier änderst du deine Bewegung also erst, wenn ein anderer Körper auf dich einwirkt. Etwas Ähnliches passiert dir auch, wenn der Bus beschleunigt oder eine Kurve macht: Ohne Festhalten bewegst du dich erst einmal geradeaus weiter!

Beobachtungen wie diese werden durch eine fundamentale Aussage der Physik beschrieben, das **Trägheitsgesetz:**

/// Ein Körper ändert seine Geschwindigkeit oder seine Bewegungsrichtung nur, wenn ein anderer Körper auf ihn einwirkt.

Einen Fall haben wir jetzt nicht erwähnt: Wenn ein Körper an einem Ort ruht, wird er dort bleiben, wenn kein anderer auf ihn einwirkt. Das hört sich einfach an, kann aber manchmal unangenehme Folgen haben (▸ Bild 02): Der Mann zieht den Schlitten weg, aber das Kind hält sich nicht fest, bleibt an der gleichen Stelle und fällt in den Schnee.

UNAUFFÄLLIGE EINWIRKUNGEN · Aus deinem Alltag kennst du sicher Beispiele, die dem Trägheitsgesetz scheinbar widersprechen: Wenn du nicht weiter in die Pedale trittst, behält dein Fahrrad seine Geschwindigkeit nicht bei, sondern wird langsamer, außer es geht bergab. Hier ist das Einwirken eines anderen Körpers nicht so einfach zu sehen wie z.B. beim Mädchen mit dem Sicherheitsgurt.

Wir untersuchen deshalb das Langsamerwerden in einem Versuch (▸ Bild 03): Wir lassen eine Kugel mit gleicher Anfangsgeschwindigkeit auf verschiedenen Böden losrollen und vergleichen, wie weit sie jeweils kommt. Wir beobachten, dass die Kugel umso weiter rollt, je glatter der Boden ist. Die Kugel wird also umso weniger abgebremst, je glatter der Boden ist. Die Bewegung ändert sich offenbar durch die kleinen Unebenheiten der Oberfläche des Bodens, die es sogar beim polierten Glas noch gibt. Dieses Phänomen nennt man **Reibung.** Auch dass die Luft zur Seite gedrängt werden muss, damit die Kugel vorankommt, sorgt dafür, dass die Kugel langsamer wird.

BEWEGUNG OHNE ANTRIEB! · Zwischen den Planeten und Sternen ist das Weltall (fast) leer. Dort gibt es keine Einwirkungen wie z.B. Reibung. Raumsonden können daher die meiste Zeit ohne Antrieb fliegen: Voyager 1 (▸ Bild 04) ist der am weitesten von der Erde entfernte Gegenstand, der von Menschen geschaffen wurde.

02 Festhalten!

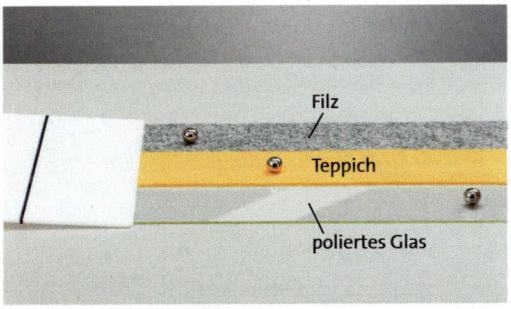

03 Auf dem glatten Boden rollt die Kugel weiter.

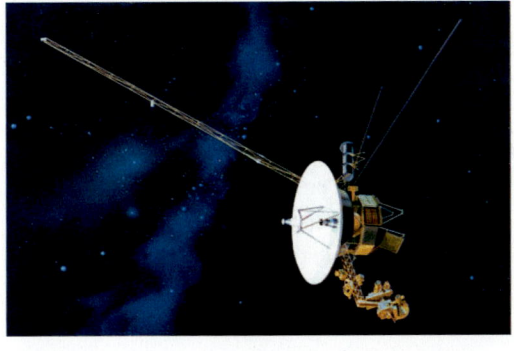

04 Die Raumsonde Voyager 1

Seit ihrem Start 1977 hat die Sonde mehr als 17 Milliarden Kilometer zurückgelegt. Voyager 1 bewegt sich ohne Antrieb mit etwa $17\,000\frac{m}{s}$ geradeaus durch das Weltall!

1 Du stehst ohne dich festzuhalten im Bus.
a) Der Bus beschleunigt,
b) er fährt eine Rechtskurve.
Beschreibe, was mit dir passiert.

2 Lege eine Kugel in die Mitte eines glatten Tabletts und laufe damit durch deine Wohnung. Die Kugel soll dabei in der Mitte bleiben. Bei manchen Bewegungen ist das besonders schwierig. Erkläre.

3 Beurteile folgende Aussagen:
a) „Ohne Kraft gibt es keine Bewegung."
b) „Die Ursache einer Bewegung ist immer eine Kraft."

4 Bis zum nächsten Stern Alpha Centauri sind es fünf Lichtjahre. Wann würde Voyager 1 dort ankommen?
(1 Lichtjahr = 10^{16} Meter)

01 **A** Ein Auto anzuschieben ist sehr mühsam,
B es abzubremsen aber genauso.

02 Schmetterball

EINFLUSS DER MASSE · Ein Auto anzuschieben ist sehr mühsam (▸ Bild 01A). Bei einem großen Laster wäre das praktisch unmöglich, weil er eine viel größere Masse besitzt. Wenn sich das Auto erst einmal bewegt, dann ist das Abbremsen von Hand wie in ▸ Bild 01B schwierig – selbst bei niedriger Geschwindigkeit. Bei einem Kinderwagen mit gleicher Geschwindigkeit wäre das ohne Mühe gegangen.

Die Masse ist auch entscheidend, wenn man die Bewegungsrichtung eines Körpers verändern möchte: Stelle dir vor, die Spielerin in ▸ Bild 02 müsste einen Medizinball schmettern!

Je größer die Masse eines Körpers ist, desto schwieriger ist es, ihn zu beschleunigen, abzubremsen oder seine Bewegungsrichtung zu ändern.

1 Für Fahrzeuge mit einer Masse über 7,5 t liegt die erlaubte Höchstgeschwindigkeit auf Autobahnen bei $80 \frac{km}{h}$. Erkläre.

2 Die Kugeln beim Kegeln sind schwer. Eigentlich könnte man mit leichteren Kugeln doch wesentlich einfacher spielen – oder?

BLICKPUNKT

Der Untergang der Titanic
Am 14. April 1912 rammte kurz vor Mitternacht die Titanic im Nordatlantik einen Eisberg und sank. 1512 Menschen ertranken im eiskalten Wasser. Die Welt war schockiert, denn die Titanic galt als unsinkbar. Wie konnte es zu dieser Katastrophe kommen? Die Titanic fuhr in dieser Nacht bei Neumond mit über $40 \frac{km}{h}$ in ein Eisbergfeld. Trotz entsprechender Warnungen verringerte der Kapitän die Geschwindigkeit nicht. Als der Eisberg gesichtet wurde, gab der Erste Offizier sofort den Befehl „Maschinen volle Kraft zurück, Ruder hart backbord!" und versuchte, das Schiff am Eisberg vorbei zu lenken. Aber es war zu spät, obwohl noch mehr als eine

halbe Minute Zeit war. Weder das Verringern der Geschwindigkeit noch das Ausweichmanöver konnten den Zusammenstoß verhindern. Der Eisberg bohrte in das 60 000 t schwere Schiff ein großes Leck, sodass das Wasser eindringen konnte und das Schiff sank.

Material A ► GALILEO GALILEI und die Bewegung

SALVIATI: Wenn Ihr eine spiegelglatte, abschüssige Fläche aus einem sehr festen Stoffe nehmt und eine vollkommen runde Kugel aus schwerem, hartem Material darauf legt, was glaubt Ihr, würde sie tun, wenn man sie los lässt?

SIMPLICIO: Sie würde von selbst die Neigung hinunterrollen.

SALVIATI: So ist's. Wie lange würde die Bewegung dieser Kugel andauern? Und von welcher Art wäre diese Bewegung? Beachtet, dass ich von einer vollkommen runden Kugel und einer ausgezeichnet glatten Ebene gesprochen habe. Seht ebenso von der Luft, die durchschnitten werden muss, und allen anderen zufälligen Hindernissen ab, die sonst noch vorhanden sein könnten.

SIMPLICIO: Sie würde sich weiter bis ins Unendliche bewegen, wenn die Ebene so lange geneigt bliebe, und zwar in stetig beschleunigter Bewegung.

SALVIATI: Wenn man aber wollte, dass die Kugel dieselbe Fläche hoch rolle, glaubt Ihr, sie würde dies tun?

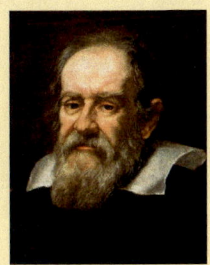

03 GALILEO GALILEI

SIMPLICIO: Freiwillig nicht, wohl aber, wenn man sie anschiebt oder stößt.

SALVIATI: Und wenn sie nun mit einem gewaltsamen Stoß hinaufgetrieben würde, wie sähe ihre Bewegung aus?

SIMPLICIO: Die Bewegung würde immer mehr ermatten und sich verzögern.

SALVIATI: Nun sagt mir, was mit diesem Körper geschähe, wenn man ihn gewaltsam anstieße und er sich auf einer Fläche befände, die weder abschüssig ist noch ansteigt.

SIMPLICIO: Wenn es keinen Abhang gibt, kann es keine Zunahme der Bewegung geben. Und wenn es keinen Anstieg gibt, kann sie auch nicht abnehmen.

SALVIATI: Gut. Wenn aber kein Grund für das Langsamerwerden vorliegt und noch viel weniger für das Stillstehen: Wie lange, denkt ihr, dauert die Bewegung des Körpers an?

SIMPLICIO: So lange als die Ausdehnung dieser weder ansteigenden noch geneigten Fläche vorhält.

Schon im antiken Griechenland beschäftigten sich die Philosophen mit der Ursache von Bewegungen. Sie dachten, dass alle Bewegungen auf der Erde irgendwann zum Stillstand kommen müssten. Viele Beobachtungen legen diesen Schluss auch nahe. GALILEO GALILEI vertrat die Auffassung, dass man hier genauere Untersuchungen anstellen müsste. Er erkannte als Erster, dass für eine

Bewegung kein ständiger Antrieb nötig ist. Der Text stammt aus seinen Werken. Damals war es üblich, wissenschaftliche Bücher in Form eines Gesprächs (Dialogs) zu schreiben.

A1 Im obigen Text wird über einen Versuchsaufbau gesprochen. Überlege dir, mit welchen Materialien du den Versuch durchführen kannst. Begründe deine Wahl.

A2 Führe den Versuch selbst durch. Dokumentiere dein Vorgehen. Vergleiche deine Beobachtungen mit der Beschreibung im Text.

A3 Schreibe selbst einen Dialog zum Abschnitt „Einfluss der Masse" auf Seite 22. Überlege dir geeignete Versuche, über die gesprochen werden kann.

Material B ► Wetten, dass …

04 Münzturm

B1 Jens behauptet: „Ich kann die unterste Münze entfernen, ohne den Münzturm zu zerstören oder abzubauen." Erläutere und begründe.

B2 Karla behauptet: „Ich kann einen losen Hammerkopf ohne Hilfsmittel wieder befestigen." Erläutere und begründe.

B3 Jan behauptet: „Ich kann Toilettenpapier mit einer Hand abreißen." Erläutere und begründe.

05 Hammerkopf befestigen.

01 Three – two – one ...

Wechselwirkungsgesetz

Die Ariane-5-Rakete hebt von der Rampe ab. Dabei nimmt die Geschwindigkeit der Rakete schnell zu. Auch beim Rudern und beim Laufen nehmen die Geschwindigkeiten des Bootes bzw. der Läuferin nach dem Start schnell zu. Woher kommen die Geschwindigkeitszunahmen bei diesen Bewegungen?

LOS GEHT'S! · Du weißt, dass eine Rakete nur nach oben beschleunigt werden kann, wenn gleichzeitig riesige Mengen von Antriebsgasen mit hoher Geschwindigkeit nach unten ausgestoßen werden. Vor dem Start bewegen sich Rakete und Antriebsgase nicht. Nach dem Start bewegen sich beide in entgegengesetzte Richtungen auseinander. Die Rakete wird dabei immer schneller. Es wird also eine nach oben gerichtete Kraft auf die Rakete ausgeübt. Doch auch immer mehr Antriebsgase werden ausgestoßen. Es wird also eine nach unten gerichtete Kraft auf die Gase ausgeübt.

Beim Start des Ruderboots im ▸ Bild 01 ist es ähnlich. Damit auf das Boot eine Kraft nach hinten ausgeübt wird, muss auf das Wasser mit den Ruderschlägen eine Kraft nach vorne ausgeübt werden. Boot und Wasser sind vor dem Startschuss in Ruhe. Danach bewegen sie sich entgegengesetzt auseinander.

Und bei Paula (▸ Bild 01)? Nach dem Start nimmt ihre Geschwindigkeit ebenfalls zu. Aber gibt es auch hier einen Körper, der sich in die entgegengesetzte Richtung bewegt? Um eine Antwort zu finden, lassen wir Paula von einem Skateboard nach rechts starten (▸ Bild 02). Das Skateboard bewegt sich dabei nach links. Beim normalen Start ist also der Boden der gesuchte Körper und damit die gesamte Erde. Da die Erde eine sehr viel größere Masse als Paula hat, ist ihre Geschwindigkeitsänderung extrem gering.

Fassen wir unsere Überlegungen zusammen: Auf einen Körper (Rakete, Boot, Paula) kann nur eine Kraft nach vorne ausgeübt werden, wenn gleichzeitig auf einen zweiten Körper (Antriebsgas, Wasser, Erde) eine Kraft nach hinten ausgeübt wird. Immer wenn ein Körper auf einen zweiten Körper eine Kraft ausübt, dann übt zugleich der zweite Körper auf den ersten Körper eine Kraft in die entgegengesetzte Richtung aus. Diese heißt **Gegenkraft.**

BETRAG DER GEGENKRAFT · Wie groß ist der Betrag der Gegenkraft? Karl steht auf seinem Skateboard und zieht Paula mit einem Federkraftmesser zu sich, während Paula auf ihrem Skateboard den Griff nur festhält. Obwohl nur Karl zieht, bewegen sich beide aufeinander zu. Das weist darauf hin, dass Karl auf Paula eine Kraft ausübt und gleichzeitig Paula eine Kraft auf Karl. Der Federkraftmesser zeigt 90 Newton an. Also übt Karl eine Kraft von 90 Newton auf Paula aus. Der Federkraftmesser zeigt aber zugleich die Gegenkraft an, die Paula auf Karl ausübt. Diese beträgt somit ebenfalls 90 Newton (▸ Bild 03). Sie ist der Kraft von Karl auf Paula entgegengerichtet. Das halten wir als **Wechselwirkungsprinzip** fest:

> Wenn ein Körper A auf einen Körper B eine Kraft $\vec{F}$ ausübt, dann übt der Körper B auf den Körper A eine Kraft $-\vec{F}$ mit gleichem Betrag und entgegengesetzter Richtung aus. Die Angriffspunkte beider Kräfte liegen in verschiedenen Körpern.

GEGENKRAFT UND KRÄFTEGLEICHGEWICHT · Karl möchte Paula mit einem Federkraftmesser zu sich nach rechts ziehen, während Tom versucht, Paula zu sich nach links zu ziehen (▸ Bild 04). Karl und Tom üben jeweils eine Kraft von 90 Newton auf Paula aus. Da diese beiden

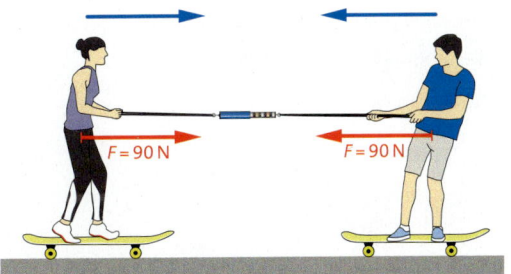

03 Die Beträge von Kraft und Gegenkraft sind gleich groß.

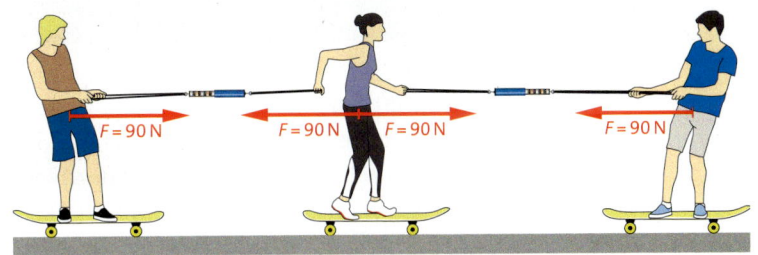

04 Karl und Tom ziehen an Paula.

Kräfte in entgegengesetzte Richtungen wirken, bilden sie ein Kräftegleichgewicht und Paula bewegt sich folglich nicht. An den Federkraftmessern erkennst du, dass zugleich Paula eine Kraft von 90 Newton nach links auf Karl und eine Kraft von 90 Newton nach rechts auf Paul ausübt – das sind die auftretenden Gegenkräfte. Das Beispiel zeigt, dass es auch bei jedem Kräftegleichgewicht zugleich Gegenkräfte gibt.

Das Wechselwirkungsprinzip wird auch Reaktionsprinzip genannt.

> Wenn mehrere Kräfte auf einen Körper ausgeübt werden und die resultierende Kraft gleich null ist, dann liegt ein Kräftegleichgewicht vor. Die Angriffspunkte beider Kräfte liegen in verschiedenen Körpern.

1. Begründe, dass in den drei Beispielen aus ▸ Bild 01 Gegenkräfte, aber nicht Kräftegleichgewichte auftreten.

2. Bevor du aus einem Boot steigst, solltest du es festmachen. Erkläre.

3. Im ▸ Bild 04 ziehen Karl und Tim an Paula. Die Kräfte sind durch Pfeile und Beträge angegeben. Erläutere und begründe, wer von den Dreien sich bewegt und wer nicht.

02 Paula startet mit dem Skateboard.

01 Gasausstoß beim Düsentriebwerk

GEGENKRÄFTE BEIM FLIEGEN · Häufig sieht man am Himmel hinter einem Flugzeug Kondensstreifen entstehen. Diese werden durch die heißen Gase verursacht, die die Düsen des Flugzeugs nach hinten ausstoßen (▸ Bild 01), während das Flugzeug sich nach vorne bewegt. Um das Gas auszustoßen, üben die Düsen eine nach hinten gerichtete Kraft auf das Gas aus. Die Gegenkraft wirkt auf die Düsen nach vorn. Sie wird **Schubkraft** genannt. Eine Düse des Flugzeugs Airbus A380 beispielsweise hat vier Düsentriebwerke, von denen jedes eine Schubkraft von 320 000 Newton erzeugen kann.

GEGENKRÄFTE BEIM RAKETENANTRIEB · Um in den Weltraum zu gelangen, braucht man Raketen. Wie funktioniert eigentlich so ein Raketenantrieb? In den großen Treibstofftanks einer Rakete wie der Ariane 5 im ▸ Bild 02 befinden sich verschiedene Stoffe, die in die Brennkammer geleitet werden. In dieser Kammer entsteht das heiße Antriebsgas. Aufgrund des hohen Drucks in der Brennkammer strömt das Gas mit großer Geschwindigkeit durch die Düsen des Triebwerks. Beim Start einer Rakete Ariane 5 sind das in einer Sekunde etwa 7 t mit $2500 \frac{m}{s}$. Damit so viel Gas mit so hoher Geschwindigkeit austreten kann, wird eine Kraft von 17,5 Mio. Newton auf das Gas ausgeübt. Die gleichgroße Gegenkraft wird dann auf die Rakete ausgeübt. Man nennt diese Gegenkraft wie beim Düsentriebwerk Schubkraft. Beide Triebwerke funktionieren nach dem gleichen Prinzip, dem sogenannten **Rückstoßprinzip:**

/// Wenn ein Körper z. B. ein Gas oder eine Flüssigkeit mit einer Kraft $\vec{F}$ nach hinten ausstößt, dann wird auf den Körper die Gegenkraft $-\vec{F}$ nach vorne ausgeübt.

1) Die Rakete Ariane 5 übt beim Start eine Kraft von 17,5 MN auf das ausströmende Gas aus. Bestimme die beim Start messbare Schubkraft.

2) Ein Segelboot fährt nach Norden. Das Segel ist von Nordwest nach Südost gerichtet. Der Wind kommt von Westen.
a) Das Segel lenkt die Luft um. Skizziere den Verlauf des Luftstroms.
b) Skizziere die Kraft auf die Luft und begründe, weshalb das Boot in die entgegengesetzte Richtung fährt.

3) Tintenfische stoßen zum Antrieb Wasser durch eine hintere Körperöffnung aus. Erkläre das Prinzip. Dabei nehmen sie das Wasser durch die Mantelspalte und nicht direkt durch ihre hintere Öffnung auf. Erkläre den Vorteil.

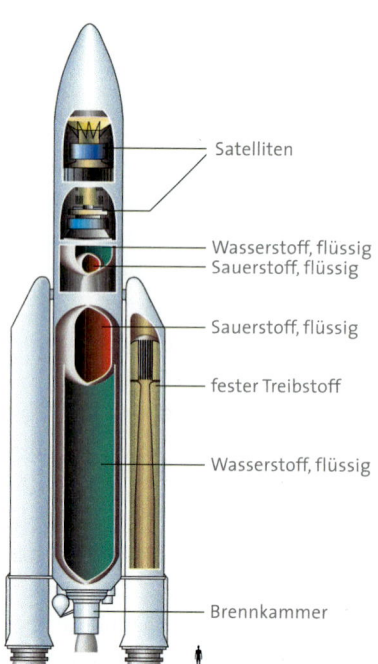

Satelliten

Wasserstoff, flüssig
Sauerstoff, flüssig

Sauerstoff, flüssig

fester Treibstoff

Wasserstoff, flüssig

Brennkammer

02 Ariane 5

VERSUCHE ► Eine selbst gebaute Rakete

Material:

PET-Flasche (0,5 l), Fahrradschlauchventil (von einem alten Schlauch abgeschnitten), Korken oder Gummistopfen (passend zur Flasche), Handluftpumpe, etwa 1 l Wasser in einer Flasche

Halte dich an die Beschreibung, dann ist es ungefährlich! Lasse dir auf jeden Fall helfen. Die Rakete darf nur im Freien an einer Stelle mit viel Platz gestartet werden!

Durchführung:

Mit dieser selbst gebauten Rakete kannst du untersuchen, wie sich „richtige" Raketen im Prinzip fortbewegen. Probiere, ob der Korken die Flasche dicht verschließt. Sollte er zu schmal sein, kannst du ihn mit etwas Gewebeband umwickeln. Bohre in den Korken der Länge nach ein Loch. Setze darin das Fahrradschlauchventil ein. Das Ventil muss so weit herausragen, dass die Luftpumpe darauf passt.

Möglicherweise musst du dafür den Korken kürzen. Überprüfe anschließend noch einmal, ob der Korken auf die Flasche passt.

V1 Auf dem Startplatz hältst du die Flasche wie im Bild fest und pumpst mit der Luftpumpe Luft in die Flasche. Wenn der Druck in der Flasche groß genug ist, fliegt die Rakete los. Beschreibe.

V2 Fülle etwas Wasser in die Flasche und wiederhole den Versuch. Vergleiche mit Versuch V1. Finde heraus, mit welcher Wassermenge die Rakete am höchsten fliegt. Woran liegt es, dass es mit mehr Wasser nicht besser klappt? Stelle eine Vermutung auf.

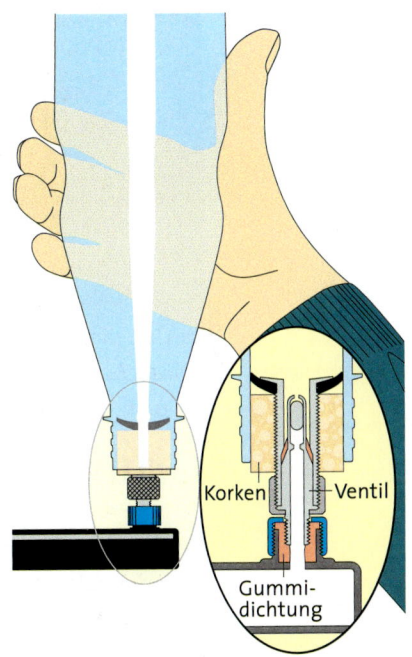

Korken — Ventil

Gummidichtung

Material A ► Fortbewegung in Technik und Natur

A1 Flugzeuge haben meist Propeller oder Düsen als Antrieb.
a) Vergleiche die beiden Antriebsarten. Sammle dabei Unterschiede und Gemeinsamkeiten.
b) Raumfahrzeuge können diese Antriebsarten im Weltraum nicht nutzen. Begründe.

A2 Tiere bewegen sich auf sehr verschiedene Arten fort. Informiere dich über eines der folgenden Tiere: Fisch, Schlange, Kaulquappe, Pinguin. Erkläre die jeweilige Fortbewegungsart mit der Gegenkraft.

Material B ► Eine Geschichte von Baron Münchhausen

Ein andres Mal wollte ich über einen Morast setzen, der mir anfänglich nicht so breit vorkam, als ich ihn fand, da ich mitten im Sprunge war. Schwebend in der Luft wendete ich daher wieder um, wo ich hergekommen war, um einen größeren Anlauf zu nehmen. Gleichwohl sprang ich auch zum zweiten Mal noch zu kurz, und fiel bis an den Hals in den Morast. Hier hätte ich unfehlbar umkommen müssen, wenn nicht die Stärke meines eigenen Armes mich an meinem eigenen Haarzopfe, samt dem Pferde wieder herausgezogen hätte.

B1 a) Münchhausen war für seine Lügengeschichten bekannt. Zeige, dass er beim ersten Sprung und bei seiner „Rettung" gelogen hat. Begründe physikalisch.
b) Wie hätte Münchhausen aus dem Morast kommen können? Gib mehrere Möglichkeiten an und erkläre jeweils.

01 Immer schneller?

Grundgesetz der Dynamik

Der Fahrradfahrer tritt kräftig in die Pedale. Anfangs wird seine Geschwindigkeit immer größer. Doch nach einiger Zeit wird er nicht mehr schneller, obwohl er weiter tritt. Warum nimmt seine Geschwindigkeit nicht weiter zu?

DIE GESCHWINDIGKEITSÄNDERUNG · Du weißt schon, dass die Ursache jeder Geschwindigkeitsänderung eine Kraft ist. Je größer die Kraft auf das Fahrrad ist, desto größer ist die Geschwindigkeitsänderung. Außerdem ist die Geschwindigkeitsänderung umso größer, je länger die Kraft auf das Fahrrad ausgeübt wird.

MEHRERE KRÄFTE · Auf den Radfahrer werden zwei Kräfte ausgeübt: Wenn es nicht zu glatt ist, „stößt" sich der Radfahrer mit dem Rad vom Boden ab. Diese Kraft alleine würde die Geschwindigkeit des Radfahrers vergrößern. Vor allem der Luftwiderstand verhindert das: Die Reibungskraft ist der Bewegung entgegen gerichtet. Sie alleine würde die Geschwindigkeit des Radfahrers verringern. Wie wirken diese beiden Kräfte nun zusammen? Wie bestimmen sie die tatsächliche Bewegung des Radfahrers?

Da die Kräfte am Radfahrer schlecht zu bestimmen sind, stellen wir die Situation in einem Modellversuch nach.

EIN MODELLVERSUCH · Wir ziehen einen Wagen mit einem Federkraftmesser, der die Kraft in Bewegungsrichtung misst (▸ Bild 02). Die Reibungskraft bremst den Wagen. Beide Kräfte sind entgegengesetzt gerichtet – wie beim Radfahrer.

Wie sich die Geschwindigkeit mit der Zeit ändert, bestimmen wir mit einem Messwerterfassungssystem. Die Zugkraft lesen wir am Federkraftmesser ab. Wir führen den Versuch für drei verschiedene Situationen durch:

I. Wir ziehen so stark, dass die Geschwindigkeit gleichmäßig zunimmt.
II. Wir ziehen so, dass die Geschwindigkeit konstant bleibt.
III. Wir lassen den Wagen ausrollen. Dabei nimmt die Geschwindigkeit ab.

▸ Bild 02 zeigt die dabei aufgenommenen $v(t)$-Diagramme.

Betrachten wir zunächst den Versuch II: Die Geschwindigkeit ändert sich nicht. Die Kraft, die insgesamt auf den Wagen ausgeübt wird, ist also nach dem Trägheitsgesetz null; der Wagen befindet sich im Kräftegleichgewicht. Der Federkraftmesser zeigt eine Kraft von 0,2 N an. Die Reibungskraft muss daher ebenfalls 0,2 N betragen.

Dies ist die Kraft, mit der der Wagen im Versuch III gleichmäßig abgebremst wird.

KRÄFTEADDITION · Wir wenden unser Vorgehen auf den Versuch I an. Der Federkraftmesser zeigt hier eine Kraft von 0,5 N an. Wir ziehen die Reibungskraft von 0,2 N ab, da sie entgegengesetzt gerichtet ist, und erhalten eine Kraft von 0,3 N.

Wenn wir die beiden Kräfte also zusammenfassen und dabei die Kraftrichtung berücksichtigen, erhalten wir die Kraft, die für die Geschwindigkeitsänderung entscheidend ist. Dieses Zusammenfassen von Kräften nennt man **Kräfteaddition** und das Ergebnis die **resultierende Kraft F_{res}**.

Folgende Fälle für die Kräfteaddition sind in unserem Versuch aufgetreten:

Versuch III: Wenn nur eine Kraft F auf den Körper ausgeübt wird, dann gilt: $F_{res} = F$.

Versuche I und II: Wenn eine Kraft F_1 in Bewegungsrichtung und eine Kraft F_2 entgegen der Bewegungsrichtung auf den Körper ausgeübt werden, dann gilt: $F_{res} = F_1 - F_2$.

Wenn zwei Kräfte F_1 und F_2 in gleicher Richtung auf den Körper ausgeübt werden, dann gilt: $F_{res} = F_1 + F_2$.

KRAFT UND BESCHLEUNIGUNG · Die resultierende Kraft bestimmt, wie sich die Geschwindigkeit eines Körpers wie z.B. beim Radfahrer ändert. Wenn sich die Geschwindigkeit eines Körpers in der Zeit Δt um den Betrag Δv ändert, kann man seine Beschleunigung a berechnen: $a = \frac{\Delta v}{\Delta t}$.

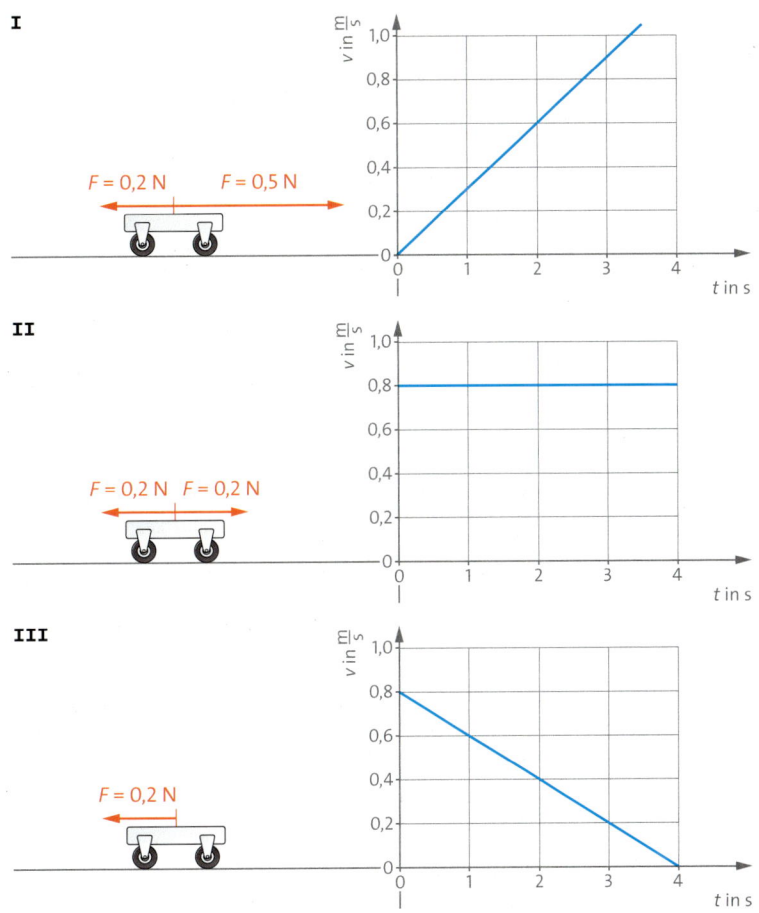

02 $v(t)$-Diagramme zu den Modellversuchen I, II und III

Anhand der $v(t)$-Diagramme in ▸ Bild 02 ist zu erkennen, dass es sich in den Versuchen I und III um gleichmäßig beschleunigte Bewegungen handelt: Die Messwerte liegen jeweils auf einer Geraden mit einem von Null verschiedenen Anstieg. Die Ursache der gleichmäßigen Beschleunigungen ist in beiden Fällen eine gleichmäßig ausgeübte resultierende Kraft auf den Wagen.

1 ⌡ Ein Wagen der Masse 1 kg wird 10 s lang mit einer resultierenden Kraft von 10 N gezogen. Berechne seine Impuls- und Geschwindigkeitsänderung.

2 ⌡ „Wenn die resultierende Kraft auf einen Körper null ist, dann bewegt er sich nicht." Nimm Stellung zu dieser Aussage.

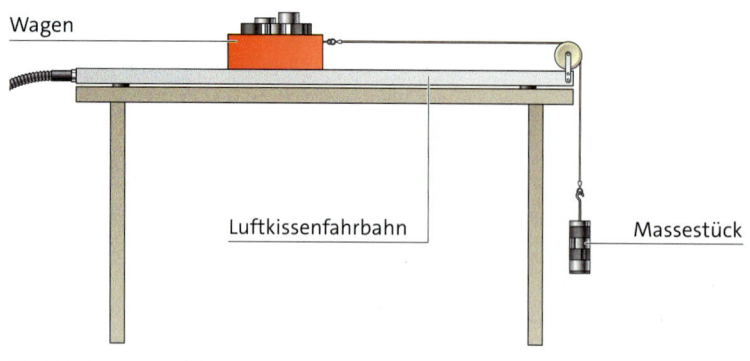

Wagen

Luftkissenfahrbahn

Massestück

01 Fahrbahnversuch

GRUNDGESETZ DER DYNAMIK · Den Zusammenhang zwischen Kraft und Beschleunigung untersuchen wir auf einer Luftkissenfahrbahn (▸ Bild 01). Die Reibungskraft ist hier vernachlässigbar, auf den Wagen wird also nur eine einzige Kraft ausgeübt.
Der Wagen wird durch ein Massestück beschleunigt, das an einem Faden nach unten sinkt. Die Gewichtskraft, die auf das Massestück ausgeübt wird, ist F_G. Mit dieser Kraft wird die **gesamte Masse** von Wagen und Massestück beschleunigt.

Die Geschwindigkeit messen wir mithilfe eines Messwerterfassungssystems.
Im ersten Teil des Versuchs wird die Gesamtmasse konstant gehalten, aber die Antriebskraft verändert. Dazu werden einzelne Massestücke, die zunächst auf dem Wagen liegen, nach und nach mit an den Faden gehängt. Das Ergebnis zeigt ▸ Bild 02. Die Geschwindigkeit nimmt stets gleichmäßig zu.

Die im Bild eingetragenen Werte für die Beschleunigungen haben wir mithilfe der Gleichung $a = \frac{\Delta v}{\Delta t}$ berechnet.

Im zweiten Teil des Versuchs halten wir die Antriebskraft konstant, legen aber mehr und mehr zusätzliche Massestücke auf den Wagen. Das Ergebnis zeigt ▸ Bild 03.

Aus dem Fahrbahnversuch lassen sich die folgenden Zusammenhänge ablesen:
1. Bei einer bestimmten Masse ist die Beschleunigung umso größer, je größer die ausgeübte Kraft ist.
2. Bei einer bestimmten Kraft ist die Beschleunigung umso kleiner, je größer die Gesamtmasse des beschleunigten Körpers ist.

Diese Zusammenhänge werden durch das **Grundgesetz der Dynamik** wiedergegeben:

/// Wird auf einen Körper der Masse m die resultierende Kraft F ausgeübt, so gilt: $F = m \cdot a$.

Bei der Bewegung eines Körpers der Masse m ist also die Beschleunigung a proportional zur Kraft F, die auf den Körper ausgeübt wird: $a = \frac{1}{m} \cdot F$.

1) Ein Auto mit vier Insassen fährt an einer Ampel an. Erkläre, wie sich Kraft und Beschleunigung ändern, wenn einer der Insassen an der nächsten Ampel aussteigt.

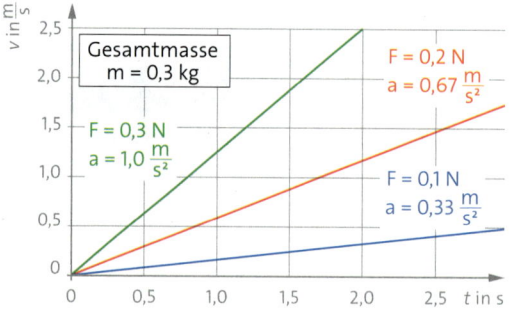

02 $v(t)$-Diagramm bei unterschiedlichen Kräften

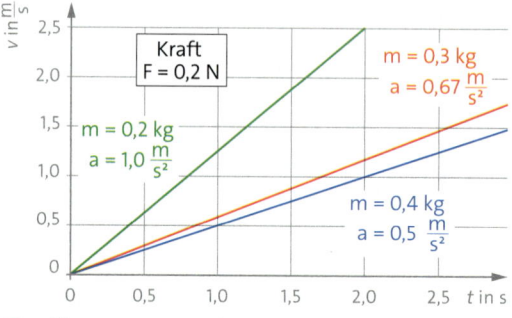

03 $v(t)$-Diagramm bei unterschiedlichen Massen

Material A ▸ Raketen und Autos

03 Start der Falcon 9

A1 Das US-Raumschiff Dragon wird mit der Trägerrakete Falcon 9 ins All gebracht. Beim Start (▸ Bild 03) besitzen sie zusammen eine Masse von 338 Tonnen. Die Rakete stößt heißes Gas nach hinten aus, um vorwärts zu kommen.
a) Beim Start beträgt die resultierende Kraft $4{,}9 \cdot 10^6$ N. Berechne die Beschleunigung.
b) Ein Astronaut (85 kg) startet mit der Rakete. Berechne die resultierende Kraft, die beim Start auf ihn wirkt. Gib sie in Vielfachen der Schwerkraft an.

A2 Eine Spielzeugrakete (500 g) stößt in 5 s 10 g Gas mit einer Geschwindigkeit von 500 $\frac{m}{s}$ aus.
a) Berechne die Kraft vom Gas auf die Rakete.
b) Die Rakete startet senkrecht nach oben. Berechne die Beschleunigung zu Beginn.
c) Bei einer Rakete strömt das Gas gleichmäßig aus. Dennoch nimmt die Beschleunigung zu. Erläutere.

A3 Autos haben eine sogenannte Knautschzone, die bei einem Unfall eingedrückt werden soll, und eine sehr starre Fahrgastzelle, um die Insassen zu schützen. In einem Crashtest prallt ein Auto mit 30 $\frac{km}{h}$ frontal gegen eine starre Mauer (▸ Bild 04). Beim Aufprall wird die Knautschzone des Autos um 60 cm eingedrückt, bevor das Auto zum Stehen kommt.
a) Berechne die Zeitspanne vom Beginn des Aufpralls bis zum Stillstand des Autos.
b) Berechne die Kraft des Gurtes auf den Fahrer-Dummy (75 kg) und

04 Ein Crashtest

vergleiche mit der Schwerkraft auf ihn.
c) Für Kleinkinder sind Kindersitze vorgeschrieben. Einfacher wäre es, das Kind (15 kg) auf den Schoß zu nehmen. Dann könnte man entweder sich selbst anschnallen und das Kind festhalten oder den Gurt über das Kind und sich selbst legen. Begründe, dass beides keine gute Idee ist.
d) Bei einem Unfall sind sowohl die verformbare Knautschzone als auch die starre Fahrgastzelle wichtig, um die Insassen bei einem Unfall zu schützen. Erläutere.

Material B ▸ Zusammenstöße

B1 Eine Knetkugel und ein Gummiball haben beide die gleiche Geschwindigkeit und Masse. Sie werden gegen einen Holzklotz geworfen. Während die Knetkugel an dem Klotz kleben bleibt, prallt der Gummiball zurück. Erläutere, welche der beiden Kugeln den Holzklotz eher umwirft.

B2 Ein schwerer Lastwagen und ein leichtes Auto fahren mit gleichem Geschwindigkeitsbetrag aufeinander zu (▸ Bild 05). Begründe, in welchem der beiden Fahrzeuge du auf keinen Fall sitzen wolltest.

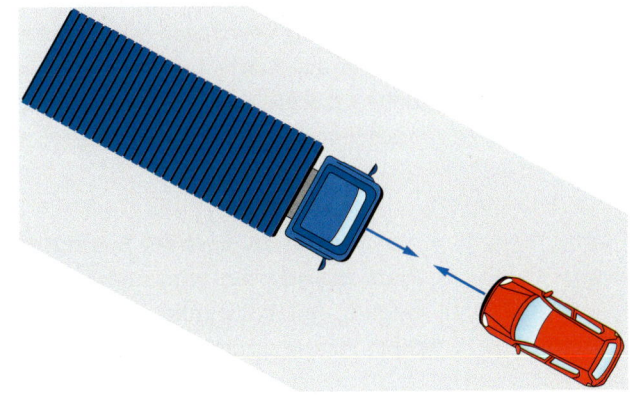

05

01 Viererbob beim Start

Mechanische Energie und Arbeit

> *Beim Bobsport kommt es auf einen guten Start an: Über eine Strecke von etwa 15 Metern schieben die Athleten den Bob an und beschleunigen ihn auf 40 $\frac{km}{h}$. Der Bob hat nun kinetische Energie. Wie ändert sich diese Energie, wenn der Bob mit 120 $\frac{km}{h}$ durch das Ziel fährt?*

Die kinetische Energie E_{kin} wird auch als Bewegungsenergie E_{Bew} bezeichnet.

DIE KINETISCHE ENERGIE · Beim Beschleunigen führen die Athleten dem Bob Energie zu und verrichten Beschleunigungsarbeit. Diese Energie ist anschließend als kinetische Energie gespeichert. Wie viel Energie durch diese Arbeit auf den Bob übertragen wird, können wir als Produkt aus Kraft F und Strecke Δs berechnen. Dabei ist F die Kraft, die den Bob der Masse m beschleunigt. Für diese Kraft gilt:

$$F = m \cdot a.$$

Wir nehmen an, dass der Bob mit konstanter Kraft angeschoben wird und folglich eine Bewegung mit konstanter Beschleunigung ausführt. Für die zurückgelegte Strecke gilt dann:

$$\Delta s = \frac{1}{2} a \cdot t^2.$$

Damit ergibt sich für die verrichtete Arbeit:

$$W = F \cdot \Delta s = m \cdot a \cdot \frac{1}{2} \cdot a \cdot t^2 = \frac{1}{2} m \cdot (a \cdot t)^2.$$

Weil wir die Beschleunigung als konstant angenommen haben, gilt für die Geschwindigkeit $v = a \cdot t$. Damit folgt für die übertragene Energie:

$$W = \frac{1}{2} m \cdot v^2.$$

Die Gleichung zeigt, dass die Arbeit, die zur Beschleunigung eines Körpers auf eine bestimmte Geschwindigkeit benötigt wird, nur von dieser Geschwindigkeit und der Masse des Körpers abhängt. Dabei kommt es nicht darauf an, wie der Körper beschleunigt wurde, wie lange und mit welcher Kraft. Durch die verrichtete Arbeit W ist nun kinetische Energie E_{kin} im Bob gespeichert.

 Die kinetische Energie eines Körpers hängt nur von seiner Masse m und Geschwindigkeit v ab. Es gilt:
$$E_{kin} = \frac{1}{2} m \cdot v^2.$$

E_{kin} hängt quadratisch von der Geschwindigkeit ab. Bei 120 $\frac{km}{h}$ hat der Bob also neunmal so viel kinetische Energie wie bei 40 $\frac{km}{h}$.

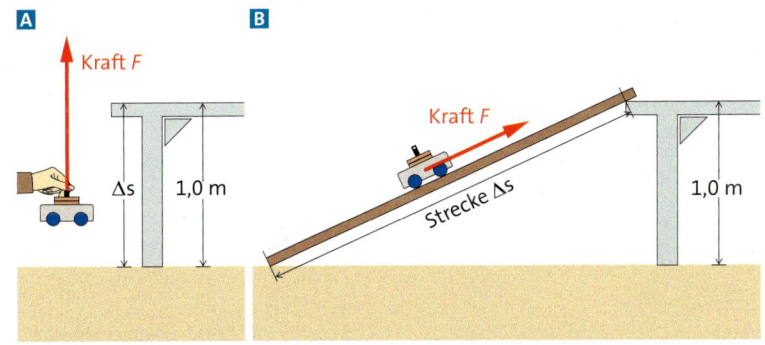

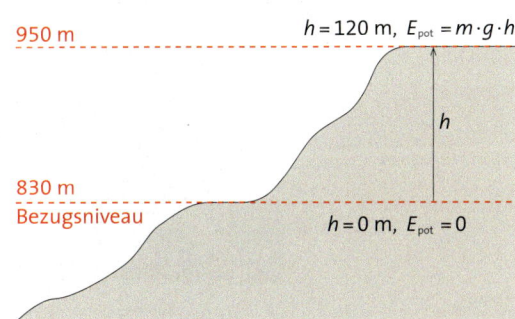

02 Die zum Anheben verrichtete Arbeit ist in **A** und **B** gleich groß.

03 Potenzielle Energie: immer relativ zum Bezugsniveau

DIE POTENZIELLE ENERGIE · Um den Bob auf den Berg zu transportieren, wird Energie benötigt. Die zugeführte Energie ist anschließend als potenzielle Energie gespeichert.

Wir untersuchen, wie viel Arbeit zum Anheben verrichtet werden muss. Dazu ersetzen wir den Bob modellhaft durch einen Wagen. Um den Wagen auf einen Tisch zu heben, gibt es mehrere Möglichkeiten: Wir können den Wagen senkrecht hochheben (▸ Bild 02 A). Dazu müssen wir mit einer Kraft am Körper ziehen, die betragsmäßig gleich der Gewichtskraft $F_G = m \cdot g$ ist. Die dabei zurückgelegte Strecke Δs ist gleich dem Höhenunterschied Δh, um den der Wagen angehoben wird. Damit können wir die Hubarbeit wie folgt berechnen:

$$W = F \cdot \Delta s = m \cdot g \cdot \Delta h.$$

Wir können den Wagen aber auch über eine schräge Rampe hochziehen (▸ Bild 02 B). Dann ist die Strecke Δs zwar größer, aber die Kraft F ist kleiner. Das Produkt $F \cdot \Delta s$ bleibt gleich. Die zum Anheben eines Körpers verrichtete Arbeit hängt folglich nur von der Masse, dem Ortsfaktor und dem Höhenunterschied ab. Am Ortsfaktor erkennst du, dass die Hubarbeit vom Himmelskörper abhängt, auf dem man sich befindet. Auf dem Mond wird ein Körper nicht so stark angezogen wie auf der Erde.

Auf welchem Weg der Wagen angehoben wurde, ist unwichtig. Die zugeführte Energie ist nun als potenzielle Energie im System aus Himmelskörper und Körper gespeichert.

DAS BEZUGSNIVEAU · Wenn der Bob in 950 m Höhe über dem Meeresspiegel startet und auf 830 m herabfährt, dann hat der Bob auf 830 m immer noch potenzielle Energie. Für die Energieumwandlung bei der Fahrt ist allerdings nur der Anteil der potenzielle Energie von Bedeutung, der beim Herabfahren über den Höhenunterschied von 120 m in kinetischen Energie umgewandelt wird.

Deshalb ist es sinnvoll, die potenzielle Energie relativ zu einem geeigneten Bezugsniveau anzugeben. Für den Bob legen wir das Bezugsniveau auf 830 m. Die Höhe wird relativ zu diesem Bezugsniveau gemessen und damit die potenzielle Energie berechnet (▸ Bild 03).

> Die potenzielle Energie eines Körpers hängt nur von seiner Masse m, dem Ortsfaktor g und von der Höhe h über dem Bezugsniveau ab. Es gilt:
> $E_{pot} = m \cdot g \cdot h.$

1 ⌡ Bei der Bobbahn in Altenberg überwindet ein Viererbob mit einer Masse von 630 kg eine Höhe von 122 Metern. Bei der Zieleinfahrt wird eine Geschwindigkeit von 130 $\frac{km}{h}$ gemessen. Bestimme die potenzielle Energie beim Start. Berechne die maximale kinetischen Energie des Bobs bei der Zieleinfahrt. Diskutiere dein Ergebnis.

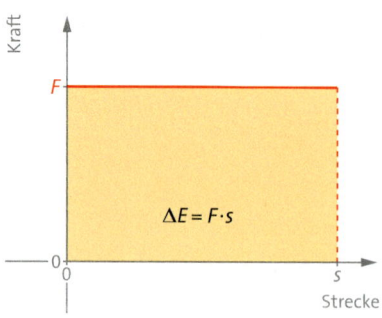

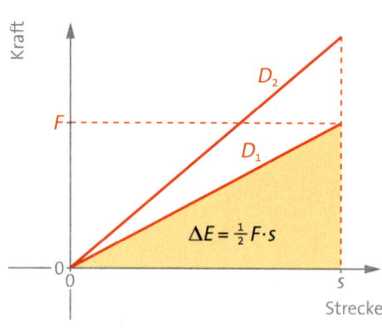

01 Elastisches Band als Trainingsgerät

03 Energie als Fläche unter dem Schaubild bei konstanter Kraft

04 Bei einer Stahlfeder: Spannenergie als Fläche unter dem Schaubild

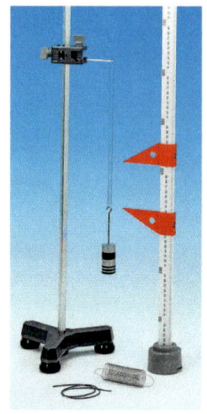

02 Versuch zur Messung der Dehnung einer Stahlfeder

DIE SPANNENERGIE · Mit einem elastischen Gummiband können die Muskeln trainiert werden (▸ Bild 01). Die dabei zugeführte Energie ist anschließend im Gummiband gespeichert. Diese Energie nennt man **Spannenergie.**

Wie viel Spannenergie im Gummiband gespeichert ist, lässt sich nicht leicht bestimmen, weil der Zusammenhang zwischen der Kraft und der Strecke, um die das Band gedehnt wird, kompliziert ist. Aber für eine Stahlfeder wie in ▸ Bild 02 ist dieser Zusammenhang einfacher zu bestimmen.

Wir dehnen eine Stahlfeder um eine Strecke s und messen die dafür notwendige Kraft. Wenn wir die Kraft als Funktion der Strecke in ein $F(s)$-Diagramm eintragen, dann erhalten wir eine Ursprungsgerade (▸ Bild 04). Kraft und Strecke sind also proportional zueinander. Verwenden wir eine weichere Feder, dann ist die Steigung der Geraden kleiner. Die Proportionalitätskonstante hängt von der Feder ab. Sie wird als **Federkonstante D** bezeichnet. Beim Dehnen der Stahlfeder gilt für die Kraft das HOOKEsche Gesetz:

$$F = D \cdot s.$$

EINE FLÄCHENBETRACHTUNG HILFT WEITER · Wenn die Kraft konstant ist wie beim Anheben eines Körpers, dann kann man die verrichtete Arbeit als Produkt aus Kraft F und Strecke Δs berechnen. Beim Spannen einer Feder ist die Kraft aber nicht konstant. Die verrichtete Arbeit kann deswegen nicht so einfach berechnet werden. Darum benötigen wir einen anderen Zugang.

▸ Bild 03 zeigt für eine konstante Kraft das $F(s)$-Diagramm. Die verrichtete Arbeit entspricht der Fläche unterhalb des Graphen im $F(s)$-Diagramm. Auch wenn beim Spannen einer Feder die Kraft nicht konstant ist, kann man die verrichtete Arbeit als Fläche unter dem Graphen bestimmen (▸ Bild 04). Man erhält

$$W = \frac{1}{2} F \cdot s.$$

Diese Energie ist in der Feder als Spannenergie E_{Spann} gespeichert. Für die Kraft können wir nach dem HOOKE'schen Gesetz $F = D \cdot s$ einsetzen und erhalten für die Spannenergie:

$$E_{\text{Spann}} = \frac{1}{2} D \cdot s \cdot s = \frac{1}{2} D \cdot s^2.$$

▨ Die Spannenergie einer Feder hängt nur von der Strecke s ab, um die sie verformt wird, und vom Material der Feder, das durch die Federkonstante D berücksichtigt wird. Es gilt:
$$E_{\text{Spann}} = \frac{1}{2} D \cdot s^2$$

1」 Eine Feder hat die Federkonstante $100 \frac{\text{N}}{\text{m}}$. Die Feder wird um 5,0 cm gedehnt. Bestimme die maximale Kraft, die dabei ausgeübt wird. Berechne die gespeicherte Spannenergie.

VERSUCH ► Wir messen Energie

V1 Potenzielle Energie im Treppenhaus

Material:

Maßband, Personenwaage

Durchführung:

a) Bestimme deine potenzielle Energie für verschiedene Standorte im Schulgebäude. Lege zuerst ein sinnvolles Bezugsniveau fest. Stelle fest, an welchem Standort du die größte potenzielle Energie hast.

b) Bestimme deine potenzielle Energie relativ zum Meeresspiegel (NN).

V2 Kinetische Energie beim Fadenpendel

Material:

Stativmaterial, Schnur, Pendelkörper, Lichtschranke, Waage, Messwerterfassungssystem

Durchführung:

Befestige die Schnur mit dem Pendelkörper an einer waagerechten Stativstange. Positioniere die Lichtschranke so, dass der Pendelkörper im tiefsten Punkt die Lichtschranke passiert (► Bild 05 A).

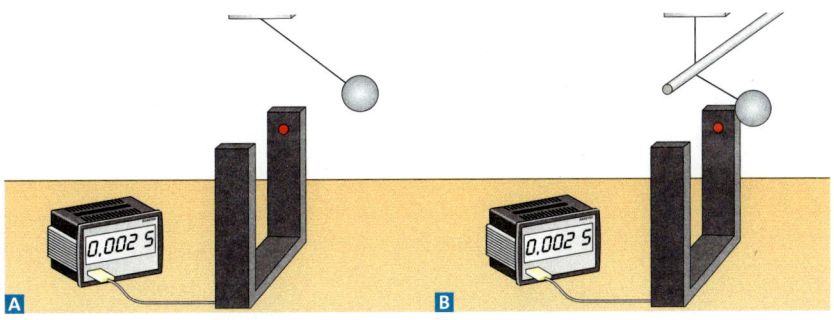

05 **A** Geschwindigkeitsmessung beim Pendel, **B** mit zusätzlicher Stange

a) Lass das Fadenpendel in unterschiedlichen Höhen starten. Bestimme jeweils die Geschwindigkeit im tiefsten Punkt. Trage die Höhe und die Geschwindigkeit in eine Tabelle ein.
Berechne jeweils die potenzielle Energie und die kinetische Energie. Vergleiche die Werte und diskutiere dein Ergebnis.

b) Verändere den Versuchsaufbau wie in ► Bild 05 B. Miss, welche Höhe das Pendel auf der rechten Seite erreicht. Erkläre.

V3 Spannenergie

Material:

Stativstange, Kraftmesser, Lineal, Gummiband

Durchführung:

a) Befestige das Gummiband an einer Stativstange. Ziehe mit dem Kraftmesser am Gummiband nach unten. Miss die Kraft für verschiedene Ausdehnungen und trage die Werte in eine Tabelle ein.

b) Stell deine Daten in einem Diagramm dar.

c) Schätze für eine Ausdehnung von 5 cm die Spannenergie als Fläche unter der Kurve ab.

Material A ► Energieformen beim Sport

06 Beim Stabhochsprung

A1 Ein Sportler (Masse 85 kg) überspringt beim Stabhochsprung eine Höhe von 6 m (► Bild 06).

a) Gib an, welche Energieformen hierbei auftreten.

b) Berechne die maximale potenzielle Energie des Springers.

c) Schätze ab, welche Geschwindigkeit der Stabhochspringer beim Anlauf ungefähr erreichen kann. Bestimme seine kinetische Energie. Vergleiche deine berechneten Werte und diskutiere sie.

A2 Ein Fußball (Masse 450 g) wird mit einer Geschwindigkeit von 120 $\frac{km}{h}$ geschossen. Ein Spieler nimmt den Ball mit dem Kopf an und erzielt ein Tor.
Berechne die Energie, die dabei für die Verformung des Balls umgewandelt wird.

Die Methode der Bilanzierung

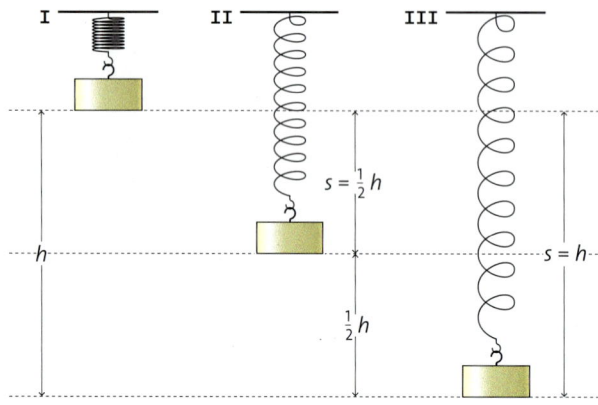

01 Ausgewählte Zustände

Energiebilanz · Nach dem Energieerhaltungssatz bleibt diese Summe in einem abgeschlossenen System erhalten. Wir können somit eine Bilanz der Energien aufstellen. Verändert sich der Betrag einer Energieform beim Übergang von einem Zustand in einen anderen Zustand, so müssen sich die Beträge der übrigen Energieformen entsprechend ändern, sodass die Summe vor und nach dem Übergang gleich ist.

Diese Methode kann für viele Vorgänge in der Mechanik eingesetzt werden, um mit wenigen Informationen über ein System weitere Größen zu berechnen. Allerdings handelt es sich um Näherungen, wenn man vereinfachende Annahmen macht, wie z.B. die Reibungsfreiheit. Das Vorgehen ist dabei immer ähnlich.

Aufstellen der Energiebilanz · Betrachten wir als Beispiel ein Federpendel mit der Pendelmasse 0,10 kg. Zuerst wird eine Bilanz aller auftretenden Energieformen aufgestellt. Für ein reibungsfrei befestigtes Federpendel lautet die Bilanz:

$$E_{ges} = E_{pot} + E_{Spann} + E_{kin}.$$

Bestimmung der Gesamtenergie · Als nächstes betrachten wir einen Zustand, bei dem nur eine Energieform auftritt, deren Betrag wir aus gemessenen Größen berechnen können. Bei der Auswahl hilft uns eine Skizze. Im ▸ Bild 01 sind

drei Zustände dargestellt. In Zustand I ist die Feder entspannt. In Zustand III ist die Feder maximal ausgedehnt, sodass die Spannenergie E_{Spann} maximal ist. Diese Position legen wir als Nullniveau fest. Die Höhe h im Zustand I betrage 0,1 m. Die Spannenergie und die kinetische Energie sind in diesem Zustand null. Für die Gesamtenergie gilt damit:

$$E_{ges} = E_{pot} = 0,10 \text{ kg} \cdot 9,8 \frac{N}{kg} \cdot 0,10 \text{ m} = 0,10 \text{ Nm}.$$

Bestimmung weiterer Größen · Nach dem Loslassen wird die potenzielle Energie in kinetische Energie und Spannenergie umgewandelt. Im Zustand III ist die gesamte potenzielle Energie in Spannenergie umgewandelt worden. Aus der Energiebilanz kann man die Federkonstante bestimmen:

$$E_{ges} = E_{Spann} = \frac{1}{2} \cdot D \cdot s^2, \text{ folglich}$$

$$D = \frac{2 E_{ges}}{s^2} = \frac{2 \cdot 0,10 \text{ Nm}}{(0,10 \text{ m})^2} = 20 \frac{N}{m}.$$

Betrachten wir den Zustand II (▸ Bild 01). Hier befindet sich das Pendel in der Höhe $\frac{1}{2} h$. Die Feder ist um $s = \frac{1}{2} h$ ausgelenkt. Für diesen Zustand können wir die Geschwindigkeit des Pendels aus der Energiebilanz bestimmen. Für die Gesamtenergie in diesem Zustand gilt:

$$E_{ges} = E_{pot} + E_{Spann} + E_{kin}$$
$$= \frac{1}{2} \cdot m \cdot g \cdot h + \frac{1}{2} \cdot D \cdot \left(\frac{1}{2} h\right)^2 + \frac{1}{2} \cdot m \cdot v^2.$$

Wir lösen nach v auf:

$$v = \sqrt{\frac{2 \cdot (E_{ges} - \frac{1}{2} m \cdot g \cdot h - \frac{1}{8} D \cdot h^2)}{m}}$$

$$v = \sqrt{\frac{2 \cdot (0,10 \text{ Nm} - \frac{1}{2} \cdot 0,10 \text{ kg} \cdot 9,8 \frac{N}{kg} \cdot 0,1 \text{ m} - \frac{1}{8} \cdot 20 \frac{N}{m} \cdot (0,10 \text{ m})^2)}{0,10 \text{ kg}}}.$$

$$v = 0,70 \frac{m}{s}.$$

1 ⌡ Ein Ball wird mit einer Geschwindigkeit von 10 $\frac{m}{s}$ senkrecht nach oben geworfen. Stelle eine Energiebilanz auf. Bestimme die Höhe, die der Ball maximal erreichen kann. Begründe, warum das Ergebnis unabhängig von der Masse des Balls ist.

BLICKPUNKT

Sicherheit im Straßenverkehr

Was heißt hier schnell? · Wenn ein Auto mit 30 $\frac{km}{h}$ fährt, dann sagen viele Leute, es sei langsam. Aber ist das tatsächlich so langsam, wenn es bei dieser Geschwindigkeit zu einem Unfall kommt? Um hierfür ein Gefühl zu bekommen, machen wir folgenden Vergleich (► Bild 04):

Stelle dir vor, das Auto wird mit einem Kran hoch gehoben und dann fallen gelassen: Wenn es aus 3,5 m Höhe fällt, dann kommt es mit 30 $\frac{km}{h}$ auf dem Boden auf. Du bist vielleicht schon mal von einem 3-m-Brett gesprungen. Würdest du aus so einer Höhe springen, wenn unten kein Wasser, sondern Beton wäre? Sicher nicht!

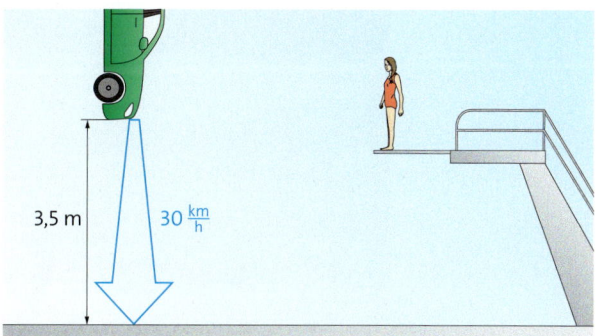

04 Was bedeutet eine Geschwindigkeit von 30 $\frac{km}{h}$?

Bei so einem Aufprall bremst dich der Boden in nur wenigen Millisekunden ab. Die Kraft vom Boden auf dich wird nur während dieser winzigen Zeitspanne ausgeübt. Deswegen ist diese Kraft riesengroß (über 200 000 N) und hat schwerste Verletzungen zur Folge – schon bei 30 $\frac{km}{h}$ Aufprallgeschwindigkeit!

Die Knautschzone · Was geschieht tatsächlich bei einem Autounfall? ► Bild 05 zeigt ein Auto nach einem Crash-Test. Du siehst, dass der vordere Teil des Autos, die sogenannte Knautschzone, zusammengequetscht wurde, während der Rest des Autos kaum zerstört scheint. Das ist Absicht: Während die Knautschzone zusammengedrückt wird, bremst das Auto ab. Das Zusammendrücken dauert immerhin ein bis zwei Zehntelsekunden. Die Zeitspanne für das Abbremsen ist also etwa hundert Mal größer als beim Aufprall ohne Knautschzone. Deswegen ist die Kraft, mit der die Mitfahrer abgebremst werden, hundert Mal kleiner. Zu Verletzungen kann es noch immer kommen, aber Lebensgefahr besteht in der Regel bis etwa 60 $\frac{km}{h}$ keine mehr – unter einer Bedingung:

Nur mit Sicherheitsgurt · Im ► Bild 06 siehst du das Ergebnis eines Crash-Tests bei 30 $\frac{km}{h}$ mit bzw. ohne Sicherheitsgurt. Bei dieser Geschwindigkeit wird der Airbag noch nicht ausgelöst. Im ► Bild 06 A wird der Crash-Test-Dummy durch den Gurt vor dem Lenkrad abgebremst. Bei ► Bild 06 B bewegt er sich mit gleichbleibender Geschwindigkeit weiter, da ohne Gurt keine Kraft auf ihn ausgeübt wird. Vom län-

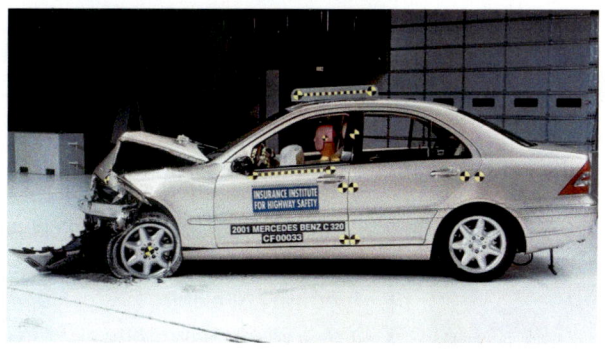

05 Die Knautschzone ist stark zusammengequetscht.

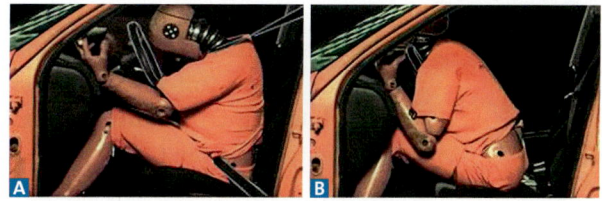

06 Crash: **A** mit und **B** ohne Sicherheitsgurt

geren Abbremsen durch die Knautschzone hat er gar nichts! Er wird erst abgebremst, wenn er mit dem Kopf gegen Lenkrad und Windschutzscheibe prallt. Du erinnerst dich: Kopfüber vom 3-m-Brett und unten Beton.

1 ♪ Lena meint: „In der Stadt braucht man keinen Sicherheitsgurt. Bei einem Unfall kann man sich da mit den Armen vorne abstützen." Stimmt das? Begründe deine Antwort.

01 Mit dem Rad unterwegs

Reibung

02 Dem Wind möglichst wenig Angriffsfläche bieten

Das kennst du sicher: So sehr du auch in die Pedale trittst, du wirst nicht schneller. Der Fahrtwind ist einfach zu stark. Immer wenn du dich bewegst, kommst du nicht so leicht voran, wie du dir das vielleicht wünschst. Woher kommt das?

DER LUFTWIDERSTAND · Für den Fahrtwind ist natürlich die Luft verantwortlich, durch die du dich bewegst. Die **Luftwiderstandskraft** ist stets entgegengesetzt zu deiner Bewegungsrichtung.

Die Luftwiderstandskraft kannst du auf einfache Weise verringern: Wenn du dich beim Radfahren über den Lenker duckst, dann bietet dein Körper der Luft nicht mehr so viel Angriffsfläche. Zudem ist dein Körper in dieser Haltung windschnittiger. Radprofis nutzen das aus (▶ Bild 02). Aber selbst die Radprofis können nicht so schnell fahren, wie sie wollen. Das liegt daran, dass die Luftwiderstandskraft immer größer wird, wenn die Geschwindigkeit größer wird.

03 Beim Skifahren

Das kannst du selbst überprüfen: Halte einen großen Zeichenkarton über deinen Kopf. Laufe damit langsam los und werde dann immer schneller. Anfangs wirst du den Einfluss der Luft auf den Karton kaum spüren. Bei großer Geschwindigkeit aber wird die Luft den Karton nach hinten drücken.

Wenn ein Körper sich durch Luft bewegt, dann übt die Luft eine Kraft auf ihn aus. Diese heißt Luftwiderstandskraft.
Je größer die Geschwindigkeit des Körpers ist, desto größer ist die Luftwiderstandskraft.

DIE GLEITREIBUNGSKRAFT · Beim Skifahren muss man geschickt bremsen (▶ Bild 03). Eine wesentliche Rolle spielt dabei die Gleitreibungskraft F_{gl}. Durch Wachsen kann man die Unterseiten der Ski so verändern, dass sie mehr oder weniger gut gleiten. Daran wird eine wesentliche Eigenschaft der Gleitreibungskraft deutlich: Sie ist abhängig von der Beschaffenheit der Oberflächen der beiden beteiligten Körper.

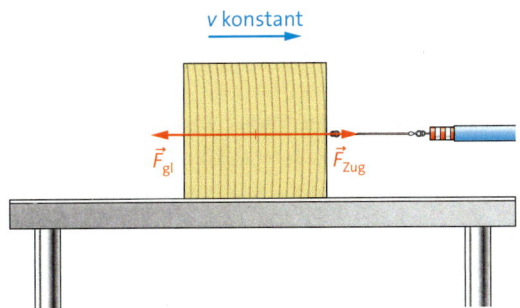

04 Messung der Gleitreibungskraft

05 Welche Mannschaft gewinnt?

IM EXPERIMENT · Wir ziehen einen Holzquader mit konstanter Geschwindigkeit über einen glatten Tisch (▸ Bild 04). Da sich der Quader im Kräftegleichgewicht befindet, zeigt der Kraftmesser den Betrag der Gleitreibungskraft an. Die Vermutung liegt nahe, dass die Gleitreibungskraft größer wird, wenn der Quader stärker auf den Tisch drückt. Um dies zu untersuchen, legen wir verschiedene Massestücke auf den Quader. Wir stellen fest: Die Gleitreibungskraft wächst proportional zur Schwerkraft, kurz: $F_{gl} \sim F_G$.

Den Quader haben wir auf einer horizontalen Fläche gezogen, beim Skifahren fährt man einen Hang hinunter. Hat dies einen Einfluss auf die Gleitreibungskraft? Führt man entsprechende Experimente mit dem Quader an der schiefen Ebene durch, so stellt man fest, dass die Gleitreibungskraft proportional zur Normalkraft wächst, kurz: $F_{gl} \sim F_N$.

Man hat festgestellt, dass der Betrag der Gleitreibungskraft nur von der Oberflächenbeschaffenheit und der Normalkraft abhängt. Dabei gilt:

$$F_{gl} = \mu_{gl} \cdot F_N.$$

Die Gleitreibungszahl μ_{gl} ist eine materialabhängige Konstante. ▸ Tabelle 06 zeigt einige Beispiele.

DIE MAXIMALE HAFTKRAFT · Kommt es beim Tauziehen wirklich nur darauf an, wer kräftiger ist (▸ Bild 05)? Stell dir vor, die Mannschaft auf der rechten Seite stände auf Glatteis: Sie hätte keine Chance zu gewinnen! Die Haftkraft ist hier entscheidend. Wir untersuchen diese ähnlich wie die Gleitreibungskraft experimentell (▸ Bild 04):

Wenn der Quader zunächst ruht und du an ihm ziehst, bleibt der Quader bis zu einem bestimmten Kraftbetrag in Ruhe. Erst dann fängt er an zu rutschen. Es gibt eine maximale Haftkraft F_h.

Wie die Gleitreibungskraft ist die maximale Haftkraft nur von der Oberflächenbeschaffenheit und der Normalkraft abhängig. Für sie gibt es entsprechend eine Haftzahl μ_h, die immer größer ist als die Gleitreibungszahl μ_{gl} (▸ Tabelle 06).

F_h wird auch Haftreibungskraft genannt.

/// Die Gleitreibungskraft F_{gl} und die maximale Haftkraft F_h sind abhängig von der Beschaffenheit der Oberflächen der beiden beteiligten Körper und von der Normalkraft. Es gilt:
$F_{gl} = \mu_{gl} \cdot F_N,$
$F_h = \mu_h \cdot F_N \ (\mu_h > \mu_{gl}).$

REIBUNGSARBEIT · Du weißt bereits, dass an einem Körper Arbeit verrichtet wird, wenn auf ihn eine Kraft entlang eines Weges wirkt. Handelt es sich bei dieser Kraft um eine Reibungskraft, spricht man von verrichteter Reibungsarbeit, für die gilt:

$$W = F_r \cdot s.$$

Fallschirmsprung

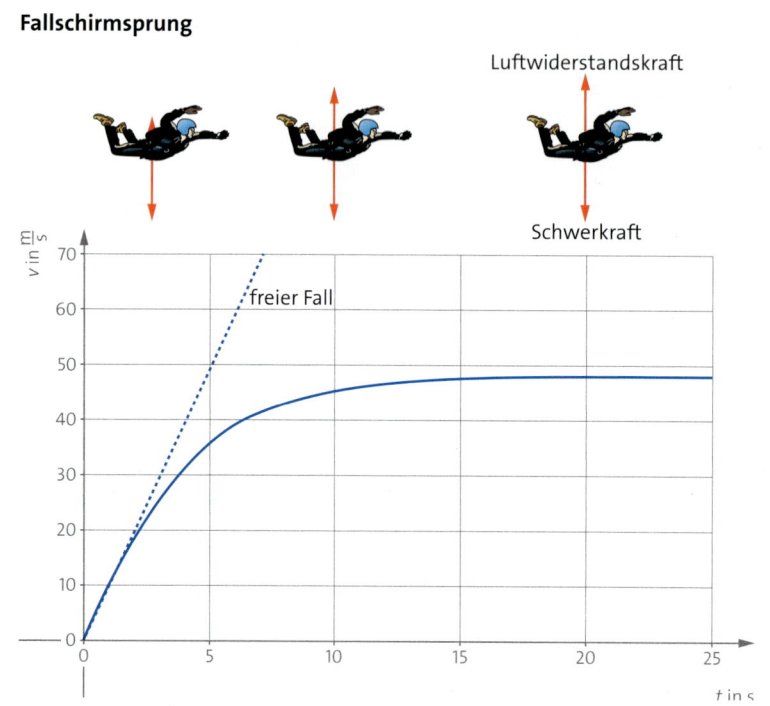

01   $v(t)$-Diagramm vom ersten Teil eines Fallschirmsprungs

Fallschirmsprung · Wie wirken Schwerkraft und Luftwiderstandskraft bei einem Fallschirmsprung? ▸ Bild 01 zeigt das $v(t)$-Diagramm eines Sprungs, bevor der Fallschirm geöffnet wird. Die Steigung des Schaubilds nimmt ab – und damit die Beschleunigung. Nach etwa 20 s ist die Beschleunigung null, der Springer wird dann nicht mehr schneller, sondern bewegt sich mit einer konstanten Geschwindigkeit, seiner **Endgeschwindigkeit**, weiter.

Die Luftwiderstandskraft wirkt nach oben und gleicht offenbar nach 20 s die Schwerkraft nach unten aus. Am Anfang ist die Luftwiderstandskraft kleiner als die Schwerkraft. Sie wird im Laufe der Bewegung größer, bis sie nach 20 s genauso groß wie die Schwerkraft ist.

Vor der Landung · Der Fallschirmspringer muss seinen Schirm rechtzeitig öffnen. Dann wächst die Luftwiderstandskraft stark an und die Fallbewegung wird solange abgebremst, bis sich eine neue Endgeschwindigkeit einstellt (▸ Bild 02).

Wir betrachten die Bewegung genauer: Direkt nach dem Öffnen des Fallschirms ist die Luftwiderstandskraft größer als die Schwerkraft. Dadurch entsteht eine resultierende Kraft nach oben, der Springer wird gebremst. Er verliert dann an Geschwindigkeit, bis die Luftwiderstandskraft wieder genau so groß wie die Schwerkraft ist. Es liegt dann wieder ein Kräftegleichgewicht vor, diesmal allerdings bei einer kleineren Geschwindigkeit als ohne geöffneten Fallschirm.

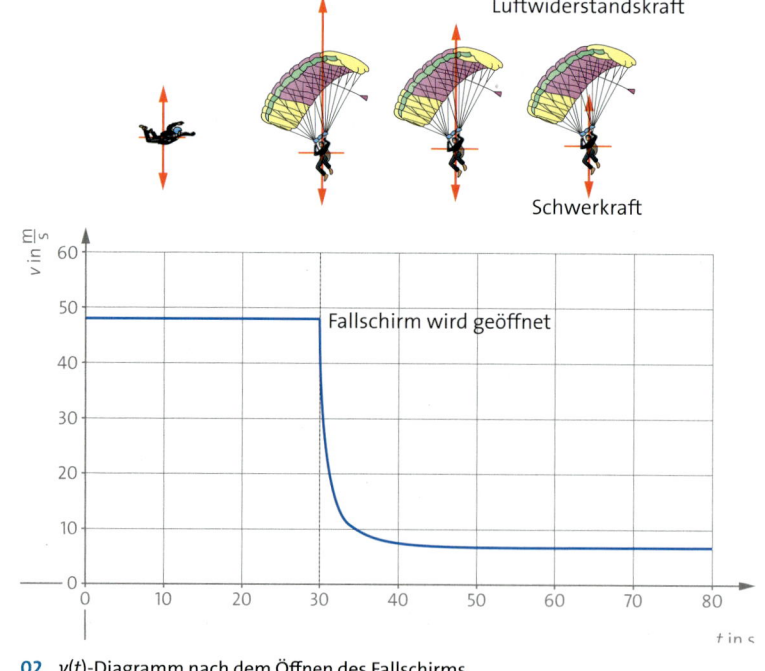

02   $v(t)$-Diagramm nach dem Öffnen des Fallschirms

Material A ▸ Gleitlager und Rollenlager

Die einfachste Möglichkeit, ein Rad an einem Fahrzeug zu befestigen, besteht in einem Gleitlager (▸ Bild 04 links): Das Rad wird unmittelbar auf eine feststehende Achse geschoben.

04 Gleitlager und Rollenlager

Bei einem Rollenlager dagegen befindet sich zwischen Achse und Rad noch ein schmaler metallischer Ring, in dem sich viele kleine Rollen drehen können (▸ Bild 04 rechts).

A1 Nenne Beispiele für die Verwendung von Gleitlagern.

A2 Stelle Vor- und Nachteile von Gleitlagern und Rollenlagern in einer Tabelle gegenüber.

A3 a) Gib an, welche Arten der Reibung in einem Gleitlager und in einem Rollenlager vorkommen.
b) Beschreibe, wie sich die Reibung in beiden Fällen vermindern lässt.

A4 Es gibt auch Möglichkeiten, Räder bzw. Achsen ohne direkten miteinander zu lagern. Informiere Dich und berichte darüber.

Material B ▸ Speed-Ski

05 Speed-Skifahrer: Mit 250 $\frac{km}{h}$ bergab!

B1 Speed-Skifahrer wie im ▸ Bild 05 fahren auf Strecken mit einem Gefälle von bis zu 48°. Nach einer Strecke von 400 m wird dabei die Geschwindigkeit gemessen.
a) Berechne die Hangabtriebskraft F_H bei einem Fahrer mit einer Masse von 80 kg.
b) Berechne die sich aus F_H ergebende Beschleunigung und die Geschwindigkeit am Ende der Beschleunigungsstrecke.
c) Der Weltrekord liegt derzeit bei 251,4 $\frac{km}{h}$. Beurteile dein Ergebnis aus b).

B2 Anne sagt: „Mit einer längeren Beschleunigungsstrecke müsste es auch einen neuen Weltrekord geben!" Stimmt das? Informiere dich.

Material C ▸ Reibungszahlen

C1 Ein Auto ($m = 1,5$ t) mit blockierenden Reifen bremst mithilfe der Gleitreibungskraft F_{gl}.
a) Berechne F_{gl} für nassen Asphalt, für trockenen Asphalt und für Glatteis.
b) Berechne jeweils den damit verbundenen Bremsweg bei einer Bremsung aus 54 $\frac{km}{h}$.
c) Durch das Antiblockiersystem (ABS) rutschen die Reifen nicht mehr. Der Bremsweg ändert sich dadurch kaum. Trotzdem ist das ABS sinnvoll. Erläutere.

C2 Damit ein Auto beschleunigen kann, müssen die Reifen auf dem Asphalt haften.
In einem Werbeprospekt für einen Sportwagen steht:
„Von 0 auf 100 $\frac{km}{h}$ in 3 s!"
Ist das überhaupt möglich? Begründe mit einer Rechnung.

Gummi auf ...	μ_{gl}	μ_h
... trockenem Asphalt	0,8	0,9
... nassem Asphalt	0,5	0,7
... Eis	0,1	< 0,2
... Splitt	0,4	0,6

06 Beispiele für Reibungszahlen

Beschleunigte Bewegungen

Beschleunigung: Bei einer Bewegung ändert sich während der kleinen Zeitspanne Δt die Geschwindigkeit um Δv. Die Beschleunigung a berechnet man dann zu:
$a = \frac{\Delta v}{\Delta t}$.
Die Einheit der Beschleunigung ist $1 \frac{m}{s^2}$.
Im $v(t)$-Diagramm gibt die Steigung die Beschleunigung a an.
Im $a(t)$-Diagramm erhält man die Geschwindigkeitsänderung Δv als Inhalt der Fläche zwischen dem Graphen und der t-Achse.

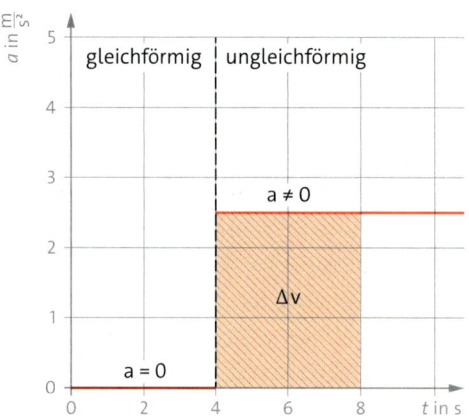

Bewegung aus der Ruhe: Für konstante Beschleunigung a gilt:
$a = \frac{v}{t}$ bzw. $v = a \cdot t$ und
$\Delta s = \frac{1}{2} a \cdot t^2$.

Kräfte

Trägheitsgesetz: Ein Körper ändert seine Geschwindigkeit oder seine Bewegungsrichtung nur, wenn ein anderer Körper auf ihn einwirkt.

Träge Masse: Je größer die Masse eines Körpers ist, desto schwieriger ist es, ihn zu beschleunigen, abzubremsen oder seine Bewegungsrichtung zu ändern.

Eigenschaften der Kraft: Eine Kraft hat einen Betrag und eine Richtung. Wir kennzeichnen dies durch einen Pfeil über dem Größensymbol $\vec{F}$.
Die Einheit der Kraft ist ein Newton (1 N).

Wechselwirkungsgesetz: Wenn ein Körper A auf einen Körper B eine Kraft $\vec{F}$ ausübt, dann übt der Körper B auf den Körper A eine Kraft $-\vec{F}$ mit gleichem Betrag und entgegengesetzter Richtung aus.

01 Wechselwirkungsgesetz

Rückstoßprinzip: Wenn ein Körper z. B. ein Gas oder eine Flüssigkeit mit einer Kraft $\vec{F}$ nach hinten ausstößt, dann wird auf den Körper die Gegenkraft $-\vec{F}$ nach vorne ausgeübt.

Grundgesetz der Dynamik: Wird auf einen Körper der Masse m die resultierende Kraft F ausgeübt, so gilt:
$F = m \cdot a$.
Dabei gilt das Aktionsprinzip: Je größer die Masse des Körpers ist, desto größer muss die ausgeübte Kraft sein, um eine bestimmte Beschleunigung zu erreichen.

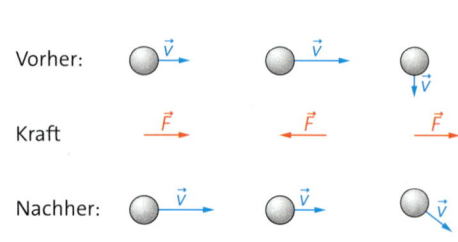

02 Bewegungsänderung durch eine Kraft

Energie und Arbeit

Kinetische Energie: Die Bewegungsenergie eines Körpers hängt nur von seiner Masse m und Geschwindigkeit v ab. Es gilt:
$$E_{kin} = \frac{1}{2} m \cdot v^2.$$

Potenzielle Energie: Die potenzielle Energie eines Körpers hängt nur von seiner Masse m, dem Ortsfaktor g und von der Höhe h über dem Bezugsniveau ab. Es gilt:
$$E_{pot} = m \cdot g \cdot h.$$

Mechanische Arbeit: Wirkt eine Kraft F auf einen Körper entlang des Weges s, wird die Arbeit
$$W = F \cdot s$$
verrichtet. Arbeit ist eine Prozessgröße. Sie bewirkt eine Änderung der Energie.
$$W = \Delta E$$

Energieerhaltung: In einem abgeschlossenen System bleibt bei reibungsfreien Vorgängen die Summe der mechanischen Energien erhalten.
Die Gesamtenergie ist konstant und es gilt:
$$E_{ges} = E_{pot} + E_{kin} + E_{Spann}.$$

Reibung

Reibung und Luftwiderstand: Auf jeden Körper üben angrenzende Körper Reibungskräfte aus, die einer Bewegung entgegenwirken. Beispiele sind die Luftreibung, die Gleitreibung und die Haftreibung.

Reibungskräfte: Die Gleitreibungskraft $\vec{F}_{gl}$ und die maximale Haftkraft $\vec{F}_{h}$ sind abhängig von der Beschaffenheit der Oberflächen der beiden beteiligten Körper und von der Normalkraft. Es gilt:
$$F_{gl} = \mu_{gl} \cdot F_N \quad \text{und} \quad F_h = \mu_h \cdot F_N.$$
Dabei sind μ_{gl} die Gleitreibungszahl und μ_h die Haftzahl mit $\mu_h > \mu_{gl}$.

Überprüfe dich selbst:

Kann ich ...

... die Beschleunigung als physikalische Größe an einem Beispiel beschreiben? (S. 10 ff.)

... die Gesetze der gleichmäßig beschleunigten Bewegung auf einfache Bewegungen übertragen und anwenden? (S. 14 ff.)

... den freien Fall als Spezialfall erläutern und Berechnungen durchführen? (S. 18)

... das Trägheitsgesetz an einem Beispiel erklären? (S. 20 ff.)

... den Einfluss der Masse auf Bewegungen erläutern und an einem Beispiel verdeutlichen? (S. 22)

... das Wechselwirkungsgesetz erläutern und vom Kräftegleichgewicht unterscheiden? (S. 24 ff.)

... das Rückstoßprinzip am Beispiel eines Raketenantriebs erklären? (S. 26)

... das Grundgesetz der Dynamik an einem Beispiel erläutern? (S. 28 ff.)

... kinetische und potenzielle Energie unterscheiden und jeweils erklären? (S. 32 ff.)

... Arbeit als Prozessgröße beschreiben? (S. 32 ff.)

... Beschleunigungsarbeit und Hubarbeit unterscheiden und berechnen? (S. 32 ff.)

... mit Energiebilanzen umgehen? (S. 36)

... den Einfluss von Reibung auf die Bewegung eines Körpers beschreiben und erläutern? (S. 38 ff.)

... Gleitreibung und Haftreibung unterscheiden? (S. 39)

Elektromagnetische Induktion und Leitungsvorgänge

In diesem Kapitel beschäftigst du dich mit

- ► der Erzeugung elektrischer Spannungen über Magnetfelder und lernst dabei den Begriff der Induktion kennen. Du lernst dabei zwischen Generatorprinzip und Transformatorprinzip zu unterscheiden.

- ► Leitungsvorgängen in Leitern und Halbleitern. Du lernst Modelle kennen, die diese Mechanismen beschreiben und erklären.

- ► Halbleiter-Bauteilen wie Diode, LED und Solarzelle. Du lernst ihre Eigenschaften kennen sowie eine Reihe technischer Anwendungen.

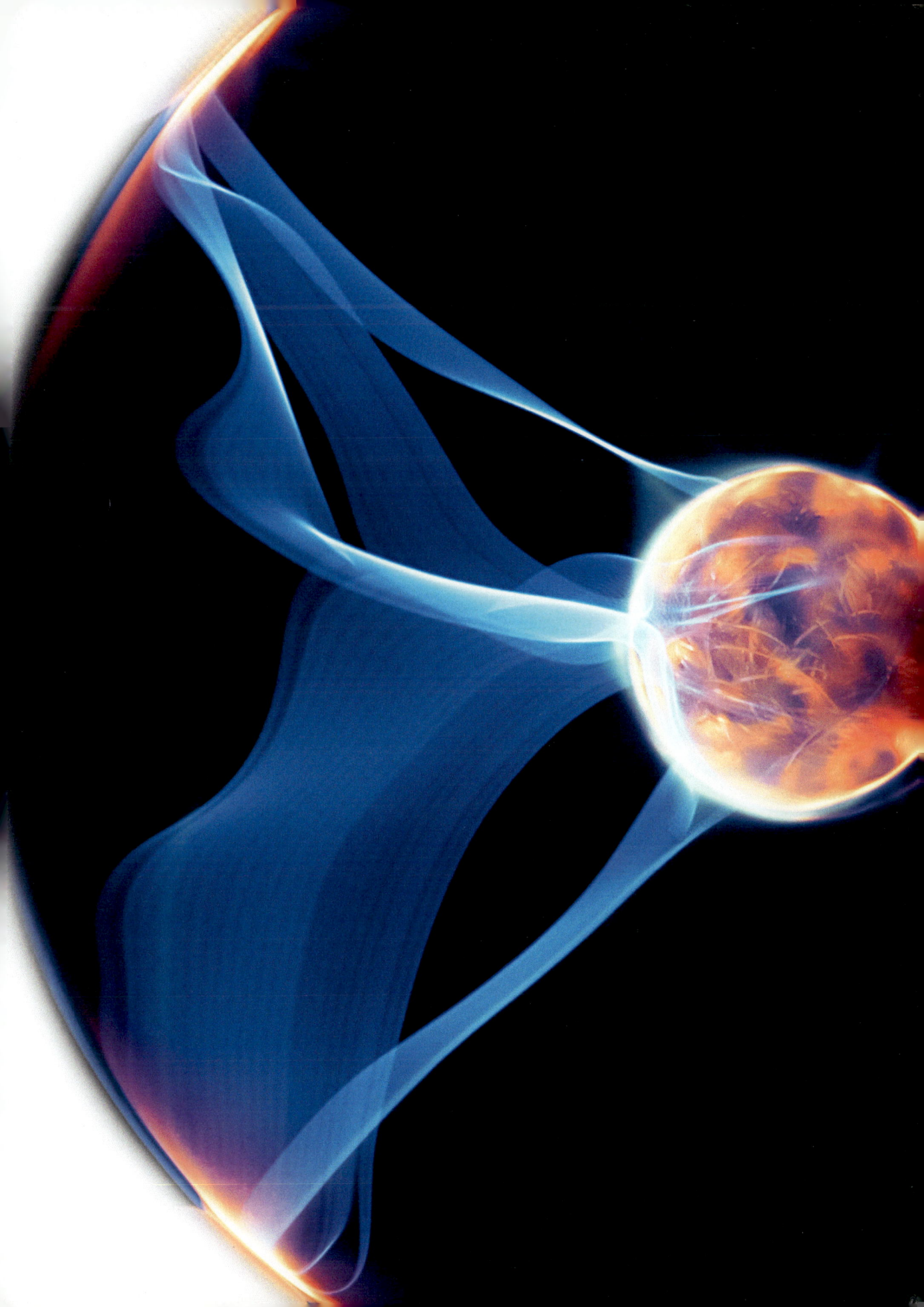

Größen des elektrischen Stromkreises

Elektrische Stromstärke: Die elektrische Stromstärke gibt an, wie viel elektrische Ladung in einem bestimmten Zeitabschnitt an einer Stelle im Stromkreis vorbeifließt. Das Größensymbol ist I. Die Einheit der elektrischen Stromstärke ist ein Ampere (1 A).

Elektrische Spannung: Im elektrischen Stromkreis stellt die Spannung einer elektrischen Quelle den Antrieb für den elektrischen Strom dar. Das Größensymbol ist U. Die Einheit der elektrischen Spannung ist ein Volt (1 V). Bei gleichen Stromstärken gilt: Je größer die elektrische Spannung der elektrischen Quelle ist, desto mehr Energie wird von der Quelle zum Gerät übertragen.

Stromrichtung: Da die Elektronen negative elektrische Ladung tragen, fließen sie vom Minuspol zum Pluspol.

Elektrischer Widerstand: Der elektrische Widerstand gibt an, wie stark ein Gerät oder ein Gegenstand den elektrischen Strom hemmt.
Bei gleicher Spannung gilt: Je größer der Widerstand ist, desto kleiner ist die Stromstärke im gesamten Stromkreis.

Das Größensymbol ist R.
Die Einheit für den elektrischen Widerstand ist ein Ohm (1 Ω).
Im Stromkreis gilt: $R = \frac{U}{I}$.

OHM'sches Gesetz: Bei konstanter Temperatur sind Stromstärke und Spannung proportional zueinander.

Elektrische Leistung: Die elektrische Leistung P gibt an, wie viel Energie pro Zeit elektrisch übertragen wird:

$P = \frac{W}{t}$.

Dabei steht W für die elektrische Arbeit.
Die Einheit der Leistung ist ein Watt (1 W).
In einem Stromkreis gilt $P = U \cdot I$.

Elektrische Schaltungen

Reihenschaltung: Alle Lampen haben einen gemeinsamen Stromkreis. Wenn man eine Lampe herausdreht, dann leuchten die anderen Lampen nicht mehr. Je mehr Lampen in den Stromkreis eingebaut sind, desto schwächer leuchten sie.

Parallelschaltung: Jede Lampe hat einen eigenen Stromkreis. Wenn man eine Lampe herausdreht, dann leuchten die anderen Lampen weiter. Wenn eine weitere Lampe hinzugefügt wird, dann ändert sich die Helligkeit der anderen Lampen nicht.

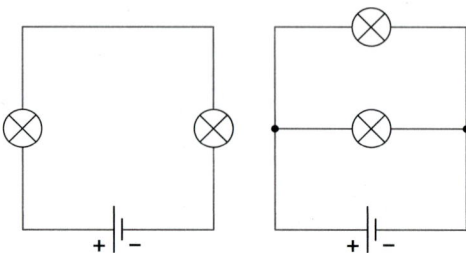

01 Reihen- und Parallelschaltung

Elektromagnetismus

Magnetfelder durch Strom: Ein stromführender Draht ist von einem Magnetfeld umgeben. Die magnetischen Feldlinien bilden geschlossene Kreise. Die Kreisebene liegt senkrecht zum Draht.

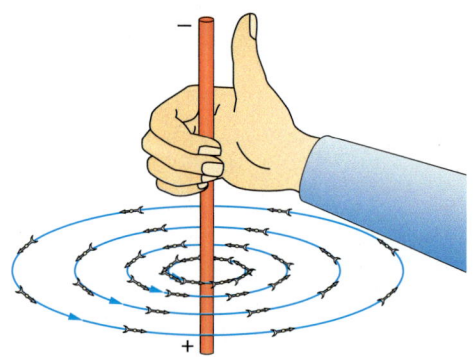

02 Magnetfeld

Magnetfeld einer Spule: Die magnetischen Feldlinien einer stromführenden Spule sind geschlossen. Eine mit Eisen gefüllte Spule hat ein stärkeres Magnetfeld als eine mit Luft gefüllte Spule.

Elektromagnete: Durch einen Stromfluss kann ein Magnetfeld erzeugt werden. Durch das Ein- und Ausschalten des Stroms kann die magnetische Wirkung kontrolliert werden.
Elektromagnete finden bei Kränen, Notbremsvorrichtungen oder in manchen Lautsprechern Verwendung.

Stromkreise

1 **a)** Erläutere die Aussagen:
Ein Stromstärkemessgerät muss in Reihe zum Gerät geschaltet werden. Ein Spannungsmessgerät muss parallel zur Batterie oder zum Gerät geschaltet werden.

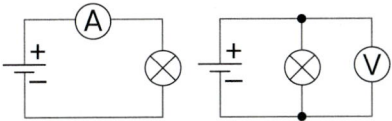

b) Begründe: Ein Stromstärkemessgerät muss den Strom praktisch ungehemmt durchlassen. Ein Spannungsmessgerät darf den Strom praktisch nicht durchlassen.
c) Ein Stromstärkemessgerät wird statt eines Spannungsmessgeräts eingebaut (oder umgekehrt). Beschreibe und erkläre, was geschieht.

2 In einem einfachen Stromkreis aus einer Batterie und einer Glühlampe wird eine Stromstärke von 0,45 A gemessen. Gib jeweils die Stromstärke durch die Lampe und durch die Batterie an.

3 Es ist I_1 = 1,2 A und I_3 = 1,8 A. Berechne die Stromstärke I_2.

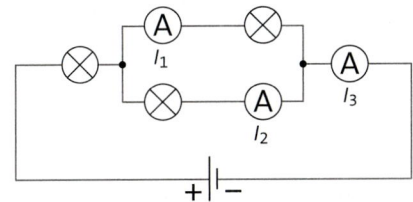

4 Fertige jeweils eine Schaltskizze zu einer Schaltung mit vier baugleichen Widerständen an. Dabei sollen die jeweils angegebenen Bedingungen erfüllt sein.
a) Die Stromstärke durch R_1 soll dreimal so groß sein wie durch die anderen Widerstände.

b) Die Stromstärke durch jeweils zwei Widerstände soll gleich groß sein, aber bei keinem so groß wie I_{ges}.
c) Vergleiche die beiden Schaltungen bezüglich der Teilstromstärken.

5 Elena und Sascha experimentieren mit blauen Lampen (6 V/0,1 A), roten Lampen (3 V/0,1 A) und einem 12-V-Akku.
a) Sie wollen eine Schaltung mit vier blauen Lampen aufbauen. Zeichne dazu einen Schaltplan.
Zeichne ein Stromstärkemessgerät zur Messung der Gesamtstromstärke ein. Notiere, was das Gerät anzeigt.
b) Nun wollen sie eine Schaltung mit blauen und roten Lampen aufbauen. Zeichne dazu drei verschiedene Schaltpläne.

Arbeit und Leistung

6 Dein Toaster in der Küche hat eine Leistung von 900 W und wird an der Steckdose (230 V) betrieben. Berechne die Stromstärke und den Widerstand.

7 Zwei Glühlampen haben die Aufschrift 6 V/5 A bzw. 12 V/35 W. Welche der Lampen hat im Betrieb die größere Leistung, welche die größere Stromstärke?

8 Herr Brauns Wasserkocher hat eine Leistung von 2400 W. Um einen Liter kaltes Wasser zum Kochen zu bringen, dauert es 2 min 45 s.
a) Berechne die aufgenommene Energie des Wasserkochers in J und in kWh.
b) Herr Braun möchte Energie „sparen" und überlegt sich, seinen Kocher durch einen mit einer Leistung von 1800 W zu ersetzen. Nimm Stellung.

9 Auf dem Akku eines Smartphones steht: 800 mAh; 3,7 V. Kläre die Bedeutung und bestimme die im Akku gespeicherte Energie.

Elektromagnetismus

10 **a)** Wie muss man die Drahtenden 1 und 2 in ▶ Bild 03 A, B anschließen, damit das Magnetfeld die gezeigte Richtung hat?
b) Bei der Spule in ▶ Bild 03 C ist 1 am Pluspol und 2 am Minuspol angeschlossen. Beschreibe den Feldlinienverlauf.

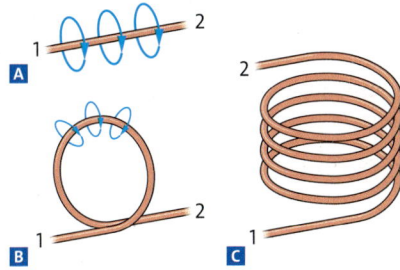

03 **A** Gerader Draht, **B** Drahtwindung, **C** Spule

11 **a)** Die Drahtwindungen einer Spule müssen isoliert sein. Begründe.
b) Ein Eisenkern führt zu einer Verstärkung des Magnetfelds. Warum verwendet man nicht einen Kern aus Aluminium oder Kupfer?
c) Wie erhält man einen möglichst starken Elektromagneten? Stelle Vermutungen auf.

12 Erläutere mithilfe des Modellversuchs, wie eine elektrische Klingel funktioniert.

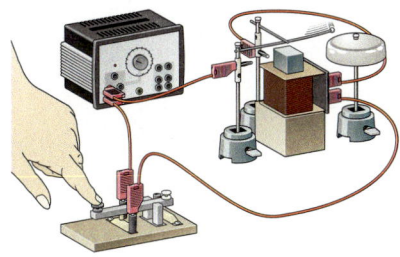

01 Windpark zur umweltfreundlichen Energieversorgung

Elektromagnetische Induktion

Zentrales Bauteil einer Windkraftanlage ist der Generator. Durch ihn wird eine Spannung erzeugt. Diese Spannung treibt den elektrischen Strom an. Was ist die Ursache für die Spannung?

ERZEUGUNG VON SPANNUNG · Als Beispiel für einen Generator betrachten wir einen Fahrraddynamo (▸ Bild 02). Er besteht aus einer feststehenden Spule und einem drehbaren

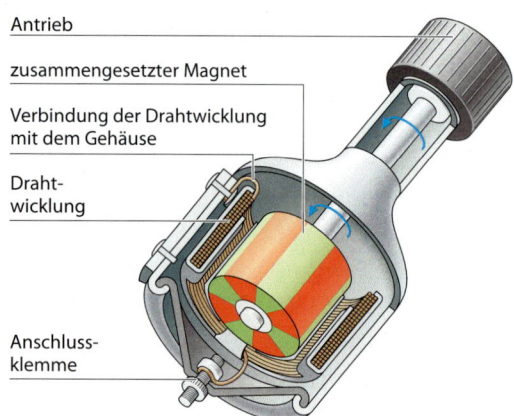

Antrieb

zusammengesetzter Magnet

Verbindung der Drahtwicklung mit dem Gehäuse

Draht-wicklung

Anschluss-klemme

02 Ein spezieller Generator, der Fahrraddynamo

Dauermagneten. Wir schließen ein Spannungsmessgerät an die Spule des Fahrraddynamos an. Drehen wir am Antriebsrad, so zeigt das Messgerät eine Spannung an. Anscheinend muss nur der Magnet in der Spule gedreht werden, damit eine Spannung entsteht. In der Physik sagt man üblicherweise „eine Spannung wird **induziert**" anstatt „eine Spannung entsteht".

INDUKTION DURCH BEWEGUNG · Im Folgenden untersuchen wir das Phänomen der Induktion einer Spannung genauer. Hierzu verwenden wir eine Spule, einen Stabmagneten und ein Spannungsmessgerät. Bewegen wir den Stabmagneten in die Spule hinein, so zeigt das Messgerät eine Spannung an (▸ Bild 03). Ziehen wir den Magneten wieder heraus, dann zeigt das Messgerät wiederum eine Spannung an. Diesmal jedoch schlägt der Zeiger in die andere Richtung aus, das Vorzeichen der Spannung hat sich also umgekehrt (▸ Bild 04). Solange der Magnet unbewegt in der Spule bleibt, wird keine Spannung induziert.

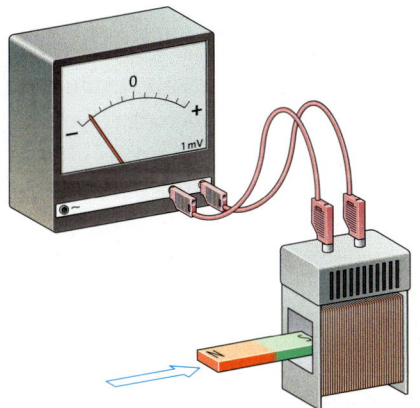
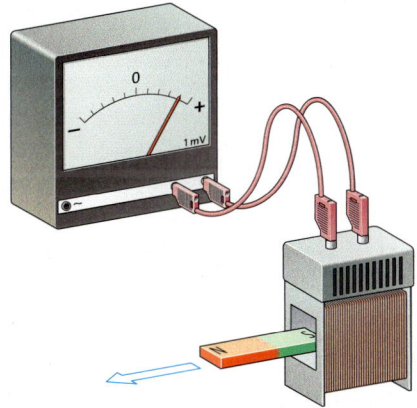
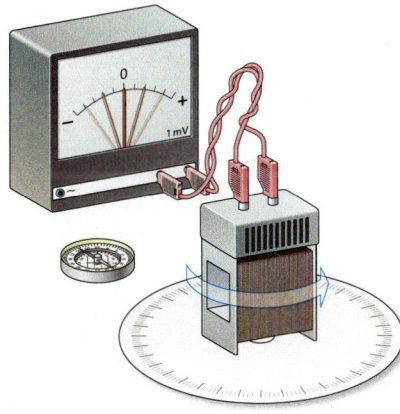

03 Wird der Magnet in die Spule hinein-
bewegt, so wird eine Spannung induziert.

04 Wird der Magnet aus der Spule herausbewegt, so wird eine Spannung induziert.

05 Eine Spule dreht sich im Magnetfeld der
Erde. Es wird eine Wechselspannung induziert.

Wie können wir eine größere Spannung induzieren? Es ist naheliegend, dass wir dazu den
Magneten schneller bewegen müssen. Tatsächlich ist der Zeigerausschlag größer, wenn man
den Magneten schneller in die Spule hinein-
oder aus ihr herausbewegt. Je schneller die
Bewegung ist, desto größer ist die induzierte
Spannung.

Wird auch eine Spannung induziert, wenn man
statt des Magneten die Spule bewegt? Wir halten den Magneten fest und bewegen die Spule
auf den Magneten zu oder von ihm weg. Auch
dann wird eine Spannung induziert und wieder
hängt das Vorzeichen der Spannung von der
Bewegungsrichtung ab.

/// Wenn sich ein Magnet und eine Spule
relativ zueinander bewegen, dann wird
eine Spannung induziert.
Das Vorzeichen der Spannung hängt von
der Bewegungsrichtung ab.
Je schneller die Bewegung ist, desto größer
ist die Spannung.

Beim Fahrraddynamo wird der Magnet gedreht.
Wenn es wirklich nur auf die relative Bewegung
von Magnet und Spule zueinander ankommt,
dann sollte auch eine Spannung induziert werden, wenn die Spule gedreht wird.

GENERATORPRINZIP · Wir nehmen eine Spule
mit vielen Windungen und stellen diese auf
einen Drehteller. An die Enden der Spule schließen wir ein Spannungsmessgerät an (▸ Bild 05).
Als Magnetfeld nutzen wir das Magnetfeld der
Erde.

Drehen wir die Spule, dann zeigt das Messgerät
eine Spannung an. Der Zeiger des Messgeräts
zeigt abwechselnd nach rechts und links. Offensichtlich ist die Spannung nicht konstant.
Wir schließen statt des Messgerätes nun ein
Messwerterfassungssystem an und zeichnen
den Verlauf der Spannung über der Zeit auf.
Den genauen zeitlichen Verlauf zeigt das ▸ Bild
06. Bei diesem Experiment haben wir die Spule
mit konstanter Drehzahl gedreht. Wir beobachten, dass die induzierte Spannung abwechselnd
positive und negative Werte annimmt. Da dies
kontinuierlich geschieht, spricht man von einer
Wechselspannung.

/// Wenn eine Spule in einem Magnetfeld
gedreht wird, dann wird eine Wechselspannung induziert.

1 ⌡ Ein Stabmagnet wird durch eine Spule
hindurchgeschoben. Beschreibe, wie sich
die Anzeige eines angeschlossenen
Spannungsmessgeräts ändert.

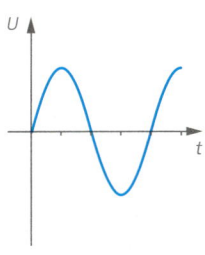

06 Wechselspan-
nung: Die Spannung
ist über der Zeit
dargestellt.

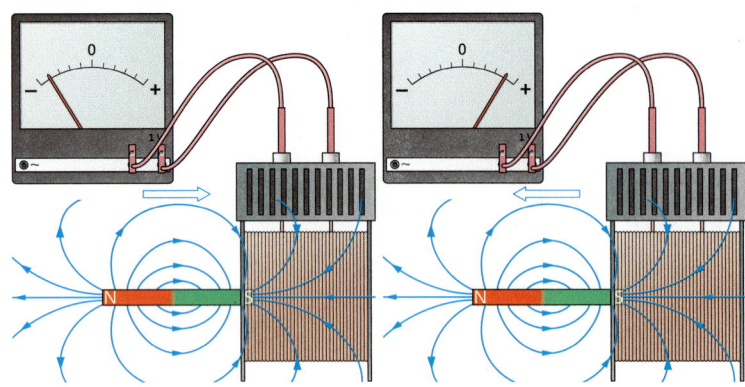

01   Solange der Magnet bewegt wird, ändert sich das Magnetfeld in der Spule und es wird eine Spannung induziert.

TRANSFORMATORPRINZIP · Bis jetzt haben wir immer etwas bewegt, die Spule oder den Magneten, um Spannung zu induzieren. Bei der Bewegung des Magneten oder der Drehung der Spule gibt es eine Gemeinsamkeit: Das Magnetfeld in der Spule ändert sich.

Bewegt man den Magneten in die Spule hinein, so wird das Feld in der Spule stärker und es wird eine Spannung induziert (▸ Bild 01). Beim Herausziehen des Magneten wird das Feld in der Spule schwächer. Wieder wird eine Spannung induziert, nur mit umgekehrten Vorzeichen. Bleibt der Magnet unbewegt in der Spule, so ändert sich auch das Magnetfeld in der Spule nicht. Es wird keine Spannung induziert.

Wenn die Spule im Magnetfeld gedreht wird, dann ändert sich ständig die Richtung des Magnetfeldes relativ zur Spule (▸ Bild 02). Die Stärke des Feldes bleibt hier konstant. Auch in diesem Fall wird eine Spannung induziert.

02   Induktion durch Änderung der „Richtung" des magnetischen Feldes.

Induktionsspule
Elektromagnet

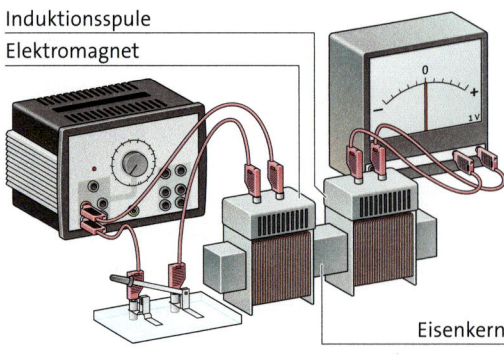

03   Elektromagnet neben einer Induktionsspule

Eisenkern

Wir schließen daraus, dass es auf die Änderung des Magnetfeldes in der Spule ankommt, um eine Spannung zu induzieren. Eine Bestätigung soll das folgende Experiment liefern.

INDUKTION OHNE BEWEGUNG · Wir stellen einen Elektromagneten vor eine Spule, an die wir ein Spannungsmessgerät anschließen (▸ Bild 03). Schließen wir den Schalter, dann erzeugt der elektrische Strom durch den Elektromagneten ein Magnetfeld. Beim Schließen des Schalters lesen wir am Messgerät eine Spannung ab, danach nicht mehr. Erst beim Öffnen des Schalters beobachten wir wieder eine Spannung, aber mit umgekehrtem Vorzeichen.

Wir variieren das Experiment noch etwas. Wir schalten den Elektromagneten ein und erhöhen die elektrische Stromstärke. Das Magnetfeld wird dadurch stärker. Auch während der Verstärkung des Magnetfeldes wird eine Spannung induziert.

/// Wenn sich in einer Spule das Magnetfeld ändert, dann wird eine Spannung induziert. Ist das Feld konstant, dann gibt es keine Induktionsspannung.

EINE VERANSCHAULICHUNG · Die bisherigen Versuche haben gezeigt, dass eine Spannung nur induziert wird, wenn sich das Magnetfeld in der Spule ändert. Es spielt keine Rolle, wie das Magnetfeld zustande kommt. Dies klingt abstrakt, lässt sich aber gut veranschaulichen.

Dazu beschreiben wir das Magnetfeld mithilfe von Feldlinien. Die Richtung einer Feldlinie in einem bestimmten Punkt stellt die Richtung des Magnetfeldes in diesem Punkt dar. Die gezeichnete Anzahl der Feldlinien in einem Bereich stellt die Stärke des Feldes in diesem Bereich dar. Zwar lässt sich die absolute Stärke nicht ablesen, aber zwei Felder sind hinsichtlich ihrer Stärke vergleichbar.

Durch Abzählen der gezeichneten Feldlinien innerhalb der Spule können wir erkennen, ob sich die Stärke des magnetischen Feldes in der Spule geändert hat, und damit beurteilen, ob eine Spannung induziert wird.

Illustrieren wir es mit Bildern. Hierzu wählen wir eine besondere Darstellung. Die Feldlinien zeichnen wir senkrecht zur Papierebene. Sehen wir ein Kreuz, dann läuft die Feldlinie in die Ebene hinein. Sehen wir einen Punkt, dann läuft die Feldlinie aus der Papierebene heraus.

▸ Bild 04 A zeigt eine Spule mit einer Windung, in einem Magnetfeld, einmal vor und einmal nach einer Magnetfeldänderung. Im Bild rechts ist das Magnetfeld in der Spule schwächer als im Bild links. Das erkennst du daran, dass die Anzahl der Kreuze, das heißt die Anzahl der gezeichneten Feldlinien, in der Spule abgenommen hat. Also wird eine Spannung induziert.

Im ▸ Bild 04 B ändert sich die Anzahl der gezeichneten Feldlinien in der Spule ebenfalls. Die Stärke des Feldes hat sich aber nicht verändert. Aus dem Bild ist nicht ersichtlich, ob sich die Spule oder das Feld bewegt hat. Zur Beurteilung, ob eine Spannung induziert wird, ist dies auch nicht wichtig. Es kommt nur auf die Veränderung der Anzahl der Feldlinien durch die Spule an. Es kommt nicht darauf an, wie diese Veränderung zustande kommt. In dem dargestellten Fall wird folglich eine Spannung induziert.

Im ▸ Bild 04 C wird keine Spannung induziert. Bei der Bewegung der Spule verändert sich die Anzahl der Feldlinien in der Spule nicht.

Am ▸ Bild 05 können wir die Erzeugung von Wechselspannung nachvollziehen. Durch die Drehbewegung ändert sich laufend die Anzahl der Feldlinien im Spuleninneren. Im Bild links wird die Spule von neun Feldlinien durchsetzt. Wegen der Drehbewegung sind es nach kurzer

Zeit nur noch drei Feldlinien. Es wird kontinuierlich eine Spannung induziert.

Auch der Wechsel des Vorzeichens der Spannung lässt sich aus der Veranschaulichung verstehen. Ist die Spule um eine halbe Umdrehung weitergedreht, dann treffen die Feldlinien die Spule auf der Rückseite der Querschnittsfläche. Deswegen kehrt sich das Vorzeichen der Spannung um.

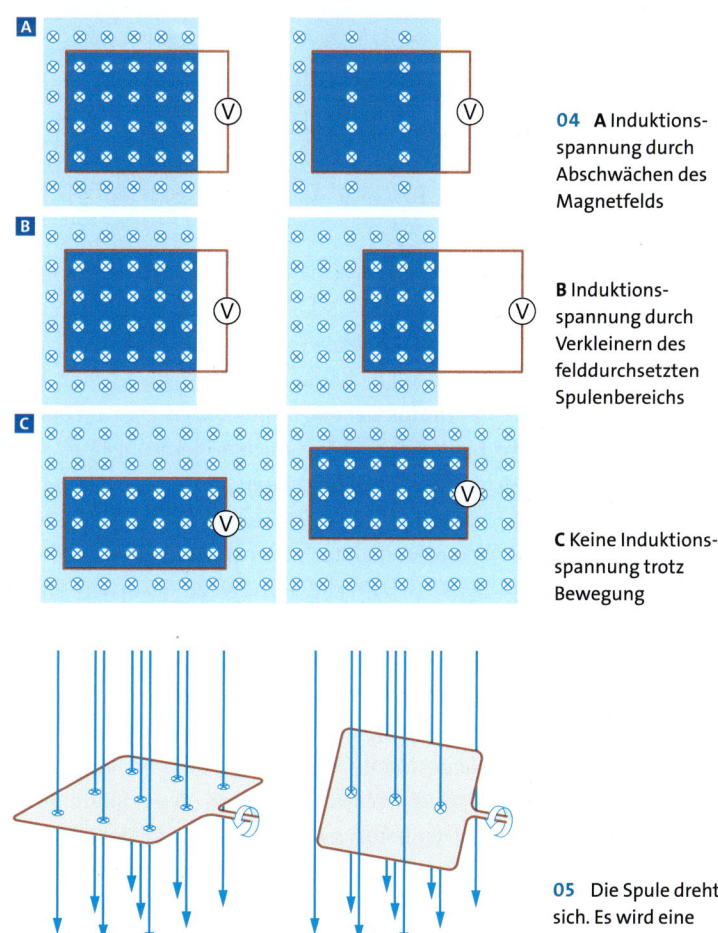

04 **A** Induktionsspannung durch Abschwächen des Magnetfelds

B Induktionsspannung durch Verkleinern des felddurchsetzten Spulenbereichs

C Keine Induktionsspannung trotz Bewegung

05 Die Spule dreht sich. Es wird eine Spannung induziert.

1 ⌡ Zeichne ein Bild, bei dem das Magnetfeld in der Spule zunimmt.

2 ⌡ Zeichne ein Bild für den Fall „Induktion ohne Bewegung".

/// **BLICKPUNKT** ///

Vom Laufburschen zum Entdecker

01 FARADAY um 1829

MICHAEL FARADAY wurde 1791 in England geboren. Mit 13 Jahren wurde er Laufbursche eines Buchhändlers in London. Dieser war zufrieden und übernahm den Jungen ein Jahr später in eine siebenjährige Ausbildung zum Buchbinder. Der kleine Michael lernte schnell, las nebenbei viele der bearbeiteten Bücher, interessierte sich für Wissenschaft und der Buchhändler erlaubte ihm zu experimentieren sowie wissenschaftliche Vorträge zu besuchen. Nach Abschluss seiner Ausbildung hätte FARADAY gerne bei der großen Londoner Wissenschaftsgesellschaft Royal Society gearbeitet – seine Bewerbung blieb jedoch erfolglos. Doch der junge Mann folgte nicht nur bei Versuchen akribisch seinen Planungen. Er verfolgte auch bei der Berufswahl beharrlich sein Ziel, Wissenschaftler zu werden. Er bewarb sich bei der Royal Institution, einer Gesellschaft zur Verbreitung wissenschaftlicher Erkenntnisse, und wurde 1813 als Laborgehilfe angestellt. Er verrichtete regelmäßige Aufgaben, nutzte das Labor für eigene Versuche und hatte 1819 schon 37 wissenschaftliche Veröffentlichungen publiziert. Im Jahr 1821 baute er eine elektrische Spule, die sich in der Nähe eines Stabmagneten allein durch magnetische Kräfte drehte. Sie ist die Grundlage des **Elektromotors** und seine erste große Entdeckung – weitere folgten:

Er vermutete 1822, dass es möglich sein müsse, die zwei Jahre zuvor entdeckte magnetische Stromwirkung umzukehren. Seine geniale Intuition notierte er in seinem Tagebuch: „convert magnetism into electricity". Durch seine vielen Aufgaben verzögerte sich sein Projekt; erst 1831 konnte er damit beginnen. Sein Assistent ANDERSON wickelte um den Eisenkern eines Elektromagneten eine zweite Spule. Wenn FARADAY den Stromkreis der ersten Spule schloss, dann konnte er einen elektrischen Strom durch die zweite Spule nachweisen. Mit dieser Anordnung von zwei Spulen hatte FARADAY das Prinzip des **Transformators** entdeckt. FARADAY vermutete, dass die eigentliche Ursache für den neuartigen Strom die Änderung des Magnetismus in der zweiten Spule sei. Zur Überprüfung bewegte er einen Stabmagneten in einer Spule und konnte tatsächlich einen elektrischen Strom nachweisen. FARADAY hatte das Prinzip des **Generators** entdeckt.

FARADAY untersuchte über Jahrzehnte elektrische und magnetische Kräfte. Sein Ergebnis ist heute eines der fruchtbarsten physikalischen Konzepte: Es gibt elektrische und magnetische Felder, die Kräfte bewirken können. Auch entdeckte er, dass das elektrische Feld durch Nichtleiter geschwächt wird und dabei die Fähigkeit des Körpers, Ladung zu speichern, steigt. Diese Fähigkeit heißt Kapazität. Ihre Einheit wird nach ihm **Farad** genannt.

FARADAY war nicht nur ein großartiger Forscher. Er begeisterte auch die Öffentlichkeit durch anschauliche Experimentalvorträge – schließlich hatte er als Lehrling selbst von solchen Veranstaltungen profitiert.

VERSUCHE ► Erkundung der Induktion

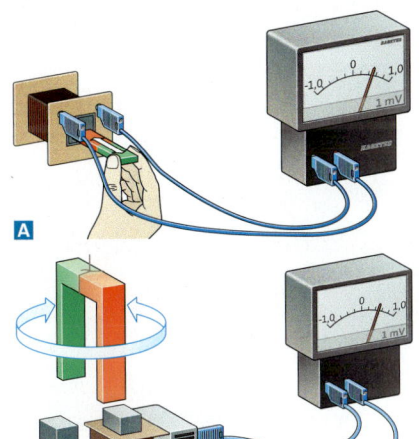

A

B

02 Versuche zur Induktion

V1 Induktion durch Bewegung

Material:

Stabmagnet, Spulen mit unterschiedlichen Windungszahlen, Spannungsmessgerät mit mV-Bereich und Mitteneinstellung

Durchführung:

a) Schließe die Spule an das Spannungsmessgerät an. Bewege den Magneten ruckartig in die Spule hinein und heraus. Notiere die Beobachtungen.

b) Untersuche, wovon das Vorzeichen und der Betrag der Spannung abhängen.

V2 Induktion durch Drehung

Material:

Hufeisenmagnet, Spule mit 500 Windungen, U-förmiger Eisenkern, Schnur, Spannungsmessgerät mit Mittelstellung

Durchführung:

a) Befestige die Schnur mittig am Magneten und hänge ihn über dem U-Kern auf. Drehe den Magneten. Beobachte die Anzeige des Messgeräts. Notiere. Handelt es sich um Gleich- oder Wechselspannung?

b) Beschreibe, wie du eine möglichst große Spannung erzeugst.

Material A ► Viele Möglichkeiten zur Induktion

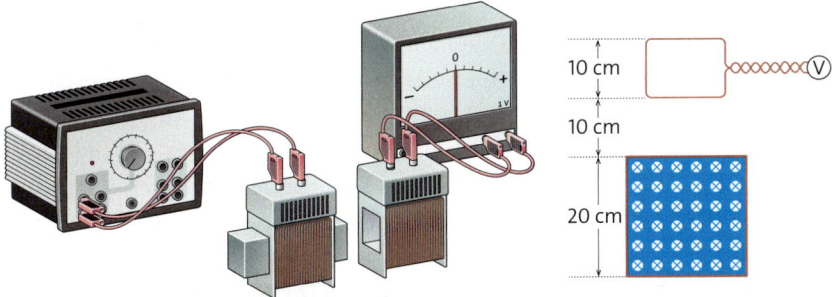

A1 a) Beschreibe fünf Möglichkeiten, wie man mit dem obigen Versuchsaufbau eine Spannung induzieren kann. Erkläre jeweils, warum eine Spannung induziert wird.

b) Die linke Spule wird an eine Wechselspannung angeschlossen. Begründe, warum in der rechten Spule ebenfalls eine Wechselspannung induziert wird.

A2 Kann man auch ohne Eisenkerne eine Spannung induzieren? Begründe. Warum geht es mit Eisen besser?

A3 Eine Spule wird mit einer konstanten Geschwindigkeit von $10 \frac{cm}{s}$ durch ein Magnetfeld bewegt.

a) Beschreibe, wie sich die Anzeige des Spannungsmessgeräts ändert.

b) Skizziere den zeitlichen Verlauf der Spannung.

c) Wie ändert sich der Verlauf der induzierten Spannung, wenn die Spule mit größerer Geschwindigkeit durch das Magnetfeld bewegt wird?

d) Die Spule ist nun 20 cm und der Bereich des Magnetfeldes 10 cm hoch. Bearbeite a) und b) erneut.

Material B ► FARADAYs Versuche

B1 MICHAEL FARADAY, der Entdecker der Induktion, hat seine Versuche in Bild und Text genauestens dokumentiert (► Bild 03). Beschreibe, wie man mit den dargestellten Versuchsaufbauten eine Spannung induzieren kann.

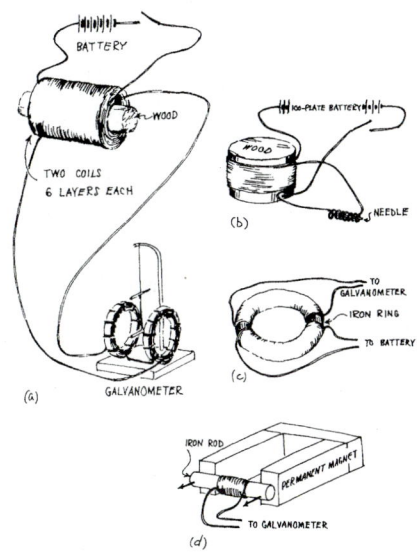

03 FARADAYs Induktionsversuche

01 Ein Elektroauto – heute noch eine Ausnahme, in Zukunft die Regel?

Elektromotor und Generator

Sauber, leise, effizient – sehen so die Autos der Zukunft aus? Elektroautos fahren abgasfrei und geräuscharm, haben eine hohe Beschleunigung und benötigen wenig Energie. Sie werden durch Elektromotoren angetrieben – doch Elektromotoren können nicht nur antreiben: Im Generatorbetrieb können sie sogar Energie beim Bremsen zurückholen!

EIN BAUTEIL – ZWEI FUNKTIONEN · Ein Elektromotor erhält Energie durch den elektrischen Strom und gibt sie auf mechanische Weise wieder ab. Beim Generator ist es genau umgekehrt. Man sagt kurz: Ein Motor wandelt elektrische in

mechanische Energie um – ein Generator wandelt mechanische in elektrische Energie um.

Elektromotor und Generator sind im Prinzip gleich aufgebaut, oft kann man sogar dasselbe Gerät für beide Funktionen verwenden. Im ► Bild 02 A lassen wir einen Motor eine Last anheben. Anschließend bringen wir im Generatorbetrieb mit der angehobenen Last eine Glühlampe zum Leuchten (► Bild 02 B).

PRINZIP DES ELEKTROMOTORS · ► Bild 03 zeigt einen einfachen Aufbau eines Gleichstrommotors. Er besteht aus einem feststehenden

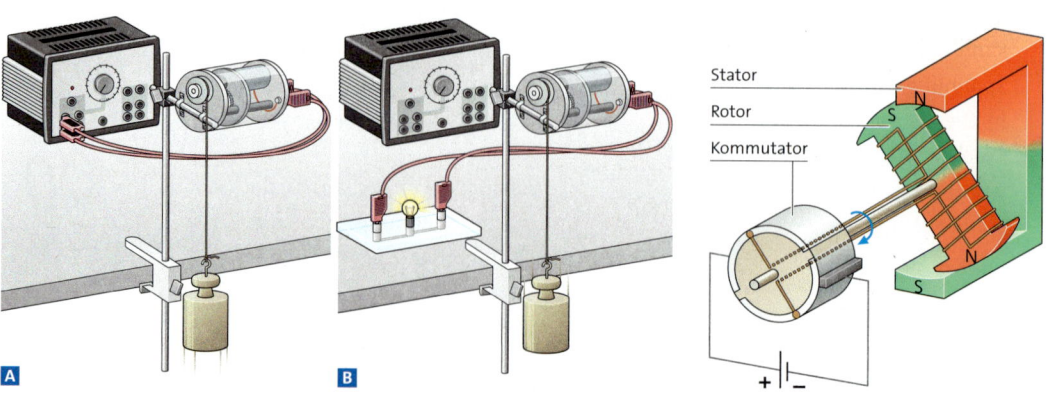

Stator
Rotor
Kommutator

02 Anwendung als **A** Elektromotor und **B** Generator

03 Einfacher Elektromotor

Dauermagneten, dem **Stator,** und einem drehbar gelagerten Elektromagneten, dem **Rotor.** Diese üben Kräfte aufeinander aus. Der Strom wird dem Elektromagneten über zwei metallische Halbringe und zwei darauf schleifende Kontakte, dem sogenannten **Kommutator,** zugeführt. Er kehrt die Richtung des elektrischen Stroms durch den Rotor immer zum richtigen Zeitpunkt um.

Im ▸ Bild 04 A bewirkt die Anziehung zwischen den ungleichnamigen Magnetpolen eine Drehbewegung nach rechts. Kurze Zeit später hat der Rotor die Position wie im ▸ Bild 04 B. In dieser Stellung ist der Stromkreis unterbrochen, folglich wirken auch keine Kräfte auf den Rotor, er befindet sich im sogenannten **Totpunkt.** Der Rotor hat jedoch genügend Schwung, um sich weiter zu drehen. In der sich anschließenden Position ist der Stromkreis in umgekehrter Richtung geschlossen (▸ Bild 04 C). Dadurch sind beim Elektromagneten wie gewünscht Nord- und Südpol vertauscht und der Rotor dreht sich weiter bis zur nächsten Umkehrung der Stromrichtung.

/// Beim Elektromotor dreht sich der Rotor aufgrund von magnetischen Kräften zwischen Rotor und feststehendem Stator.

PRINZIP DES GENERATORS · Im Generatorbetrieb wird der Rotor im Magnetfeld des Stators gedreht. Dadurch ändert sich andauernd die Richtung des Magnetfelds relativ zur Spule. Folglich wird in der Spule des Rotors eine Wechselspannung induziert. ▸ Bild 05 zeigt die Induktion in der Feldlinienvorstellung: Durch die Drehung des Rotors ändert sich ständig die Anzahl der gezeichneten Feldlinien, die jede Windung der Spule durchsetzen.

/// Beim Generator wird durch Drehung des Rotors im Magnetfeld des Stators eine Wechselspannung im Rotor induziert.

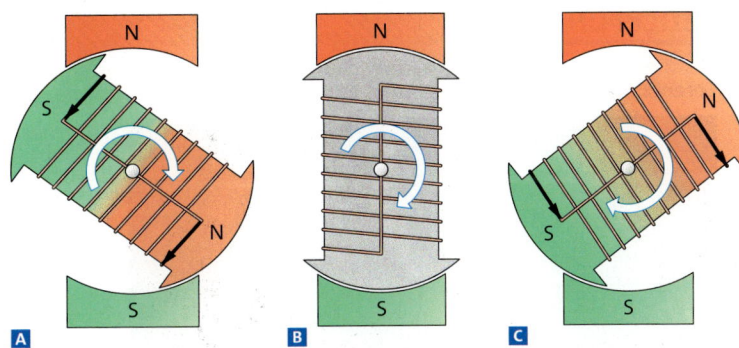

04 Elektromotor: Von **(A)** zu **(C)** wird die Stromrichtung umgekehrt. Durch seinen Schwung dreht sich der Rotor über den Totpunkt **(B)** hinweg.

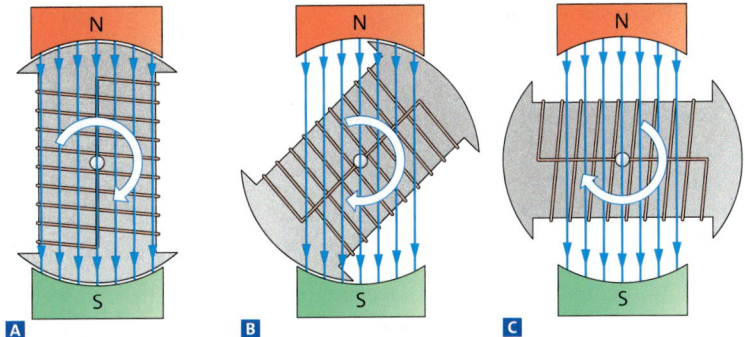

05 Generatorbetrieb: Wenn der Rotor im Magnetfeld des Stators gedreht wird, ändert sich ständig die Richtung des Magnetfelds relativ zur Spule.

VIELE AUSFÜHRUNGEN · Elektromotoren und Generatoren gibt es von winzig klein, etwa für ein CD-/DVD-Laufwerk, bis riesengroß, wie bei den Generatoren und Motoren im Pumpspeicherkraftwerk. Die Leistung reicht von wenigen Milliwatt bis zu vielen Megawatt. Elektromotoren und Generatoren sind sehr effizient; sie erreichen Wirkungsgrade bis zu 98 %. Für die vielfältigen Anwendungen gibt es die unterschiedlichsten Bauarten. Es gibt Motoren und Generatoren für Gleich- und für Wechselstrom, solche, bei denen der Rotor innen läuft und solche, bei denen er außen läuft.

1) **a)** Der Motor nach ▸ Bild 04 läuft nicht in jeder Stellung an. Erkläre.
b) Der Motor benötigt einen Kommutator. Beim Generator wird mit und ohne Kommutator eine Spannung induziert. Erläutere.

Lorentzkraft

01 Polarlichter

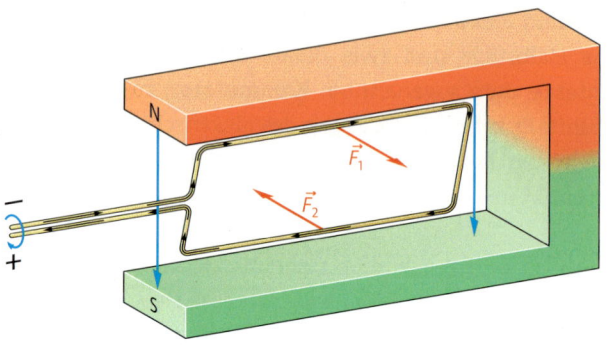

03 Drehbare Leiterschleife im Magnetfeld

Polarlichter · Der Sonnenwind transportiert u. a. viele Elektronen in Richtung Erde. Auf ihrem Weg geraten sie in den Einfluss des Erdmagnetfelds und werden auf schraubenförmige Bahnen gezwungen. In den Polarregionen treffen sie auf die Atmosphäre und verursachen dort Leuchterscheinungen, die Polarlichter (▶ Bild 01). Grund für die Ablenkung der geladenen Teilchen ist die sogenannte Lorentzkraft (benannt nach H. A. LORENTZ, 1853–1928).

Ein Versuch zur Lorentzkraft · Wir betrachten die Kräfte, die Elektronen in einem Magnetfeld erfahren, genauer (▶ Bild 02). Der Drahtbügel ist beweglich aufgehängt. In ihm bewegen sich Elektronen von rechts nach links. Das Magnetfeld zeigt von unten nach oben. Wenn der Stromkreis geschlossen wird, dann bewegt sich der Drahtbügel nach vorne. Wir schließen daraus, dass in diese Richtung eine Kraft auf die fließenden Elektronen wirkt. Wenn die Richtung des Magnetfelds und die Richtung des Elektronen-

strom wie hier senkrecht zueinander stehen, dann wirkt eine Kraft auf die Elektronen, die senkrecht zu den beiden anderen Richtungen ist. Diese Kraft heißt **Lorentzkraft.** Damit man sich die Zusammenhänge leichter merken kann, gibt es die **Linke-Hand-Regel** (▶ Bild 02).

Lorentzkraft und Elektromotor · Mit der Linke-Hand-Regel können wir erklären, warum sich eine stromführende Spule in einem Magnetfeld dreht (▶ Bild 03). Zur Vereinfachung betrachten wir nur eine Windung, eine Leiterschleife. In allen vier Drahtstücken treten Lorentzkräfte auf. Die Kräfte $\vec{F}_1$ und $\vec{F}_2$ sorgen für die Drehbewegung. Die beiden anderen Kräfte sind entgegengesetzt gerichtet und etwa gleich groß. Sie heben sich gegenseitig auf und verursachen keine Bewegung.

Lorentzkraft und Induktion · Im ▶ Bild 02 hat die Bewegung der Elektronen im Leiter zusammen mit dem Magnetfeld zu einer Kraftwirkung geführt. Wir können den Versuch aber auch umkehren: Statt einer elektrischen Quelle schließen wir ein Spannungsmessgerät an. Dann bewegen wir den Drahtbügel mit der Hand. Das Messgerät zeigt eine Spannung an! Wir folgern, dass die Kraftwirkung auf den Draht zu einer Bewegung der Elektronen und damit zu einer Induktionsspannung geführt hat.

1 ⌡ Im ▶ Bild 03 wird die Stromrichtung umgekehrt. Skizziere die Leiterschleife, das Magnetfeld und zeichne die Lorentzkräfte mit Pfeilen ein.

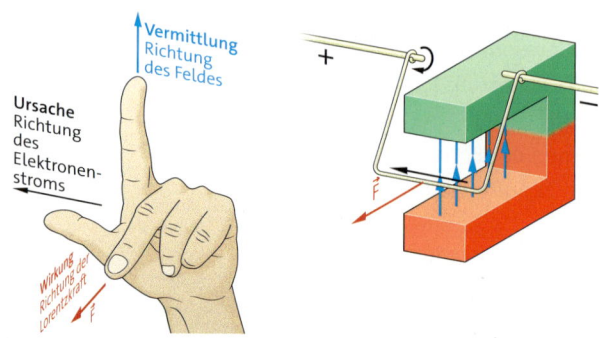

02 Versuch zur Lorentzkraft und Linke-Hand-Regel

Material A ▸ Elektromotor

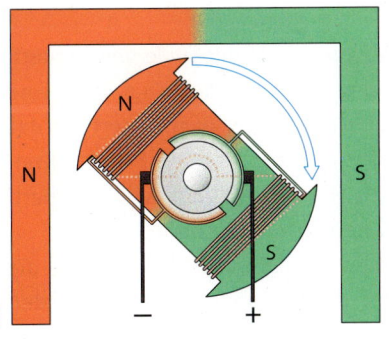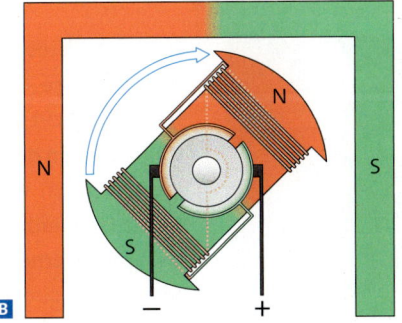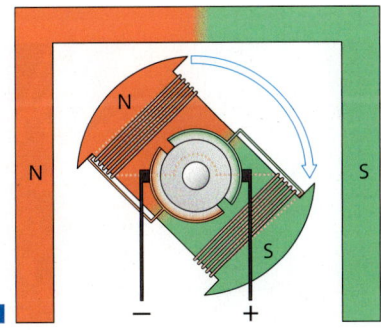

04 Drei Phasen eines Elektromotors

A1 Notiere die wichtigsten Bestandteile eines Elektromotors.

A2 Die ▸ Bilder 04 A–C zeigen drei Momentaufnahmen eines sich drehenden Rotors. Erkläre, warum sich der Rotor in jeder der drei Stellungen weiterdreht.

Material B ▸ Generator

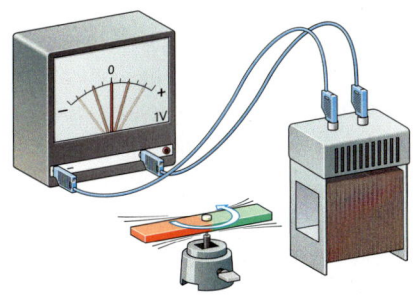

05 Einfacher Generator

▸ Bild 05 zeigt einen einfachen Generator.

B1 Beschreibe den Aufbau und erkläre, warum eine Spannung entsteht.

B2 Mit welchen Maßnahmen können höhere Spannungen erzeugt werden? Notiere deine Vorschläge.

B3 Der Generator soll energetisch betrachtet werden.
Notiere die auftretenden Energieformen und erstelle eine Energieübertragungskette.

B4 Das Spannungsmessgerät wird durch eine Glühlampe ersetzt. Erkläre, warum das Drehen des Stabmagneten jetzt schwerer fällt.

Material C ▸ Magnetfelder üben Kräfte aus

Magnetfelder können Kräfte auf stromführende Drähte ausüben. Dies kann man mit der Überlagerung von Feldern erklären.

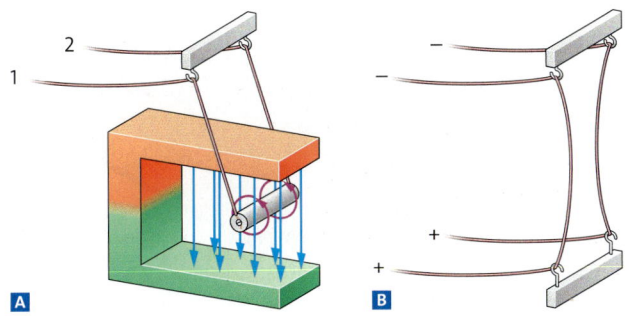

06 **A** Leiter im Magnetfeld, **B** parallele Drähte ziehen sich an.

C1 **a)** Ein Metallstab in einem Hufeisenmagneten ist wie eine Schaukel an zwei Drähten aufgehängt (▸ Bild 06 A). Wie muss man die beiden Drahtenden 1 und 2 anschließen, damit das Magnetfeld des Stabs mit den violett gezeichneten Feldlinien übereinstimmt?
b) Auf den Stab wirkt eine Kraft nach rechts. Man kann das so erklären: Links verstärken sich die Magnetfelder, rechts schwächen sie sich ab. Wie kann man erreichen, dass die Leiterschaukel nach links ausgelenkt wird?
c) Die Stromrichtungen in den beiden Drähten sind gleich (▸ Bild 06 B). Zeichne ein Feldlinienbild in einer Ebene senkrecht zu den Drähten. Begründe, dass sich die Drähte anziehen.

/// BLICKPUNKT //

Gitarrenphysik

01   E-Gitarre mit Single-Coil-Abnehmer und Humbucker

Die Konzerthalle ist gut gefüllt, die Band fängt an zu spielen: 1, 2, 3, 4 und los – doch von der E-Gitarre ist nichts zu hören. Zum Ärger aller arbeitet der Verstärker nicht. Ohne ihn ist nichts zu hören, da die E-Gitarre keinen eigenen Resonanzkörper besitzt. Die Töne müssen erst verstärkt und dann über den Lautsprecher ausgegeben werden. Doch wie funktioniert die Tonabnahme von den Saiten?

In ▸ Bild 01 sind zwei häufig verwendete Tonabnehmer zu sehen. Oben ist ein Single-Coil-Tonabnehmer eingebaut, unter der rechten Hand ist ein Humbucker zu sehen. Die Kombination unterschiedlicher Tonabnehmer führt zum gewünschten Klang der E-Gitarre.

Der **Single-Coil**-Tonabnehmer besteht aus einer Spule (engl. *coil*), die um sechs Magnete gewickelt ist (▸ Bild 02 A). Diese Magnete liegen jeweils getrennt voneinander unter den Gitarrensaiten. Die Spule besteht aus sehr dünnem Draht mit 5 000 bis 10 000 Windungen.

Zunächst bleibt das Magnetfeld in der Spule unverändert, es wird keine Spannung induziert. Schwingt aber eine Stahlsaite dicht über dem Magnetpol, dann ändert sich das Magnetfeld in der Spule ein kleines bisschen. Eine Wechselspannung von wenigen Hundert Millivolt wird induziert, die die Frequenz der Saitenschwingung besitzt.

Als Spulenkerne werden häufig Eisenstifte genutzt, die Kontakt zu quer unter dem Tonabnehmer verlaufenden Stabmagneten haben (▸ Bild 02 B). Der Abstand von Saite und Spulenkern beeinflusst den Klang der Gitarre: Ein kleiner Abstand führt zu höheren Induktionsspannungen und damit zu lauteren Tönen, aber auch zu Verzerrungen. Bei größerem Abstand sind die Töne leiser, aber klarer. Nutzt man Stellschrauben als Spulenkerne, lässt sich der Abstand zwischen Spule und Saite anpassen.

Leider wird auch dann eine Spannung induziert, wenn sich andere Magnetfelder im Umfeld der Gitarre ändern. Mögliche Störquellen sind Netzteile, Monitore oder Leuchtstoffröhren. **Humbucker** (engl. *hum*: brummen, *to buck something*: sich etwas widersetzen) reduzieren das so entstehende Brummen.

Dazu werden zwei der bisher betrachteten Spulen in Reihe geschaltet. Diese Spulen müssen gegenläufig gewickelt sein. Denn dadurch sind von der Saite unabhängige Induktionsspannungen entgegengesetzt gerichtet und heben sich gegenseitig auf. Damit sich nicht auch die von der Saitenschwingung hervorgerufenen Induktionsspannungen gegenseitig aufheben, sind die Eisenkerne der beiden Spulen entgegengesetzt gepolt (▸ Bild 03).

Da der Humbucker hohe Frequenzen schlechter verstärkt, entsteht insgesamt ein satterer Klang mit weniger Höhen.

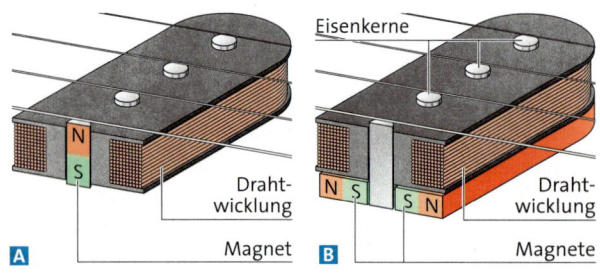

02   Verschiedene Single-Coil-Tonabnehmer im Querschnitt

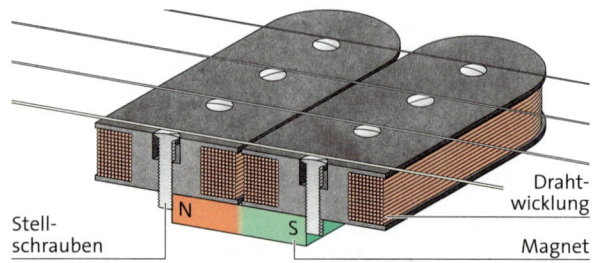

03   Humbucker mit Stellschrauben

Aspekte von Wechselspannung und Wechselstrom

Elektrische Spannungen im Körper · Im Innern von Tieren und Menschen werden Informationen (Reize) durch elektrische Impulse weitergegeben. Diese Impulse lassen sich von außen messen und in Form von Diagrammen darstellen. ▸ Bild 04 zeigt das Ergebnis einer Herzuntersuchung, ein sogenanntes Elektrokardiogramm (EKG). Dabei ist die zeitliche Entwicklung einer Spannung dargestellt. Das Ergebnis ist also ein $U(t)$-Diagramm.

Verschiedene Spannungsarten · Du kannst im ▸ Bild 04 beim EKG drei typische Spannungsformen erkennen. Es gibt wellenförmige (1), geradlinige (2) und dreiecksförmige (3) Spannungen. Die ersten beiden spielen in der Physik eine wichtige Rolle.

Gleichspannung · Wenn sich die Spannung im Verlauf der Zeit nicht ändert, dann spricht man von Gleichspannung (▸ Bild 05A). Batterien, Akkus oder Netzteile liefern Gleichspannungen. Die Elektronen werden von solchen Quellen immer in die gleiche Richtung getrieben. Es liegt also ein Gleichstrom vor (engl. Abkürzung DC von **d**irect **c**urrent).

Wechselspannung · Bei einer Wechselspannung (▸ Bild 05B) werden die Elektronen immer abwechselnd in die eine oder die andere Richtung getrieben. Deshalb spricht man auch von Wechselstrom (engl. Abkürzung AC von **a**lternating **c**urrent). Die Netzspannung (230 V) ist eine Wechselspannung. Bei ihr ändert sich die Richtung 100-mal pro Sekunde. Auch Mikrofone oder elektrische Gitarren können Wechselspannungen liefern.

Messgeräte · Wenn die elektrischen Größen Spannung U oder Stromstärke I gemessen werden sollen, dann ist es wichtig, beim Messgerät die richtige Messgröße einzustellen. Bei Messgeräten sind sie häufig durch ihre Maßeinheiten V und A gekennzeichnet (▸ Bild 06). Außerdem muss die richtige Spannungsart bzw. Stromart eingestellt werden. Entweder wird DC bzw. „=" gewählt oder AC bzw. „~". Bei einigen Messgeräten gibt es sogar verschiedene Buchsen für die beiden Spannungs- und Stromarten.

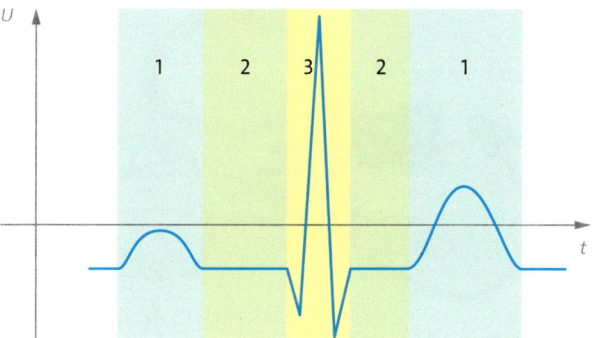

04 EKG eines gesunden Erwachsenen

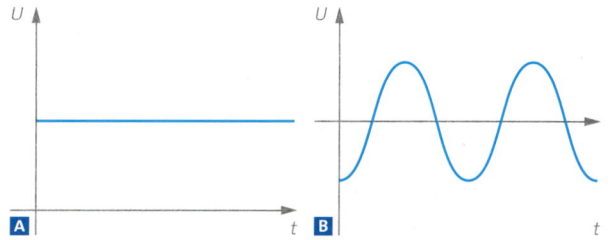

05 **A** Gleichspannung, **B** Wechselspannung

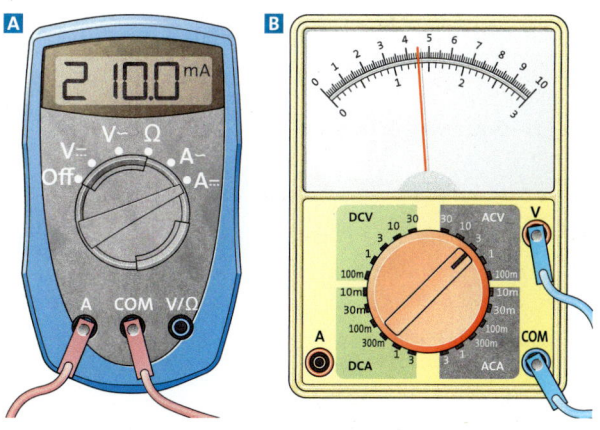

06 Messgeräte: **A** digital, **B** analog

1 ⌡ Gib an, was die Geräte im ▸ Bild 06 messen.

2 ⌡ Zeichne Diagramme wie im ▸ Bild 05 für folgende Vorgaben: Gleichspannung von 5,5 V; Wechselspannung von 10 V, die zweimal pro Sekunde die Richtung ändert.

Projekt: Bau eines einfachen Elektromotors

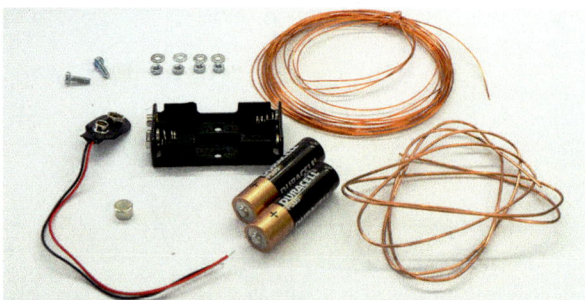

01   Material für den Bau des Elektromotors

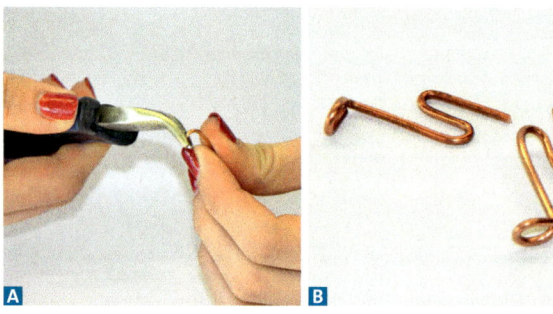

02   **A** Ösen biegen, **B** fertige Ösen

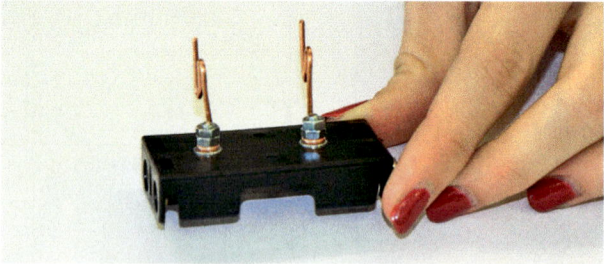

03   Aufhängung für die Spule

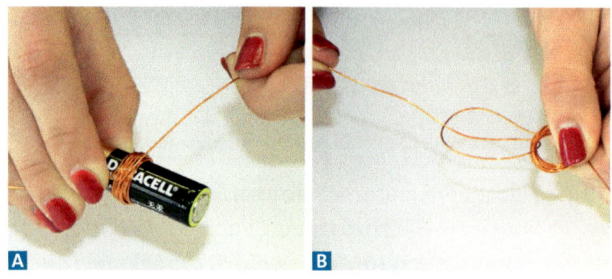

04   **A** Spule wickeln, **B** Spulenwindungen fixieren

Material:
1 Batteriehalter für Mignonzellen (Batterie AA) mit zwei Batterien (AA),
1 Magnet (z. B. vom Kühlschrank),
1 Batterieclip,
Kupferlackdraht (0,5 mm Durchmesser) ca. 1,2 m,
2 Schrauben M3 ca. 12 mm – 16 mm lang,
4 Muttern und 4 Unterlegscheiben für M3,
2 St. Kupferdraht blank (1,5 mm^2), ca. 7 cm

Werkzeug:
kleine Spitzzange,
Cutter-Messer, Schraubenzieher,
Lötkolben mit Lötzinn (nicht unbedingt erforderlich)

Neun Schritte zum Bau des Elektromotors

1. Vom blanken Kupferdraht schneidest du 2 Stücke mit einer Länge von ca. 7 cm zu. Jeweils an einem Ende der Kupferdrähte biegst du mit der Spitzzange eine Öse für die Schrauben M3 (▸ Bild 02 A).

2. Einige Batteriefächer haben keine Löcher auf der Längsachse. Wenn die Löcher in deinem Batteriehalter fehlen, dann bohre zwei Löcher (3 mm) in die Enden des Batteriehalters wie im ▸ Bild 01.

3. Die Kupferdrähte befestigst du mit den Schrauben, Muttern und Unterlegscheiben auf dem Batteriehalter. Der Kopf der Schrauben befindet sich in der Innenseite des Halters, da du sonst die Batterien nicht mehr in den Halter bekommst. Auch wenn der Aufbau nicht viel zu tragen hat, verwende unbedingt die Unterlegscheiben (▸ Bild 03).

4. Mit der Spitzzange biegst du jetzt die beiden, auf dem Batteriehalter verschraubten Kupferdrähte zu einer Aufhängung für die Spule. Der Durchmesser der Spule wird etwas größer sein, als der der Batterie. Achte also darauf, dass die Aufhängung nicht zu hoch oder zu tief gerät. Kleine Korrekturen (± 5 mm) kannst du später vornehmen. Die Aufhängung sollte eine mittige Lage der Spule ermöglichen.

5. Jetzt lötest du die Zuleitung vom Batterieclip an die Aufhängung der Spule. Hierbei ist es gleichgültig, welchen der Drähte du an welche Zuleitung lötest. Der Kupferdraht sollte möglichst nur in der Nähe der Lötstelle heiß werden. Es kommt also darauf an, zügig zu arbeiten. Wird der Draht auch an seinen Enden heiß, dann kann der Kunststoff vom Batteriehalter schmelzen.

Du kannst die Enden des Batterieclips auch mit den Muttern verschrauben, aber eine Lötstelle schafft den besseren Kontakt.

6. Der nächste Arbeitsschritt, das Wickeln der Spule, erfordert die größte Geschicklichkeit. Nimm hierzu eine der Batterien und wickle den Kupferlackdraht in ca. 20–25 Windungen darum herum (▸ Bild 04 A). Lasse am Anfang ein Stück von min. 10 cm frei hängen. Wickle den Kupferlackdraht eng und stramm um die Batterie.

Dann schlingst du die Enden des Kupferlackdrahtes um die entstandene Spule (▸ Bild 04 B) Die Schlingen sollten möglichst exakt gegenüber liegen. Die freien Enden werden jetzt noch einmal durch die Schlingen gezogen, um diese zu fixieren. Je genauer du hier arbeitest, desto besser wird dein Motor laufen.

Achte bei allen Arbeiten darauf, die Zuleitung zu deiner Spule nicht zu knicken. Je „gerader" diese ist, desto „runder" läuft dein Motor.

7. Jetzt musst du beide Enden der Spule halbseitig von der Lackschicht befreien. Lege jeweils ein Spulenende auf eine glatte Unterlage und kratze mit dem Cutter-Messer die Lackschicht halbseitig ab (▸ Bild 05). Der Spulenkörper sollte dabei senkrecht stehen. Das andere Ende wird in gleicher Weise bearbeitet.

Achtung!!! Die Spulenenden dürfen nur halbseitig – jeweils auf der gleichen Seite – von der Lackschicht befreit werden!

8. Lege nun den Magneten auf den Batteriehalter und die Spule in ihre Halterung. Nach einem leichten „Schubs" sollte sich die Spule drehen.

Ein guter Kontakt zwischen Spule und Auflage ist unbedingt erforderlich. Sollte sich die Spule nicht wie gewünscht drehen, dann kratze mit dem Messer noch einmal die Kontaktstellen ab. Ablagerungen auf dem blanken Kupfer verringern die Kontaktfähigkeit.

9. Auch nach geglücktem Start sollten die Kontaktstellen häufiger, nach einigen „Betriebsminuten" abgekratzt werden, da durch die Abreißfunken die Kontaktstellen verbrennen.

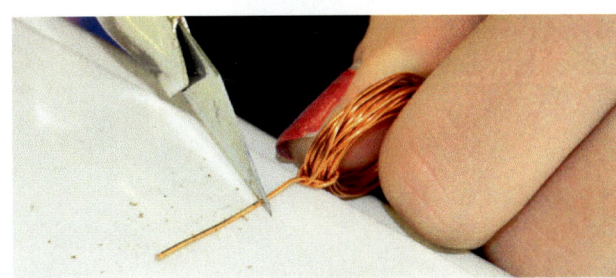

05   Abkratzen der Spule

06   Der fertige Motor

1 ʃ **a)** Erkläre die Funktion eines Gleichstrommotors.
b) Der Gleichstrommotor verfügt über einen Kommutator (Polwender). Erkläre, warum der hier beschriebene Motor ohne einen Polwender auskommt.

2 ʃ Zum Wickeln der Spule hast du Kupferlackdraht verwendet. Erkläre, warum du nicht mit einfachem Kupferdraht die Spule wickeln konntest.

3 ʃ **a)** Einen Gleichstrommotor kannst du auch als Generator nutzen. Beschreibe, wie du den Aufbau des Motors verändern musst, damit du ihn als Generator nutzen kannst.
b) Vermute, was ein Spannungsmessgerät anzeigen würde. Begründe.
c) Beschreibe, welchen Einfluss die Windungszahl deiner Spule auf die Messung haben wird.
d) Beschreibe, welchen Einfluss die Geschwindigkeit, mit der du die Spule drehst, auf deine Messung haben wird.

01 Laptop mit Netzteil

Transformator

Ob Laptop oder Handy-Ladegerät – elektronische Geräte werden oft über ein sogenanntes Netzteil angeschlossen. Die Spannung der Steckdose beträgt 230 V, der Laptop benötigt aber eine Spannung von z. B. 20 V. Das Netzteil verändert die Spannung. Man sagt dazu, die Spannung wird transformiert. Wie funktioniert das?

Achtung!
Zerlege niemals ein Netzteil. Jemand könnte das geöffnete Netzteil an die Steckdose anschließen und einen elektrischen Schlag bekommen!

AUFBAU EINES NETZTEILS · ▸ Bild 03 zeigt das Innenleben eines Netzteils. Es enthält neben etlichen elektronischen Bauteilen ein Teil mit vielen Drahtwindungen. Eine genauere Betrachtung zeigt, dass es sich bei diesem Teil um zwei Spulen mit einem gemeinsamen ringförmigen Eisenkern handelt. Ein solches Bauteil heißt Transformator, kurz Trafo. Das Schaltsymbol zeigt ▸ Bild 02. Wie ein Transformator prinzipiell aufgebaut ist, ist im ▸ Bild 04 dargestellt.

PRINZIP DES TRANSFORMATORS · Von den beiden Spulen des Transformators ist eine an die Steckdose angeschlossen. Diese Spule heißt **Primärspule.** Von der zweiten Spule, der sogenannten **Sekundärspule,** führen die Leitungen über die elektronischen Bauteile letztlich zum Laptop. Die beiden Spulen des Transformators sind nicht miteinander verbunden. Dennoch wird Energie von der Primärspule auf die Sekundärspule übertragen. Wie funktioniert das?

02 Schaltsymbol

03 Innenleben eines Netzteils

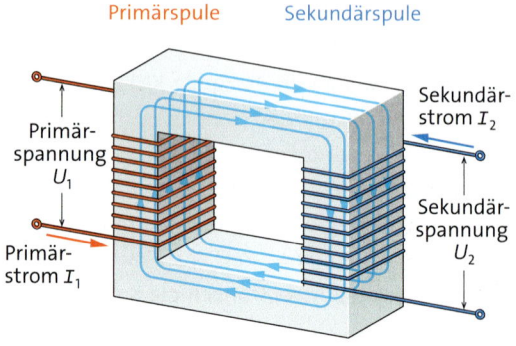

Primärspule   Sekundärspule

Primär-
spannung
U_1

Primär-
strom I_1

Sekundär-
strom I_2

Sekundär-
spannung
U_2

04 Prinzipieller Aufbau eines Transformators

An der Primärspule liegen 230 V Wechselspannung an. Die Frequenz der Wechselspannung beträgt 50 Hz. Der Strom in der Spule wechselt also 100-mal in der Sekunde die Richtung. Durch den Strom wird in der Primärspule ein Magnetfeld erzeugt, das ebenfalls 100-mal in der Sekunde seine Richtung ändert. Dieses Feld bewirkt eine ständige Ummagnetisierung im gesamten Eisenkern. Folglich ändert sich das Magnetfeld in der Sekundärspule genauso wie in der Primärspule. Durch das sich ständig ändernde Magnetfeld wird in der Sekundärspule eine Wechselspannung induziert.

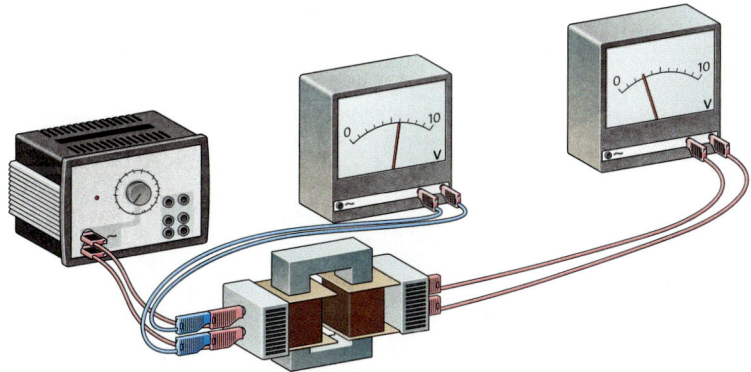

05 Untersuchung des Verhältnisses von Primär- zu Sekundärspannung

 Der Wechselstrom in der Primärspule eines Transformators erzeugt ein sich ständig änderndes Magnetfeld, das in der Sekundärspule eine Wechselspannung induziert.

TRANSFORMATION DER SPANNUNG · Wir untersuchen nun, wovon die in der Sekundärspule induzierte Spannung abhängt. Dazu verwenden wir einen Transformator mit austauschbaren Spulen (▸ Bild 05). Wir stellen fest: Wenn die Spulen dieselbe Windungszahl haben, dann sind die **Primärspannung U_1** und die **Sekundärspannung U_2**, also die Spannungen an der Primär- bzw. Sekundärspule, annähernd gleich. Das gilt unabhängig davon, wie hoch die Primärspannung gewählt wird. Der geringe Unterschied zwischen Sekundär- und Primärspannung entsteht dadurch, dass ein Teil des Magnetfeldes den Eisenkern verlässt und die Sekundärspule nicht durchsetzt. Im Idealfall können wir diesen Unterschied vernachlässigen.

Halbieren wir die Windungszahl der Sekundärspule, so halbiert sich auch die Sekundärspannung. Entsprechendes gilt, wenn wir die Windungszahl verdoppeln oder vervierfachen. Wenn wir aber die Windungszahl der Primärspule halbieren, dann verdoppelt sich die Sekundärspannung. Tatsächlich hängt das Verhältnis der Spannungen nur vom Verhältnis der Windungszahlen ab und es gilt:

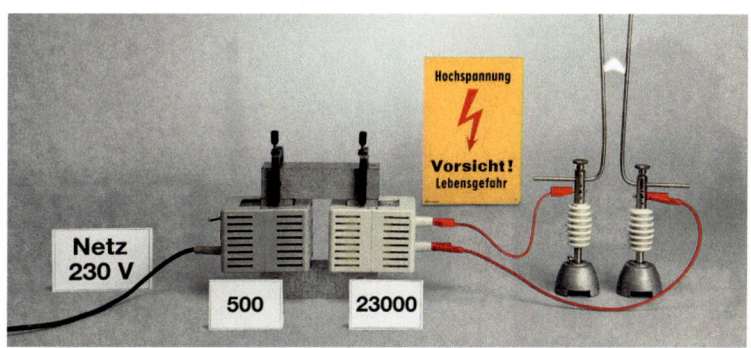

06 Funkenüberschlag durch Hochspannung

 Bei einem Transformator mit den Windungszahlen N_1 und N_2 von Primär- bzw. Sekundärspule gilt für das Verhältnis von Primärspannung U_1 zu Sekundärspannung U_2 im Idealfall
$$\frac{U_1}{U_2} = \frac{N_1}{N_2}.$$

Das Laptop-Netzteil muss die Spannung von 230 V auf 20 V transformieren, N_2 muss also deutlich kleiner sein als N_1. Wenn man umgekehrt N_2 viel größer wählt als N_1, dann kann man aus der Netzspannung von 230 V eine Hochspannung von 10 kV erzeugen, bei der es sogar zum Funkenüberschlag kommt (▸ Bild 06)!

1] Ein Transformator kann nur mit Wechselspannung betrieben werden. Erkläre.

2] Bei einem Transformator ist U_1 = 36 V, N_1 = 1200 und N_2 = 300. Berechne U_2.

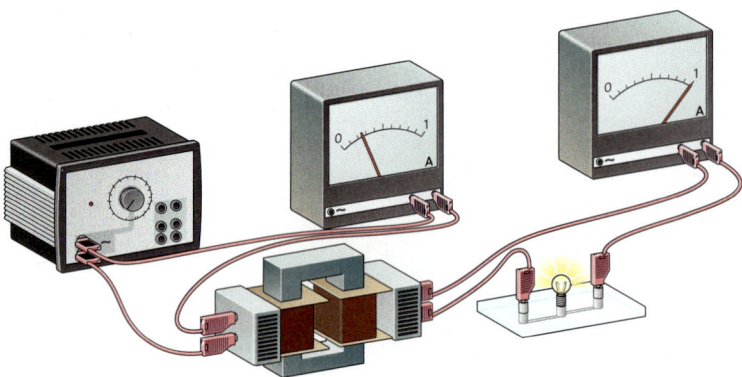

01 Primär- und Sekundärstromstärke beim belasteten Transformator

02 Elektroschweißen

03 Die große Stromstärke lässt den Nagel schmelzen!

DER BELASTETE TRANSFORMATOR · Bisher haben wir nur die Spannungen betrachtet. Wenn der Transformator aber belastet wird, also an der Sekundärseite ein Gerät angeschlossen ist, dann müssen wir auch die Ströme berücksichtigen.

Als Beispiel betrachten wir eine Lampe (2,5 V/ 1,0 A), die wir über einen Transformator an eine Wechselspannung von 10,0 V anschließen. Die Spannung muss also um den Faktor vier verkleinert werden. Dies erreichen wir z.B. mit $N_1 = 1000$ und $N_2 = 250$. Wenn wir die **Primärstromstärke I_1** und die **Sekundärstromstärke I_2** messen, so erhalten wir $I_1 \approx 0,25$ A und $I_2 = 1,0$ A (▸ Bild 01). Das Verhältnis der Stromstärken ist also genau umgekehrt wie das Verhältnis der Spannungen! Zur Erklärung betrachten wir den Transformator energetisch: Im Idealfall gibt die

Sekundärspule genauso viel Energie ab, wie die Primärspule erhält. Das bedeutet, dass die Leistungen im Primär- und im Sekundärstromkreis gleich sind:

$$P_1 = P_2 \quad \text{bzw.} \quad U_1 \cdot I_1 = U_2 \cdot I_2.$$

Daraus folgt:

$$\frac{I_1}{I_2} = \frac{U_2}{U_1} = \frac{N_2}{N_1}.$$

Die Rechnung bestätigt also den experimentell gefundenen Zusammenhang.

Zum elektrischen Schweißen benötigt man eine große Stromstärke (▸ Bild 02). Dazu benötigt man einen Transformator, bei dem N_2 sehr viel kleiner ist als N_1, wie im Modellversuch im ▸ Bild 03.

UNERWÜNSCHTE ENERGIEABGABE · Die soeben hergeleitete Gleichung für den belasteten Transformator gilt nur für den Idealfall, dass der Transformator die gesamte auf der Primärseite zugeführte Energie auf der Sekundärseite wieder abgibt. In Wirklichkeit wird ein Teil der elektrisch zugeführten Energie auf thermische Art abgegeben. Dies hat im Wesentlichen zwei Ursachen:
Erstens führt ein Strom in den Spulen zu einer Erwärmung des Drahts. Zweitens bewirkt die ständige Umkehrung des Magnetfelds eine Erwärmung des Eisenkerns. Die unerwünschte Energieabgabe durch Erwärmung kannst du spüren, wenn du ein in Betrieb befindliches Netzteil in die Hand nimmst.

Selbst wenn der Laptop ausgeschaltet ist, wandelt das Netzteil elektrische Energie in thermische Energie um. Deswegen solltest du bei nicht benötigten Netzteilen den Stecker ziehen! Auch im Fernseher, in der Stereoanlage, im Drucker usw. sind Transformatoren eingebaut. Bei vielen Geräten braucht der Transformator auch im Stand-By-Betrieb noch Energie. Auch hier gilt: Bei Nichtgebrauch ganz ausschalten oder Stecker ziehen!

Material A ▸ Der Transformator

A1 a) Erkläre, warum der Transformator einen geschlossenen Eisenkern hat. Kann man auch ein anderes Material für den Kern verwenden?
b) Primär- und Sekundärspule müssen nicht gegenüberliegen. Begründe. Gib andere mögliche Anordnungen an.

A2 Ein Netzteil einer Handy-Ladestation hat eine Sekundärspannung von 6 V. Berechne das Verhältnis von Primärwindungszahl zu Sekundärwindungszahl. $\frac{230\,U}{6\,V}$

A3 Die Wechselspannung eines Experimentiernetzgeräts beträgt 24 V. Zum Bau eines Transformators stehen Spulen mit 3600, 12 000 und 36 000 Windungen zur Verfügung. Berechne, welche Spannungen sich damit erreichen lassen.

A4 Um einen Nagel zu schmelzen, benötigt man eine große Stromstärke. Beim Transformator nach ▸ Bild 03 auf der gegenüberliegenden Seite ist $N_1 = 500$ und $N_2 = 5$. Wird er an die Steckdose angeschlossen, so beträgt die Primärstromstärke ca. 4 A.
a) Berechne Sekundärspannung, Sekundärstromstärke und den Widerstand des Nagels.
b) Der Nagel ist nach 20 s geschmolzen. Berechne, wie viel Energie dafür benötigt wurde.

A5 Eine Lampe (6 V/1 A) soll an eine Wechselspannung von 12 V angeschlossen werden. Max schlägt vor, einen Vorwiderstand zu verwenden, Paul möchte einen Transformator verwenden. Nimm Stellung.

A6 Ein Schweißtransformator transformiert die Spannung der Steckdose auf 23 V. Die Steckdose ist mit 16 A abgesichert. Der Wirkungsgrad des Trafos beträgt 90 %. Kann der Trafo 100 A zum Schweißen liefern?

A7 Die erste Fernübertragung von elektrischer Energie erfolgte von Lauffen am Neckar nach Frankfurt. Jeder der drei Generatoren des Wasserkraftwerks lieferte eine Spannung von 55 V bei einer Leistung von 44 kW. Die Spannungen wurden im Verhältnis 1 : 160 hochtransformiert.
a) Berechne Spannung und Stromstärke in der Fernleitung.
b) Berechne die „Verlust"-Leistung in der Fernleitung ($R = 500\,\Omega$). Ohne Transformation wäre die Übertragung unmöglich. Begründe.

Material B ▸ Die elektrische Zahnbürste

Mit einer elektrischen Zahnbürste kann man die Zähne gründlich und bequem reinigen. Zum Aufladen des Akkus dockt man die Bürste einfach an der Ladestation an. Die Energieübertragung erfolgt über Induktion. Das nebenstehende Bild zeigt einen stark vereinfachten Aufbau. Das Bauteil mit dem Pfeil ist eine Diode. Die Diode lässt den Strom nur in die Richtung des Pfeils durch.

B1 a) Beschreibe den Aufbau. Erläutere Gemeinsamkeiten und Unterschiede zum Transformator.
b) Erkläre die Energieübertragung. Begründe, warum die Energieübertragung nicht so gut funktioniert wie beim Transformator.

B2 Erläutere den Zweck der Diode.

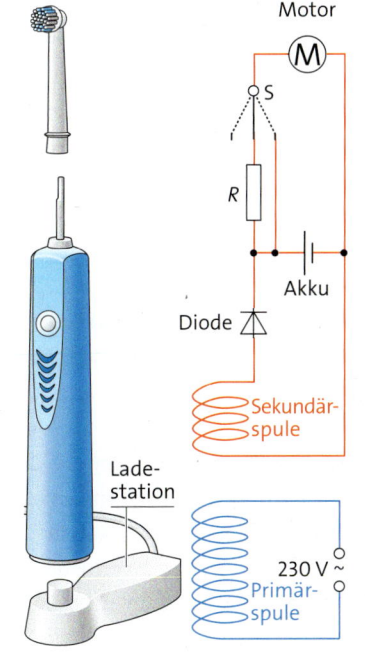

B3 a) Der Schalter S hat drei Stellungen: Aus, Langsamlauf, Schnelllauf. Erläutere.
b) Im geladenen Zustand hat der Akku eine Spannung von 1,2 V. Im Langsamlauf beträgt die Spannung am Motor 1,0 V und die Stromstärke 1,0 A. Bestimme die Leistung des Motors im Langsamlauf.
c) Berechne den Vorwiderstand R und den Widerstand des Motors.
d) Berechne Stromstärke und Leistung des Motors im Schnelllauf.

B4 Tatsächlich wird die Wechselspannung der Steckdose mit einer Frequenz von 50 Hz zuerst in eine Wechselspannung sehr hoher Frequenz umgewandelt. Vermute, welche Funktion dies hat.

BLICKPUNKT

Energieübertragung durch elektrischen Strom

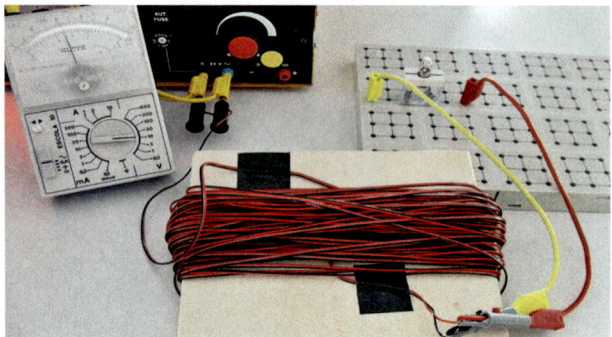

01 Energieübertragung über ein Kabel von 50 m Länge

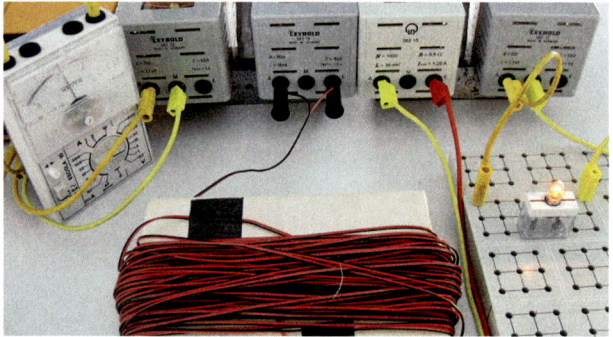

02 Energieübertragung mit hoher Spannung

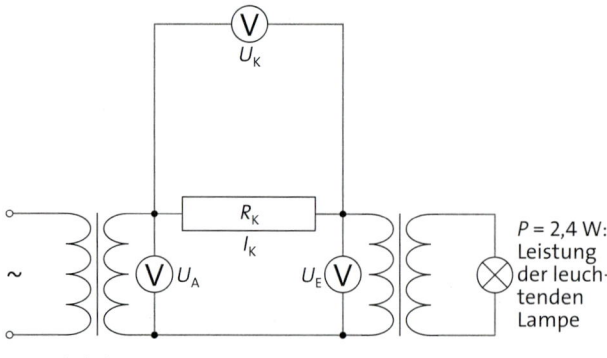

03 Schaltskizze

Elektrische Energieübertragung erfolgt in der Regel mit Wechselstrom bei sehr hoher Spannung von bis zu 380 000 V. Warum wird Energie nicht mit niedriger Spannung übertragen? Das wäre doch ungefährlicher und einfacher. Das Problem zeigt der Modellversuch in ▶ Bild 01. Eine Wechsel-

spannung von 4 V wird mit einem Kabel an eine Glühlampe angeschlossen, der man eine Leistung von 2,4 W zuführen muss, damit sie leuchtet. Während die Lampe bei einem kurzen Kabel leuchtet, bleibt sie bei einer Kabellänge von 50 m dunkel.

Um das Problem zu lösen, probieren wir es mit höherer Spannung. Dazu erhöhen wir die Spannung am Anfang mit einem Transformator auf 32 V, übertragen anschließend die Energie durch das Kabel und senken am Ende die Spannung mit einem Transformator auf 4 V (▶ Bild 02). Die Lampe leuchtet nun! Warum funktioniert die Übertragung mit Hochspannung?

Um diese Frage zu klären, berechnen wir die Stromstärken: Damit die Lampe leuchtet, muss die Leistung $P = 2{,}4$ W übertragen werden. Wegen $P = U \cdot I$ sollte das sowohl mit $U = 4$ V und $I = 0{,}6$ A als auch mit $U = 32$ V und $I = 0{,}075$ A gelingen. Beim langen Kabel funktioniert aber nur die zweite Variante. Hohe Spannung bedeutet zugleich niedrige Stromstärke. Offensichtlich erfolgt die Übertragung in dieser Kombination besser. Wie kommt das?

Ungenutzte Leistung beim Kabel · Die Lampe im ▶ Bild 01 bleibt dunkel, weil das lange Kabel einen sehr viel größeren Widerstand hat als das kurze Kabel. Durch den großen Widerstand wird ein Teil der zugeführten Energie entwertet. Das führt zu einer sogenannten Verlustleistung P_K im Kabel (▶ Bild 03). Sie ist das Produkt aus der Spannung U_K zwischen den Kabelenden und der Stromstärke I_K im Kabel:

$$P_K = I_K \cdot U_K.$$

Wir drücken die Spannung durch den Widerstand R_K des Kabels aus. Mit der Beziehung $U_K = R_K \cdot I_K$ folgt:

$$P_K = I_K^2 \cdot R_K.$$

Aus der Gleichung folgt, dass die Verlustleistung im Kabel quadratisch mit der Stromstärke ansteigt. Wenn wir also die Stromstärke I_K im Kabel auf ein Achtel reduzieren, dann wird die Verlustleistung wegen I_K^2 um den Faktor 64 kleiner. Deshalb leuchtet die Lampe bei der hohen Spannung.

Das Hochspannungsnetz · Da Hochspannung die Verlustleistung bei der Übertragung deutlich senkt, ist Deutschland von einem Hochspannungsnetz durchzogen (▶ Bild 04). Neben den üblichen Wechselstromleitungen gibt es auch zwei Gleichstromleitungen. Welchen Vorteil hat Gleichstrom?

Innerhalb des Kabels ist der elektrische Widerstand für Gleich- und Wechselstrom gleich, aber was passiert außerhalb des Kabels? Dazu erinnern wir uns, dass in der Umgebung eines stromführenden Leiters ein Magnetfeld entsteht. Dadurch werden eisenhaltige Gegenstände in der Umgebung magnetisiert. Da sich bei Wechselstrom die Stromrichtung ständig ändert, richten sich die Elementarmagnete im Eisen ständig neu aus. Das passiert 100-mal in jeder Sekunde. Ähnlich richten sich auch elektrisch geladene Teilchen in der Umgebung eines Wechselstroms 100-mal in der Sekunde neu aus, weil die Magnetfeldänderung wie beim Transformator einen Induktionsstrom erzeugt. Diese ständige Ummagnetisierung und Umpolung benötigt Energie und verursacht beim Wechselstrom zusätzliche Verluste. Beim Gleichstrom gibt es solche Verluste nicht.

Die geringsten Verluste haben Hochspannungsgleichstromleitungen. Warum baut man dann nicht nur solche Leitungen? Bei Hochspannung können leicht Funken überspringen, deshalb braucht ein Hochspannungskabel viel Platz. Daher baut man in Deutschland Leitungen für 380 kV, 220 kV, 110 kV, 20 kV, 10 kV und 400 V. Das erfordert Umspannwerke, deren Transformatoren nur mit Wechselspannung funktionieren. Deswegen nutzt man auf kurzen Strecken Wechselstrom.

Erdkabel · In großen Städten fehlt der Platz für die großen Hochspannungsmasten. Dort werden Erdkabel verlegt. In Berlin hat man dazu Tunnel so breit gebaut, dass keine Funken in die Nachbartunnel mit den anderen Leitern überspringen (▶ Bild 05 A). In New York hat man das armdicke Kabel direkt in die Erde verlegt (▶ Bild 05 B). Es leitet den elektrischen Strom völlig ohne elektrischen Widerstand. Dabei wird die Supraleitung ausgenutzt, bei der sich die Elektronen völlig ohne elektrischen Widerstand bewegen.

Leitungsverbindungen

— Hochspannungs-Gleichstrom-übertragung (Freileitung/Kabel)

— 380 Kilovolt

— 220 Kilovolt

• Stromrichter-station

◦ Umspannwerk

• Stadt

04 Das Hochspannungsnetz in Deutschland

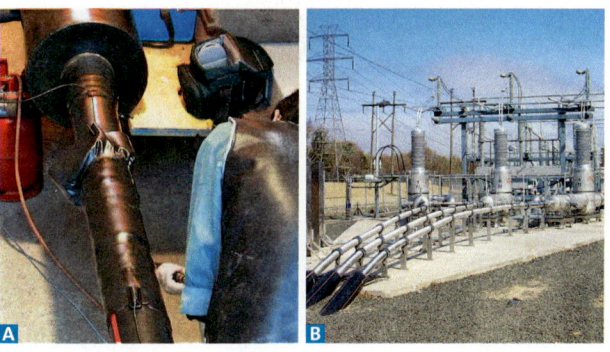

05 Erdkabel in **A** Berlin und **B** New York

1 ⌡ Hochspannungskabel können bei 380 kV eine Leistung von 900 MW übertragen und haben dennoch einen Durchmesser von weniger als 50 mm. Erkläre.

2 ⌡ Die Nutzung von Wind- und Sonnenenergie erfordert zusätzliche Hochspannungskabel. Erkläre.

3 ⌡ Ein Gleichstromkabel überträgt bei 800 kV eine Leistung von 5000 MW. Vergleiche mit Aufgabe 1 und erläutere.

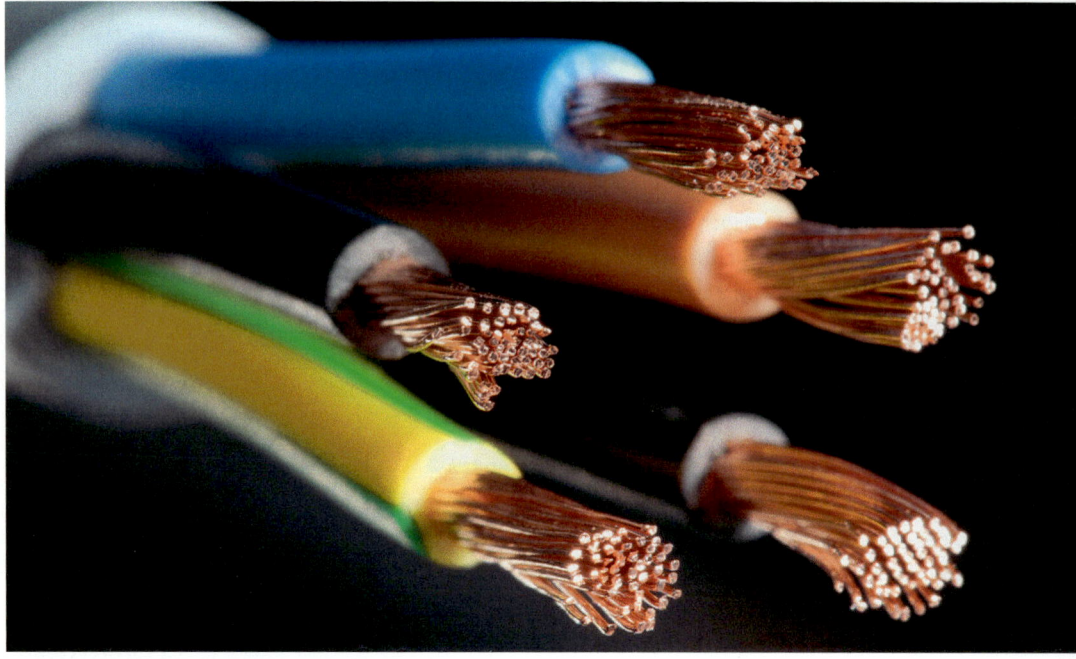

01 In der Technik braucht man sowohl Leiter als auch Nichtleiter.

Elektrizitätsleitung

Das weißt du schon: Es gibt Stoffe, die den elektrischen Strom leiten und Stoffe, die ihn nicht leiten. Worin unterscheiden sich Leiter und Nichtleiter? Und was geschieht eigentlich bei der Elektrizitätsleitung genau?

Metalle sind gute elektrische Leiter. Beispiele für Nichtleiter oder Isolatoren sind Kunststoff, Glas und Keramik. Wie ist es mit Wasser?

WASSER – EIN LEITER? · Wir untersuchen, ob destilliertes, also hochreines Wasser den Strom leitet (▸ Bild 02). Trotz angelegter Spannung beträgt die Stromstärke 0 A. Reines Wasser ist ein Isolator. Vielleicht weißt du noch, dass Wasser durch Zugabe von Salz elektrisch leitfähig wird. Wir rühren etwas Kochsalz in das Wasser. Anschließend steigt die Anzeige des Stromstärkemessgeräts stark an. Das Salz macht das Wasser leitfähig. Und wie ist es mit reinem Salz?:

SALZ – EIN LEITER? · Wir tauschen das Becherglas mit Wasser durch ein Glas mit Kochsalz aus. Wir beobachten, dass die Stromstärke wieder 0 A beträgt. Salz ohne Wasser ist offensichtlich ein Isolator. Wasser ohne Salz auch. Warum leitet dann Salzwasser?

BEWEGLICHE LADUNGSTRÄGER · Aus der Chemie weißt du, dass eine Kochsalzlösung positiv geladene Natriumionen (Na^+-Ionen) und negativ geladene Chlorionen (Cl^--Ionen) enthält. Die Ionen sind elektrisch geladen und außerdem beweglich. Das bedeutet, dass sie elektrische Ladung transportieren können. Man sagt: Die elektrisch geladenen Ionen sind die beweglichen Ladungsträger der Salzlösung. Damit ein Stoff den Strom leitet, muss er bewegliche Ladungsträger enthalten. Wasser hat zwar bewegliche Moleküle, aber diese sind elektrisch neutral. Salz dagegen ist aus geladenen Ionen aufgebaut, aber diese sind nicht beweglich.

Damit kennen wir den Unterschied zwischen Leitern und Nichtleitern: Leiter haben bewegliche Ladungsträger, Nichtleiter haben sie nicht.

 Damit ein Stoff den elektrischen Strom leitet, muss er bewegliche Ladungsträger enthalten.

02 Wasser ohne Salz ist ein Nichtleiter – Salz ohne Wasser ebenso.

LEITUNG IN SALZLÖSUNGEN · Wir betrachten die Elektrizitätsleitung in der Salzlösung genauer. In die Salzlösung tauchen zwei Stäbe, sogenannte **Elektroden,** ein (▸ Bild 03). Die eine Elektrode ist an den Pluspol, die andere an den Minuspol einer elektrischen Quelle angeschlossen. Zwischen den Elektroden liegt eine Spannung an. Du weißt, dass die Spannung der Antrieb für die Ladung ist. Genau genommen ist es folgendermaßen: Zwischen den Elektroden gibt es ein elektrisches Feld. Das Feld übt auf die elektrisch geladenen Ionen Kräfte aus. Es treibt die positiven Ionen zur negativen Elektrode und die negativen Ionen zur positiven Elektrode (▸ Bild 03).

LADUNGSTRÄGER UND LADUNG · In der Salzlösung gibt es also zwei Bewegungen von Ladungsträgern. Heben sich diese beiden Ladungsträgerbewegungen gegenseitig nicht auf? Wenn das so wäre, dann müsste die Stromstärke im gesamten Stromkreis 0 A betragen. Das ist aber gerade nicht der Fall. Die beiden Ladungsträgerbewegungen heben sich also nicht auf. Der Grund dafür ist, dass die Ionen unterschiedlich geladen sind. Du kannst dir es so vorstellen, als ob die Na^+-Ionen Guthaben transportierten und die Cl^--Ionen Schulden. Ein „Schuldenstrom" von rechts nach links ist gleichbedeutend mit einem „Guthabenstrom" von links nach rechts. Deswegen tragen beide Ionenarten zu einem Ladungsstrom von der positiven zur negativen Elektrode bei.

/// In Salzlösungen bewegen sich positive Ionen zur negativen Elektrode und negative Ionen zur positiven Elektrode. Beide Ionenarten tragen zu einem elektrischen Strom vom Pluspol zum Minuspol bei.

LEITUNG IN METALLEN · Da Metalle sehr gute elektrische Leiter sind, müssen sie ebenfalls bewegliche Ladungsträger enthalten. Welche Ladungsträger kommen dafür in Frage? Bestrahlt man eine Zinkplatte mit UV-Licht, lassen sich

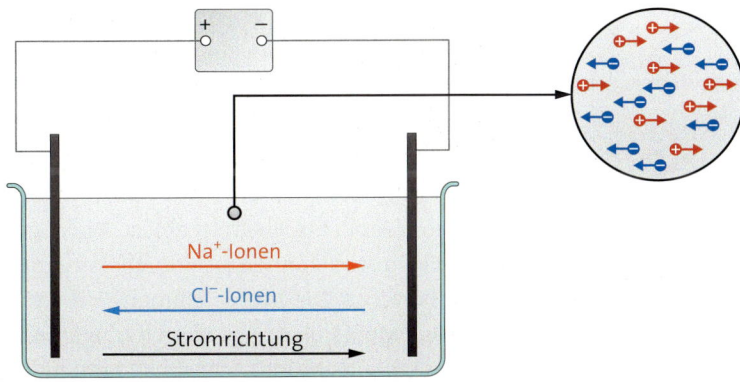

03 Ionenbewegung und Stromrichtung bei einer Salzlösung (schematisch)

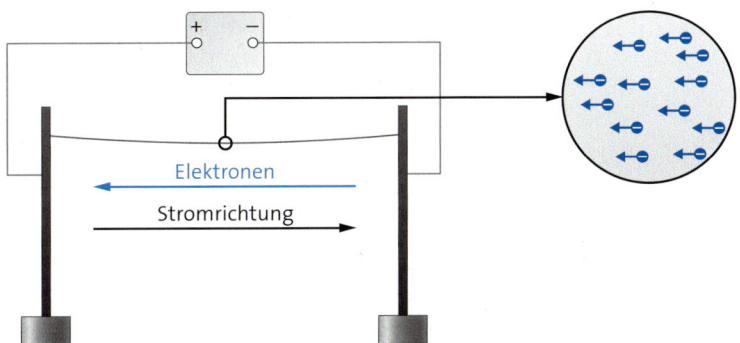

04 Elektronenbewegung und Stromrichtung bei einem Metall (schematisch)

Elektronen aus dieser Platte herauslösen. Es ist daher naheliegend, dass die beweglichen Ladungsträger in Metallen Elektronen sind. Da die Elektronen negativ geladen sind, werden sie vom elektrischen Feld vom Minuspol zum Pluspol getrieben. Die negativen Elektronen kannst du dir als Schuldenträger vorstellen. Die Ladung fließt wie immer vom Pluspol zum Minuspol.

/// In Metallen bewegen sich negativ geladene Elektronen vom Minus- zum Pluspol. Dadurch ergibt sich ein elektrischer Strom vom Plus- zum Minuspol.

1 ⌡ Wenn man in einen Stromkreis Drähte aus unterschiedlichen Metallen einbaut, dann vermischen sich die Metalle niemals. Diese Beobachtung bestätigt die Hypothese von den Elektronen als beweglichen Ladungsträgern. Erkläre.

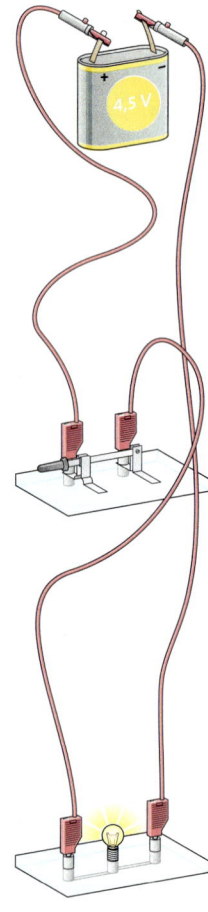

METALLE UND ELEKTRONEN · Wir erinnern uns an den Atomaufbau: Ein Atom besteht aus einem Kern und einer Hülle aus Elektronen. Typisch für ein Metallatom ist, dass die Hülle ein Elektron enthält, das sehr schwach gebunden ist. Das führt dazu, dass sich in einem Metall von jedem Atom ein Elektron ablöst. Die abgelösten Elektronen können sich durch das ganze Metall bewegen. Die Atome können sich nicht durch das Metall bewegen. Sie schwingen nur um ihre Mittellage, und zwar umso heftiger, je höher die Temperatur ist.

ELEKTRIZITÄTSLEITUNG IM MODELL · Wir betrachten einen Stromkreis mit einer Glühlampe (▸ Bild 01). Wenn man den Schalter schließt, dann leuchtet die Lampe sofort – gleichgültig, wie lang die Kabel sind! Daraus folgt, dass sich die Elektronen im Stromkreis alle gleichzeitig in Bewegung setzen. Die Ursache dafür ist das elektrische Feld, das im ganzen Stromkreis die Elektronen antreibt.

Warum benötigen die Elektronen einen Antrieb? Dies erklären wir im Modell folgendermaßen: Durch Stöße mit den schwingenden Atomen werden die Elektronen in ihrer Bewegung ständig gehemmt. Deswegen müssen die Elektronen ständig angetrieben werden. Dieses Hemmen der Elektronenbewegung kennst du als elektrischen Widerstand.

Wenn wir die Spannung vergrößern, so vergrößert sich auch die Stromstärke. Das kennst du schon. Wir können das folgendermaßen erklären:

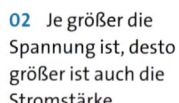
01 Wenn der Schalter geschlossen wird, dann leuchtet die Lampe sofort auf.

Je größer die angelegte Spannung ist, desto stärker ist das elektrische Feld im Draht, desto schneller bewegen sich die Elektronen und desto größer ist folglich die Stromstärke (▸ Bild 02).

WIDERSTAND UND TEMPERATUR · Wir untersuchen, wie sich der Widerstand eines metallischen Drahts beim Erhitzen ändert. Ein gewendelter Eisendraht ist an eine elektrische Energiequelle angeschlossen (▸ Bild 03). Wenn wir den Draht erhitzen, dann nimmt die Stromstärke ab. Die Spannung ist konstant geblieben. Wegen $R = \frac{U}{I}$ bedeutet das, dass der Widerstand mit zunehmender Temperatur zunimmt. Im Modell können wir das folgendermaßen verstehen: Die Elektronenbewegung wird umso mehr gehemmt, je heftiger die Atome schwingen. Daraus folgt: Je höher die Temperatur des Metalls ist, desto langsamer bewegen sich die Elektronen.

//// In Metallen nimmt der elektrische Widerstand mit zunehmender Temperatur zu.

WÄRMEWIRKUNG · Ein Draht kann so heiß werden, dass er glüht. Dies ist ein Beispiel für die Wärmewirkung des Stroms. Wir erklären dies folgendermaßen: Durch Stöße übertragen die Elektronen ständig Energie auf die schwingenden Atome. Dadurch schwingen die Atome heftiger und die Temperatur des Metalls steigt. Damit die Elektronen ihre mittlere Geschwindigkeit beibehalten, müssen sie ständig Energie von der elektrischen Energiequelle erhalten. Die Übertragung der Energie von der Quelle auf die Elektronen erfolgt über das elektrische Feld.

02 Je größer die Spannung ist, desto größer ist auch die Stromstärke.

03 Beim Erhitzen des Eisendrahts nimmt die Stromstärke ab.

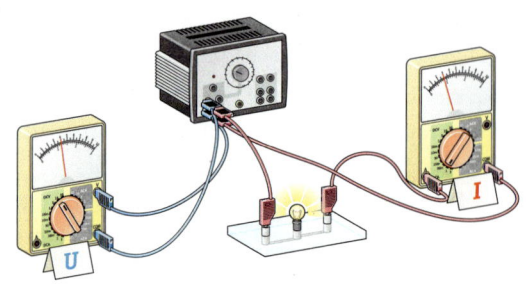

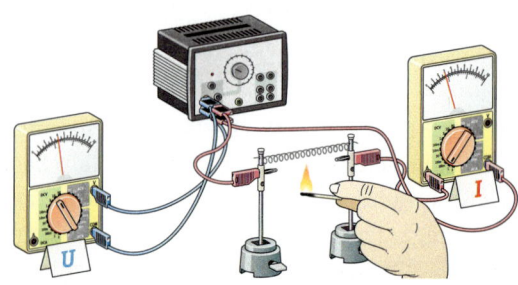

VERSUCHE ▸ Leiter und Nichtleiter

In diesen Versuchen untersuchst du, wie gut Flüssigkeiten und du selbst den elektrischen Strom leiten.

V1 Stromleitung von Flüssigkeiten

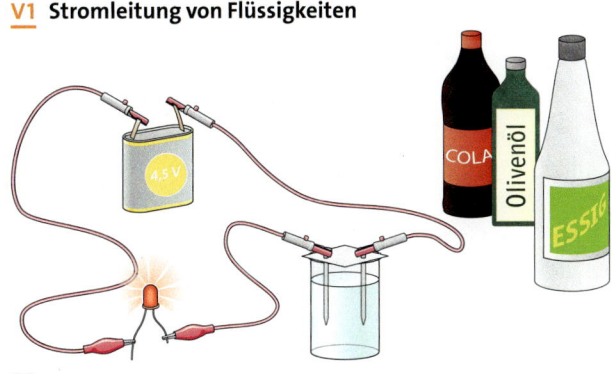

04

Material:

Flachbatterie, LED, Kabel mit Krokodilklemmen, Nägel, Pappe, Glas, Leitungswasser, Pflanzenöl, Essig, Cola

Durchführung:

Baue den Versuch wie im ▸ Bild 04 auf. Achte darauf, dass das lange Bein der LED mit dem Pluspol der Batterie verbunden ist. Teste die Schaltung, indem du die Nägel aneinanderhältst.
a) Untersuche, wie gut die verschiedenen Flüssigkeiten Strom leiten. Notiere deine Beobachtungen.
b) Ordne die Flüssigkeiten entsprechend deiner Ergebnisse aus Versuchsteil a).

V2 Ungefährliche Ströme durch den Körper

05

Material:

4,5-V-Batterie, LED, Kabel mit Krokodilklemmen, zwei Schlüssel

Durchführung:

Baue einen Stromkreis auf, bei dem zwei Kabel offen enden. Klemme je einen Schlüssel an die Enden der Kabel.
a) Untersuche, wie gut dein Körper den Strom leitet. Nimm je einen Schlüssel in eine Hand. Drücke erst schwach und dann stark zu und beobachte dabei die LED. Notiere deine Beobachtungen.
b) Wiederhole Versuchsteil a) mit feuchten Händen.

Material A ▸ Lügendedektor

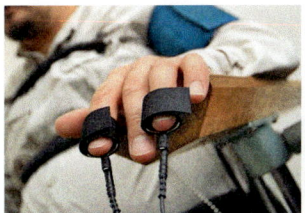 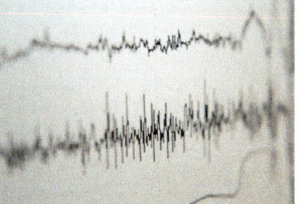

06

A1 Bei einem Lügendetektor wird ein Stromkreis geschlossen, indem einer Person elektrische Kontakte an die Finger gesetzt werden. Der Person werden dann Fragen gestellt. Wenn sie bei der Beantwortung lügt, dann fließt mehr Strom als bei wahren Antworten. Erkläre, wie dies zustande kommt.

Material B ▸ Leiter im Alltag

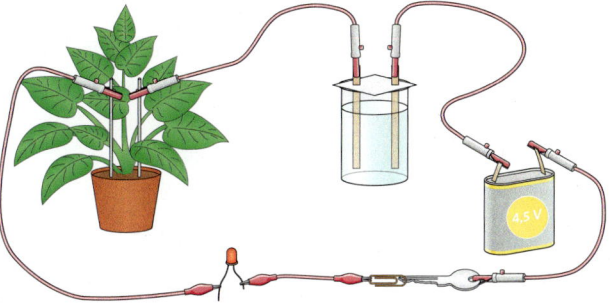

07

B1 Die LED im ▸ Bild 07 leuchtet nicht, obwohl der Stromkreis geschlossen ist. Begründe die Änderungen, die nötig sind, damit die LED leuchtet.

01 Ein sogenannter Halbleiterwafer – Grundlage zur Herstellung von elektronischen Geräten

Halbleiter

MP3-Player, Handys, Computer: Alle elektronischen Geräte enthalten Bauteile aus Halbleitern. Halbleiter sind das Ausgangsmaterial zur Herstellung von Prozessoren, Speichern, Leuchtdioden, Solarzellen usw. Was ist das Besondere an Halbleitern?

NICHT LEITER, NICHT ISOLATOR · Halbleiter stehen in ihrer Fähigkeit, den elektrischen Strom zu leiten, zwischen Leitern und Isolatoren. Dies allein erklärt jedoch nicht ihre Besonderheit. Interessant ist, dass sich die Leitfähigkeit von Halbleitern auf viele Arten beeinflussen lässt.

TEMPERATURABHÄNGIGKEIT · Wir betrachten als Beispiel Silicium – der bekannteste und wichtigste Halbleiter. Ein Stück Silicium ist in einen Stromkreis eingebaut (▸ Bild 02). Wir legen eine Spannung von etwa 10 V an: Die Stromstärke beträgt nur wenige Milliampere. Der Widerstand des Siliciumstücks ist also um ein Vielfaches größer als der eines Metallstücks. Was passiert, wenn wir das Siliciumstück erwärmen? Wir beobachten, dass die Stromstärke stark ansteigt. Im Gegensatz zu Metallen nimmt der Widerstand eines Halbleiters mit zunehmender Temperatur ab! Wenn man umgekehrt Silicium abkühlt, dann nimmt der Widerstand zu. Man hat festgestellt, dass reines Silicium bei sehr tiefen Temperaturen nahe dem absoluten Nullpunkt ein Isolator ist.

/// In Halbleitern nimmt der elektrische Widerstand mit zunehmender Temperatur stark ab.

HALBLEITER IM MODELL · Warum verhalten sich Halbleiter ganz anders als Metalle? Um das zu verstehen, betrachten wir den Aufbau von Silicium. Im Periodensystem der Elemente befindet sich Silicium in der vierten Hauptgruppe. Ein Siliciumatom kann also vier Bindungen mit benachbarten Atomen eingehen. Dadurch entsteht eine regelmäßige räumliche Struktur, bei der jedes Atom von vier Nachbaratomen umgeben ist. Im hier betrachteten Modell bilden zwei Elektronen – je ein Elektron von zwei be-

02 Beim Erhitzen des Siliciumstücks steigt die Stromstärke stark an.

nachbarten Atomen – eine sogenannte Elektronenpaar-Bindung. Im Halbleiter sind die Elektronen also, anders als im Metall, fest gebunden. Da sie die Bindungen nicht ohne Weiteres verlassen können, gibt es keine beweglichen Ladungsträger. Deswegen ist reines Silicium ein Isolator – zumindest bei sehr tiefen Temperaturen.

ELEKTRIZITÄTSLEITUNG · Bei Raumtemperatur aber ist Silicium kein Isolator. Und mit steigender Temperatur leitet Silicium immer besser. Im Modell erklären wir dies folgendermaßen: Auch wenn die Elektronen fest in den Bindungen integriert sind, können einzelne Elektronen aus den Bindungen herausgelöst werden. Dazu ist jedoch Energie erforderlich – Energie, die z.B. aus der Energie der schwingenden Siliciumatome stammt.

Jedes herausgelöste Elektron hinterlässt eine Lücke in der Elektronenpaar-Bindung. Der Bereich um diese Lücke ist positiv geladen, da dem vorher elektrisch neutralen Bereich ein Elektron fehlt. Die Lücke kann von einem Elektron einer benachbarten Elektronenpaar-Bindung gefüllt werden. Dabei wandert die Lücke und mit ihr die positive Ladung. Die Lücken sind also ebenfalls beweglich. Eine solche bewegliche Lücke in der Atomhülle mit der zugehörigen positiven Ladung wird als „Loch" bezeichnet.

Silicium hat somit zwei Sorten beweglicher Ladungsträger: Negativ geladene Elektronen und positiv geladene Löcher. Liegt eine Spannung an, dann bewegen sich die Elektronen in Richtung Pluspol. Gleichzeitig bewegen sich die Löcher in Richtung Minuspol (▸ Bild 03). Wie bei den Ionen in der Salzlösung gilt: Obwohl die Bewegungen von Elektronen und Löchern in entgegengesetzte Richtungen erfolgen, heben sich diese Bewegungen nicht gegenseitig auf, da Elektronen und Löcher unterschiedlich geladen sind.

Was wir hier für Silicium erklärt haben, gilt für Halbleiter allgemein.

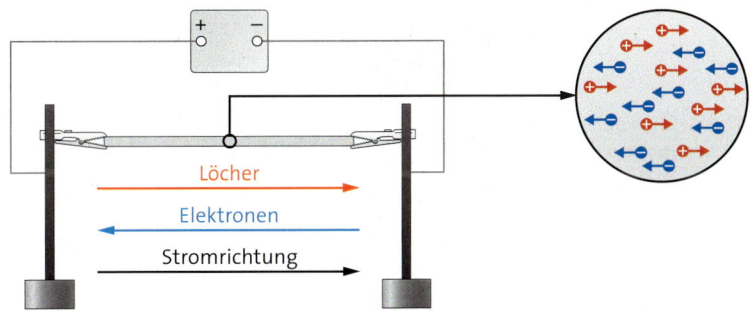

03 Ladungsträgerbewegung und Stromrichtung bei einem Halbleiter

/// In Halbleitern bewegen sich negativ geladene Elektronen in Richtung Pluspol und positiv geladene Löcher in Richtung Minuspol. Beide Ladungsträger tragen zu einem elektrischen Strom vom Pluspol zum Minuspol bei.

LADUNGSTRÄGER DURCH ERHITZEN … · Wir können nun die Temperaturabhängigkeit des Widerstands bei Halbleitern erklären. Um die Elektronen aus den Bindungen herauszulösen, ist Energie erforderlich. Je höher die Temperatur des Halbleiters ist, umso mehr Energie steht zur Verfügung und umso größer ist die Anzahl der beweglichen Elektronen und Löcher. Die Temperaturabhängigkeit ist besonders stark ausgeprägt. Bei Silicium z.B. verdoppelt sich die Anzahl der Ladungsträger, wenn die Temperatur um etwa 30 K erhöht wird. Diesen Effekt nutzt man beim sogenannten **Heißleiter** aus (▸ Bild 04). Er leitet umso besser, je höher seine Temperatur ist.

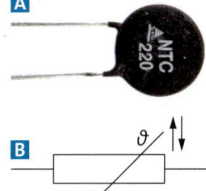

04 Heißleiter **(A)** mit Schaltsymbol **(B)**

… ODER DURCH LICHT · Die Energie kann auch durch Licht zugeführt werden. Auf diesem Effekt beruht der sogenannte **LDR** (**L**ight **D**ependend **R**esistor, ▸ Bild 05), dessen Widerstand beim Bestrahlen mit Licht stark abnimmt.

05 LDR **(A)** mit Schaltsymbol **(B)**

1 ⌡ Auch beim Halbleiter werden die beweglichen Ladungsträger umso mehr gebremst, je heftiger die Atome schwingen. Dennoch nimmt der Widerstand mit zunehmender Temperatur nicht zu, sondern ab. Erkläre.

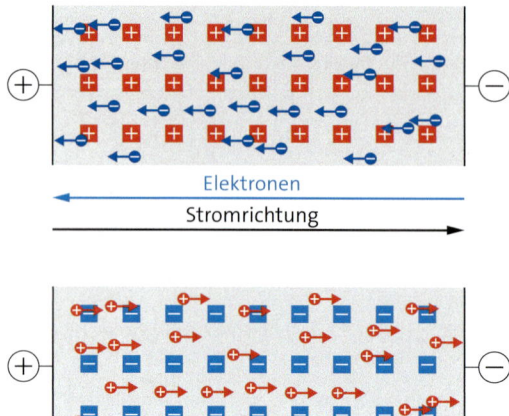

01 n-Halbleiter mit beweglichen Elektronen (blau) und genauso vielen ortsfesten Ionen (rot)

Elektronen
Stromrichtung

02 p-Halbleiter mit beweglichen Löchern (rot) und genauso vielen ortsfesten Ionen (blau)

Löcher
Stromrichtung

tron und ein ortsfestes positives Phosphorion. Der Halbleiter ist insgesamt elektrisch neutral. Da die beweglichen Ladungsträger negative Elektronen sind, spricht man vom n-dotierten Halbleiter.

/// Durch Dotieren mit einem Element aus der fünften Hauptgruppe erhält man einen n-Halbleiter mit beweglichen negativ geladenen Elektronen und ortsfesten positiv geladenen Ionen.

P-DOTIERUNG · Bei der Dotierung mit einem Element aus der dritten Hauptgruppe werden einige wenige Siliciumatome durch z.B. Boratome ersetzt. Ein eingebautes Boratom ist wieder von vier benachbarten Siliciumatomen umgeben. Es hat aber drei Bindungselektronen und damit eines zu wenig, als für die vier Bindungen benötigt wird. Folglich hat eine der Elektronenpaar-Bindungen eine Lücke. Diese Lücke wird leicht von einem Elektron einer benachbarten Elektronenpaar-Bindung aufgefüllt. Dadurch entsteht in den Elektronenpaar-Bindungen ein bewegliches positiv geladenes Loch. Das Boratom hat nun ein zusätzliches Elektron; es ist also negativ geladen.

Wir fassen zusammen: Für jedes Boratom erhält man ein frei bewegliches positives Loch und ein ortsfestes negatives Borion. Der Halbleiter ist insgesamt elektrisch neutral. Da die beweglichen Ladungsträger positive Löcher sind, spricht man vom p-dotierten Halbleiter.

/// Durch Dotieren mit einem Element aus der dritten Hauptgruppe erhält man einen p-Halbleiter mit beweglichen, positiv geladenen Löchern und ortsfesten, negativ geladenen Ionen.

DOTIEREN VON HALBLEITERN · Silicium ist bei Raumtemperatur ein schlechter Leiter. Interessanterweise kann man die Leitfähigkeit von Silicium durch Zugabe von Fremdstoffen künstlich erhöhen. Man nimmt dazu Elemente aus der dritten oder aus der fünften Hauptgruppe. Die Konzentration der Fremdatome ist extrem gering: Nur etwa jedes zehntausendste oder gar millionste Siliciumatom wird durch ein Fremdatom ersetzt. Man sagt, Silicium ist dotiert.

Beim n-dotierten bzw. p-dotierten Halbleiter spricht man häufig auch von der n-Leitung bzw. p-Leitung.

N-DOTIERUNG · Wir betrachten zuerst die Dotierung mit einem Element aus der fünften Hauptgruppe, z.B. Phosphor. Dabei werden einige wenige Siliciumatome durch Phosphoratome ersetzt. Ein eingebautes Phosphoratom ist wie jedes Siliciumatom von vier benachbarten Atomen umgeben. Ein Phosphoratom hat aber fünf Bindungselektronen und damit eines mehr, als für die vier Bindungen benötigt wird. Folglich ist ein Elektron nicht in die Elektronenpaar-Bindungen integriert. Dieses Elektron löst sich leicht vom Phosphoratom ab und ist anschließend frei beweglich. Dem Phosphoratom fehlt nun ein Elektron; es ist also positiv geladen.

Wir fassen zusammen: Für jedes Phosphoratom erhält man ein frei bewegliches negatives Elek-

1) Silicium wird mit Stickstoff, Kohlenstoff oder Aluminium dotiert. Erläutere, wie sich dies auf Art und Anzahl der beweglichen Ladungsträger auswirkt.

VERSUCHE ► Licht- und temperaturabhängige Widerstände

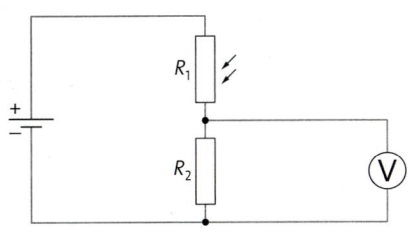

03 Lichtabhängige Spannung (zu V1)

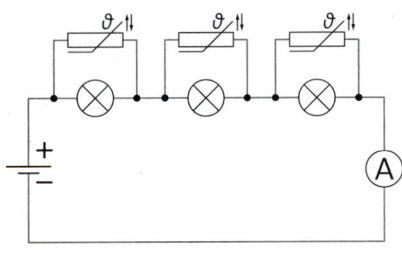

04 Zur Lichterkette (zu V2)

V1 Lichtabhängige Spannung

Material:

LDR, Festwiderstand, Akku oder Netzgerät, Spannungsmessgerät

Durchführung:

a) Baue die Schaltung nach ► Bild 03 auf. Untersuche, wie sich die Spannung am Widerstand R_2 bei stärkerer oder schwächerer Beleuchtung ändert. Erkläre.

b) Vertausche LDR und Festwiderstand. Untersuche, wie sich nun die Spannung bei stärkerer oder schwächerer Beleuchtung ändert. Erkläre.

V2 Clevere Lichterkette

Material:

3 Glühlampen (z. B. 6 V/0,1 A), 3 Heißleiter (z. B. NTC1k8), Netzgerät 18 V, Stromstärkemessgerät

Durchführung:

a) Baue die Schaltung nach ► Bild 04 auf. Simuliere das Durchbrennen einer Lampe. Drehe dazu eine Lampe aus ihrer Fassung. Beobachte die Anzeige des Stromstärkemessgeräts. Beschreibe die Helligkeitsänderungen der beiden anderen Lampen.

b) Erkläre die Beobachtungen.

Material A ► Heißleiter

A1 Ein Heißleiter R_1 und ein Festwiderstand R_2 sind in Reihe geschaltet und an eine Energiequelle mit konstanter Spannung angeschlossen.

a) Zeichne einen Schaltplan.

b) Beschreibe, wie sich die Spannung U_1 am Widerstand R_1 ändert, wenn die Temperatur zu- bzw. abnimmt.

c) Beantworte die Frage für die Spannung U_2 am Widerstand R_2.

A2 Ein Heißleiter hat bei Raumtemperatur einen Widerstand von 1,8 kΩ. Er wird an eine Energiequelle mit einer Spannung von 6 V angeschlossen.

a) Berechne die Stromstärke unmittelbar nach dem Anschließen.

b) Begründe, dass die Stromstärke mit der Zeit immer mehr zunimmt.

c) Ein Heißleiter darf nicht direkt an eine elektrische Energiequelle angeschlossen werden. Begründe.

A3 Bei Weihnachtslichterketten sind viele Glühlampen in Reihe geschaltet. Wenn eine Lampe durchbrennt, müsste eigentlich die ganze Kette ausgehen. Damit das nicht passiert, baut man zu jeder Lampe einen parallel geschalteten Heißleiter ein. Das Prinzip zeigt ► Bild 03.

a) Im Normalzustand, also wenn die Lampen alle leuchten, sind die Heißleiter kalt und der Strom geht praktisch nur durch die Lampen. Erkläre.

b) Brennt eine Lampe durch, so ist die Spannung am entsprechenden Heißleiter zuerst sehr groß. Begründe.

c) Die Stromstärke durch den Heißleiter nimmt mit der Zeit immer mehr zu. Begründe. Was folgt daraus für die Lampen? Erkläre.

Material B ► Elektrizitätsleitung

B1 a) Fülle die Tabelle aus.

b) Beschreibe, wie sich positive bzw. negative Ladungsträger im Stromkreis bewegen.

c) Die Richtung des elektrischen Stroms ist immer gleich. Erkläre.

Material	Bewegliche Ladungsträger	sind vorhanden bzw. entstehen durch
Metall		
undotierter Halbleiter		
n-dotierter Halbleiter		
p-dotierter Halbleiter		

01 Farbiges Licht
durch Leuchtdioden

Leuchtdioden und andere Dioden

Jeder kennt sie: Sie leuchten rot, gelb, grün oder blau. Leuchtdioden oder LEDs erobern immer mehr Anwendungsgebiete. Neben den farbigen Leuchtdioden gibt es auch LEDs für weißes Licht und sogar für Infrarot- und Ultraviolettstrahlung. Wie funktionieren die Leuchtdioden?

AUF DIE POLUNG KOMMT ES AN · Eine Leuchtdiode muss richtig gepolt in den Stromkreis eingebaut werden. Außerdem muss man darauf achten, dass die Stromstärke nicht zu hoch ist, sonst wird die LED zerstört. Deswegen schließen wir einen passenden Widerstand in Reihe zur LED in den Stromkreis (▸ Bild 03). Wir stellen fest:

Nur wenn der lange Anschlussdraht mit dem Pluspol verbunden ist, leuchtet die LED. Werden die Anschlüsse vertauscht, dann leuchtet die LED nicht. Die Stromstärke ist dann 0 A. Offensichtlich lässt die Leuchtdiode den Strom nur in eine Richtung durch. Sie wirkt also wie ein elektrisches Ventil. Die Stromrichtung wird im Schaltsymbol durch einen Pfeil (Dreieck) symbolisiert.

/// Eine Leuchtdiode lässt nur bei richtiger Polung Strom durch. Bei falscher Polung ist die Stromstärke null und die Leuchtdiode leuchtet nicht.

P-N-ÜBERGANG · Um die Vorgänge in der Leuchtdiode zu verstehen, musst du wissen, dass eine LED aus einem p-dotierten und einem n-dotierten Bereich besteht. Den prinzipiellen Aufbau zeigt ▸ Bild 04.

Wir betrachten zuerst den Fall, dass keine Spannung an der LED anliegt. Ohne Spannung bewegen sich die beweglichen Ladungsträger völlig ungeordnet. Dadurch gelangen Löcher aus dem p-Bereich in den n-Bereich und umgekehrt. Sobald aber ein Loch, also eine Lücke in den Elekt-

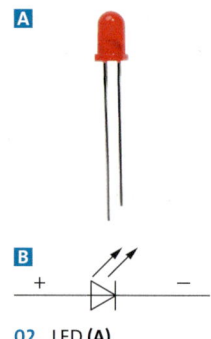

A

B

02 LED **(A)**
mit Schaltsymbol **(B)**

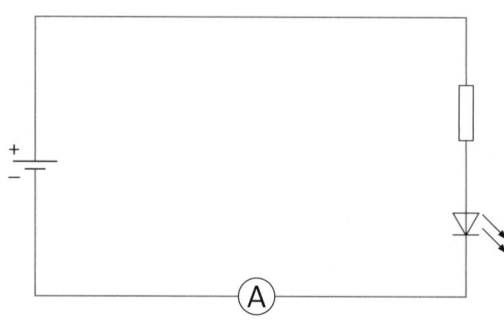

03 Eine LED muss richtig gepolt und mit einem Vorwiderstand in den Stromkreis eingebaut werden.

ronenpaar-Bindungen im n-Bereich ist, trifft es sehr bald auf ein bewegliches Elektron. Dabei füllt das bewegliche Elektron die Lücke. Mit anderen Worten: Elektron und Loch neutralisieren sich gegenseitig. Dasselbe passiert mit den Elektronen, die vom n-Bereich in den p-Bereich gelangen. Dadurch entsteht ein Bereich ohne bewegliche Ladungsträger, die **Sperrschicht.**

DER P-N-ÜBERGANG SPERRT … · Wird der p-dotierte Bereich an den Minuspol und der n-dotierte Bereich an den Pluspol angeschlossen, dann werden die Löcher vom elektrischen Feld zum Minuspol und die Elektronen zum Pluspol hin getrieben (▸ Bild 05). Das bedeutet aber, dass sich die Sperrschicht vergrößert. Deswegen ist kein Ladungsfluss möglich. Die LED sperrt.

… UND LÄSST DURCH · Wird die Polung der LED getauscht, also der p-Bereich an den Pluspol und der n-Bereich an den Minuspol angeschlossen, dann werden sowohl die Löcher als auch die Elektronen zur Grenzschicht getrieben (▸ Bild 06). Wie oben erklärt, neutralisieren sich Löcher und Elektronen gegenseitig. Der Strom hört aber dadurch nicht auf! Die elektrische Ladung wird von den positiven Löchern bis zur Grenzschicht transportiert. Von dort wird sie durch die entgegenkommenden negativen Elektronen weitertransportiert.

DAS LEUCHTEN · Jetzt kannst du verstehen, warum der Strom nur in eine Richtung durchgelassen wird. Aber warum kommt es zum Leuchten? Immer wenn ein bewegliches Elektron und ein bewegliches Loch sich gegenseitig neutralisieren, wird Licht ausgesendet. Dabei wird die Energie, die zuvor benötigt wurde, um solch ein bewegliches Elektron und ein bewegliches Loch zu erzeugen, durch Licht wieder abgegeben.

AUFBAU EINER LED · Der Halbleiter ist in eine kegelförmige Vertiefung des Metallhalters eingebettet (▸ Bild 07). Der n-dotierte Teil des Halb-

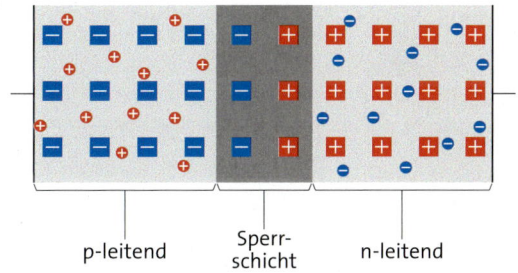

p-leitend   Sperr-schicht   n-leitend

04 Beim p-n-Übergang bildet sich eine Sperrschicht.

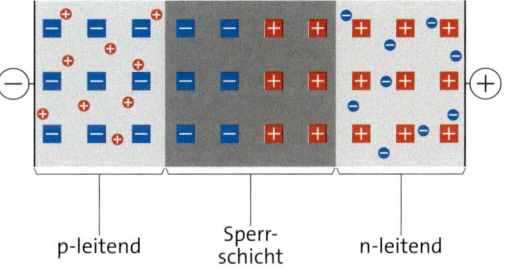

p-leitend   Sperr-schicht   n-leitend

05 In Sperrrichtung vergrößert sich die Sperrschicht.

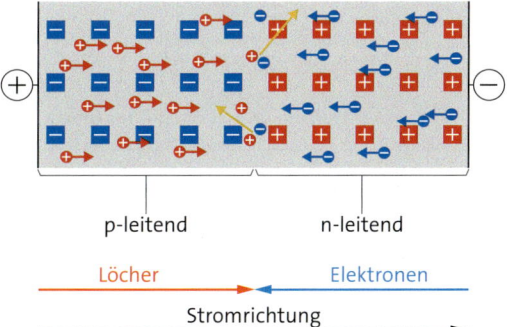

p-leitend   n-leitend

Löcher   Elektronen

Stromrichtung

06 In Durchlassrichtung bewegen sich Löcher und Elektronen zur Grenzschicht. Bei der Neutralisation wird Licht ausgesendet.

leiters ist direkt über den Metallhalter an den kurzen Anschlussdraht angeschlossen. Der p-dotierte Bereich ist durch einen dünnen Draht mit dem langen Anschlussdraht verbunden. Die gesamte Anordnung ist in ein lichtdurchlässiges Kunststoffgehäuse eingeschmolzen. LEDs strahlen farbiges Licht aus, auch wenn das Gehäuse farblos ist. Zur einfacheren Unterscheidung wird das Gehäuse oft eingefärbt. Der Halbleiter selbst besteht, je nach Farbe des ausgesendeten Lichts, aus unterschiedlichen halbleitenden Materialien. LEDs können nur einfarbiges Licht aussenden. LED-Lampen für weißes Licht arbeiten nach dem Prinzip der Farbaddition. Sie enthalten z.B. LEDs für rotes, grünes und blaues Licht.

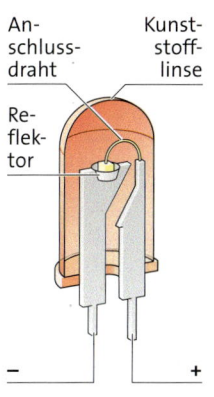

An-schluss-draht   Kunst-stoff-linse   Reflektor

−   +

07 Aufbau einer Leuchtdiode

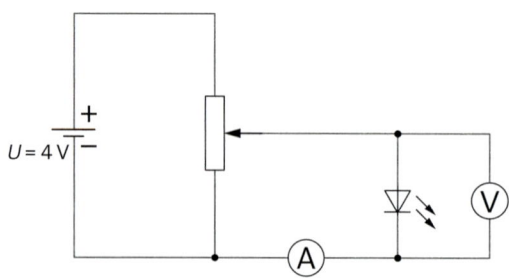

01 Potenziometerschaltung zur Messung der Kennlinie einer Leuchtdiode.

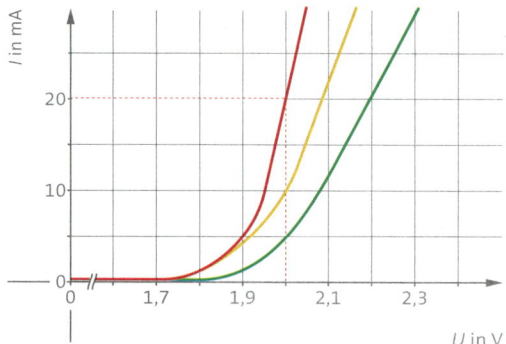

02 Kennlinien einer roten, gelben und grünen Leuchtdiode. Beachte: Die Rechtsachse beginnt nicht bei 0 V.

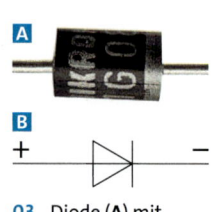

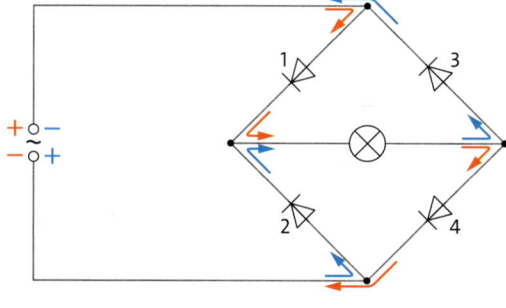

03 Diode (**A**) mit Schaltsymbol (**B**)

04 Umwandlung von Wechselstrom in Gleichstrom mithilfe von vier Dioden.

KENNLINIEN · Bei einer Leuchtdiode darf die Stromstärke einen Maximalwert nicht überschreiten. Um zu wissen, bei welcher Spannung dies eintritt, muss man den Zusammenhang zwischen Stromstärke und Spannung messen. Dazu eignet sich eine Potenziometerschaltung (▸ Bild 01). Wir verändern die Potenziometerstellung und notieren die Spannung und die zugehörige Stromstärke. ▸ Bild 02 zeigt für ver-

schiedene Leuchtdioden die so erhaltenen $I(U)$-Kennlinien. Es fällt auf, dass bis zu einer Spannung von etwa 1,7 V die Stromstärke 0 A beträgt. Für größere Spannungen steigt die Stromstärke steil an.

Der Grund für dieses Verhalten ist der p-n-Übergang: Solange die Spannung einen gewissen Wert nicht überschreitet, können die Elektronen und Löcher die Sperrschicht nicht überwinden. Der Widerstand des p-n-Übergangs ist dann fast unendlich groß. Die Sperrschicht wird nur bei genügend großer Spannung aufgehoben.

DER PASSENDE VORWIDERSTAND · Damit die maximale Stromstärke nicht überschritten wird, schließt man beim Betrieb einer Leuchtdiode einen Vorwiderstand in Reihe zur LED. Zum Beispiel liest man für die rote Leuchtdiode zur Nennstromstärke von 20 mA – das ist die Stromstärke, mit der die LED betrieben werden soll – eine Spannung von 2,0 V ab. Da die Spannung des Akkus 6,0 V beträgt, muss am Vorwiderstand eine Spannung von 4,0 V anliegen. Damit kann man den Vorwiderstand berechnen:

$$R = \frac{U_1}{I} = \frac{4,0\,\text{V}}{0,02\,\text{A}} = 200\,\Omega.$$

DIODEN – NICHT NUR ZUM LEUCHTEN · Dioden aus Silicium leuchten nicht (▸ Bild 03). Aber sie haben wie die LEDs die Eigenschaft, den Strom nur in eine Richtung durchzulassen. Dies nutzt man aus, um Wechselstrom in Gleichstrom umzuwandeln, z.B. in einem Netzgerät. Dazu schließt man vier Dioden wie im ▸ Bild 04 an die Sekundärwicklung des Transformators an. Ist die Spannung oben positiv, dann lassen die Dioden 1 und 4 den Strom durch (rote Pfeile). Ist sie negativ, dann lassen die Dioden 2 und 3 den Strom durch (blaue Pfeile). Die Stromrichtung durch das Gerät ist in beiden Fällen gleich.

1 」 Eine rote, gelbe und grüne LED sollen in Reihe an einer 9 V-Batterie betrieben werden. Berechne den Vorwiderstand.

Die Solarzelle

01 Solarmodule einer Fotovoltaikanlage

Kontaktfinger

A   B

n-Schicht
p-Schicht

Sperrschicht

Rückkontakt

02 Silicium-Solarzelle: **A** Aufbau, **B** Funktionsweise

Fotovoltaikanlagen stellen einen zunehmenden Beitrag zur Energieversorgung dar. Eine Fotovoltaikanlage besteht aus Solarmodulen, die wiederum aus einzelnen Solarzellen aufgebaut sind. Wie funktioniert solch eine Solarzelle? Wie groß sind Spannung, Stromstärke und Leistung?

Eine Solarzelle stellt wie eine Leuchtdiode ebenfalls eine Diode dar. Während eine Leuchtdiode elektrisch zugeführte Energie durch Licht abgibt, ist es bei einer Solarzelle genau umgekehrt. Wird eine Solarzelle mit Licht bestrahlt, so gibt sie einen Teil der zugeführten Energie auf elektrische Art ab.

Eine Silicium-Solarzelle besteht prinzipiell aus einer n-dotierten und einer p-dotierten Schicht (▸ Bild 02). Wegen der p-n-Schichtfolge hat die unbeleuchtete Solarzelle eine ausgedehnte Sperrschicht ohne bewegliche Ladungsträger. Wird die Solarzelle beleuchtet, dann dringt Licht in die Sperrschicht ein, bricht dort Elektro-

nenpaar-Bindungen auf und erzeugt so bewegliche Elektronen und Löcher. Die Elektronen bewegen sich innerhalb der Sperrschicht zur n-Schicht und werden dort von metallischen Streifen, den Kontaktfingern, weitergeleitet. Die Löcher bewegen sich zur p-Schicht und werden von Elektronen aus der metallischen Beschichtung, dem Rückkontakt, aufgefüllt. Die Elektronen und Löcher bewegen sich also genau umgekehrt wie bei einer Leuchtdiode. Die Solarzelle wirkt folglich als Pumpe für die elektrische Ladung im geschlossenen Stromkreis. Die Energie für das Pumpen der Ladung erhält die Solarzelle durch das Licht.

Für die Leistung der Solarzelle sind ihre Spannung und ihre Stromstärke maßgeblich. Bestrahlt man eine Solarzelle mit Licht, dann misst man eine Spannung von etwa 0,5 V. Diese sogenannte Leerlaufspannung U_L ist unabhängig von der Größe der Solarzelle und steigt bei stärkerer Bestrahlung kaum. Dagegen hängt die maximale

Stromstärke, die sogenannte Kurzschlussstromstärke I_K, sowohl von der Größe der Solarzelle als auch von der Intensität des Lichts ab. Damit kann man die Leistung einer einzelnen Solarzelle mit einer Fläche von 100 cm^2 abschätzen zu:

$$P \approx U_L \cdot I_K = 0,5\,V \cdot 2,2\,A = 1,1\,W$$

Um größere Spannungen und Stromstärken zu erreichen, schließt man immer dieselbe Anzahl an Solarzellen zu einem Strang in Reihe. Die Stränge schließt man parallel.

Eine Solarzelle kann nur einen kleinen Teil der Energie des Lichts auf elektrische Art abgeben. Der Wirkungsgrad eines kompletten Solarmoduls beträgt zwischen 16 % und 20 %.

1 60 Solarzellen sind zu einem Strang in Reihe, 40 Stränge sind parallel geschaltet. Berechne Leerlaufspannung, Kurzschlussstromstärke und maximale Leistung.

Kennlinien von elektrischen Energiequellen

Elektrische Energiequellen werden meistens durch eine Spannungsangabe gekennzeichnet. Bisher sind wir davon ausgegangen, dass die Spannung einer Quelle konstant ist. Wir prüfen, ob das auch wirklich der Fall ist. Dazu messen wir die Spannung eines Akkus zuerst ohne und dann mit angeschlossener Glühlampe. Ohne Lampe erhalten wir etwa 6,5 V. Wenn wir aber eine Lampe mit der Aufschrift 6 V/5 A anschließen, so sinkt die Spannung unter 4 V.

Um diesen Zusammenhang genauer zu untersuchen, ersetzen wir die Lampe durch einen verstellbaren Widerstand (▸ Bild 03). Wir messen für verschiedene Widerstände die Spannung zwischen den Anschlüssen des Akkus und die Stromstärke. Die gemessenen Werte für U und I tragen wir in ein $I(U)$-Diagramm ein (▸ Bild 04, rotes Schaubild). Aus der $I(U)$-Kennlinie können wir ablesen, wie Stromstärke und Spannung des Akkus zusammenhängen. Die maximale Spannung erhält man ohne angeschlossenes Gerät für I = 0 A. Für diese sogenannte **Leerlaufspannung** lesen wir U_L = 6,5 V ab. Die maximale Stromstärke erhält man für U = 0 V, also wenn man die Anschlüsse des Akkus kurzschließt. Für die zugehörige **Kurzschlussstromstärke** entnehmen wir dem Diagramm I_K = 5,5 A. ▸ Bild 04 zeigt auch die $I(U)$-Kennlinie der Glühlampe. Für den Schnittpunkt der beiden Kennlinien lesen wir U = 3,8 V und I = 4,6 A ab. Das sind genau die Werte für U und I, die man beim Anschluss der Lampe erhält.

Die $I(U)$-Kennlinie ist auch für Solarzellen wichtig. Wir verwenden die Schaltung aus ▸ Bild 03 und ersetzen den Akku durch eine beleuchtete Solarzelle. Je nach Lichtintensität erhalten wir unterschiedliche Kennlinien (▸ Bild 05). Die Leerlaufspannung U_L beträgt maximal 0,55 V und hängt nur schwach von der Lichtintensität ab, außer bei geringen Intensitäten. Dagegen hängt die Kurzschlussstromstärke I_K stark von der Lichtintensität ab.

Mithilfe der Kennlinie kann man die maximale Leistung der Solarzelle bestimmen. Für die Leistung gilt $P = U \cdot I$. Im Leerlaufbetrieb ist I = 0 A und somit ist die Leistung gleich null. Im Kurzschlussbetrieb ist U = 0 V und die Leistung ist ebenfalls gleich null. Im $I(U)$-Diagramm entspricht die Leistung dem Flächeninhalt eines Rechtecks mit Spannung U und Stromstärke I (▸ Bild 06). Je nach Wahl von U und I erhält man einen anderen Flächeninhalt. Die maximale Leistung erhält man für das eingezeichnete Rechteck. Die Leistung ist also kleiner als das Produkt aus Leerlaufspannung und Kurzschlussstromstärke. Für eine typische Solarzelle mit einer Fläche von 100 cm^2 erhält man für die maximale Leistung aus der Kennlinie P_{max} = 0,84 W.

1 ⌡ Bestimme die von der Glühlampe im ▸ Bild 04 abgegebene Leistung.

2 ⌡ Wie müsste die $I(U)$-Kennlinie einer elektrischen Quelle aussehen, damit $P = U_L \cdot I_K$ gilt?

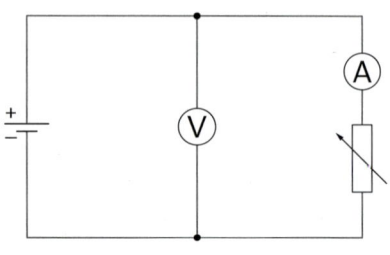

03 Aufnahme der $I(U)$-Kennlinie eines Akkus

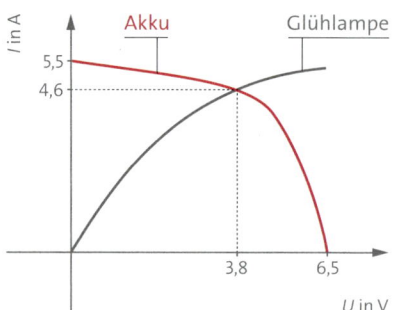

04 $I(U)$-Kennlinie eines 6 V-Akkus

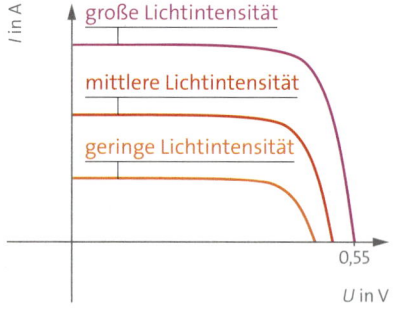

05 $I(U)$-Kennlinie einer Si-Solarzelle

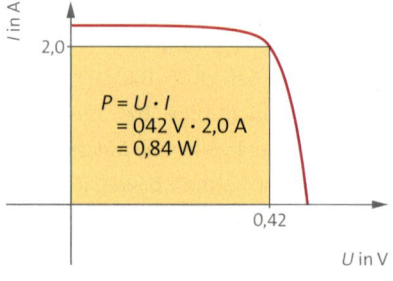

06 Maximale Leistung der Solarzelle

VERSUCHE ▸ Versuche mit Leuchtdioden

Material:

Netzgerät, Leuchtdioden, Widerstände, Spannungsmessgerät

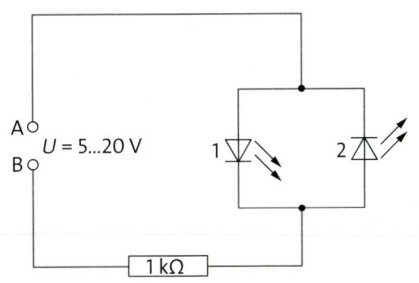

05 Polungsanzeiger (zu V1)

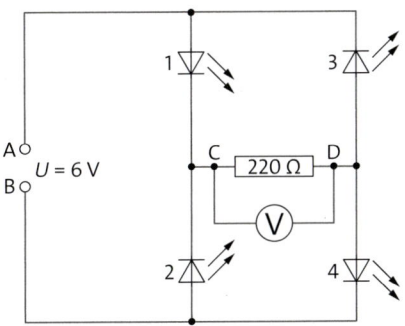

06 Zwei-Wege-Gleichrichtung (zu V2)

V1 Polungsanzeiger

Mit der Schaltung nach ▸ Bild 05 kannst du feststellen, wie eine elektrische Spannung, z. B. eine Batterie, gepolt ist.

Durchführung:

a) Baue die Schaltung mit unterschiedlich farbigen LEDs auf. Teste deinen Polungsanzeiger und beschrifte ihn sinnvoll.

b) Notiere, wie die Spannung gepolt ist, wenn die LED 1 leuchtet bzw. wenn die LED 2 leuchtet.

c) Untersuche, wie der Polungsanzeiger bei Wechselspannung reagiert. Erkläre.

V2 Zwei-Wege-Gleichrichtung

Untersuche die Zwei-Wege-Gleichrichtung von ▸ Bild 06 mit LEDs.

Durchführung:

a) Übertrage den Schaltplan in dein Heft und baue die Schaltung auf.

b) Überlege, welche LEDs leuchten, wenn A positiv und B negativ gepolt ist. Zeichne die Stromrichtung durch den Widerstand ein. Folgere daraus, wie die Spannung zwischen den Punkten C und D gepolt ist. Überprüfe deine Vermutung mit dem Spannungsmessgerät.

c) Was erwartest du, wenn die Polung vertauscht wird? Überprüfe.

c) Lege eine Wechselspannung zwischen A und B an. Notiere deine Beobachtung und erkläre.

Material A ▸ LEDs und Vorwiderstand

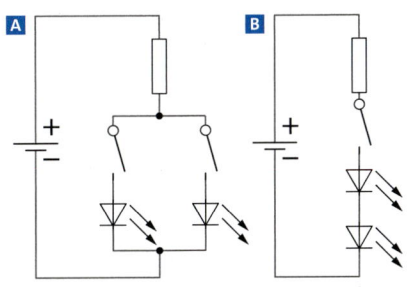

07 Vorwiderstand bei zwei LEDs

A1 ▸ Bild 07 A und B zeigt zwei Möglichkeiten, um zwei baugleiche LEDs anzuschließen. Die Spannung der Quelle beträgt 6 V. Die LEDs benötigen eine Spannung von 2,2 V und eine Stromstärke von 20 mA.

a) Berechne die Widerstände.

b) Bewerte Vor- und Nachteile der beiden Schaltungen.

A2 Drei LEDs (rot, gelb, grün) sollen an einer Spannung von 6 V betrieben werden. Die LEDs sollen sich einzeln ein- und ausschalten lassen. Zeichne einen Schaltplan. Berechne die erforderlichen Vorwiderstände. Verwende dazu die Kennlinien von ▸ Bild 02 auf der linken Seite.

Material B ▸ Dioden und Lampen bei Gleich- und Wechselstrom

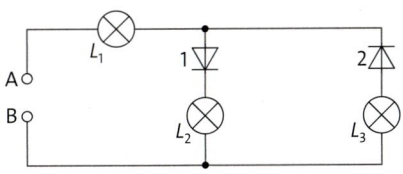

B1 a) In der Schaltung links wird eine Gleichspannung zwischen die Anschlüsse A und B angelegt. Dabei ist A der Plus- und B der Minuspol. Gib an, welche Lampen leuchten.

b) Zwischen A und B wird eine Wechselspannung angelegt. Gib an, welche Lampen leuchten. Mache eine Aussage über die relative Helligkeit der baugleichen Lampen.

Elektromagnetismus

Elektromagnetische Induktion: Wenn sich ein Magnet und eine Spule relativ zueinander bewegen, dann wird eine Spannung induziert. Das Vorzeichen der Spannung hängt von der Bewegungsrichtung ab. Je schneller die Bewegung ist, desto größer ist die induzierte Spannung.

Generatorprinzip: Wenn eine Spule in einem Magnetfeld gedreht wird, dann wird eine **Wechselspannung** induziert.

Transformatorprinzip: Wenn sich in einer Spule das Magnetfeld ändert, dann wird eine Spannung induziert. Ist das Feld konstant, dann gibt es keine Induktions spannung.

Elektromotor und Generator: Elektromotor und Generator sind im Prinzip gleich aufgebaut. Beim Elektromotor dreht sich der Rotor aufgrund von magnetischen Kräften zwischen Rotor und Stator.

Beim Generator wird durch Drehung des Rotors im Magnetfeld des Stators eine Wechselspannung im Rotor induziert.

Lorentzkraft: Auf einen bewegten Ladungsstrom in einem Magnetfeld wirkt eine Kraft, die senkrecht zur Bewegungsrichtung und zum Magnetfeld steht. Diese Kraft heißt Lorentzkraft.

Um die Richtung der Lorentzkraft schnell zu ermitteln, gibt es die Linke-Hand-Regel.

Transformator: Der Wechselstrom in der Primärspule eines Transformators erzeugt ein sich ständig änderndes Magnetfeld, das in der Sekundärspule eine Wechselspannung induziert.

Bei einem Transformator mit den Windungszahlen N_1 und N_2 von Primär- bzw. Sekundärspannung gilt für das Verhältnis von Primärspannung U_1 zu Sekundärspannung U_2 im Idealfall:

$$\frac{U_1}{U_2} = \frac{N_1}{N_2}.$$

Für den **belasteten Transformator** gilt für die Primärstromstärke I_1 und die Sekundärstromstärke I_2 im Idealfall, dass der Transformator die gesamte auf der Primärseite zugeführte Energie auf der Sekundärseite wieder abgibt:

$$\frac{I_1}{I_2} = \frac{U_2}{U_1} = \frac{N_2}{N_1}.$$

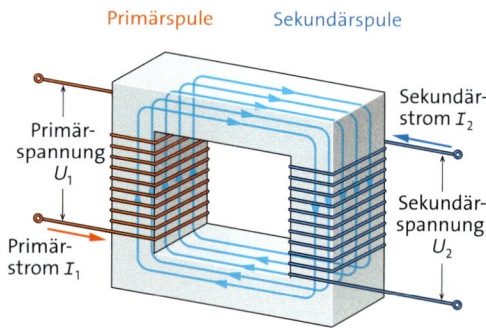

Transformatoren kommen beispielsweise in Netzteilen oder in Umspannwerken zum Einsatz.

Energieübertragung: Bei der Energieübertragung durch elektrischen Strom mithilfe eines Kabels tritt wegen des Widerstands des Kabels eine Verlustleistung auf:

$$P_K = I_K \cdot U_K \quad \text{bzw.} \quad P_K = I_K^2 \cdot R_K.$$

Aus diesem Grund wird die Energie bei hoher Spannung und niedriger Stromstärke übertragen.

Elektrizitätsleitung und Elektronik

Elektrizitätsleitung: Damit ein Stoff den elektrischen Strom leiten kann, muss er bewegliche Ladungsträger enthalten.

In **Metallen** bewegen sich aufgrund eines elektrischen Feldes negativ geladene Elektronen vom Minuspol zum Pluspol. In Metallen nimmt der elektrische Widerstand mit zunehmender Temperatur zu.

In **Halbleitern** bewegen sich negativ geladene Elektronen in Richtung Pluspol und positiv geladene Löcher in Richtung Minuspol. Beide Ladungsträger tragen zu einem elektrischen Strom vom Pluspol zum Minuspol bei.

In Halbleitern nimmt der elektrische Widerstand mit zunehmender Temperatur ab.

Dotieren: Durch Dotieren mit einem Element aus der fünften Hauptgruppe erhält man einen **n-Halbleiter** mit beweglichen, negativ geladenen Elektronen und ortsfesten, positiv geladenen Ionen. Durch Dotieren mit einem Element aus der dritten Hauptgruppe erhält man einen **p-Halbleiter** mit beweglichen, positiv geladenen Löchern und ortsfesten, negativ geladenen Ionen.

Dioden lassen nur bei richtiger Polung (Durchlassrichtung) Strom durch. Bei falscher Polung (Sperrrichtung) ist die Stromstärke null.

Eine **Leuchtdiode** leuchtet, wenn sie in Durchlassrichtung geschaltet ist.

Eine **Solarzelle** stellt ebenfalls eine Diode dar. Wenn eine Solarzelle mit Licht bestrahlt wird, dann gibt sie einen Teil der zugeführten Energie auf elektrische Art ab.

Überprüfe dich selbst:

Kann ich ...

... verschiedene Versuche beschreiben, bei denen eine Spannung induziert wird? (S. 48 ff.)

... erläutern, wann in einer Spule eine Spannung induziert wird und wann nicht? (S. 48 ff.)

... anhand von Beispielen erklären, wovon das Vorzeichen und der Betrag der induzierten Spannung abhängen? (S. 48 ff.)

... zwischen Generatorprinzip und Transformatorprinzip unterscheiden? (S. 48 ff.)

... Aufbau und Funktionsweise von Elektromotor und Generator beschreiben und vergleichen? (S. 54 ff.)

... das Funktionsprinzip eines Transformators beschreiben? (S. 62 ff.)

... Spannungen und Stromstärken beim Transformator berechnen? (S. 62 ff.)

... Windungszahlen und übertragene Leistungen beim Transformator berechnen? (S. 62 ff.)

... die Elektrizitätsleitung in verschiedenen Stoffen mithilfe von Ladungsträgern erklären? (S. 68 ff.)

... die Eigenschaften von Halbleitern beschreiben und mit denen von Metallen vergleichen? (S. 72 ff.)

... erklären, warum eine Diode den Strom je nach Polung sperrt oder durchlässt? (S. 78 ff.)

... die Funktionsweise einer Solarzelle beschreiben? (S. 81.)

... die Kennlinie eines Halbleiterbauelementes bestimmen? (S. 82)

Radioaktivität und Kernenergie

In diesem Kapitel beschäftigst du dich mit

- dem Aufbau und der Struktur von Atomen. Dabei lernst du verschiedene Bausteine wie Elektronen, Protonen und Neutronen kennen. Du erfährst, was einen Atomkern zusammenhält.

- verschiedenen Arten ionisierender Strahlung. Du lernst etwas über die Entstehung und die Eigenschaften dieser Strahlungsarten. Du erfährst, welche Auswirkungen ionisierende Strahlung auf den menschlichen Organismus haben kann und wie man sich vor ihr schützt. Dabei beschäftigst du dich auch mit dem Nachweis ionisierender Strahlung.

- der Energie aus Atomkernen. Du beschäftigst dich mit technischen Nutzungsmöglichkeiten der Kernenergie und möglichen Gefährdungen des Menschen.

01 Das Atomium in Brüssel (Höhe 102 Meter, gebaut zur Weltausstellung 1958)

Aufbau des Atoms

Unsere Welt ist aus Atomen aufgebaut, aber wir können Atome nicht sehen, weil sie sehr klein sind. Das Atomium in Brüssel ist ein riesiges Modell und zeigt neun verbundene Eisenatome. Was weiß man über Atome?

Atom von átomos (griech.): unteilbar

Moleküle bestehen aus zwei oder mehreren Atomen, die chemisch miteinander verbunden sind.

MATERIE IST AUS ATOMEN AUFGEBAUT · Alle Lebewesen und alle Materialien und Gegenstände unserer Welt bestehen aus Atomen und Molekülen. Jedes chemische Element besteht dabei aus einer anderen Atomsorte. Atome sind sehr klein. Die Größe eines Atoms beträgt etwa 0,000 000 000 1 m, also 0,1 Millionstel Millimeter. 10 Millionen Atome nebeneinandergelegt würden eine Strecke von etwa 1 mm Länge ergeben. Früher ging man davon aus, dass Atome unteilbar wären. Viele Experimente in den letzten Jahrhunderten lieferten aber neue Erkenntnisse. Aus Versuchen zur Elektrizität weißt du, dass alle Stoffe sowohl negative als auch positive elektrische Ladung enthalten. Atome müssen also etwas mit elektrischer Ladung zu tun haben. Dazu betrachten wir ein Experiment von THOMAS A. EDISON von 1883.

GLÜHELEKTRISCHER EFFEKT · In einem evakuierten Glaskolben befinden sich ein Glühdraht (Kathode) und eine Metallplatte (Anode), (▸ Bild 02, Edison-Röhre). Wir verbinden die Anode mit einem Elektroskop (▸ Bild 04). Das Elektroskop laden wir positiv auf. Sobald ein elektrischer Strom durch den Glühdraht fließt und dieser dadurch hell leuchtet, geht der Ausschlag des Elektroskops zurück. Wenn wir das Elektroskop negativ aufladen, dann bleibt der Ausschlag auch bei glühendem Draht bestehen.

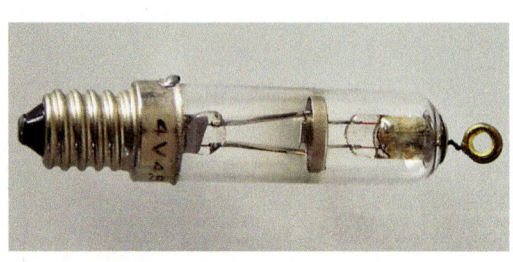

02 Edison-Röhre mit Glühdraht und Anode

03 Durchgebrannte Edison-Röhre

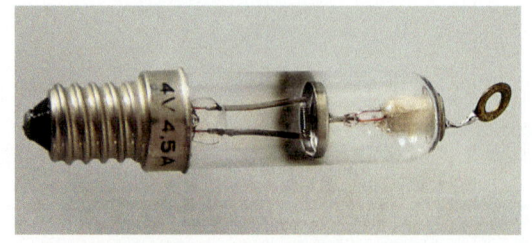

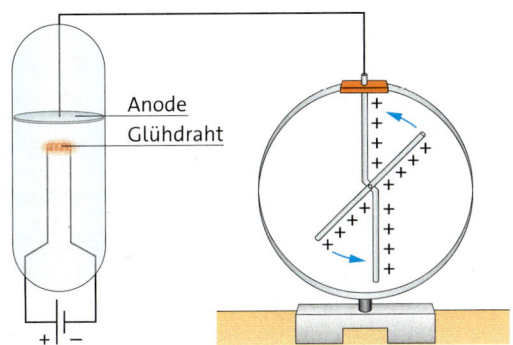

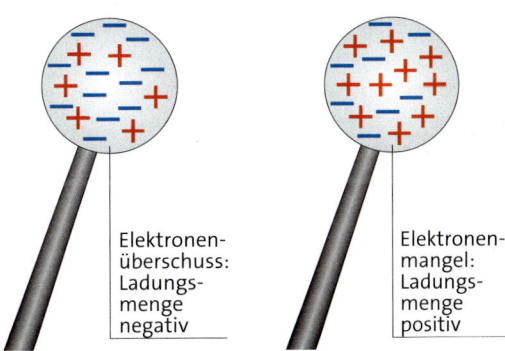

04 Versuch zum glühelektrischen Effekt

05 Elektronenüberschuss und Elektronenmangel

Diese Beobachtungen legen folgende Vorstellung nahe: Ein glühendes Metall gibt negativ geladene Teilchen ab. Diese negativ geladenen Teilchen nennt man **Elektronen.** Die Elektronen sind nicht sehr fest gebunden und werden durch das Glühen aus dem Draht gelöst. Dies nennt man den **glühelektrischen Effekt.**

/// Ein glühendes Metall gibt Elektronen ab. Elektronen sind negativ geladen.

POSITIVE TEILCHEN · Beim glühelektrischen Effekt verlassen negativ geladene Elektronen den metallischen Glühdraht. Metalle sind normalerweise elektrisch neutral. Folglich muss ein Metall auch positiv geladene Teilchen enthalten. Man hat dies durch folgenden Versuch bestätigen können: Das Elektroskop im ► Bild 04 wird negativ geladen. Anschließend wird die Stromstärke im Glühdraht immer weiter erhöht. Schließlich wird auch das negative geladene Elektroskop entladen. Gleichzeitig bildet sich im Innern des Glaskolbens eine metallische Schicht und der Glühdraht „brennt durch" (► Bild 03). Der Glühdraht ist offensichtlich so heiß geworden, dass der Draht verdampft ist. Die dabei herausgelösten positiven Teilchen haben das negativ geladene Elektroskop neutralisiert.

Die positiv geladenen Teilchen sind folglich viel fester an das Metall gebunden als die Elektronen. Sie können nicht aus dem Metall entfernt werden, ohne das Metall selbst zu zerstören.

LADUNG IM ATOM · Aus weiteren Experimenten weiß man, dass alle Stoffe sowohl positiv als auch negativ geladene Teilchen enthalten. Man schloss daraus, dass jedes Atom selbst positiv und negativ geladene Teilchen enthalten muss. Normalerweise ist ein Atom elektrisch neutral. Die Ladungsmengen der positiv und der negativ geladenen Teilchen heben sich also gegenseitig auf. Damit erhalten wir eine erste Vorstellung vom Aufbau der Atome.

/// Jedes Atom ist aus positiv und negativ geladenen Teilchen aufgebaut. Nach außen ist das Atom elektrisch neutral.

GELADENE KÖRPER IM ELEKTRONENBILD · Du weißt, dass Körper negativ und positiv geladen sein können. Mit den Elektronen kann man das folgendermaßen beschreiben: Wenn ein Körper einen Überschuss an Elektronen hat, dann ist er negativ geladen. Hat er einen Mangel an Elektronen, so ist er positiv geladen (► Bild 05).

1 Im Versuch im ► Bild 04 wird das Elektroskop negativ geladen. Jemand vermutet, dass die Ladung auf dem Elektroskop beim Glühen der Drahtwendel zunehmen sollte. Dies geschieht jedoch nicht. Erkläre.

2 Manchmal ist bei einer „durchgebrannten" Glühlampe ein metallischer dunkler Belag am Glas sichtbar. Erkläre, wie dieser entstanden ist.

01 THOMSONs Vorstellung vom Atom

03 RUTHERFORDs Überlegungen zum Atom

VORSTELLUNGEN ZUM ATOM · Wie sind die positiv geladenen Teilchen und die Elektronen im Atom verteilt? JOSEPH JOHN THOMSON entwickelte im Jahr 1903 folgende Vorstellung: Die Elektronen sind in einer positiv geladenen Substanz gleichmäßig verteilt, etwa so wie die Rosinen in einem Kuchen (▸ Bild 01).

Sechs Jahre später, 1909, machte ERNEST RUTHERFORD eine erstaunliche Entdeckung. In einer luftleer gepumpten Kammer ließ er positiv geladene α-Teilchen auf eine etwa 1000 Atomlagen dicke Goldfolie treffen (▸ Bild 02). Das sind Atomkerne des Elements Helium mit zwei Protonen. Mit einem Mikroskop beobachtete er die Lichtblitze, die beim Auftreffen der α-Teilchen auf einem Leuchtschirm entstehen.

RUTHERFORD beobachtete, dass fast alle Teilchen geradlinig durch die Folie hindurch gingen. Völlig überraschend war aber, dass einige Teil-

α-Teilchen werden im Kapitel Ionisierende Strahlung genauer behandelt.

„ ... es war beinahe so unglaublich, als wenn man mit einer 38 cm-Granate auf ein Stück Seidenpapier schießt, die Granate zurückkommt und einen selber trifft."

E. RUTHERFORD über das Goldfolien- experiment

chen stark abgelenkt wurden. Es wurden Teilchen sogar in die ursprüngliche Richtung zurückgestoßen (▸ Bild 02). Diese Beobachtungen lassen folgende Schlussfolgerungen zu:
Ein einzelnes Atom kann nicht gleichmäßig mit einer Substanz ausgefüllt sein. Der Großteil eines Atoms muss praktisch leer sein und nahezu die gesamte Atommasse muss in einem nur kleinen Bereich konzentriert sein. Ein positiv geladenes α-Teilchen wird nur dann von seiner Flugbahn in die ursprüngliche Richtung zurück gestoßen, wenn es auf andere positiv geladene Teilchen mit relativ viel Masse trifft. Weil Elektronen negativ geladen und im Vergleich zu α-Teilchen viel zu leicht sind, lässt sich schlussfolgern, dass die konzentrierte Masse im Atom die positive Ladung enthält (▸ Bild 03).

DAS KERN-HÜLLE-MODELL · Nach RUTHERFORDs Vorstellungen besteht ein Atom aus einem kleinen positiv geladenen Atomkern und einer darum befindlichen negativ geladenen Atomhülle aus Elektronen (**RUTHERFORD'sches Atommodell**). Messungen ergaben, dass der Durchmesser eines Atoms mit etwa $1 \cdot 10^{-10}$ m fast 10 000-mal größer ist als der des positiv geladenen Atomkerns. Der Atomkern enthält fast die gesamte Masse des Atoms.

/// Atome bestehen aus einem kleinen positiv geladenen Atomkern und einer negativ geladenen Atomhülle. Die Atomhülle setzt sich aus Elektronen zusammen.

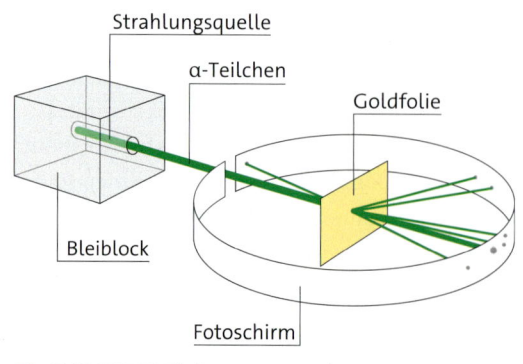

02 RUTHERFORD'scher Streuversuch

Material A ► Atommodelle

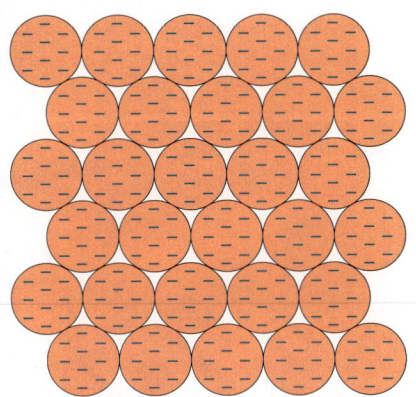

04 Atome im THOMSON'schen Atommodell

A1 Im Atommodell von THOMSON sind die Atome ganz ausgefüllt.
► Bild 04 zeigt einen nach diesem Modell skizzierten Ausschnitt der Goldfolie.
a) Beschreibe, welches Ergebnis man erwarten würde, wenn auf diese Folie α-Teilchen geschossen werden. Übertrage die Skizze in dein Heft und ergänze mögliche Teilchenbahnen. Begründe.

b) RUTHERFORD beobachtete bei seinen Versuchen, dass fast alle α-Teilchen, die auf die Goldfolie geschossen wurden, die Folie durchdrangen. Erkläre diese Beobachtung mithilfe des RUTHERFORD'schen Atommodells. Skizziere dazu den Aufbau der Goldfolie nach dem Kern-Hülle-Modell und zeichne einige Teilchenbahnen ein.
c) Überlege, was mit einem positiven α-Teilchen geschieht, das sich direkt auf den Atomkern zubewegt.
Skizziere eine solche Teilchenbahn. Skizziere auch Bahnen von α-Teilchen, die sich nahe am Kern vorbei bewegen.
d) Auch das RUTHERFORD'sche Atommodell kann nicht alles erklären. Welche Widersprüche kannst du aufzeigen?

A2 a) Nimm an, das ganze Atom habe die Größe eines Fußballs (Durchmesser 20 cm). Gib an, wie groß der Atomkern dann wäre.
b) Stell dir vor, man würde den Atomkern auf die Größe eines Tischtennisballs (Durchmesser 2 cm) vergrößern. Gib an, wie groß dann das gesamte Atom wäre.

A3 Suche im Internet und in anderen Quellen nach Darstellungen für Atome.
a) Vergleiche sie mit dem RUTHERFORD'schen Atommodell.
b) Erarbeite Gemeinsamkeiten und Unterschiede der Modelle und bewerte diese.

A4 Der Begriff „Teilchen" wird für viele kleine und kleinste Objekte verwendet. Erstelle eine Liste mit möglichen Bedeutungen des Begriffs in der Physik.

Material B ► Lichtelektrischer Effekt

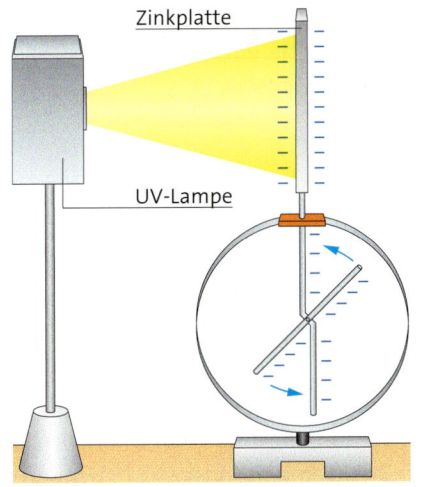

05 Versuch zum lichtelektrischer Effekt

B1 Eine elektrisch negativ geladene Zinkplatte wird mit einem Elektroskop verbunden. Der Zeiger des Elektroskops schlägt aus. Wenn man die Zinkplatte mit ultraviolettem Licht bestrahlt, dann wird das Elektroskop entladen. Der Zeigerausschlag geht zurück. Wenn die Zinkplatte positiv geladen ist, dann bleibt die Ladung auch bei Bestrahlung mit UV-Licht auf der Platte.
a) Nenne mehrere mögliche Erklärungen für die Entladung des Elektroskops.

b) Beschreibe, wie ein Versuch zur Überprüfung deiner Vermutungen aussehen könnte.
c) Die Versuchsergebnisse können wie beim glühelektrischen Effekt gedeutet werden. Elektronen sind im Metall nicht fest gebunden und können durch Licht herausgelöst werden. Diesen Vorgang nennt man den **lichtelektrischer Effekt.**
Erkläre damit die Entladung des Elektroskops.

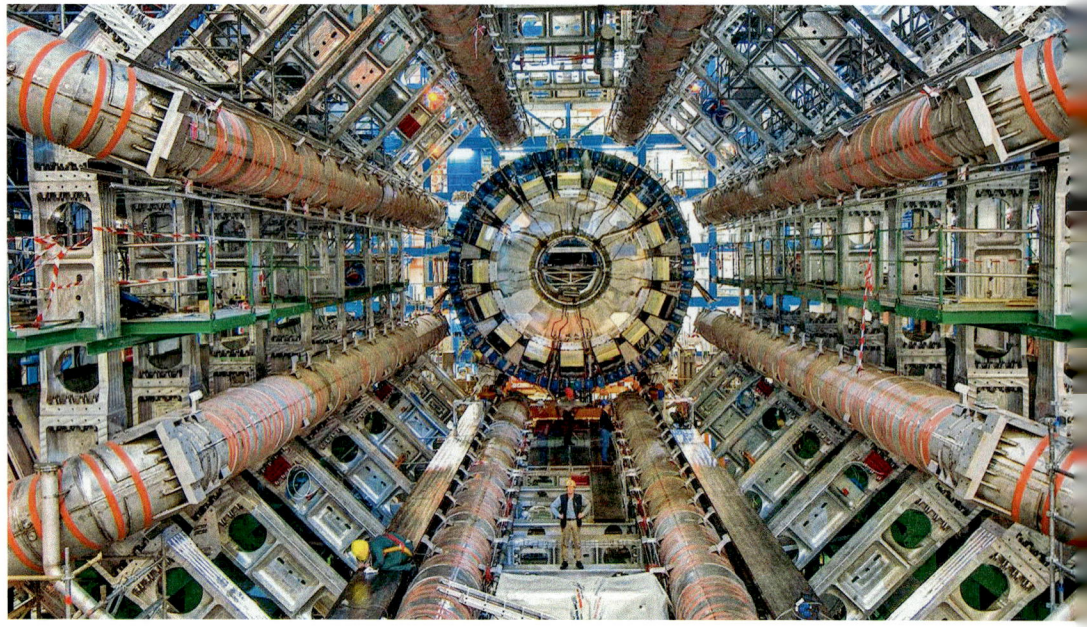

01 Am CERN in Genf (Schweiz) wird der Aufbau der Materie erforscht.

Der Atomkern

> *Am Teilchenbeschleuniger LHC in Genf erforschen Teilchenphysiker an riesigen unterirdischen Detektoren, woraus die Atomkerne von Atomen bestehen und ob es noch andere kleinste Teilchen im Universum gibt.*

EIN „BLICK" IN DEN ATOMKERN · Atome bestehen aus einem positiv geladenen Atomkern und einer negativ geladenen Atomhülle. Die Atomhülle wird gebildet aus Elektronen. Der Atomkern enthält praktisch die gesamte Masse des Atoms. Sein Durchmesser ist rund 10 000-mal kleiner als der gesamte Atomdurchmesser. Atomkerne sind so klein, dass sie sich nicht direkt beobachten lassen. Um zu untersuchen, woraus der Atomkern besteht, lässt man Atomkerne bei sehr hohen Geschwindigkeiten aufeinanderprallen, sodass die Atomkerne beim Zusammenstoß auseinanderbrechen oder zerplatzen. Dies geschieht in riesigen, meist mehreren Kilometer langen Teilchenbeschleunigern (▸ Bild 02). Mit speziellen Detektoren wie im ▸ Bild 01 kann man nach solchen Zusammenstößen tatsächlich Bruchstücke der Atomkerne feststellen. Der Atomkern besteht also aus noch kleineren Teilchen. Die einzelnen Bestandteile im Atomkern werden durch Kernkräfte fest zusammengehalten.

Der weltweit größte Teilchenbeschleuniger ist zur Zeit der Large Hadron Collider (LHC) am Forschungszentrum CERN in Genf in der Schweiz. Die kreisförmige Röhre hat einen Umfang von über 27 km und befindet sich 100 m unter der Erdoberfläche.
Die Teilchen (Protonen) werden stark beschleunigt und erreichen eine sehr hohe kinetische Energie. Sie besitzen dann fast Lichtgeschwindigkeit.

02 Rohr des Large Hadron Coliders (LHC) am CERN, in Genf (Schweiz)

EINE VORSTELLUNG VOM ATOMKERN · Atomkerne bestehen aus zwei noch kleineren Bausteinen, den **Protonen** und **Neutronen** (▸ Bild 03). Beide haben in etwa die gleiche Masse. Protonen sind elektrisch geladene Teilchen. Ihre Ladungsmenge ist genauso groß wie die der Elektronen, aber sie ist positiv. Neutronen sind ungeladene, also elektrisch neutrale Teilchen.

 Atomkerne bestehen aus elektrisch positiv geladenen Protonen und elektrisch neutralen Neutronen.

Atome eines chemischen Elements haben eine ganz bestimmte Anzahl von Protonen im Atomkern. Diese Anzahl heißt **Ordnungszahl Z** des Elements im Periodensystem der Elemente (▸ Bild 04). Ein Atom hat genauso viele Protonen im Kern, wie es Elektronen in der Atomhülle hat. Es ist insgesamt elektrisch neutral.

Um Atomkerne zu beschreiben, gibt es eine physikalische Symbolschreibweise. Vor dem Symbol des chemischen Elements steht oben die Summe aus Protonenanzahl und Neutronenanzahl. Diese Summe heißt **Massenzahl A.** Unter der Massenzahl wird die Ordnungszahl Z angegeben. Für die beiden Kerne aus ▸ Bild 03 lauten die Symbolschreibweisen $^4_2$He und $^{12}_6$C.

 Die Symbolschreibweise für Atomkerne ist: $^{\text{Massenzahl}}_{\text{Ordnungszahl}}$Elementsymbol, kurz: ^A_ZX.

WAS HÄLT DEN ATOMKERN ZUSAMMEN? · Eigentlich müssten die Protonen im Kern „auseinanderfliegen", denn Körper mit gleicher elektrischer Ladung stoßen sich ab. Es muss also eine anziehende Kraft geben, die größer ist als die elektrische Kraft. Diese Kraft nennt man **Kernkraft**. Sie ist deutlich stärker als die abstoßende elektrische Kraft.
Die Kernkraft hat aber nur eine geringe Reichweite von etwa $1 \cdot 10^{-15}$ m. Ihre anziehende Wirkung erstreckt sich nur auf benachbarte Protonen und Neutronen. Atomkerne müssen sich

 Proton  Neutron

$m_{\text{Proton}} = 1{,}6726 \cdot 10^{-27}$ kg
$m_{\text{Neutron}} = 1{,}6749 \cdot 10^{-27}$ kg
$m_{\text{Elektron}} = 9{,}1093 \cdot 10^{-31}$ kg

Heliumkern: **Kohlenstoffkern:**

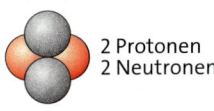 2 Protonen 2 Neutronen 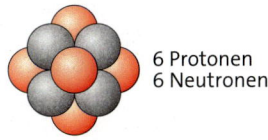 6 Protonen 6 Neutronen

03 Modellvorstellung der Atomkerne von He und C

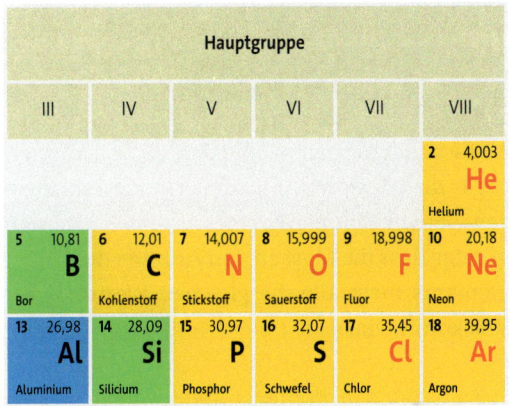

04 Ausschnitt aus dem Periodensystem der Elemente

bis auf diesen Abstand annähern, damit sie zu einem Kern verschmelzen können. Bei extrem hohen Temperaturen und extrem großem Druck, wie sie z. B. in der Sonne herrschen, kann es passieren, dass sich die Kerne von zwei verschiedenen Atomen so nahe kommen, dass sie verschmelzen und auf diese Weise neue Elemente bilden. Diesen Vorgang bezeichnet man als **Kernfusion.**

 Zwischen den Kernbestandteilen im Atomkern wirkt die Kernkraft. Sie wirkt nur zwischen benachbarten Teilchen und ist viel größer als die abstoßende elektrische Kraft.

1) **a)** Gib für die folgenden Atomkerne jeweils an, wie viele Protonen und Neutronen sie enthalten: $^1_1$X, $^{60}_{27}$X, $^{137}_{55}$X, $^{238}_{92}$X.
b) Gib an, um welche Elemente es sich handelt.

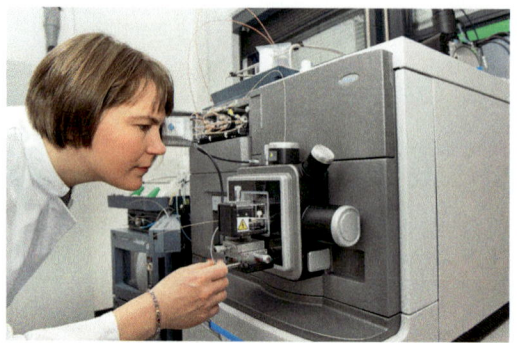

01 Bei der Arbeit mit einem Massenspektrometer

ISOTOPE – GLEICH UND DOCH NICHT GLEICH ·
Eine der genauesten Methoden, um Massen zu bestimmen, ist die Messung mithilfe eines Massenspektrometers (▸ Bild 01). Damit können sogar die Massen von Atomen präzise gemessen werden. Bei solchen Messungen hat es sich gezeigt, dass die Massen von Atomen desselben Elements nicht alle die gleichen Werte haben. Wie kommt das?

Hätten z.B. alle Kohlenstoffkerne gleich viele Protonen und Neutronen – nämlich jeweils sechs, dann wäre der Wert für die Atommasse immer gleich. Dies kann man auch für die meisten aller Kohlenstoffatome feststellen. Aber in der Natur gibt es auch Kohlenstoffkerne mit mehr oder weniger als sechs Neutronen. Man nennt die Atome eines Elements, die sich nur in der Anzahl ihrer Neutronen unterscheiden, **Isotope des Elements.** Von allen chemischen Elementen sind heute mehrere Isotope bekannt.

Isotope lassen sich chemisch nicht voneinander unterscheiden. Deshalb sind die Isotope eines Elements im Periodensystem der Elemente zusammengefasst.

Wenn es auf die Kernstruktur ankommt, dann benötigt man eine andere Darstellung. Eine sogenannte **Nuklidkarte** stellt alle in ihrem Aufbau verschiedenen Atomkerne systematisch dar. Einen Atomkern mit einer bestimmten Protonen- und Neutronenzahl bezeichnet man als ein **Nuklid.** Während das Periodensystem alle zurzeit bekannten 118 Elemente enthält, findet man in der Nuklidkarte über 2000 verschiedene Atomkerne.

///// Einen Atomkern mit einer bestimmten Protonen- und Neutronenanzahl bezeichnet man als Nuklid.
Nuklide mit gleicher Protonenanzahl aber unterschiedlichen Neutronenanzahlen heißen Isotope eines Elements.

▸ Bild 02 zeigt einen Ausschnitt der Nuklidkarte. Darin ist Kohlenstoff mit zwei verschiedenen Nukliden enthalten. Die Bezeichnung „C-12" bedeutet, dass dieses Isotop die Massenzahl 12 hat. Weil die Atomkerne des Kohlenstoffs immer sechs Protonen enthalten, muss die Neutronenanzahl von C-12 also sechs betragen. Ein schwereres Kohlenstoff-Isotop ist $^{13}_{6}$C. Dessen Kern enthält wiederum sechs Protonen, aber sieben Neutronen. Man bezeichnet ihn auch mit C-13.

Isotope des Elements Kohlenstoff:
C-12, C-13, C-14
(C-14 ist nicht stabil)

Einige stabile Nuklide:
O-16, O-17, C-12, N-15

1 ┘ a) Gib die Elemente an, die in der Nuklidkarte im ▸ Bild 02 angeführt sind.
b) Gib die Symbolschreibweise in der Form $^{A}_{Z}$X für folgende Nuklide an:
O-16, O-18, N-15, C-12 und B-11.

2 ┘ Gegeben sind die Nuklide $^{12}_{6}$C, $^{14}_{7}$N, $^{13}_{6}$C, $^{16}_{8}$O, $^{15}_{7}$N, $^{18}_{8}$O, $^{14}_{6}$C.
Bestimme Nuklide mit ...
a) der gleichen Ordnungszahl,
b) der gleichen Massenzahl,
c) der gleichen Anzahl an Neutronen.

Ordnungszahl							
8	**O** 15,9994					**O 16** 99,762	**O 17** 0,038	**O 18** 0,200
7	**N** 14,00674				**N 14** 99,634	**N 15** 0,366	
6	**C** 12,011			**C 12** 98,9	**C 13** 1,1		
5	**B** 10,811		**B 10** 19,9	**B 11** 80,1			

Zahl der Neutronen

02 Ausschnitt aus der Nuklidkarte (Darstellung nur der stabilen Nuklide)

VERSUCHE ► Modellversuch zum Aufbau eines Atomkerns

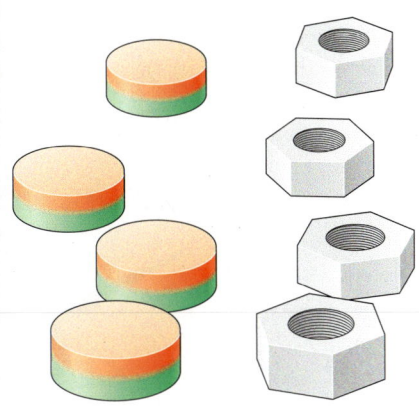

03 Material für ein Atomkernmodell

Material:
Einige scheibenförmige Magnete, Stahlmuttern (etwa so groß wie die Magnete)

Durchführung:

V1 a) Bringe die Magnete jeweils mit dem gleichen Pol nach oben auf einer ebenen Oberfläche möglichst nahe zueinander. Beschreibe deine Beobachtung.

b) Nutze jetzt die Stahlmuttern, um die Magnete näher zueinander zu bringen. Vergleiche mit der Beobachtung aus a).

c) Überlege: Welche Teile im Modellversuch übernehmen die Rolle der Protonen, welche die der Neutronen in einem Atomkern?

d) Bewerte den Modellversuch: Was kann mit ihm gut, was kann schlecht oder gar nicht erklärt werden?

Material A ► Systematische Darstellung zum Aufbau der Atome

A1 a) Übertrage und ergänze die Tabelle (keine Ionen). Nutze das Periodensystem der Elemente (PSE).

b) Notiere, welche Informationen über den Aufbau von Atomkernen das PSE nicht gibt.

Name der Atomsorte	Symbol des Nuklids	Massenzahl des Nuklids	Anzahl der Protonen	Anzahl der Neutronen	Anzahl der Elektronen
	$^{16}_{8}$O				
Natrium				12	
				14	13
		30			14
Quecksilber		200			
			80	124	
	$^{238}_{92}$U				
		241	94		

Material B ► Wasserstoff ist nicht gleich Wasserstoff

B1 Wasserstoff kommt in drei Nukliden vor (► Bild 04):

a) normaler Wasserstoff,

b) schwerer Wasserstoff (Deuterium),

c) überschwerer Wasserstoff (Tritium).

Gib jeweils die Symbolschreibweise an.

Zeichne den Ausschnitt der Nuklidkarte, der die drei Wasserstoffsorten enthält.

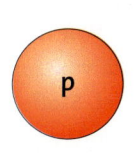
a)

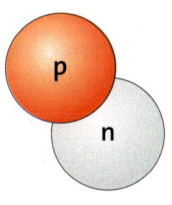
b)

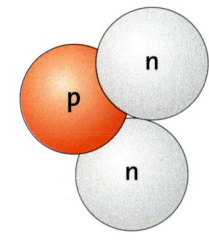
c)

04 Drei Nuklide des Wasserstoffs

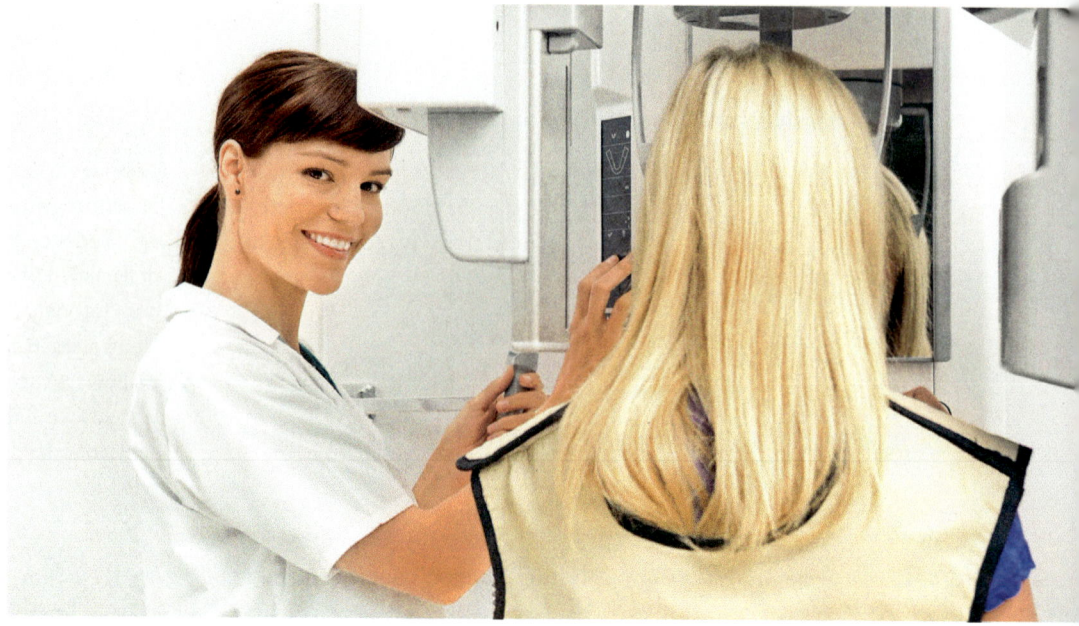

01 Röntgenaufnahme
beim Zahnarzt

Ionisierende Strahlung

*In der Zahnarztpraxis wird eine Röntgenauf-
nahme von den Zähnen gemacht. Die Röntgen-
assistentin legt der Patientin eine dicke Bleischürze um und verlässt den Raum, während
die Röntgenaufnahme gemacht wird. Weshalb
sind diese Schutzmaßnahmen nötig?*

EINE UNSICHTBARE STRAHLUNG · In den
„Wunderjahren der Physik" 1895 und 1896
wurden zwei neue Strahlungen entdeckt. Die
erste, zu Beginn noch X-Strahlung genannt, ist
uns heute bekannt als **Röntgenstrahlung.** Mit
dem Namen wird ihr Entdecker, WILHELM
CONRAD RÖNTGEN, geehrt. Röntgenstrahlung
lässt sich auf der Erde mit technischen Geräten künstlich erzeugen. Sie entsteht aber auch
durch natürliche Prozesse z.B. in Sternen.

Die zweite Strahlung wurde von HENRI BEC-
QUEREL entdeckt. Sie wird von einigen natürlichen Stoffen ausgesendet. Stoffe, die solch
eine Strahlung aussenden, nennt man **radioaktiv.**

Röntgenstrahlung und die von BECQUEREL
entdeckte Strahlung sind mit unseren Sinnen
nicht wahrnehmbar. Dennoch können beide
Strahlungsarten Organe schädigen. So musste
BECQUEREL nach seiner Entdeckung und der
Arbeit mit radioaktiven Stoffen bald Verbren-
nungsmerkmale auf seiner Haut feststellen.

Heute kennt man den Zusammenhang zwischen der von BECQUEREL entdeckten Strahlung und möglichen Erkrankungen gut. Wir
kennen Möglichkeiten, wie das Risiko solcher
Schäden gering gehalten werden kann (▸ Bild
02).

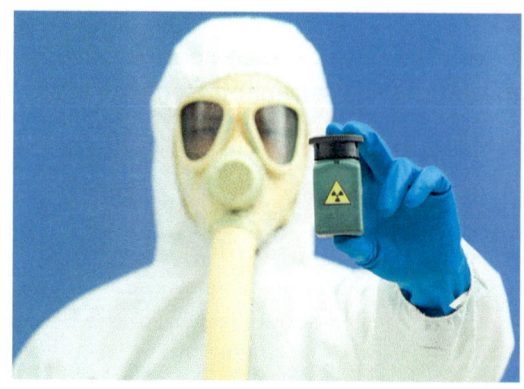

02 Radioaktive Stoffe werden in speziellen Behältern
gelagert und mit Warnhinweisen versehen.

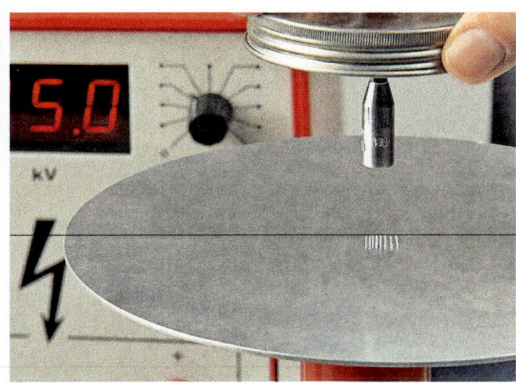

03 Ionisation von Luft durch einen radioaktiven Stoff

04 „Spuren" in der Nebelkammer

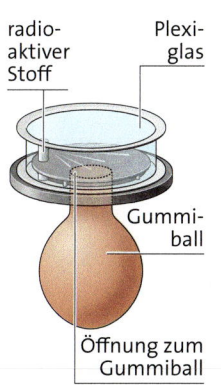

radio-aktiver Stoff — Plexi-glas — Gummi-ball — Öffnung zum Gummiball

05 Aufbau einer Nebelkammer

IONISATION · Atome sind elektrisch neutral, das heißt, sie haben gleich viel positiv geladene Protonen im Kern wie negativ geladene Elektronen in der Atomhülle. Durch äußere Einflüsse lassen sich jedoch Elektronen aus dem Atom herauslösen. Aus dem elektrisch neutralen Atom wird dann ein positiv geladenes **Ion.** Dieser Vorgang heißt **Ionisation.** Durch Abtrennen von Elektronen entstehen positive, durch Anlagern von Elektronen entstehen negative Ionen.

 Ionisation heißt das Abtrennen oder Anlagern von Elektronen an zuvor elektrisch neutrale Atome.

Ionisation erfolgt auf verschiedene Weisen. Bringen wir eine brennende Kerze zwischen zwei elektrisch geladene Metallplatten, so beobachten wir an einem angeschlossenen Elektroskop eine Entladung. Zwischen den Metallplatten befindet sich Luft – normalerweise ein schlechter elektrischer Leiter. In der heißen Kerzenflamme entstehen Ionen und Elektronen. Sie gelangen zwischen die Metallplatten, machen die Luft dort leitfähig und das Elektroskop entlädt sich.

Eine andere Art der Ionisation von Luft zeigt das Experiment im ▸ Bild 03: Ein Draht wird wenige Millimeter über eine Metallplatte gespannt. Draht und Metallplatte sind mit den Anschlüssen eines Hochspannungsnetzgeräts verbun-

den. Bringt man einen radioaktiven Stoff in die Nähe des Drahtes, dann werden Atome aus der Luft ionisiert. Die Luft wird dadurch leitfähig und es sind Funken zu erkennen. In einer **Nebelkammer** kann man die Ausbreitung ionisierender Strahlung sichtbar machen (▸ Bild 04 und ▸ Bild 05). Wenn Strahlung eines radioaktiven Stoffes in eine mit Alkoholdampf gefüllte Kammer gelangt, werden einige Moleküle des Dampfes ionisiert. An den entstandenen Ionen kondensiert der Dampf und es bilden sich feine Tröpfchen, die als Nebelspuren sichtbar sind.

IONISATION DURCH STRAHLUNG IST GEFÄHRLICH! · Die Strahlung radioaktiver Stoffe ionisiert auch Moleküle in unserem Körper. Daraus können sich chemische und biologische Veränderungen in den Körperzellen, in den Organen und in der Erbinformation ergeben. Die ionisierende Wirkung der Strahlung macht radioaktive Stoffe so gefährlich.

 Die Strahlung radioaktiver Stoffe kann Atome oder Moleküle ionisieren. Dies kann bei Lebewesen zu biologischen Veränderungen und Schäden der Organe führen.

1 **a)** Fertige eine Skizze des Versuchs im ▸ Bild 03 an. Nimm an, dass die elektrische Ladung des Drahts positiv ist.
b) Beschreibe, was nach der Ionisation von Stickstoffmolekülen in der Luft geschieht.

Der Begriff „Ión" kommt aus dem Griechischen und bedeutet so viel wie „wandernd/gehend".

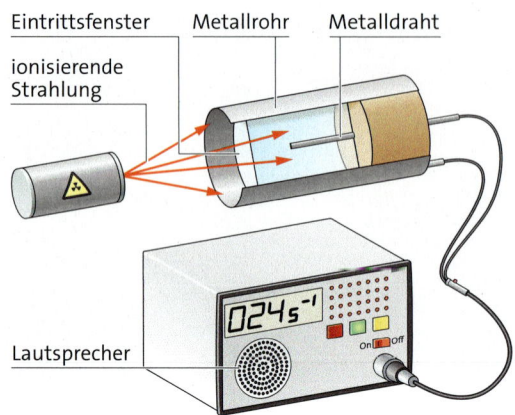

Eintrittsfenster Metallrohr Metalldraht

ionisierende
Strahlung

Lautsprecher

01 Aufbau eines Geiger-Müller-Zählrohrs

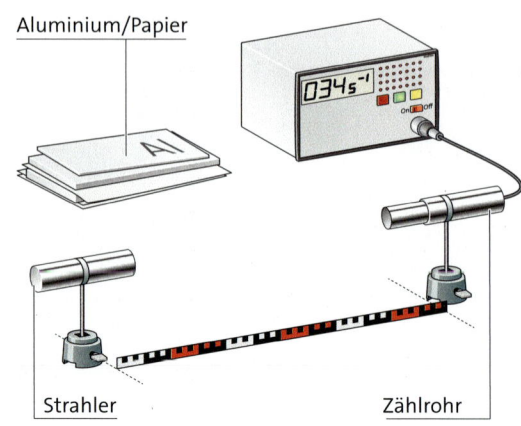

Aluminium/Papier

Strahler   Zählrohr

02 Wie weit reicht die ionisierende Strahlung?

MESSEN MIT ZÄHLROHREN · Zählrohre nutzen die ionisierende Wirkung von Strahlung. Sie sind mit einem Gas von geringem Druck gefüllt. Durch ein hauchdünnes Eintrittsfenster gelangt die Strahlung eines radioaktiven Stoffes in das Rohr hinein und ionisiert dort Gasatome (▸ Bild 01).

Ähnlich wie bei dem Experiment mit dem Draht und der Metallplatte wird zwischen dem Metallrohr und dem Draht im Inneren des Zählrohrs eine Hochspannung angelegt. Die im Gas entstehenden Elektronen und Ionen werden durch elektrische Kräfte so stark beschleunigt, dass sie selbst weitere Gasatome ionisieren. Du kannst dir den Vorgang wie eine „elektrische Lawine" vorstellen, durch die es zu einer starken Entladung kommt. Man spricht von **Stoßionisation.**
Durch die Entladung ändert sich die Spannung am Zählrohr kurzzeitig, sodass ein angeschlossener Lautsprecher diese Veränderung als „Knack" hörbar macht. Gleichzeitig werden die Spannungsänderungen von einem Digitalzähler registriert. Die Anzahl der Spannungsänderungen pro Zeiteinheit heißt **Zählrate.**

/// Zählrohre nutzen die ionisierende Wirkung von Strahlung in Gasen. Die Anzahl der registrierten Signale pro Zeiteinheit heißt Zählrate. Ihre Einheit ist s^{-1}.

In unserer Umgebung gibt es immer ionisierende Strahlung. Das können wir daran erkennen, dass ein Zählrohr auch dann Signale registriert, wenn sich gar kein radioaktives Präparat in seiner Nähe befindet. Die Anzahl dieser Signale pro Zeiteinheit heißt **Nullrate.** Für Messungen an radioaktiven Präparaten muss man zunächst die Nullrate bestimmen und sie dann von der ermittelten Zählrate subtrahieren.

/// In unserer Umwelt gibt es ionisierende Strahlung. Diese Strahlung wird von einem Zählrohr als Nullrate registriert.

ZÄHLRATE UND ABSTAND · Mithilfe von Zählrohren lässt sich die Strahlung radioaktiver Stoffe genauer untersuchen. Dabei können wir von folgendem Zusammenhang ausgehen: Je größer die Zählrate ist, desto stärker ist die ionisierende Strahlung.

In einem ersten Experiment wird die Reichweite der ionisierenden Strahlung eines radioaktiven Stoffes, z.B. von Co-60, bestimmt (▸ Bild 02). Dafür muss zunächst die Nullrate ermittelt werden. Dann wird die Zählrate für verschiedene Abstände ermittelt. Man erhält das Ergebnis:

Je kleiner der Abstand zwischen Zählrohr und Präparat ist, desto größer ist die Zählrate.

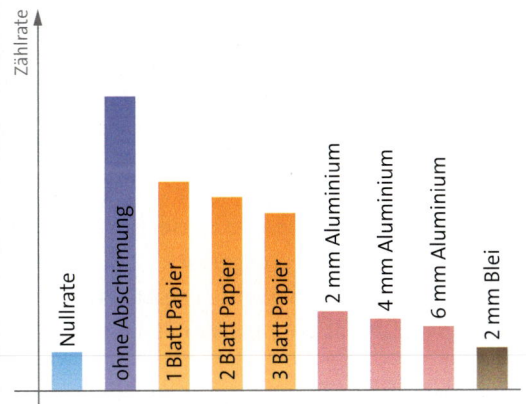

03 Durchdringungsvermögen der Strahlung von Ra-226

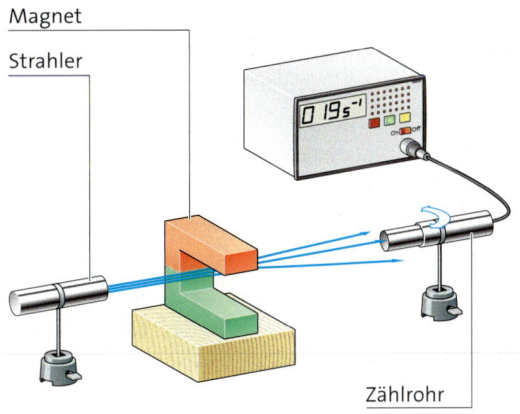

04 Ablenkung von ionisierender Strahlung im Magnetfeld

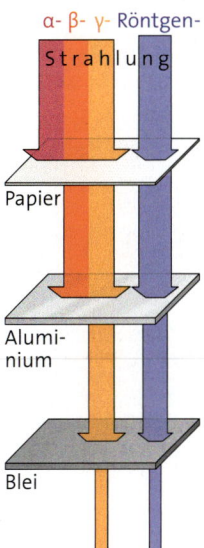

05 Durchdringungs-
vermögen ionisierender
Strahlung

ABSCHIRMUNG VON STRAHLUNG · In einer zweiten Experimentierreihe wird untersucht, ob und wie gut verschiedene Materialien mit unterschiedlichen Schichtdicken die Strahlung von Ra-226 abschirmen. Dafür werden Platten aus verschiedenen Metallen, Kunststoffen oder auch Papier zwischen das Zählrohr und den radioaktiven Stoff gebracht. ▸ Bild 03 zeigt die Versuchsergebnisse für den Ra-226-Strahler: Bringt man ein Blatt Papier zwischen Zählrohr und Strahler, dann nimmt die Zählrate deutlich ab. Weitere Papierlagen verringern die Zählrate nur noch wenig. Bringt man eine 2 mm dicke Aluminiumplatte in den Strahlengang, dann nimmt die Zählrate erneut stark ab. Bei weiteren Aluminiumplatten geht die Zählrate wieder nur wenig zurück. Noch bessere Abschirmung gelingt mit 2 mm dicken Bleiplatten.

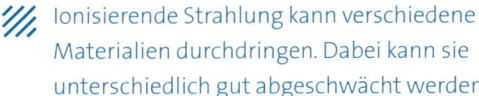 Ionisierende Strahlung kann verschiedene Materialien durchdringen. Dabei kann sie unterschiedlich gut abgeschwächt werden.

IONISIERENDE STRAHLUNG IM MAGNETFELD · Das Abschirmungsexperiment deutet darauf hin, dass es verschiedene Arten von ionisierender Strahlung gibt. In einem dritten Experiment wird deshalb untersucht, ob sich ionisierende Strahlung in einem Magnetfeld ablenken lässt. Zwischen Zählrohr und Strahler befindet sich ein Magnetfeld (▸ Bild 04). Das bewegliche Zähl-

rohr kann Strahlung aus verschiedenen Richtungen registrieren. Dabei zeigt sich, dass die Strahlung einiger radioaktiver Stoffe im Magnetfeld abgelenkt wird. Es gibt aber auch ionisierende Strahlung, die man durch Magnetfelder nicht ablenken kann. In Magnetfeldern werden bewegte elektrisch geladene Körper abgelenkt. Man kann somit vermuten, dass es Strahlungsarten gibt, die elektrische Ladung tragen. Ionisierende Strahlung, die sich in Magnetfeldern nicht ablenken lässt, trägt keine elektrische Ladung.

Aus den Ergebnissen aller Experimente können wir schließen, dass es verschiedene Arten ionisierender Strahlung gibt. Dazu gehören **Alphastrahlung** (α-Strahlung), **Betastrahlung** (β-Strahlung) und **Gammastrahlung** (γ-Strahlung).

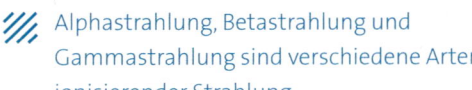 Alphastrahlung, Betastrahlung und Gammastrahlung sind verschiedene Arten ionisierender Strahlung.

1 Die Messung eines Strahlers mit dem Zählrohr ergibt 120 Signale in 30 s. Die Nullrate beträgt 200 Signale in 10 min. Gib die von dem Strahler erzeugte Zählrate an.

2 In welche Richtung müsste das Zählrohr aus ▸ Bild 04 verschoben werden bei Strahlung, die elektrisch positiv bzw. negativ geladen ist? Skizziere.

Ursache für die
Ablenkung von
geladenen Teilchen
in Magnetfeldern
ist die **Lorentzkraft.**

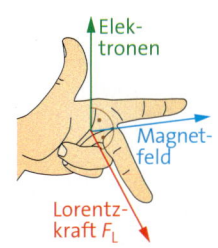

06 „Linke-Hand-Regel"

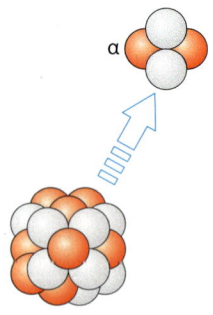

01 Alphastrahler

02 Betastrahler

03 Gammastrahler

ALPHA-, BETA- UND GAMMASTRAHLUNG IM MODELL · Als **Alphastrahlung** wird das Aussenden von Heliumkernen bezeichnet (▸ Bild 01). Das physikalische Symbol für Heliumkerne $_2^4\mathrm{He}$ kennst du bereits. In Symbolschreibweise kann die Kernumwandlung eines Alphastrahlers, z. B. Ra-226, so beschrieben werden:

$$_{88}^{226}\mathrm{Ra} \to {}_{86}^{222}\mathrm{Rn} + {}_2^4\mathrm{He}.$$

Aus dem Radium ist ein neues Element, das Radon, entstanden. Der Heliumkern wird abgestrahlt.

Du kannst erkennen, dass die Protonen- und Neutronenzahl insgesamt beim Alphazerfall erhalten bleibt. Heliumkerne sind elektrisch positiv geladen. Damit kannst du dir auch erklären, warum diese Strahlung in elektrischen und magnetischen Feldern abgelenkt wird. Alphastrahlung hat ein sehr geringes Durchdringungsvermögen. Bereits mit einem Blatt Papier kann sie vollständig abgeschirmt werden.

/// Alphastrahlung nennt man das Aussenden von Heliumkernen. Alphastrahlung wird im elektrischen und magnetischen Feld abgelenkt. Sie hat ein sehr geringes Durchdringungsvermögen.

Als **Betastrahlung** wird das Aussenden von Elektronen aus einem Atomkern bezeichnet (▸ Bild 02). Dieser Vorgang unterscheidet sich vom Herauslösen der Elektronen aus der Atomhülle. Wie kann aber ein positiv geladener Kern Elektronen aussenden? Im Atomkern eines Betastrahlers wird ein Neutron in ein Proton und ein Elektron umgewandelt. Das Elektron wird abgestrahlt, das Proton bleibt im Kern:

$$_0^1\mathrm{n} \to {}_1^1\mathrm{p} + {}_{-1}^0\mathrm{e}.$$

Ein Beispiel ist das Cäsiumnuklid Cs-137:

$$_{55}^{137}\mathrm{Cs} \to {}_{56}^{137}\mathrm{Ba} + {}_{-1}^0\mathrm{e}.$$

An der Gleichung erkennst du, dass sich auch Betastrahler in neue Elemente umwandeln. In dem Beispiel entsteht aus Cäsium das Element Barium sowie Betastrahlung. Auch beim Betazerfall bleibt die Ladungsmenge insgesamt erhalten.

/// Betastrahlung nennt man das Aussenden von Elektronen. Sie wird im elektrischen und magnetischen Feld abgelenkt. Ihr Durchdringungsvermögen ist deutlich größer als das der Alphastrahlung.

Mit der Alpha- und Betastrahlung werden bei der Umwandlung von Atomkernen Teilchen abgestrahlt. Im Unterschied dazu ist die **Gammastrahlung** keine Teilchenstrahlung (▸ Bild 03). Deshalb ändern sich auch nicht die Kernladungszahl und die Massenzahl, wie das folgende Beispiel zeigt:

$$_{86}^{222}\mathrm{Ra} \to {}_{86}^{222}\mathrm{Ra} + \gamma.$$

Gammastrahlung ist wie das Licht eine elektromagnetische Strahlung. Sie entsteht in Atomkernen und kann Atome ionisieren. Gammastrahlung tritt häufig gemeinsam mit Alpha- oder Betastrahlung auf. In den Experimenten zur Strahlung in magnetischen und elektrischen Feldern zeigt sich, dass Gammastrahlung sich nicht ablenken lässt. Das kannst du nun verstehen, da Gammastrahlung nicht aus elektrisch geladenen Teilchen besteht.

Gammastrahlung hat ein wesentlich höheres Durchdringungsvermögen als Alpha- oder Betastrahlung. Selbst meterdicke Wände aus Beton und sogar Blei werden von Gammastrahlung durchdrungen.

/// Gammastrahlung ist eine elektromagnetische Strahlung. In elektrischen und magnetischen Feldern wird sie nicht abgelenkt. Gammastrahlung hat ein hohes Durchdringungsvermögen.

1⟩ Erläutere Unterschiede und Gemeinsamkeiten der drei Strahlungsarten.

VERSUCHE ▸ Natürliche Radioaktivität in Gebäuden

V1 Messung der Radioaktivität

Mit diesem einfachen Versuch kannst du die natürliche Radioaktivität erkunden.

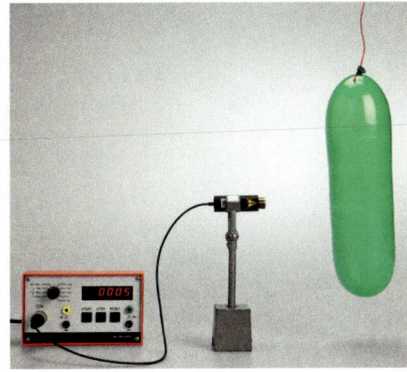

04 Versuch zur Umweltradioaktivität

Material:
Luftballon, Bindfaden, Wolltuch oder Folie für Tageslichtprojektor, Zählrohr, Stoppuhr

Durchführung:

a) Bestimme zu Beginn des Versuches mit dem Zählrohr die Nullrate (30 s).

b) Reibe den aufgeblasenen Luftballon mit dem Wolltuch oder der Folie. Er ist jetzt elektrisch geladen. Hänge ihn an der Raumdecke auf. Achte darauf, dass der Ballon sich nicht entladen kann und lass ihn für ca. 30 min dort hängen.

c) Nimm den Ballon ab, lass die Luft heraus und bringe die leere Ballon-

haut sofort direkt vor das Eintrittsfenster des Zählrohrs. Bestimme die Zählrate (30 s).

d) Wiederhole die Messung der Zählrate unmittelbar danach. Halte aber jetzt ein Blatt Papier zwischen Zählrohr und Ballonhaut.

e) Wiederhole die Messungen c) und d) nach 10 min.

f) Ziehe von allen Messwerten jeweils die Nullrate ab. Stell die Ergebnisse übersichtlich in einer Tabelle dar.

g) Interpretiere deine Ergebnisse. Stelle eine Vermutung über die Strahlenart auf. Erkläre, warum es wichtig ist, zur Messung aus dem Ballon die Luft wieder herauszulassen.

Material A ▸ Radioaktivität und Medizin – Markierungsverfahren

Nuklearmedizin ist die Anwendung von Radioaktivität zur Diagnose und zur Therapie. Für die Untersuchung der Funktion von Organen werden z. B. sogenannte Szintigrafien angefertigt. Dem Patienten wird dafür eine geringe Menge einer radioaktiven Substanz verabreicht. Eine spezielle Kamera kann dann von außen die Strahlung dieser

Substanz registrieren. ▸ Bild 05 zeigt eine Szintigrafie des Herzens.

A1 a) Gib eine Vermutung an, welche Strahlenart für eine Szintigrafie in Frage kommt. Begründe deine Vermutung.

b) Bewerte die Nachteile solcher Untersuchungen.

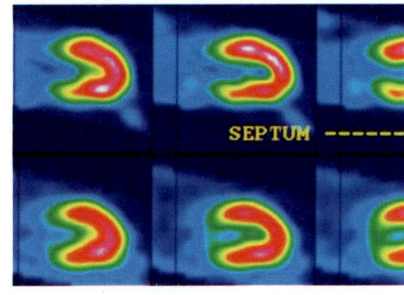

05 Herz-Szintigrafie

Material B ▸ Strahlung im elektrischen Feld

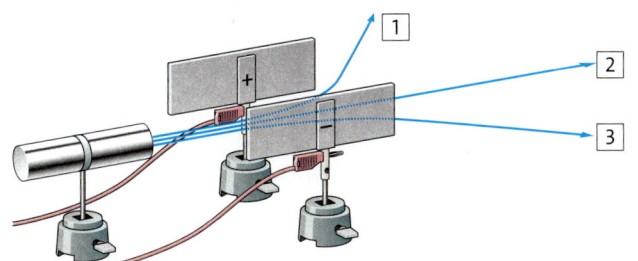

06 Ablenkung von Strahlung im elektrischen Feld

B1 Mischstrahler senden gleichzeitig Alpha-, Beta- und Gammastrahlung aus. ▸ Bild 06 zeigt die Wege der Strahlung eines Mischstrahlers im elektrischen Feld.
Ordne den Strahlungsarten den zugehörigen Weg zu. Begründe deine Entscheidung.

01 Urgeschichtliche Höhlenmalerei in Altamira (Spanien)

Radioaktiver Zerfall

> *Im spanischen Altamira wurden in Höhlen spektakuläre Malereien gefunden. Archäologen haben das Alter der über 900 Malereien auf 10 000 bis 14 000 Jahre bestimmt! Wie können die Wissenschaftler darauf kommen?*

DIE C-14-METHODE · Die Farben der Höhlenmalereien sind aus Tierknochen und Pflanzenteilen hergestellt worden. Sie bestehen aus Kohlenstoff, der zu einem bestimmten Anteil das Nuklid C-14 enthält. C-14 ist ein Betastrahler und wandelt sich in das stabile Nuklid N-14 um. Dadurch ändert sich mit der Zeit das Verhältnis von C-14 zu C-12. Jedoch beginnt dieser Prozess erst nach dem Absterben des Organismus. Solange Pflanzen und Tiere leben, ändert sich das Verhältnis nicht, weil ihr Stoffwechsel ständig für „Nachschub" an C-14 sorgt.

Wissenschaftler können das Verhältnis von C-14 zu C-12 sehr genau messen. Wie können sie aber aus der Menge des vorhandenen C-14 auf das Alter einer Probe schließen? Experimente mit einer Dauer von mehreren Tausend Jahren können sie kaum durchführen. Dafür liefern Experimente mit anderen radioaktiven Stoffen Hinweise. Ein solcher Stoff ist Protactinium. Weil die Menge des radioaktiven Nuklids Pa-234 nicht direkt messbar ist, misst man mit einem Zählrohr die Zahl der Zerfälle in Abhängigkeit von der Zeit. Diese Zahl ist ein Maß für die vorhandene Menge an Pa-234.

DIE HALBWERTSZEIT · ▶ Bild 02 zeigt, dass die Zahl der registrierten Zerfälle und damit die Menge von Protactinium-234 mit der Zeit immer mehr abnimmt. Eine genaue Auswertung zeigt, dass nach einer Zeitspanne von etwa 70 s die Zählrate und damit auch die Menge an

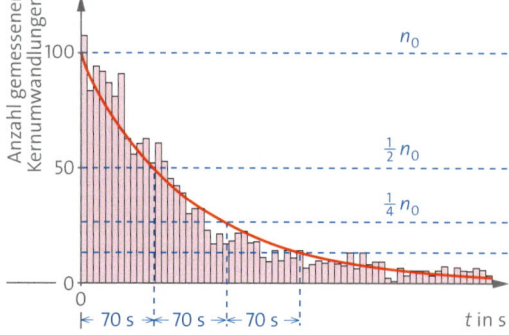

02 Abnahme der Zählrate von Protactinium-234

Protactinium-234 auf die Hälfte, nach etwa 140 s auf ein Viertel und nach 210 s auf ein Achtel abgenommen hat.

Auch für andere radioaktive Nuklide kann man beobachten, dass immer nach derselben Zeitspanne die Anzahl der vorhandenen Kerne um die Hälfte abgenommen hat. Bei dem für die Altersbestimmung wichtigen Nuklid C-14 ist nach 5730 Jahren die Hälfte „weg". Nach weiteren 5730 Jahren ist von der verbliebenen Hälfte wieder die Hälfte „weg" (▸ Bild 03). Was ist mit den „verschwundenen" Atomkernen geschehen?. Die Kerne des Nuklids C-14 sind zerfallen und haben sich in das Nuklid N-14 umgewandelt. Dabei wurde Betastrahlung ausgesendet.

Man nennt die Zeitspanne, in der die Hälfte eines radioaktiven Stoffes zerfallen ist, die **Halbwertszeit $T_{1/2}$**. Sie ist eine charakteristische Größe – jedes radioaktive Nuklid hat eine andere Halbwertszeit. Halbwertszeiten können von Sekundenbruchteilen bis zu Hunderten von Milliarden Jahren reichen (▸ Tabelle 04).

 Die Halbwertszeit $T_{1/2}$ ist die Zeitspanne, in der sich die Hälfte der Kerne eines radioaktiven Nuklids umgewandelt hat. Sie ist eine charakteristische Größe radioaktiver Nuklide.

Die Halbwertszeit sagt nur etwas über eine große Anzahl von Kernen aus. Die Umwandlung einzelner Kerne geschieht immer zufällig. Niemand kann sie voraussagen oder durch Änderung physikalischer Größen wie Temperatur oder Druck beeinflussen.

AKTIVITÄT · Du hast gelernt, dass die Zählrate die von einem Zählrohr pro Zeiteinheit registrierte Anzahl von Signalen ist. Jedes Signal entspricht dabei dem radioaktiven Zerfall eines Kerns. Allerdings gelangt die ionisierende Strahlung des Stoffes nicht nur in das Fenster des

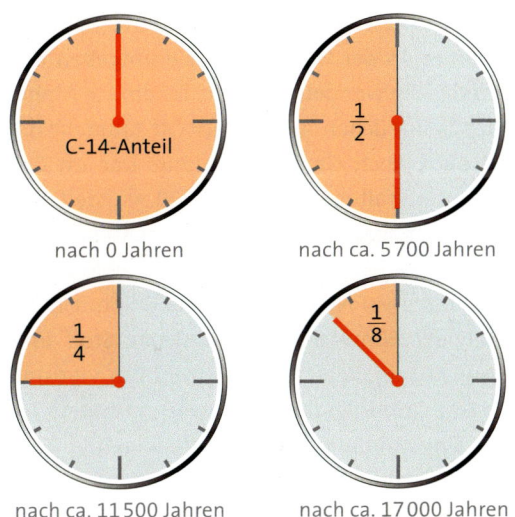

03 Der „C-14-Kuchen": Anteil des Nuklids C-14 am vorhandenen Kohlenstoff in Abhängigkeit von der Zeit

Nuklid	Halbwertszeit
B-12	20 ms
Rn-220	55,6 s
C-14	5730 a
Pu-239	24110 a
K-40	$1{,}277 \cdot 10^9$ a

04 Halbwertszeiten einiger radioaktiver Stoffe

Zählrohrs. Die Strahlung wird in alle Richtungen ausgesendet. Die Anzahl aller radioaktiven Kernumwandlungen eines Stoffes pro Zeiteinheit wird **Aktivität** genannt.

Finden in einer Probe z.B. 100 radioaktive Zerfälle in einer Sekunde statt, dann beträgt die Aktivität 100 s⁻¹. Die Einheit 1 s⁻¹ wird als **1 Becquerel (1 Bq)** bezeichnet. Die Aktivität eines Stoffes hängt von seiner Menge ab. Wenn man die Menge, also die Anzahl der Kerne verdoppelt, dann zerfallen pro Sekunde doppelt so viele Kerne. Die Aktivität ist also proportional zur Menge des radioaktiven Stoffes. Dies haben wir beim Experiment zum Zerfall von Protactinium-234 ausgenutzt.

 Die Aktivität gibt die Anzahl der radioaktiven Zerfälle einer Stoffmenge pro Zeiteinheit an. Die Einheit ist 1 Bq = 1 s⁻¹.

1 **a)** Bestimme, nach wie viel Halbwertszeiten über 99% eines radioaktiven Stoffes zerfallen sind.
b) Bestimme, wann dieser Zeitpunkt bei C-14 erreicht ist.

ZERFALLSREIHEN · Viele radioaktive Nuklide kommen in der Natur vor – sie umgeben uns ständig. Sie wandeln sich um, indem sie Alpha- oder Betateilchen aussenden. Oft entsteht dabei auch noch Gammastrahlung. Das im Gas Radon enthaltene Nuklid Rn-220 wandelt sich z.B. um, indem es Alphateilchen aussendet. Du weißt, dass ein Alphateilchen aus zwei Protonen und zwei Neutronen besteht. Somit muss nach der Umwandlung ein neuer Stoff entstanden sein, dessen Massenzahl um vier und dessen Ordnungszahl um zwei verringert ist. Die Umwandlung kann durch folgende Gleichung beschrieben werden:

$$^{220}_{86}\text{Rn} \rightarrow \, ^{216}_{84}\text{Po} + \, ^{4}_{2}\text{He}$$

Das entstehende Poloniumnuklid Po-216 ist selbst radioaktiv und wandelt sich auch um. Auf diese Weise sind natürliche radioaktive Nuklide in Zerfallsreihen eingebunden. An ihrem Ende steht dann jeweils ein stabiles Nuklid, das sich nicht mehr weiter umwandelt.

In der Natur kommen drei solcher Zerfallsreihen vor. Ein Beispiel, die Thorium-Reihe, ist in ▶ Bild 01 dargestellt. Sie nimmt ihren Aus-

gangspunkt beim Nuklid Th-232 und bricht beim Bleinuklid Pb-208 ab. Dieses Nuklid ist stabil, es zerfällt also nicht weiter.
Die beiden weiteren natürlichen Zerfallsreihen beginnen beim Urannuklid U-238 (Uran-Radium-Reihe) und beim Urannuklid U-235 (Uran-Actinium-Reihe).

/// Eine Zerfallsreihe ist eine Folge von Umwandlungen radioaktiver Kerne, die bei einem stabilen Nuklid endet. In der Natur kommen drei Zerfallsreihen vor.

1 ⌡ $^{238}_{92}$U ist ein Alphastrahler. Welches Nuklid folgt damit in der Uran-Actinium-Reihe? Gib die Umwandlungsgleichung an.

2 ⌡ Die Uran-Radium-Reihe endet bei dem stabilen Nuklid $^{206}_{82}$Pb, das gleich zwei Vorgängernuklide hat – einen Alphastrahler und einen Betastrahler. Gib die beiden Vorgängernuklide in der Zerfallsreihe an.

3 ⌡ Gib eine Vermutung über die Halbwertszeiten der Ausgangsnuklide der Zerfallsreihen an. Begründe deine Vermutung.

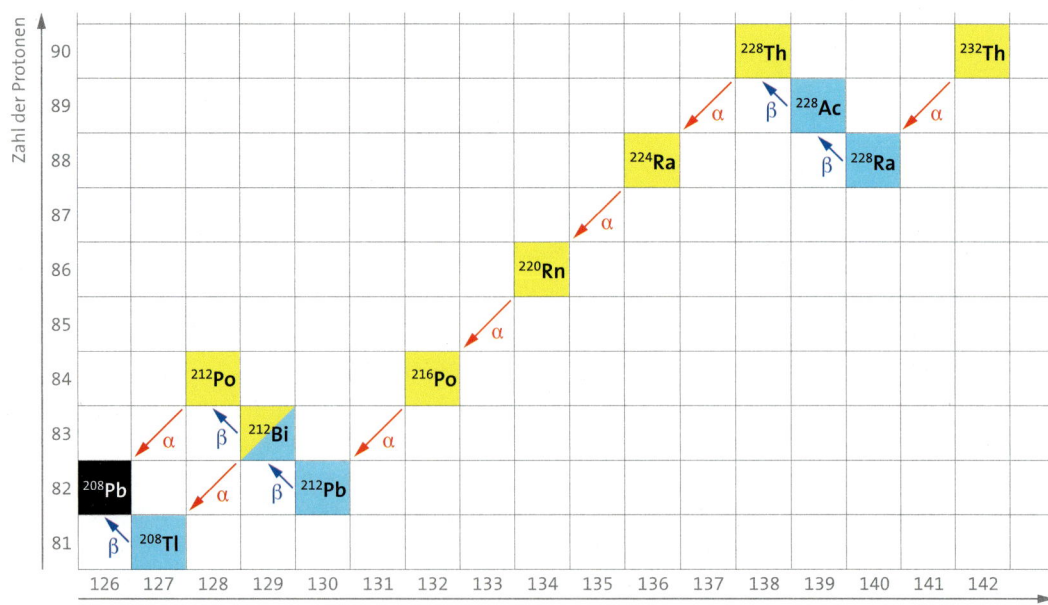

01 Thorium-Zerfallsreihe

VERSUCH ▸ Modellversuch „Reißnagelzerfall"

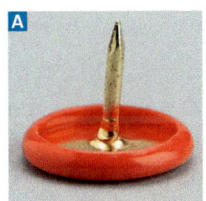 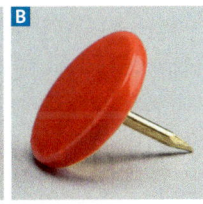

02 **A** „nicht zerfallen", **B** „zerfallen"

Material:

100 Reißnägel oder mehr
Hinweis: kleine Reißnagelpackungen enthalten 100 bis 120 Stück.

Durchführung:

Zunächst vereinbaren wir: Reißnägel, die auf dem Rücken liegen, gelten als „nicht zerfallen", gekippte Reißnägel gelten als „zerfallen" (▸ Bild 02 A, B)

a) Lege die Reißnägel in einen Behälter, schüttle sie und entleere den Behälter auf einer freien Fläche. Sortiere alle „zerfallenen" Reißnägel aus und notiere ihre Anzahl. Wiederhole jeweils mit den verbliebenen Reißnägeln den Versuch so oft, bis alle Reißnägel zerfallen sind.
b) Notiere deine „Messwerte" in ▸ Tabelle 04 und stelle das Ergebnis in einem Säulendiagramm dar.
c) Gib an, welche Vorgänge oder Größen im Modellexperiment der Halbwertszeit und der Aktivität bei einem radioaktiven Zerfall entsprechen. Was entspricht einer Zeiteinheit?

d) Bestimme die „Halbwertszeit" deines Reißnagelzerfalls.
e) Die Vereinbarung über „zerfallene" Reißnägel wird gerade umgekehrt getroffen. Ermittle, wie sich die Halbwertszeit in deinem Versuch ändert.

03 „Zerfallene" Reißnägel scheiden aus!

Anzahl der Würfe	0	1	2	3	4	5	6	...
Anzahl „zerfallener" Reißnägel	0							
Anzahl „nicht zerfallener" Reißnägel	100							

04 „Messwerte"-Tabelle

Material A ▸ Np-237-Reihe

Seit dem Entstehen der Erde vor etwa 4,6 Milliarden Jahren existieren drei natürliche Zerfallsreihen. Theoretisch sollte es noch eine vierte Zerfallsreihe geben. Sie müsste mit dem Nuklid Np-237 beginnen. Jedoch kommt diese Zerfallsreihe in der Natur nicht vor.

A1 a) Gib mithilfe der Nuklidkarte die vollständige Zerfallsreihe ausgehend von Np-237 an.
Hinweis: Das letzte Nuklid dieser Reihe ist das stabile Bi-209.
b) Begründe, dass die Np-237-Zerfallsreihe in der Natur nicht existiert.
Hinweis: Beachte die Halbwertszeiten der Zerfallsprodukte.

Material B ▸ Eine Gleichung für den Zerfall

B1 Ra-226 zerfällt mit einer Halbwertszeit von 1600 Jahren.
a) Bestimme, nach wie vielen Jahren noch ein Achtel der ursprünglichen Menge Ra-226 vorhanden ist.
b) Berechne, welcher Anteil nach 80 000 Jahren noch vorhanden ist.

B2 Wenn du die Anzahl der Kerne einer radioaktiven Stoffprobe für einen bestimmten Zeitpunkt und auch die Halbwertszeit kennst, dann kannst du die Anzahl der Kerne für jeden beliebigen Zeitpunkt t sogar genau berechnen.
Wir bezeichnen die Anzahl der Kerne, die zu einem Zeitpunkt t vorhanden

sind, mit $N(t)$. Für den Startpunkt $t = 0$ s nennen wir die Anzahl N_0. Die Halbwertszeit $T_{1/2}$ kennst du schon. $N(t)$ ist dann:

$$N(t) = N_0 \cdot \left(\frac{1}{2}\right)^{\frac{t}{T_{1/2}}}.$$

Diese Gleichung wird **Zerfallsgesetz** genannt.

Das Alter der Höhlenmalereien in Altamira in Spanien wurde mit der C-14-Methode auf 10 000 Jahre bestimmt. Berechne mit dem Zerfallsgesetz, welcher Anteil des ursprünglich vorhandenen C-14 nach 10 000 Jahren noch vorhanden ist. ($T_{1/2}$ von C-14: 5730 a)

/// **BLICKPUNKT** //

Natürliche und zivilisatorische Strahlung

01 MAGIC-Teleskop auf La Palma: Detektor für kosmische Strahlen

Ein Zählrohr weist auch dann Strahlung nach, wenn kein radioaktives Präparat in der Nähe ist. Diese gemessenen Zerfälle bezeichnet man als **Nullrate.** Woher kommen diese Zerfälle? Physiker unterscheiden zwischen der natürlichen Strahlung (kosmische und terrestrische Strahlung) und der zivilisatorischen Strahlung.

Kosmische Strahlung · Ständig prasseln von der Sonne und anderen Sternen stammende Teilchen auf die Erde ein, die sogenannte **primäre kosmische Strahlung.** Häufig handelt es sich dabei um besonders energiereiche Protonen, die auf die Erdatmosphäre treffen und dort Atomkerne zertrümmern. Dabei entstehen neue Kerne und Teilchen, die wiederum andere Kerne zertrümmern können – und zwar so lange, bis die ursprüngliche Bewegungsenergie umgewandelt ist. Bei diesem Prozess wird auch immer wieder elektromagnetische Strahlung frei. Die so entstandene ionisierende Strahlung nennt man **sekundäre kosmische Strahlung.** Sie lässt sich am Erdboden nachweisen (▶ Bild 01).

Bei den Reaktionen in der Atmosphäre werden unter anderem radioaktive Nuklide erzeugt. Denn wenn die Kerne stabiler Isotope wie Stickstoff-14 oder Sauerstoff-16 ein Neutron einfangen, sind die entstehenden Nuklide meist radioaktiv. So entstehen auch das radioaktive Kohlenstoff-14 (C-14) und Wasserstoff-3 (H-3).

Kohlenstoff ist in allen Lebewesen enthalten. Es wird z.B. mit der Nahrung aufgenommen. So enthält jeder Organismus neben dem stabilen C-12 auch Anteile des radioaktiven C-14. Diese Tatsache wird für die Altersbestimmung von Höhlenmalereien oder Mumien genutzt.

H-3 wird auch als Tritium oder überschwerer Wasserstoff bezeichnet und kommt zu 99% gebunden im Wasser vor. Auch deshalb strahlt unser Meerwasser – wenn auch nur mit einer geringen Aktivität. Hauptsächlich strahlt unser Meerwasser aber, weil es Kalium-40 enthält.

Terrestrische Strahlung · Die natürliche ionisierende Strahlung stammt nicht allein aus dem Weltall. Auch unsere Erde besteht zum Teil aus radioaktiven Stoffen. Diese sind bei der Entstehung der Erde gebildet worden und besitzen eine sehr lange Halbwertszeit in der Größenordnung des Alters unserer Erde. Denn Radionuklide mit kleineren Halbwertszeiten sind bereits zerfallen. Zu den noch vorhandenen Radionukliden gehören Kalium, Thorium, Uran und dessen Zerfallsprodukte Radium und Radon. Das Edelgas Radon kann aus dem Erdboden austreten und in die Luft gelangen. Gut nachweisbar ist dieser Alphastrahler z. B. in schlecht gelüfteten Kellerräumen.

Zivilisatorische Strahlenquellen · Neben den natürlichen Quellen ionisierender Strahlung gibt es auch vom Menschen geschaffene, künstliche Strahlenquellen. Sie dienen zur Konservierung von Lebensmitteln, zur Materialprüfung, zur medizinischen Diagnostik und Therapie, zur Energiegewinnung in Kernkraftwerken und zum Einsatz in Kernwaffen.

Reaktorunfälle und Kernwaffentests führen dazu, dass sich radioaktive Nuklide sowohl im Erdboden als auch in der Luft anreichern und über Nahrung und Atmung aufgenommen werden. Das kann zu schweren gesundheitlichen Schäden führen.

Zu den schwersten Reaktorunfällen zählen diejenigen in Tschernobyl 1986 und in Fukushima 2011. In beiden Fällen ist die nahe gelegene Umwelt so stark belastet, dass sie für sehr lange Zeit unbewohnbar geworden ist.

1 ⌡ Das Bundesamt für Strahlenschutz liefert Informationen zur Strahlenbelastung für die Menschen in Deutschland. Finde heraus, wie groß die Strahlenbelastung durch Radon und Lebensmittel in deiner Region ist.

//// **METHODE** ///

Arbeiten mit der Nuklidkarte

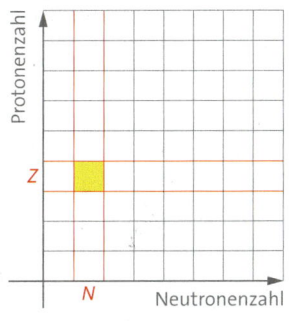

03 Aufbau der Nuklidkarte

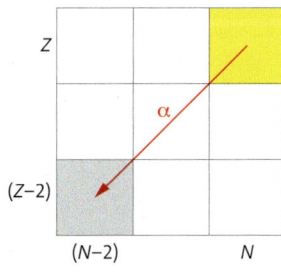

04 Alphazerfall

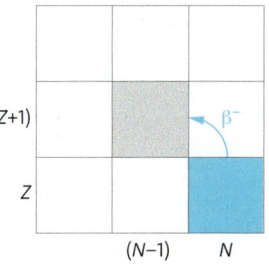

05 Beta-Minus-Zerfall

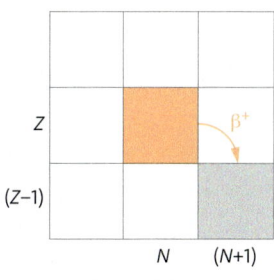

06 Beta-Plus-Zerfall

Die Nuklidkarte ist systematisch aufgebaut. Du kannst sie dir wie eine große Tabelle vorstellen (► Bild 03): In den Zeilen stehen alle Nuklide mit der gleichen Protonenanzahl. Diese Zahl der Kernladungen entspricht somit auch der Ordnungszahl Z. Du findest also alle Nuklide, die zu demselben Element gehören, in einer Zeile der Nuklidkarte. In den Spalten der Nuklidkarte stehen alle Nuklide mit der gleichen Anzahl von Neutronen. Mithilfe der Nuklidkarte kannst du Kernumwandlungen und ganze **Zerfallsreihen** voraussagen. Die Farbgebung in der Nuklidkarte enthält die Information über die Zerfallsart für ein bestimmtes Nuklid.

Gelb bedeutet **Alphazerfall.** Bei dem neu entstehenden Nuklid werden die Neutronenzahl N und die Protonenzahl Z jeweils um zwei verringert (► Bild 04).

Blau bedeutet **Beta-Minus-Zerfall.** Ein Elektron wird ausgesendet. Weil sich dabei aus einem Neutron ein Proton und ein Elektron bilden, verringert sich N um 1 und Z erhöht sich um 1 (► Bild 05).

Rot bedeutet **Beta-Plus-Zerfall.** Dabei wird ein sogenanntes Positron ausgesendet oder ein Elektron eingefangen. Positronen haben fast alle Eigenschaften von Elektronen, sind jedoch elektrisch positiv geladen. Wenn ein Elektron und ein Positron zusammentreffen, dann zerstrahlen sie. Dabei entsteht Gammastrahlung. Beim Beta-Plus-Zerfall verringert sich Z um 1 und N vergrößert sich um 1 (► Bild 06).

Schwarz markierte Nuklide sind stabil. Sie wandeln sich von selbst nicht weiter um.

Einen Ausschnitt aus der Nuklidkarte findest du im Anhang des Buches.

3 」 ► Bild 07 zeigt die Entstehung des radioaktiven Nuklids Rn-222. Radon trägt wesentlich zur natürlichen Radioaktivität auf der Erde bei. Übertrage die Zerfallsreihe und vervollständige sie mithilfe der Nuklidkarte. Gib jeweils die Zerfallsart (α- bzw. β-Strahlung) an.

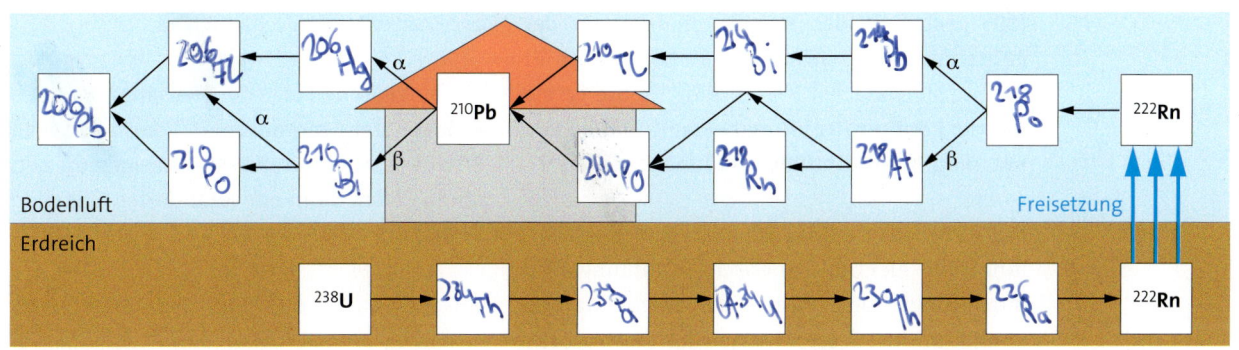

07 Entstehung des bodennahen radioaktiven Radons aus der U-238-Zerfallsreihe

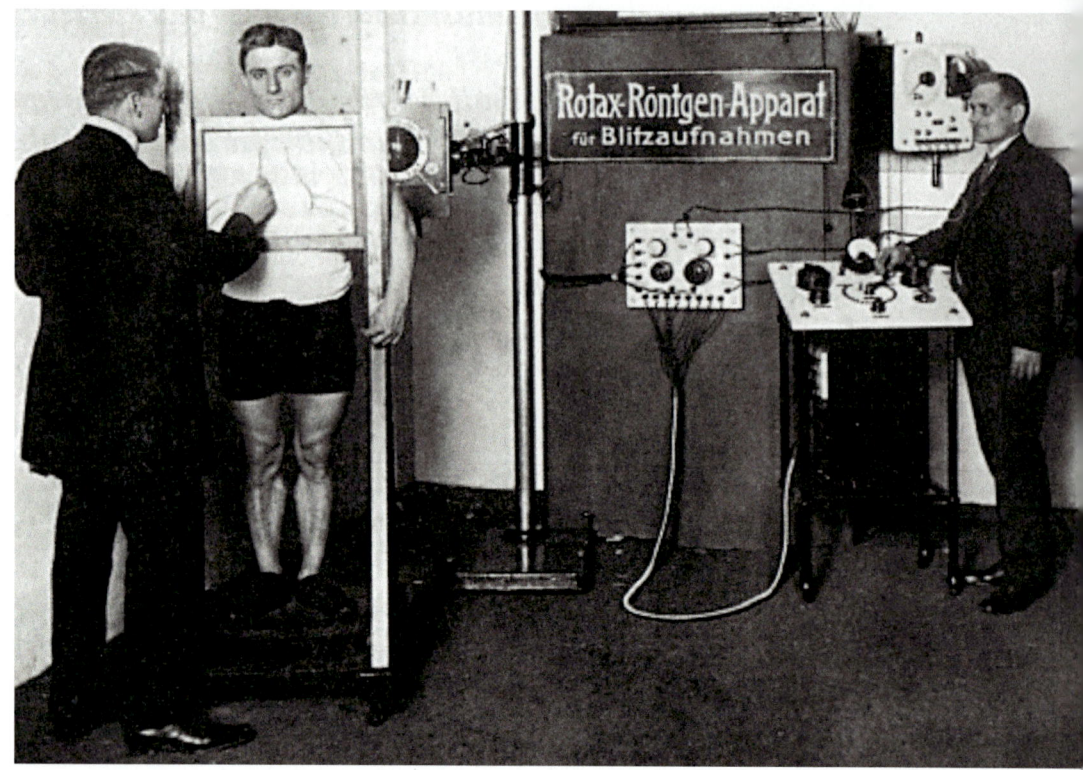

01 Eine Untersuchung mit Röntgenstrahlung vor über 100 Jahren

Strahlenschäden und Strahlenschutz

Früher wusste man noch nichts von den schädlichen Folgen der Bestrahlung mit Röntgenstrahlung. Deshalb ging man sehr sorglos damit um. Heute wissen wir mehr.

WIRKUNG IONISIERENDER STRAHLUNG · Die ionisierende Wirkung von Alpha-, Beta- und Gammastrahlung hast du bereits kennen gelernt. Auf eine andere ionisierende Strahlung ist WILHELM CONRAD RÖNTGEN im Jahr 1895 gestoßen, also bereits ein Jahr vor der Entdeckung der natürlichen Radioaktivität. Er nannte sie zunächst X-Strahlung. Heute ist sie uns als **Röntgenstrahlung** bekannt und begegnet uns z. B. bei Röntgenaufnahmen beim Arzt.

Wie Gammastrahlung ist auch Röntgenstrahlung eine elektromagnetische Strahlung und durchdringt Stoffe unterschiedlich gut. Man erkannte schnell diesen Nutzen für die Medizin. Jedoch dauerte es Jahrzehnte, bis man auch eine Gefahr für die Gesundheit durch unkontrollier-

te und sorglose Röntgenbestrahlung des Körpers erkannte (▸ Bild 01).

Heute weiß man, dass ionisierende Strahlung Moleküle in unserem Körper zerstören kann. Als Folge der Ionisation kommt es zu chemischen Reaktionen im bestrahlten Körperteil. So werden im Wassermolekül (H_2O) die Hüllen der Atome verändert und dadurch die chemischen Bindungen umgebaut. Es entsteht Wasserstoffperoxid (H_2O_2), ein Zellgift, das bereits in geringer Konzentration schädlich ist.

Als biologische Folge der Ionisation kann es zu Brüchen der Chromosomen kommen. Weil das Erbgut dadurch geschädigt ist, zeigen die betroffenen Zellen dann ein verändertes biologisches Verhalten.

 Alpha-, Beta-, Gamma- und Röntgenstrahlung ionisieren Moleküle im menschlichen Körper. Dabei kann die Erbinformation in den Chromosomen beschädigt werden.

WIE GELANGT DIE STRAHLUNG IN DEN KÖRPER? · Hier müssen wir zwischen den Strahlenarten unterscheiden. Von der Alphastrahlung hast du gelernt, dass sie bereits durch ein Blatt Papier abgeschirmt werden kann. Somit kann sie erst recht schon durch die äußere Hautschicht aufgehalten werden. Alphastrahler werden aber dann gefährlich, wenn sie über die Atmung oder mit der Nahrung in unseren Körper gelangen.

Betastrahlung wie auch Gamma- und Röntgenstrahlung kann Kleidung und Haut durchdringen. Sie gelangt also direkt von außen in den Körper. Damit z.B. bei einer Röntgenuntersuchung nur die für die Diagnose notwendige Körperregion durchstrahlt wird, muss der restliche Körper mit einem gut abschirmenden Material geschützt werden. Hierzu verwendet man eine Bleischürze.

Der Mensch ist ständig ionisierender Strahlung ausgesetzt, z.B. durch kosmische Strahlung aus dem Weltraum. Außerdem gibt es natürliche Strahlungsquellen, z.B. durch radioaktive Substanzen in der Luft, im Boden oder in Baumaterialien wie Ziegelsteinen. Über die Nahrungskette und mit der Atmung gelangen radioaktive Substanzen in unseren Körper. Die Wege der Strahlung in unseren Körper zeigt ▸ Bild 02.

STRAHLENSCHÄDEN · Das Leben auf der Erde entwickelte sich von Beginn an unter den Bedingungen natürlicher Radioaktivität. Deshalb kann unser Organismus geschädigte Zellen erkennen und sogar reparieren. Wird dieses natürliche Reparatursystem überfordert, dann kommt es zu Strahlenschäden.

Grundsätzlich gilt: Je stärker die Strahlung und je größer die Dauer der Bestrahlung sind, desto schwerwiegender sind die Strahlenschäden. Es kommt auch darauf an, welche Organe oder Gewebearten bestrahlt werden. Eine Einteilung der Organempfindlichkeiten findest du in ▸ Bild

03. Schließlich ist die biologische Wirkung abhängig von der Art der Strahlung.

 Die biologische Wirkung von ionisierender Strahlung hängt von der Intensität, der Dauer und der Art der Strahlung sowie von der Empfindlichkeit des bestrahlten Organs ab.

Die Wahrscheinlichkeit des Auftretens von Strahlenschäden und ihr Ausmaß hängen von individuellen Faktoren wie dem Immunsystem ab. Zu den **Frühschäden** am bestrahlten Körper gehören Veränderungen des Blutbildes und Entzündungen. Solche Frühschäden können geheilt werden. Bei **Spätschäden** am bestrahlten Körper können Krankheitssymptome wie Leukämie oder andere Krebsarten erst nach Jahren auftreten.

Die Schädigung des Erbguts durch ionisierende Strahlung kann zu **genetischen Schäden** führen. Das bedeutet, dass sich die Veränderungen an den Keimzellen erst bei nachfolgenden Generationen auswirken.

 Früh- und Spätschäden am bestrahlten Körper treten beim einzelnen Individuum auf. Bei genetischen Strahlenschäden wirken sich die biologischen Veränderungen erst bei den Nachkommen aus.

Strahlenempfindlichkeit
hoch

Fortpflanzungsorgane

rotes Knochenmark, Dickdarm, Lunge, Magen

Blase, Brust, Leber, Speiseröhre, Schilddrüse

Knochenoberfläche, Muskeln

Strahlenempfindlichkeit
niedrig

03 Strahlenempfindlichkeit von Organen und Gewebearten

Direkte äußere Strahlung aus der Luft

Aufnahme mit der Atemluft

Aufnahme mit der Nahrung

Körpereigene Strahlung

Direkte äußere Strahlung aus dem Boden

02 Wege ionisierender Strahlung in den Körper

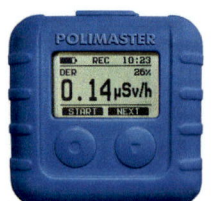

01 Einfaches Dosimeter für den Personenschutz

02 Symbol zur Warnung vor radioaktiven Stoffen und ionisierender Strahlung

DIE ENERGIEDOSIS · Um das Risiko für **Strahlenschäden** beurteilen zu können, benötigen wir eine Größe, die die Wirkung von Strahlung im Körper beschreibt. Die Energiedosis gibt allgemein an, wie viel Energie ein Kilogramm eines Stoffes durch Strahlung aufnimmt. Die Einheit der Energiedosis ist $1\frac{J}{kg}$. Mit Dosimetern kann man die Energiedosis einer Strahlung messen (▶ Bild 01).

Bei lebenden Zellen ist es von Bedeutung, durch welche Art von Strahlung die Energie aufgenommen wird. Untersuchen wir nämlich die Strahlenschäden in der Lunge nach dem Einatmen einer radioaktiven Substanz, dann zeigen sich bei Alphastrahlung viel schwerwiegendere Strahlenschäden als bei Betastrahlung. Um die unterschiedliche Wirkung verschiedener Strahlungsarten zu berücksichtigen, ordnen wir jeder Strahlungsart einen Qualitätsfaktor zu. (▶ Tabelle 03). Das Produkt aus Energiedosis und Qualitätsfaktor heißt **Äquivalentdosis.** Ihre Einheit ist ein **Sievert (1 Sv = $1\frac{J}{kg}$).**

Für die schädigende Wirkung von Strahlung ist es zudem entscheidend, von welchen Organen die Strahlung aufgenommen wird. So richtet Strahlung im Lungengewebe deutlich mehr Schäden an als z.B. auf der Hautoberfläche.

Experten gehen davon aus, dass eine Strahlenbelastung von 2,4 mSv pro Jahr beim Menschen kein erhöhtes Risiko für eine Strahlenkrankheit darstellt. Empfängt ein Mensch jedoch innerhalb kurzer Zeit eine Dosis von über 4 Sv, also ungefähr das 1700fache von 2,4 mSv, dann ist die Wahrscheinlichkeit einer Erkrankung mit Todesfolge sehr groß.

 Die Äquivalentdosis gibt Auskunft über biologische Strahlenwirkungen. Die Einheit ist ein Sievert (1 Sv).

SCHUTZ VOR STRAHLUNG · Für ein möglichst geringes gesundheitliches Risiko durch ionisierende Strahlung müssen bestimmte Regeln eingehalten werden. Sie lauten:
1. Die Aktivität des benutzten Stoffs soll so gering wie möglich gehalten werden.
2. Die Zeit, in der Menschen ionisierender Strahlung ausgesetzt sind, ist auf das absolut notwendige Minimum zu begrenzen.
3. Der Abstand zwischen Mensch und Strahlenquelle soll so groß wie möglich sein.
4. Die Strahlung soll so gut wie möglich abgeschirmt werden.
5. Die Aufnahme radioaktiver Substanzen in den Körper soll möglichst vermieden werden.
Diese Regeln lassen sich als **„5-A-Regel"** des **Strahlenschutzes** kurz zusammenfassen:

/// **A**ktivität verringern; **A**ufenthaltsdauer verringern; **A**bstand vergrößern; **A**bschirmung erhöhen; **A**ufnahme vermeiden.

Art der Strahlung	Qualitätsfaktor
Gammastrahlung	1
Betastrahlung	1
Protonenstrahlung	10
Alphastrahlung	20

Beispiel:
Für eine Energiedosis von 1 mSv, die allein durch Alphastrahlung bewirkt wird, entspricht die Äquivalentdosis 20 mSv.

03 Einige Qualitätsfaktoren

Tätigkeit	Strahlenbelastung
Röntgenaufnahme der Halswirbelsäule	ca. 0,2 mSv
Computertomographie des Bauchraums	ca. 1,4 mSv
Flugreise von Frankfurt nach San Francisco	ca. 0,07 mSv
Rauchen einer Zigarette (Lunge)	ca. 0,014 mSv
Jährliche effektive Dosis aufgrund naürlicher Strahlungsquellen	ca. 2,4 mSv

04 Strahlenbelastung bei verschiedenen Tätigkeiten

1 ⌡ Recherchiere im Internet den maximal erlaubten Wert der beruflich bedingten Strahlenbelastung pro Jahr. Beurteile anhand von ▶ Tabelle 04 die Strahlenbelastung für eine Person, die beruflich zweimal im Monat von Frankfurt nach San Francisco und zurück reist.

Material A ► Künstliche (zivilisatorische) und natürliche Radioaktivität

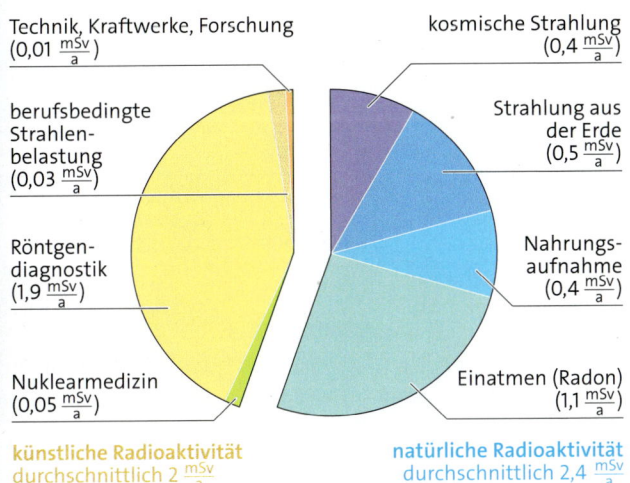

Technik, Kraftwerke, Forschung (0,01 $\frac{mSv}{a}$)

kosmische Strahlung (0,4 $\frac{mSv}{a}$)

berufsbedingte Strahlenbelastung (0,03 $\frac{mSv}{a}$)

Strahlung aus der Erde (0,5 $\frac{mSv}{a}$)

Röntgendiagnostik (1,9 $\frac{mSv}{a}$)

Nahrungsaufnahme (0,4 $\frac{mSv}{a}$)

Nuklearmedizin (0,05 $\frac{mSv}{a}$)

Einatmen (Radon) (1,1 $\frac{mSv}{a}$)

künstliche Radioaktivität durchschnittlich 2 $\frac{mSv}{a}$

natürliche Radioaktivität durchschnittlich 2,4 $\frac{mSv}{a}$

04 Durchschnittliche jährliche Äquivalenzdosis

Das Diagramm zeigt die Werte für die Äquivalentdosis aufgrund der natürlichen und künstlichen Radioaktivität. Dabei handelt es sich um Durchschnittswerte, die individuell stark schwanken können. Die tatsächliche Strahlenbelastung eines Menschen hängt von verschiedenen Faktoren ab wie Wohnort, Beruf und Lebensweise.

A1 Für Flüge in normaler Reisehöhe (12 km) wird aufgrund der kosmischen Strahlung eine zusätzliche Belastung von 0,005 $\frac{mSv}{h}$ angenommen. Bestimme daraus für einen Flug von Frankfurt nach New York – Flugdauer ca. 8 Stunden – den Anteil an der durchschnittlichen jährlichen Gesamtstrahlung.

A2 Berechne, nach wie vielen Flugstunden das Bordpersonal die durchschnittliche berufsbedingte Strahlenbelastung erreicht hat.

Material B ► Auch der Stoffwechsel spielt eine Rolle – die biologische Halbwertszeit

Für eine Bewertung des Risikos von Schäden durch Radioaktivität aus Umwelt und Technik oder durch medizinische Anwendungen ist die Halbwertszeit eine wichtige Größe. Sie macht eine Aussage darüber, wie schnell die Strahlung einer radioaktiven Substanz abklingt.

Für radiologische Untersuchungen (z. B. Szintigrafien) wird dem Patienten eine radioaktive Substanz verabreicht. Dann befindet sich die Strahlenquelle im Körper. Nun kommt es auch darauf an, wie schnell sie biologisch abgebaut bzw. ausgeschieden wird. Man spricht hierbei von der **biologischen Halbwertszeit** T_{biol}. Aus dieser wird dann mit der physikalischen Halbwertszeit T_{phys} zusammen eine neue Größe berechnet, in der sowohl der biologische als auch der physikalische Effekt berücksichtigt wird: die **effektive Halbwertszeit** T_{eff}. Du kannst sie so berechnen:

$$T_{eff} = \frac{T_{phys} \cdot T_{biol}}{T_{phys} + T_{biol}}$$

Nuklid	Symbol	Strahlung	T_{phys}	T_{biol}	T_{eff}
Tritium	$^{3}_{1}H$	β	12,3 a	12 d	12 d
Phosphor-32	$^{32}_{15}P$	β	14,2 d	3 a	14 d
Kalium-40	$^{40}_{19}K$	β, γ	$1,3 \cdot 10^{9}$ a	58 d	
Strontium-89	$^{89}_{38}Sr$	β, γ	50,5 d	49 a	
Technetium-99m	$^{99}_{43}Tc$	β, γ	6 h	6–24 h	
Iod-131	$^{131}_{53}I$	β, γ	8 d	80 d	
Caesium-137	$^{137}_{55}Cs$	β, γ	30,2 a	110 d	
Radium-226	$^{226}_{88}Ra$	α, γ	1600 a	45 a	

05 Halbwertszeiten

Gelangt z. B. Tritium (H-3) in unseren Körper, dann ist einerseits die große physikalische Halbwertszeit sehr ungünstig. Andererseits wird Tritium im Körper recht schnell abgebaut. Anders ist es z. B. bei dem Nuklid Phosphor-32, das auch in der Medizin verwendet wird. Hier verläuft der biologische Abbauprozess langsam. Dafür ist die physikalische Halbwertszeit relativ klein.

B1 Übertrage die Tabelle und berechne die fehlenden Werte der effektiven Halbwertszeit.

B2 Für die radiologische Untersuchung der Schilddrüse wurde den Patienten früher Iod-131 verabreicht. Heute wird dafür das Nuklid Technetium-99m verwendet. Gib einen Vorteil der Verwendung von Tc-99m an.

01 Energie aus einem Kernkraftwerk

Kernenergie

Jede Nation hat einen großen Energiebedarf, der auf verschiedene Arten gedeckt werden kann. Eine Möglichkeit ist es, Kernkraftwerke zu betreiben. Doch wie gewinnt man die Kernenergie?

KERNSPALTUNG · In Atomkernen ist Energie gespeichert. Eine Modellvorstellung hilft dir, diese Kernenergie zu verstehen (▸ Bild 03): Zwei Magnete sind auf Wagen befestigt. Um die gleichnamigen Pole einander zu nähern, muss man ihre Abstoßung überwinden. Sind sie sich nahe genug, dann werden die Magnete durch ein Klebeband zusammengehalten. Jetzt ist Energie in dem System gespeichert. Führt man nun eine geringe Energie zu, z.B. durch Zerschneiden des Klebebands, dann wird mehr Energie abgegeben als zugeführt wurde. Die Magnete bewegen sich auseinander.

Im Atomkern besteht zwischen den Nukleonen eine starke Anziehung, wenn sie sich sehr nahe sind. Zwischen Protonen besteht aber auch eine elektrische Abstoßung. Führt man Energie zu, um die Protonenabstände im Kern zu vergrö-

ßern, so überwiegt die elektrische Abstoßung und Energie wird abgegeben. Die Nukleonen bewegen sich auseinander. Zur Energiegewinnung werden schwere Atomkerne mit Neutronen beschossen.

Macht man das beim Urannuklid U-235, dann dringt das Neutron in den Urankern ein (▸ Bild 02). Der Kern ändert sich zu U-236. Dieser Kern ist instabil und platzt auseinander. Dabei werden nun zwei oder drei Neutronen ausgesendet.

/// Bei der Kernspaltung zerplatzt ein Atomkern in zwei leichtere Kerne und Neutronen. Dabei wird Energie abgegeben.

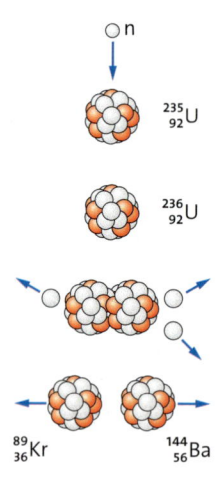

○ n

$^{235}_{92}U$

$^{236}_{92}U$

$^{89}_{36}Kr$ $^{144}_{56}Ba$

02 Kernspaltung von U-235

03 Modellvorstellung zur Kernenergie

Kernkraftwerke

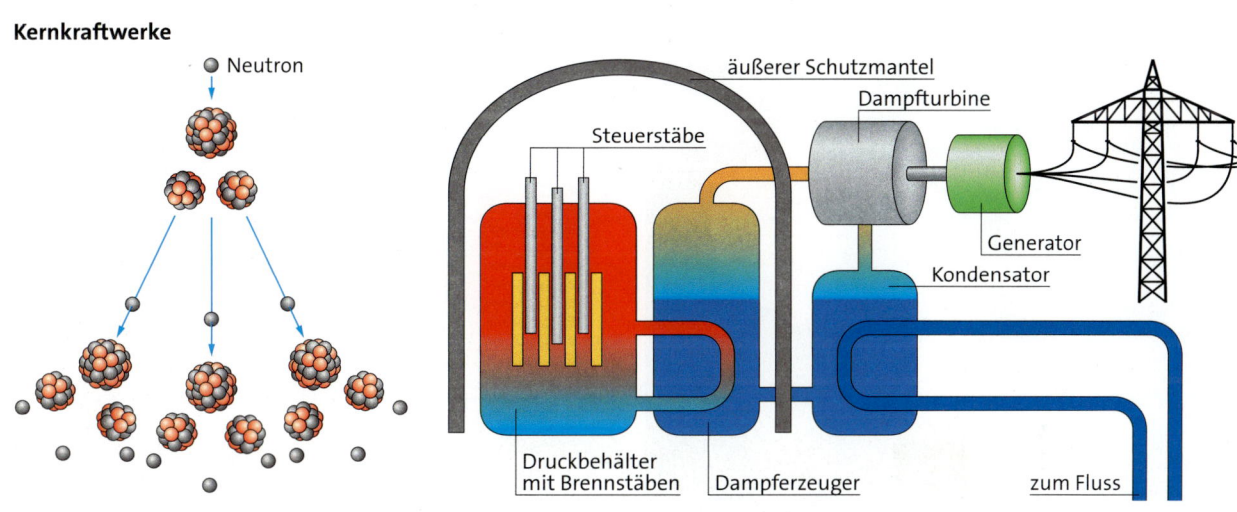

04 Kettenreaktion

05 Vereinfachtes Prinzip eines Kernkraftwerks mit Druckwasserreaktor

Die Kettenreaktion · 1938 entdeckten OTTO HAHN, LISE MEITNER und FRITZ STRASSMANN die Kernspaltung, als sie Uran mit Neutronen beschossen. Bei jeder einzelnen Spaltung eines Kerns werden zwei bis drei Neutronen frei. Diese können weitere Kerne spalten. Es müssen also nicht ständig von außen Neutronen eingeschossen werden, sondern die Kernspaltungen laufen von selbst ab. Man nennt diesen Vorgang Kettenreaktion (▸ Bild 04). Um diese Kettenreaktion aufrecht zu erhalten, bedarf es einer kritischen Masse an spaltbarem Material, die mindestens für die Kettenreaktion zur Verfügung stehen muss.

Steuerung der Kettenreaktion · Damit die Kettenreaktion ablaufen kann, müssen die Neutronen mit der richtigen Geschwindigkeit auf die Kerne treffen. In einem Kernkraftwerk ist das spaltbare Material im Druckbehälter von Wasser umgeben (▸ Bild 05). Wasser bremst die frei gewordenen Neutronen auf eine Geschwindigkeit ab, bei der die Kettenreaktion abläuft. Die Kettenreaktion würde von selbst lawinenartig anwachsen und schließlich zu einer Explosion führen. Deshalb muss man für eine Steuerung der Kettenreaktion sorgen. Im Reaktor übernehmen das die Steuerstäbe. Sie bestehen aus einem für Neutronen undurchdringlichen Material. Schiebt man sie zwischen die Brennstäbe, dann läuft die Kettenreaktion kontrolliert ab und kann im Notfall auch ganz gestoppt werden.

Kernreaktoren · Im Kernreaktor wird die aus den Kernspaltungen freigesetzte Energie zum Erhitzen des Wassers im Druckbehälter genutzt (▸ Bild 05). Durch die Kernumwandlungen verbraucht sich dabei der Brennstoff U-235. Vom Druckbehälter wird Energie thermisch an den Dampferzeuger übertragen. Dort wird in einem geschlossenen Kreislauf Wasser verdampft und treibt – wie in einem Wärmekraftwerk – Dampfturbinen an. Hat der Wasserdampf seine Energie übertragen, wird er im Kondensator abgekühlt und wieder in den flüssigen Zustand gebracht.

Woraus bestehen Brennstäbe? · Natürliches Uran enthält nur 0,7 % des spaltbaren Nuklids U-235. Um es im Kernkraftwerk zu nutzen, muss dieser Anteil auf 3 % erhöht werden. Man spricht von **Anreicherung.** Dafür wird Uran pulverisiert und in eine gasförmige Verbindung überführt. In Zentrifugen werden die Urannuklide, die sich durch ihre Massen unterscheiden, voneinander getrennt. Anschließend wird das angereicherte Uran zu Uranoxid weiterverarbeitet.

1 a) Nimm an, bei einer Kernspaltung entstehen drei Neutronen, die wieder je drei Kerne spalten. Bestimme, wie viele Kernspaltungen dann nach der 5. (10., 20.) „Generation" stattgefunden haben.
b) Schätze die dabei frei werdende Energie ab.

Energieerzeugung durch Kernfusion

01 Die USA zündeten 1952 die erste Wasserstoffbombe.

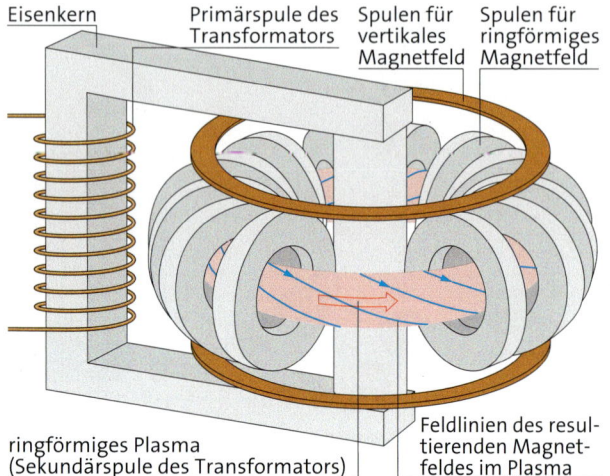

02 Vereinfachtes Prinzip eines Tokamak-Fusionsreaktors

Bedingungen der Kernfusion · Atomkerne können sich nur dann sehr nahe kommen, wenn sie sich mit großer Geschwindigkeit aufeinander zubewegen. Solche Kernreaktionen finden nur in Gasen statt, in denen sich Atomkerne und Elektronen getrennt und unabhängig voneinander bewegen. Man spricht dann von einem **Plasma**. Große Geschwindigkeiten der Kerne lassen sich nur in einem Plasma von sehr hoher Temperatur erreichen, z. B. in der Sonne. Die Grundlage für Kernfusion ist das Verschmelzen von Wasserstoffkernen. Eine mögliche Kernreaktion ist

$$^2_1H + {}^3_1H \rightarrow {}^4_2He + {}^1_0n.$$

Wenn die Bedingungen für solch eine Kernreaktion stimmen, kann es zur unkontrollierten Kernfusion kommen. Das wurde mit Wasserstoffbomben erstmals 1952 durch die USA, später auch von anderen Staaten auf katastrophale Weise unter Beweis gestellt. Die amerikanische Bombe „Ivy Mike" (► Bild 01) hatte eine fast 1000fach größere Sprengkraft als die Hiroshima-Bombe!

Kontrollierte Kernfusion · Im Labor bereitet die Kernfusion größte technische Schwierigkeiten. Wolfram als das hitzebeständigste Element hat eine Schmelztemperatur von 3400 °C. Das sehr viel heißere Plasma kann also nicht mechanisch eingeschlossen werden. Eine Möglichkeit ist der magnetische Einschluss. In einem sogenannten Tokamak-Fusionsreaktor wird das Plasma, das elektrische Ladung trägt, durch Überlagerung von Magnetfeldern in einem Ring gehalten (► Bild 02). Dieser Ring wirkt gleichzeitig als Transformatorspule. In ihm wird somit ein elektrischer Strom induziert. Neben anderen Heizeffekten führt dieser Strom zur Erhöhung und Aufrechterhaltung der extremen Temperatur im Plasma.

Energiequellen im Vergleich · Beim Verbrennen von fossilen Brennstoffen finden chemische Reaktionen in der Atomhülle statt. Bei der Kernfusion ist im Vergleich dazu die pro Masse frei gesetzte Energie wesentlich größer. Die Verschmelzung von 1 kg Wasserstoff liefert die gleiche Energiemenge wie das Verbrennen von 1000 t Kohle! Zur Bewertung der Kernfusion muss aber auch Folgendes berücksichtigt werden: In einem Fusionsreaktor entstehen zwar weniger langlebige radioaktive Abfälle als in Kernkraftwerken, aber auch diese Technologie ist nicht frei davon.

1 ⌡ Weitere Kernfusions-Reaktionen sind:

$$^2_1H + {}^3_2He \rightarrow {}^4_2He + X; \quad {}^2_1H + {}^2_1H \rightarrow {}^3_1H + X;$$
$$^2_1H + {}^2_1H \rightarrow {}^3_2He + X;$$

Gib jeweils an, für welches Nukleon das X steht.

Labels in Bild 02:
- Eisenkern
- Primärspule des Transformators
- Spulen für vertikales Magnetfeld
- Spulen für ringförmiges Magnetfeld
- ringförmiges Plasma (Sekundärspule des Transformators)
- Feldlinien des resultierenden Magnetfeldes im Plasma

Material A ► Der Brennstoffkreislauf – wirklich ein Kreislauf?

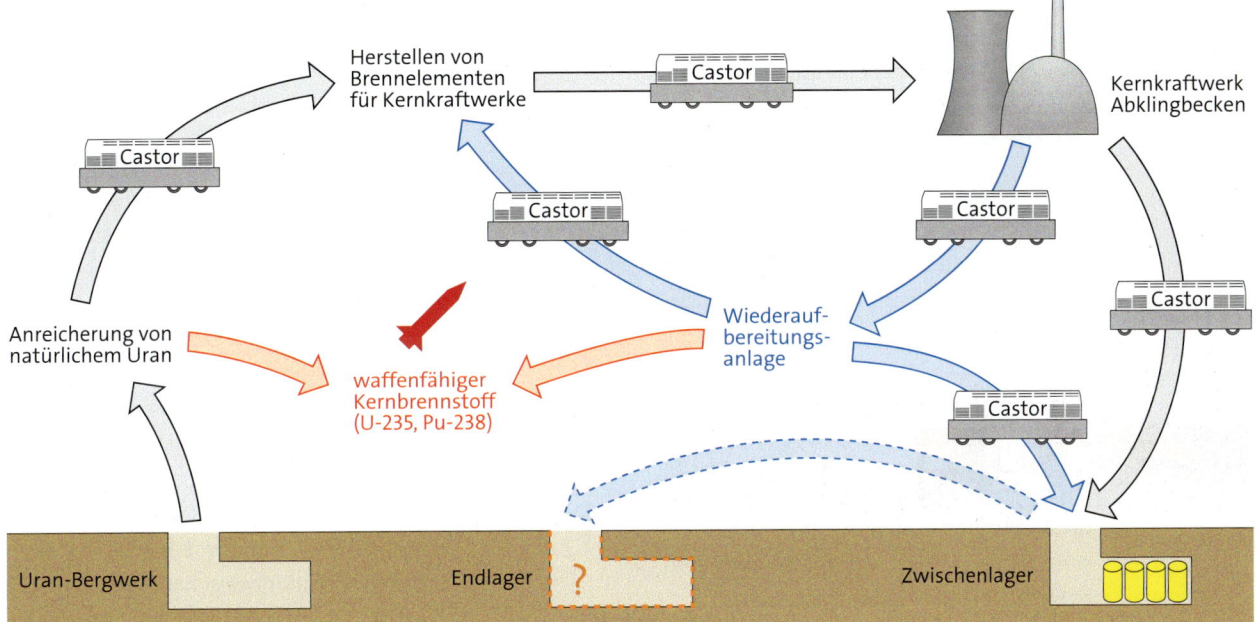

03 Der Weg des Kernbrennstoffs

Die Bundesrepublik Deutschland befindet sich in einer Phase der Erneuerung der Energieversorgung. Damit ist die Stilllegung der Kernkraftwerke verbunden. Dennoch muss unsere Gesellschaft das Problem des Kernbrennstoff-Abfalls aus der Vergangenheit lösen. Dieser Abfall ist zum Teil hoch radioaktiv, giftig und entwickelt sehr viel thermische Energie. Er besteht aus den folgenden Nukliden: Np-237; Pu-238; Pu-239;

Pu-240; Pu-241, Pu-242; Am-241 und Am-243. Frische Brennstäbe sind nach einigen Jahren „verbrannt". Durch Kernumwandlungen verbraucht sich das U-235. In Wiederaufbereitungsanlagen werden die radioaktiven Spaltprodukte voneinander getrennt. Dabei erhält man auch Plutonium, das in Kernwaffen eingesetzt wird.

A1 Beschreibe die Grafik zum Brennstoffkreislauf.

A2 Erkläre, was beim „Anreichern" von natürlichem Uran geschieht.

A3 Beurteile Risiken und Probleme auf dem Weg vom natürlichen Uran bis zum Zwischenlager.

A4 Bestimme die Halbwertszeiten der Anteile im radioaktiven Abfall. Wann sind die langlebigsten Nuklide auf ein Zehntel abgeklungen?

Material B ► Endlagerung radioaktiver Abfälle

Die Frage der Endlagerung radioaktiver Abfälle ist ein drängendes Problem. Auch in sozialen Netzwerken wird das Thema diskutiert. Rechts findest du eine Auswahl von Vorschlägen zum Umgang mit den Abfällen.

- „Den Atommüll einfach bei hohen Temperaturen verbrennen."
- „Verteilen der Abfälle über große Flächen, also verdünnen."
- „Entsorgen im Weltraum, am besten direkt in der Sonne."
- „Entsorgen im Eis der Antarktis oder in Tiefseegräben."

B1 Bewerte die Vorschläge zum Thema Endlagerung. Berücksichtige dabei auch die Lösung von Aufgabe A4.

B2 Erläutere, gegen welche Gefahren eine geeignete Endlagerstätte abgesichert werden muss. Berücksichtige dabei natürliche und zivilisatorische Faktoren.

Aufbau von Atomen

Die Bausteine aller festen, flüssigen und gasförmigen Stoffe heißen Atome oder Moleküle. Die Bausteine heißen Moleküle, sobald sie aus zwei oder mehr aneinander gebundenen Atomen bestehen.

Kern-Hülle-Modell des Atoms: Atome bestehen aus einem kleinen positiv geladenen Atomkern und einer negativ geladenen Atomhülle. Die Atomhülle setzt sich aus Elektronen zusammen. Nach außen hin ist das Atom elektrisch neutral. Ein Atomkern ist ungefähr 10^{-14} m, ein Atom etwa 10^{-10} m groß.

Ionisation: In einem glühenden Metall sind die Elektronen einiger Atome nur noch schwach gebunden und werden dadurch leicht abgetrennt **(glühelektrischer Effekt).** Aus dem elektrisch neutralen Atom wird ein positiv geladenes Ion. Das Abtrennen oder Anlagern von Elektronen an zuvor elektrisch neutrale Atome heißt Ionisation. Auch Strahlung radioaktiver Stoffe kann Atome ionisieren.

Kernphysik und Radioaktivität

Atomkerne bestehen aus elektrisch positiv geladenen Protonen und elektrisch neutralen Neutronen. Zwischen den Kernbestandteilen im Atomkern wirkt die **Kernkraft.** Sie wirkt nur zwischen benachbarten Teilchen und ist viel größer als die abstoßende elektrische Kraft.
Einen Atomkern mit einer bestimmten Protonen- und Neutronenanzahl bezeichnet man als **Nuklid.** Nuklide mit der gleichen Protonenanzahl aber unterschiedlichen Neutronenzahlen heißen **Isotope** eines **Elements.**
Die Anzahl der Protonen im Atomkern heißt **Ordnungszahl Z** des Elements im Periodensystem. Die Summe von Proto-

nenanzahl und Neutronenanzahl im Kern heißt **Massenzahl A.** Die Symbolschreibweise für Atomkerne ist:

$$\text{Massenzahl} \atop \text{Ordnungszahl}\text{Elementsymbol, kurz: } {}^{A}_{Z}X$$

Beispiel: ${}^{4}_{2}He$, Helium, $A = 4$, $Z = 2$.

Ionisierende Strahlung: Die Strahlung radioaktiver Stoffe entsteht in ihren Atomkernen. Sie kann andere Atome oder Moleküle ionisieren. Es gibt verschiedene Arten von ionisierender Strahlung:
Alphastrahlung: Aussenden von Heliumkernen aus dem Atomkern. Sie wird in elektrischen und magnetischen Feldern abgelenkt. Alphastrahlung hat ein sehr geringes Durchdringungsvermögen.
Betastrahlung: Aussenden von Elektronen aus dem Atomkern. Sie wird in elektrischen und magnetischen Feldern abgelenkt. Betastrahlung hat ein 100-mal größeres Durchdringungsvermögen als Alphastrahlung.
Gammastrahlung ist elektromagnetische Strahlung. Sie wird in elektrischen und magnetischen Feldern nicht abgelenkt. Gammastrahlung hat ein sehr hohes Durchdringungsvermögen.
Röntgenstrahlung gehört wie Gammastrahlung zur elektromagnetischen Strahlung. Sie ist aber energieärmer und entsteht in der Atomhülle.

Die **Aktivität** gibt die Anzahl der radioaktiven Zerfälle einer Stoffmenge pro Zeiteinheit an. Die Einheit ist ein **Becquerel** ($1\,Bq = 1\,s^{-1}$).

Eine **Zerfallsreihe** ist eine Folge von Umwandlungen radioaktiver Kerne, die bei einem stabilen Nuklid endet. In der Natur kommen drei Zerfallsreihen vor: Uran-Radium-Reihe, Uran-Actinium-Reihe und die Thorium-Reihe.

Die **Halbwertszeit $T_{1/2}$** ist die Zeitspanne, in der sich die Hälfte der Kerne eines radioaktiven Nuklids umgewandelt hat (▶ Bild 01).

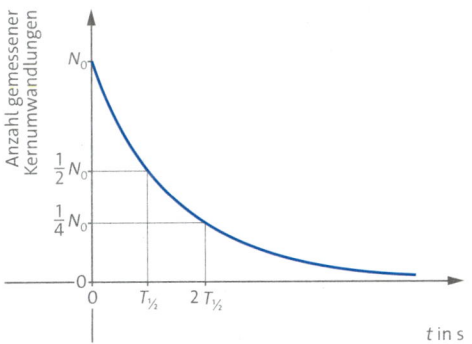

01 Zerfallskurve

Strahlenschäden und Strahlenschutz: Alpha-, Beta-, Gamma- und Röntgenstrahlung ionisieren Moleküle im menschlichen Körper. Dabei kann die DNA und damit die Erbinformation beschädigt werden.

Die **biologische Wirkung** ionisierender Strahlung hängt von Intensität, Dauer und Art der Strahlung sowie von der Empfindlichkeit des bestrahlten Organs ab.

Die **Energiedosis** gibt an, wie viel Energie ein Kilogramm eines Stoffes durch Strahlung aufnimmt. Die **Äquivalentdosis** gibt Auskunft über die biologischen Strahlenwirkungen der durch Strahlung aufgenommenen Energie.
Die Einheit der Äquivalentdosis ist ein **Sievert** (1 Sv = $1\frac{J}{kg}$).

5-A-Regel: Sie nennt fünf Maßnahmen, die Schutz vor Strahlung bieten. Es sind: Aktivität verringern; Aufenthaltsdauer verringern; Abstand vergrößern; Abschirmung erhöhen; Aufnahme vermeiden.

Kernenergie: In Atomkernen ist Energie gespeichert. Bei Kernumwandlungen ändern sich Masse und Energie des Kerns.
Bei der **Kernspaltung** zerplatzt ein Atomkern in zwei leichtere Kerne und Neutronen. Dabei wird Energie frei.
Bei einer **Kernfusion** verschmelzen Atomkerne zu einem schwereren Kern. Dabei wird Energie abgegeben.

Überprüfe dich selbst:

Kann ich ...

... das RUTHERFORD'sche Experiment beschreiben und die Folgerungen daraus für den Atomaufbau erläutern? (S. 87 ff.)

... das Kern-Hülle-Modell beschreiben? (S. 87)

... den Aufbau des Atomkerns beschreiben und erklären, warum der Kern zusammenhält? (S. 90 f.)

... verschiedene Arten ionisierender Strahlung nennen und erläutern, wie man sie experimentell unterscheiden könnte? (S. 94 ff.)

... die Wirkung ionisierender Strahlung auf den menschlichen Organismus beschreiben und Schutzmaßnahmen angeben? (S. 94 ff., 106 ff.)

... erklären, was man unter Ionisation eines Atoms versteht? (S. 95)

... Aufbau und Wirkungsweise eines Geiger-Müller-Zählrohres beschreiben? (S. 96)

... den Begriff der Halbwertszeit erläutern und eine Zerfallskurve grafisch darstellen? (S. 100 ff.)

... erläutern, was man unter der C-14-Methode versteht? (S. 100 f.)

... mithilfe einer Nuklidkarte eine radioaktive Zerfallsreihe beschreiben? (S. 102, 105)

... Energiedosis und Äquivalentdosis voneinander unterscheiden? (S. 108)

... den Energiegewinn bei der Kernspaltung erläutern? (S. 110)

... die Risiken und Probleme der Kernenergieversorgung im Vergleich zu ihrem Nutzen abwägen? (S. 110 f.)

Mechanische Schwingungen und Wellen

In diesem Kapitel beschäftigst du dich mit

- den Kenngrößen und der Darstellung von harmonischen Schwingungen. Dabei lernst du am Beispiel von Dämpfung und Resonanz, welche Rolle Schwingungen im Alltag spielen.

- den Schwingungen bei einem Fadenpendel und einem Federpendel. Du lernst, welche Kräfte auf diese schwingenden Systeme wirken und wie dabei Energieformen ineinander umgewandelt werden.

- den Kenngrößen und der Darstellung von mechanischen Wellen. Du lernst dabei, wie sich Wellen ausbreiten und welche Bedeutung dabei ihre Kenngrößen haben.

- den Eigenschaften von mechanischen Wellen, nämlich der Reflexion, Brechung, Beugung und Interferenz. Dabei lernst du, wie sich Wellen verhalten, wenn sie z.B. auf Hindernisse treffen. Außerdem erfährst du, welche Rolle mechanische Wellen in der Natur und Technik spielen.

01 Hüpfende Tropfen

Mechanische Schwingungen

Die Tropfen in ▸ Bild 01 hüpfen über der Membran eines Lautsprechers auf und ab – und zwar umso höher, je lauter die Töne sind, die der Lautsprecher abgibt. Auch die Tonhöhe ändert das Verhalten der Tropfen. Doch wie kommt das?

SCHWINGUNGEN IN ZEITLUPE · Um genauer zu untersuchen, was an der Lautsprechermembran passiert, verbinden wir den Lautsprecher mit einem Frequenzgenerator und stellen diesen so ein, dass ein tiefer Brummton zu hören ist. Wenn du jetzt vorsichtig auf die Membran fasst, kannst du fühlen, wie sie vibriert.
Diese schnelle Schwingung der Membran kannst du sichtbar machen, wenn du sie mit deinem Smartphone filmst und den Film dann in Zeitlupe anschaust. Dann ist zu erkennen,

wie sich die Lautsprechermembran hin- und herbewegt. Gibst du jetzt einige Reiskörner auf die Membran, werden diese infolge der Schwingung ebenfalls in Bewegung versetzt und beginnen wie die Wassertropfen in ▸ Bild 01 zu hüpfen.

Auch bei anderen Körpern sind mechanische Schwingungen zu beobachten. Werden sie aus ihrer Gleichgewichtslage ausgelenkt, führen sie zeitlich periodische Bewegungen aus, die immer wieder durch ihre anfängliche Gleichgewichtslageführen (▸ Bild 02).

/// Mechanische Schwingungen sind periodische Bewegungen eines Körpers um seine Gleichgewichtslage.

BESCHREIBUNG VON SCHWINGUNGEN · Um die Schwingung der Lautsprechermembran besser beschreiben zu können, betrachten wir zunächst nur die Bewegung eines einzelnen Punktes der Membran. Den Abstand dieses Punktes von der Gleichgewichtslage bezeichnet man dabei als **Auslenkung bzw. Elongation y.** Trägt man die Auslenkung gegen die Zeit auf, so ergibt sich in etwa der in ▸ Bild 03 dargestellte Kurvenverlauf. Du kennst ihn vielleicht bereits

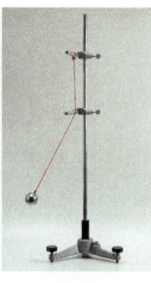

02 Verschiedene Schwingungen

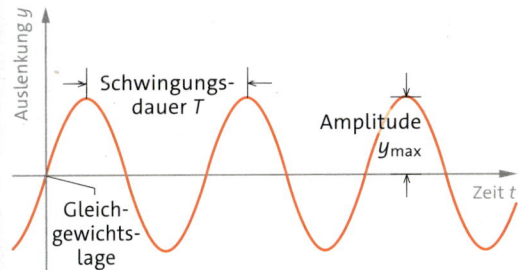

03 $y(t)$-Diagramm eines schwingenden Körpers

04 Synchrone Bewegung

aus der Mathematik: Die Auslenkung eines schwingenden Körpers lässt sich mit einer Sinusfunktion beschreiben. Die maximale Auslenkung wird dabei als **Amplitude** bezeichnet. Alle periodischen Schwingungen, die sich wie die Schwingung des Lautsprechers durch eine Sinusfunktion darstellen lassen, werden als **harmonische Schwingungen** bezeichnet.

Veränderst du jetzt die Lautstärke bzw. die Tonhöhe am Frequenzgenerator und untersuchst die daraus folgenden Veränderungen, ergeben sich zwei Zusammenhänge, die bereits in ähnlicher Form an den Wassertropfen zu erkennen waren:

1. Je lauter der Ton ist, desto größer wird die Amplitude.
2. Je höher der Ton ist, desto mehr Schwingungen gibt es pro Sekunde.

Die Zeit für eine vollständige Schwingung bezeichnen wir als **Schwingungsdauer T.** Sie wird in Sekunden angegeben. Die zugehörige Anzahl der Schwingungen pro Sekunde ist die **Frequenz f** mit der Einheit Hertz, wobei $[f] = 1\frac{1}{s} = 1\,\text{Hz}$ gilt. Damit ergibt sich $f = \frac{1}{T}$. Die harmonische Schwingung lässt sich mit diesen Größen mathematisch beschreiben:

$$y(t) = y_{max} \cdot \sin(2\pi f \cdot t) = y_{max} \cdot \sin\left(\frac{2\pi}{T} \cdot t\right).$$

Besonders deutlich wird der Zusammenhang zwischen der harmonischen Schwingung und der Sinusfunktion, wenn man ein Federpendel neben dem Schattenbild einer gleichförmigen Kreisbewegung schwingen lässt (► Bild 04).

Sind die beiden Bewegungen gut aufeinander abgestimmt, dann schwingen der Körper des Federpendels und der Stift an der Scheibe im Schattenbild genau synchron.

Aus der Mathematik kennst du die Sinusfunktion bereits in der Form $y = a \cdot \sin(b \cdot x + c)$. Dabei bewirkt der Faktor a eine Streckung des Funktionsgraphen in y-Richtung. Dieses entspricht unserer Amplitude y_{max}. Der Faktor b bewirkt dagegen eine Streckung in x-Richtung. Der Summand c beschreibt die Verschiebung entlang der x-Achse. Die entsprechenden Größen der Schwingung bezeichnen wir als **Kreisfrequenz ω** und **Phasenwinkel φ_0.**

/// Harmonische Schwingungen lassen sich beschreiben durch $y(t) = y_{max} \cdot \sin(\omega \cdot t + \varphi_0)$ mit y_{max}-Amplitude, $\omega = \frac{2\pi}{T} = 2\pi f$-Kreisfrequenz und φ_0-Phasenwinkel.

Der Phasenwinkel φ_0 beschreibt den zum Zeitpunkt $t = 0$ vorhandenen Schwingungszustand. Befindet sich der schwingende Körper eines Federpendels vor dem Einsetzen der Schwingung im unteren Umkehrpunkt, dann beträgt $\varphi_0 = -\frac{\pi}{2}$, im oberen Umkehrpunkt ist $\varphi_0 = +\frac{\pi}{2}$.

1 Betrachte die Beispiele in ► Bild 02.
a) Erläutere jeweils, wie sich die Amplitude beeinflussen lässt.
b) Gib begründet an, bei welchem Beispiel keine harmonische Schwingung vorliegt.
c) Finde alltägliche Beispiele für harmonische und nichtharmonische Schwingungen.

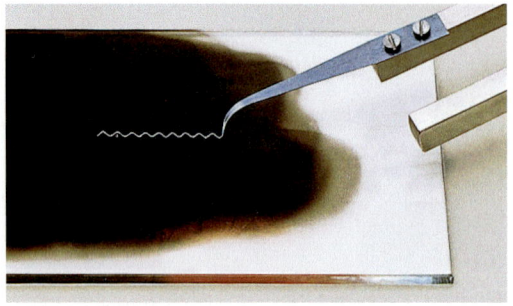

01 Schreibstimmgabel

TÖNE SIND SCHWINGUNGEN · Den Schwingungsverlauf der Lautsprechermembran kannst du wie zuvor den Einzelbildern einer Filmaufnahme entnehmen. Dies ist aber recht aufwendig und ungenau. Um Schwingungen genauer beschreiben und auch Vorhersagen überprüfen zu können, ist es sinnvoller, die vom Lautsprecher verursachten Schwingungen der Luft zu nutzen. Dabei werden die Luftmoleküle in der Nähe der Membran von dieser in Schwingungen versetzt. Durch Stöße zwischen den Luftmolekülen setzen sich die Schwingungen weiter fort. Liegen diese im Hörbereich unserer Ohren, nehmen wir sie als Töne wahr.

Schwingt die Luft, ohne dass es sich um harmonische Schwingungen handelt, so spricht man allgemein von Schall. Jede Schallquelle enthält also Bauteile, die hin- und herschwingen und die Luft in Schwingungen versetzen.

AUFZEICHNUNG VON SCHWINGUNGEN · Eine einfache Möglichkeit, Töne zu erzeugen und die zugehörigen Schwingungen aufzuzeichnen, bietet eine Schreibstimmgabel (▸ Bild 01). Sie wird zum Klingen gebracht, indem man gegen einen ihrer Schenkel schlägt und sie so zum Schwingen bringt. Zieht man die Feder der Schreibstimmgabel jetzt zügig und möglichst gleichmäßig über eine berußte Glasplatte, so wird die Schwingung sichtbar. Dies erfordert allerdings ein wenig Übung.

Eine exaktere Möglichkeit liegt in der elektronischen Aufzeichnung von Schwingungen mithilfe eines Mikrofons. Schließt man dieses an ein Oszilloskop an, können Standbilder der Schwingungen erstellt werden, die den bereits betrachteten Diagrammen entsprechen und sich leicht auswerten lassen (▸ Bild 03). Alternativ lassen sich auch Smartphone-Apps nutzen.

Auch andere Schwingungen lassen sich aufzeichnen, so z. B. die eines Pendels, einer Brücke oder sogar die Schwingungen von Elektronen. Dazu werden aber natürlich andere Sensoren benötigt.

1 Erläutere, worin sich die Spuren einer Schreibstimmgabel unterscheiden, wenn
a) die Stimmgabel unterschiedlich stark angeschlagen wird,
b) die Schreibstimmgabel unterschiedlich schnell gezogen wird,
c) man unterschiedlich große Schreibstimmgabeln benutzt.

2 Ermittle die Frequenzen der in ▸ Bild 03 dargestellten Schwingungen. Ein Kästchen steht dabei für eine Zeitspanne von 0,2 ms.

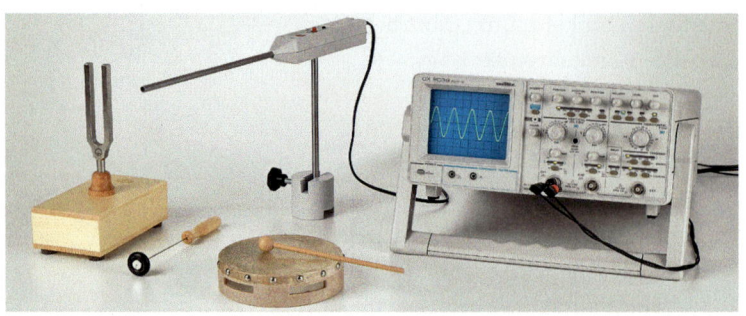

02 Elektronische Aufzeichnung

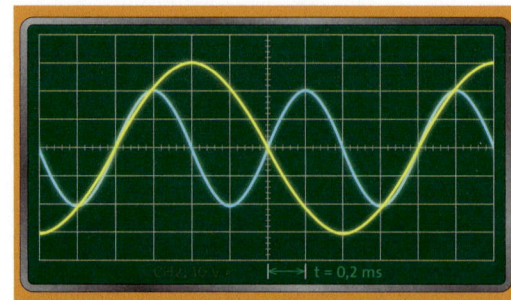

03 Aufgenommene Schwingung am Oszilloskop

VERSUCH ► Schwingendes Lineal

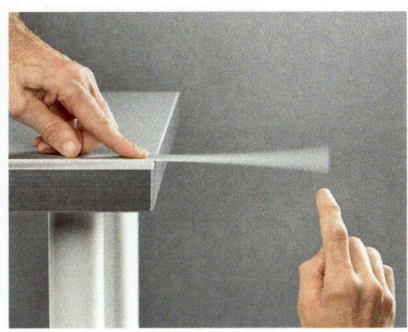

Material:
langes Lineal (30 cm), Tisch

Durchführung:

a) Lege das Lineal etwa zur Hälfte auf den Tisch und stütze dich mit einer Hand darauf. Lenke das freie Linealende mit der anderen Hand aus seiner Ruhelage aus. Beobachte und beschreibe die ent-

stehende Schwingung über längere Zeit. Achte dabei auf die korrekte Verwendung der Fachbegriffe.

b) Lege das Lineal nur mit einem kurzen Stück auf den Tisch. Lenke es am freien Ende aus und ziehe es dann mit der anderen Hand weiter auf den Tisch. Beschreibe die Veränderungen des erzeugten Tons in Form von Je-desto-Beziehungen.

Material A ► Schall wahrnehmen

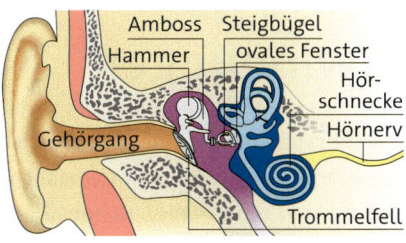

Der Schall, den wir hören, bringt unser Trommelfell zum Schwingen. Je stärker es schwingt, desto lauter hören wir diesen Schall. Die Schwingungen werden vom Trommelfell über die Gehörknöchelchen im Mittelohr auf das Innenohr übertragen und dabei bis zu 20fach

verstärkt. In der flüssigkeitsgefüllten Schnecke befinden sich etwa 16 000 Sinneszellen. Während der Schall die gesamte Schnecke durchläuft, werden die feinen Härchen der Sinneszellen hin- und hergebogen. Je nach Frequenz leiten aber nur die Sinneszellen in einem bestimmten Bereich der Schnecke die Informationen über den Hörnerv an das Gehirn weiter. Auf diese Weise können die einzelnen Tonhöhen analysiert werden. Im äußeren Bereich der Schnecke werden die höchsten Töne mit einer Frequenz bis zu 20 kHz wahrgenommen, innen sprechen die Sinneszellen

auf die tiefsten Töne an, wobei 16 Hz bei einem guten Gehör möglich sind.

A1 Wenn du dir die Nase zuhältst und Luft in die Nase hereindrückst, erhöht sich auch der Druck im Mittelohr. Gib begründet an, wie sich dein Hören dadurch verändert.

A2 a) Informiere dich über die Auswirkungen von Lärm und lauter Musik auf das Gehör.
b) Bei einer Schädigung des Gehörs durch Lärm verschlechtert sich v. a. die Wahrnehmung hoher Töne. Begründe dies.

Material B ► Weckalarm

B1 Ein Uhrenhersteller möchte einen neuen Wecker auf den Markt bringen. Für die Wahl des Wecksignals stehen ihm vier Möglichkeiten zur Verfügung.
a) Erläutere, wie sich die abgebildeten Signale anhören.
b) Zeichne eine Folge von Wecksignalen mit voller und halber Lautstärke.
c) Zeichne ein Wecksignal, das nicht in der Lautstärke, sondern in der Tonhöhe variiert.

1)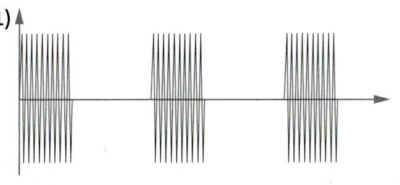

2)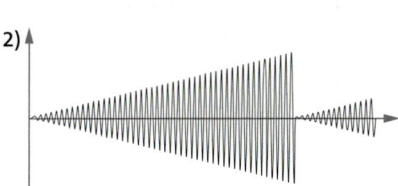

3)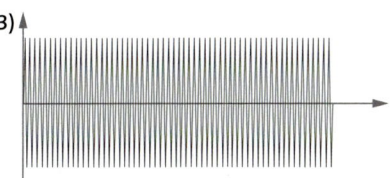

4)

01 Skateboarder in
der Bahn

Entstehung mechanischer Schwingungen

Der Skateboarder in ▸ Bild 01 wird sich nicht lange in seiner Position halten können. Je nachdem wie schnell er ist, wird er sich unterschiedlich weiterbewegen. Ohne aktive Bewegungen könnte er sogar eine Schwingung ausführen. Doch wie kommt es dazu?

VORAUSSETZUNGEN FÜR SCHWINGUNGEN · Damit eine Schwingung entstehen kann, muss es einen Körper geben, der in der Lage ist, wiederholt zu schwingen. In ▸ Bild 01 ist es der Skateboarder in der Halfpipe, in der er theoretisch immer hin- und herfahren könnte. Man spricht von einem **schwingungsfähigen System.** Ohne ein schwingungsfähiges System kann keine Schwingung ausgeführt werden.

Ein schwingungsfähiges System besitzt immer eine Gleichgewichtslage, um die der Körper schwingt. In unserer Halfpipe befindet sich diese im tiefsten Punkt der Bahn. Steht der Skateboarder in diesem Punkt auf seinem Skateboard, führt er zunächst keine Schwingung aus. Erst durch das Heraustreten aus der Gleichgewichtslage treibt ihn eine **Rückstellkraft $F_{rück}$** zurück zur Gleichgewichtslage. In der Halfpipe ist es die Hangabtriebskraft.

Durch die Rückstellkraft bewegt sich der schwingende Körper also zurück zur Gleichgewichtslage. Aufgrund seiner Trägheit behält der Körper seinen Bewegungszustand auch in der Gleichgewichtslage weiter bei, sodass er sich über diesen Punkt hinaus weiterbewegt. Der Skateboarder rollt durch den tiefsten Punkt und wieder hoch. Auf der anderen Seite der Gleichgewichtslage treibt ihn die Rückstellkraft wieder zurück. Eine Schwingung ist entstanden.

/// Die Voraussetzungen für die Entstehung mechanischer Schwingungen sind das Vorhandensein eines schwingungsfähigen Systems, die zur Gleichgewichtslage rücktreibende Kraft $F_{rück}$ und die Trägheit des schwingenden Körpers.

Betrachten wir dagegen ein Fadenpendel (▸ Bild 02), ist die Reibung gering und es ergibt sich eine Schwingung, die gut durch unsere Schwingungsgleichung beschrieben werden kann. Die Rückstellkraft ergibt sich dadurch, dass nur ein Teil der wirksamen Gewichtskraft F_G des Pendelkörpers durch die Zugkraft F_Z des Fadens kompensiert wird. Die Komponente senkrecht dazu wirkt als Rückstellkraft $F_{rück}$.

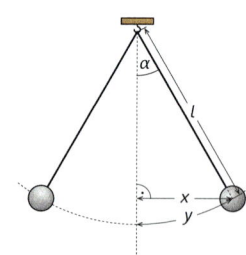

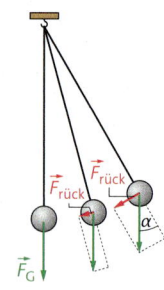

02 Kräfte auf den Pendelkörper beim Fadenpendel

HARMONISCHER OSZILLATOR · Ein harmonischer Oszillator ist ein Modell für ein schwingungsfähiges System. Bei diesem System gibt es die Rückstellkraft $F_{rück}$, die einer proportional zunehmenden Auslenkung y entgegenwirkt. Der schwingende Körper, der auch als Oszillator bezeichnet wird, schwingt dann sinusförmig (harmonisch) um seine Gleichgewichtslage. Die Schwingungsdauer T ist unabhängig von der Auslenkung y. Beschränkst du dich beim Experimentieren auf kleine Auslenkungen, verhalten sich Fadenpendel und Federpendel näherungsweise wie harmonische Oszillatoren.

 Ein schwingungsfähiges System, in dem die Rückstellkraft $F_{rück}$ proportional zur Auslenkung y ist, wird als harmonischer Oszillator bezeichnet.

EINFLÜSSE AUF DIE SCHWINGUNGSDAUER · Beim Fadenpendel lässt sich gut untersuchen, wovon die konstante Schwingungsdauer abhängt. Da das Fadenpendel nur aus dem Faden und dem Pendelkörper besteht, könnten die Fadenlänge l und die Pendelmasse m entscheidend sein. Dabei gehen wir von einem Faden mit vernachlässigbarer Masse aus, der wesentlich länger ist als der Durchmesser des Pendelkörpers. Wir messen die Schwingungsdauer T in Abhängigkeit von der Fadenlänge l. Damit die Reaktionszeiten beim Starten und Stoppen der Messung keinen allzu großen Einfluss erhalten, messen wir immer dreimal die Zeit für je 10 vollständige Schwingungen und mitteln dann die Ergebnisse für T (▶ Tabelle 03). Im Rahmen der Messgenauigkeit ergibt sich $T \sim \sqrt{l}$.
Mit dem Proportionalitätsfaktor 2π durch Wurzel aus g zeigt sich folgender Zusammenhang als Gleichung:

$$T = 2\pi\sqrt{\frac{l}{g}}.$$

Das Pendel schwingt also umso langsamer, je länger der Faden ist. Allerdings kann keine Abhängigkeit der Schwingungsdauer von der Pendelmasse m festgestellt werden.

l in m	$\sqrt{l}$ in $\sqrt{m}$	$10\,T$ in s	T in s	$\frac{T}{\sqrt{l}}$ in $\frac{s}{\sqrt{m}}$
0,40	0,63	13,1 13,4 12,3	1,29	2,05
0,80	0,89	19,0 17,7 17,4	1,80	2,02
1,40	1,18	24,5 23,6 24,2	2,41	2,04

03 Messungen am Fadenpendel

Der Einfluss der Länge eines Fadenpendels auf die Schwingungsdauer ist dabei auch anschaulich klar: Wenn der Faden länger ist, dann verlängert sich auch der Weg, den der Pendelköper bei gleichem Auslenkungswinkel α zurücklegen muss (▶ Bild 02). Damit wird mehr Zeit für die Schwingung benötigt.

ENERGIEUMWANDLUNGEN · Die Auslenkung eines Pendels aus seiner Ruhelage erhöht dessen potenzielle Energie, beim Fadenpendel ist dies die Lageenergie $m \cdot g \cdot h$. Sollte das Pendel reibungsfrei schwingen, gibt es keine Energie nach außen ab. Stattdessen wird potenzielle Energie beständig in kinetische Energie $\frac{1}{2}m \cdot v^2$ umgewandelt und umgekehrt (▶ Bild 04). Entsprechend ist die kinetische Energie beim Durchgang durch die Ruhelage maximal. Setzt man beide Energien gleich ($m \cdot g \cdot h = \frac{1}{2}m \cdot v^2$), zeigt sich, dass die Pendelmasse m letztlich keine Auswirkung auf die Schwingungsdauer hat, da sie beide Energieformen gleichermaßen beeinflusst. Der Ortsfaktor g erhöht dagegen nur die Lageenergie und hat somit Einfluss auf die Schwingungsdauer des Fadenpendels.

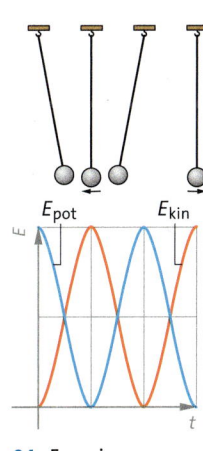

04 Energieumwandlungen am Fadenpendel

 Eine Schwingung ist die zeitlich periodische Änderung physikalischer Größen.

1 ⌡ Die Schwingungsdauer eines Fadenpendels der Länge $l = 1{,}1$ m beträgt $T = 2{,}1$ s. Ermittle den zugehörigen Ortsfaktor g.

2 ⌡ Benenne die Größen, die sich bei einem Fadenpendel periodisch ändern.

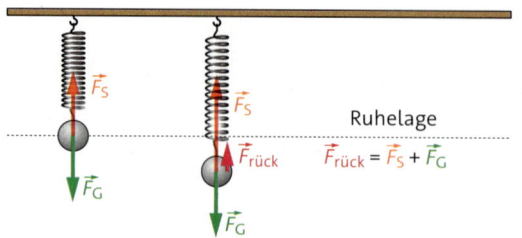

01 Kräfte auf den Pendelkörper beim Federpendel

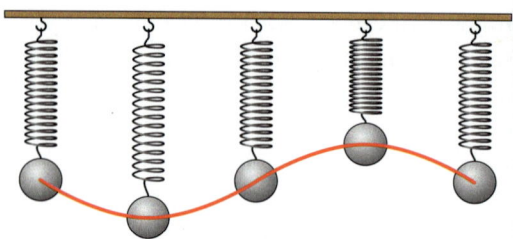

02 Harmonische Schwingung eines Federpendels

BETRACHTUNGEN AM FEDERPENDEL · Im Gegensatz zum Fadenpendel spielt die Pendelmasse bei einem Federpendel (▸ Bild 01) durchaus eine Rolle. Hier setzt sich die Rückstellkraft $F_{rück}$ aus der Spannkraft F_S der Feder und der Gewichtskraft F_G des Pendelkörpers zusammen. Es ergibt sich ebenfalls eine harmonische Schwingung (▸ Bild 02).

Wurde der Pendelkörper zunächst nach unten aus der Ruhelage ausgelenkt, so beschleunigt ihn die Rückstellkraft nach oben. Die erforderliche Energie ist in der Feder in Form von Spannenergie ($E_{Spann} = \frac{1}{2} D \cdot s^2$) gespeichert. Die potenzielle Energie entspricht hier also der Spannenergie der Feder und hängt bei gegebener Auslenkung von der Federkonstante D ab. Je größer D ist, desto mehr potenzielle Energie ergibt sich aus der anfänglichen Auslenkung des Pendels. Daraus folgt eine höhere kinetische Energie, der Pendelkörper bewegt sich bei gleicher Masse schneller. Seine Schwingungsdauer wird entsprechend kleiner.
Eine größere Pendelmasse m führt aufgrund der höheren Trägheit des Pendelkörpers zu einer kleineren Geschwindigkeit bei gleicher kinetischer Energie – die Schwingungsdauer wird größer.

Messungen mit unterschiedlichen Pendelmassen und Federn bestätigen diese Überlegungen und führen bei hinreichend kleinen Auslenkungen zu einer konstanten Schwingungsdauer mit

$$T = 2\pi \sqrt{\frac{m}{D}}.$$

EIGENFREQUENZEN · Die Schwingungsdauer ist also eine charakteristische Größe für ein bestimmtes Pendel. Die entsprechende Frequenz $f = \frac{1}{T}$ wird daher als **Eigenfrequenz f_0** bezeichnet. Diese Eigenfrequenz bildet sich immer dann aus, wenn ein Pendel nur einmal aus seiner Gleichgewichtslage ausgelenkt wird und dann ohne weitere Störung von außen schwingen kann.

/// Faden- und Federpendel führen bei kleinen Auslenkungen in guter Näherung harmonische Schwingungen aus, die charakteristische Eigenfrequenzen f_0 zeigen.

Fadenpendel: $f_0 = \frac{1}{2\pi} \sqrt{\frac{g}{l}}$

Federpendel: $f_0 = \frac{1}{2\pi} \sqrt{\frac{D}{m}}$

1 ⌡ Wie ändern sich Schwingungsdauer und Eigenfrequenz eines Federpendels, wenn
a) die Masse vervierfacht wird,
b) sich auch D vervierfacht,
c) D auf ein Neuntel abnimmt?

2 ⌡ Jannis möchte ein Federpendel wie ein Fadenpendel schwingen lassen. Er probiert, bei welcher Pendelmasse die beiden Schwingungsdauern gleich sind. Was meinst du dazu? Begründe deine Ansicht.

3 ⌡ Ein Federpendel besteht aus einer Feder mit der Federkonstanten $50 \frac{N}{cm}$ und einem Körper der Masse 500 g.
a) Berechne die Schwingungsdauer.
b) Gib begründet an, wie sich die Schwingungsdauer auf dem Mond ändern würde.

VERSUCH ▸ Schwingende Wassersäule

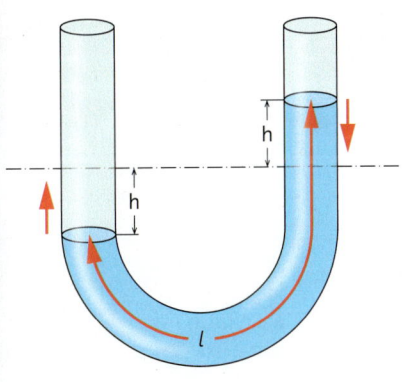

03 Wassersäule im U-Rohr

Material:
durchsichtiger Schlauch (ca. 40 cm), Stativmaterial, Lineal, Stoppuhr, Wasser, Tinte, Folienstift

Durchführung:

V1 a) Spanne den Schlauch so ein, dass er wie ein U-Rohr gebogen ist, und fülle ihn etwa zur Hälfte mit dem gefärbten Wasser.
b) Markiere die Gleichgewichtslage auf bei-den Armen des Schlauches.

c) Bestimme die Schwingungsdauer für deine Wassersäule. Halte den Messfehler möglichst klein.
d) Ermittle die Abhängigkeit der Schwingungsdauer von der Länge l der Wassersäule. Variiere dazu die Länge l und erstelle ein Diagramm, aus dem sich ein linearer Zusammenhang ableiten lässt. Bestimme nun die Steigung der Geraden als Proportionalitätskonstante.
Tipp: Trage T gegen $\sqrt{l}$ auf.

Material A ▸ Schwingung in der Halfpipe

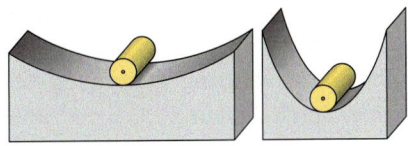

04 Rollkörper in verschiedenen Bahnen

A1 Ein Rollkörper wird in zwei verschieden gekrümmten Bahnen in Schwingungen versetzt (▸ Bild 04). Als Kennzeichen der Schwingung ist jeweils die Höhe h des Rollkörpers über dem tiefsten Bahnpunkt in ▸ Bild 05 dargestellt.
a) Ermittle aus ▸ Bild 05 die beiden Schwingungsdauern.
b) Ordne die Graphen den Bahnen begründet zu.

c) Erläutere, wie sich die Rückstellkraft auf die Schwingungsdauer auswirkt.
d) Bislang ist die Reibung zwischen den Rollkörpern und den Bahnen vernachlässigt worden. Gib eine begründete Vermutung an, wie sich das Diagramm unter Berücksichtigung von Reibung ändern würde.

A2 a) Übertrage ▸ Bild 05 in deine Unterlagen und ergänze einen dritten Graphen für die flache Bahn und einen schwereren Rollkörper.
b) Begründe dein Ergebnis.

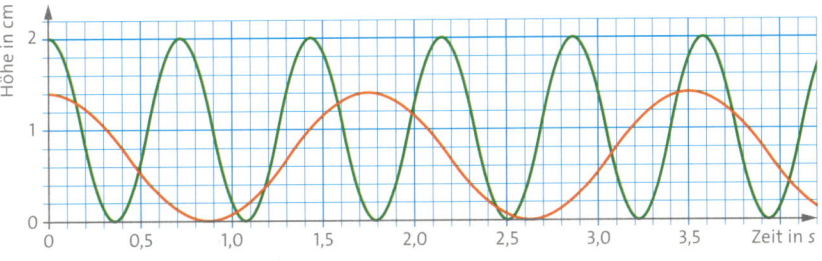

05 $h(t)$-Diagramm der Schwingungen

Material B ▸ Pendeluhren mit Tücken

B1 Eine Pendeluhr läuft im Winter etwas schneller als im Sommer. Erläutere dies mathematisch und physikalisch.

B2 Eine Pendeluhr zeigt auf Meeresniveau die korrekte Zeit an, aber auf einem Berg von 3600 m Höhe nicht.

a) Gib begründet an, ob die Uhr auf dem Berg vor- oder nachgeht.
b) Ermittle die tägliche Abweichung in Sekunden.
c) Gib an, wie die Pendeluhr geändert werden könnte, um auch in der Höhe die richtige Zeitangabe zu erhalten.

01 Stoßdämpfer reduzieren Schwingungen.

Schwingungen im Alltag

> In vielen Wohngebieten finden sich Boden-
> schwellen wie in ▶ Bild 01. Sie sollen Autofahrer
> zum Langsamfahren veranlassen, aber weder
> zu einem Schlag in den Rücken noch zu länge-
> ren Schwingungen des Fahrzeugs führen. Wie
> müssen die Stoßdämpfer dafür gebaut sein?

GEDÄMPFTE SCHWINGUNGEN · An den Rad-
aufhängungen eines Autos befinden sich jeweils eine große Metallfeder und der Stoßdämpfer (▶ Bild 01). Die Metallfedern federn
Stöße ab, die sich durch Unebenheiten der Straße ergeben. Wie andere Federschwingungen
auch sind diese allerdings nicht reibungsfrei.

Bei jeder realen Schwingung kommt es zur
Energieabgabe durch Reibung. Für die Umwandlung zwischen potenzieller und kinetischer Energie steht somit ein immer kleiner
werdender Energiebetrag zur Verfügung, was
zur Dämpfung der Schwingung führt. Die
Amplitude der Schwingung geht allmählich
zurück. Dies ist deutlich zu erkennen, wenn du
ein schwingendes Federpendel über einige Minuten beobachtest. Die zuvor betrachtete un-
gedämpfte Schwingung war also eine Ideali-
sierung.

/// Bei allen realen Schwingungen kommt es
infolge von Reibung zur Dämpfung der
Schwingung.

Um den Effekt der Luftreibung zu verstärken,
befestigen wir eine Pappscheibe von etwa
10 cm Durchmesser am Pendelkörper (▶ Bild 02).
Die Amplitude der Schwingung geht jetzt recht
schnell zurück (▶ Bild 03), wobei die Schwingungsdauer nahezu unverändert bleibt.
Doch für einen Stoßdämpfer würde dieser
Effekt nicht ausreichen. Die Zeit bis zum voll-
ständigen Abklingen der Schwingung wäre so
lang, dass das Auto in der Zwischenzeit weitere

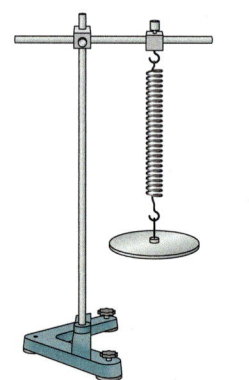

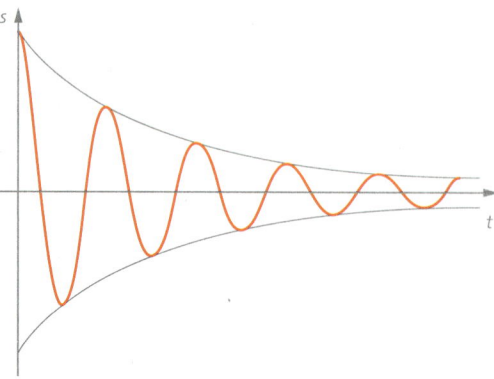

02 Erhöhte Luftreibung   **03** Abnahme der Amplitude bei erhöhter Luftreibung

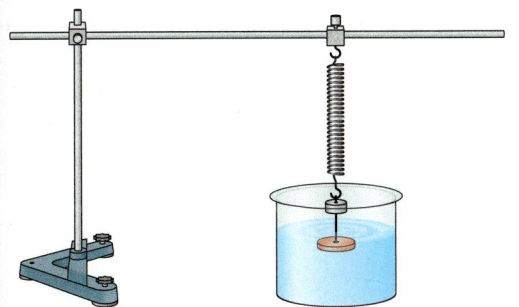

04 Federpendel mit Dämpfung in Wasser

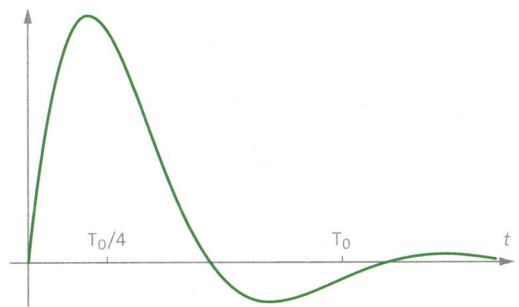

05 Abnahme der Amplitude bei Dämpfung in Öl

Unebenheiten überfahren hätte. Damit würden sich die Schwingungen des Autos immer weiter aufschaukeln und es käme gar nicht mehr zur Ruhe. Das Rad könnte sogar den Kontakt zur Straße verlieren. – Also ist eine viel stärkere Dämpfung erforderlich, die die Schwingungen schnell beendet. Im Experiment lässt sich dies erreichen, indem man statt der Pappscheibe Wasser nutzt, in das der Pendelkörper eintaucht (▸ Bild 04).

Im Stoßdämpfer befindet sich statt des Wassers Öl, wodurch die Dämpfung sogar so stark ist, dass gar keine wirkliche Schwingung mehr zustande kommt (▸ Bild 05). Ein Stoß, den ein Auto durch eine Bodenwelle erhält, wird so sehr schnell abgefangen.

1 ⌡ Gib Beispiele aus dem Alltag an, bei denen eine schwache bzw. eine starke Dämpfung gewünscht ist.

⁂ METHODE //

Überlagerung von harmonischen Schwingungen
Geben zwei Schallquellen die gleichen Töne ab, klingen sie zusammen lauter als eine einzelne, die Tonhöhe bleibt aber unverändert. Die Amplituden der beiden Schwingungen addieren sich, sodass sich eine harmonische Schwingung mit größerer Amplitude und gleicher Frequenz ergibt.

Im Allgemeinen ergibt die Überlagerung verschiedener Schwingungen allerdings keine harmonische, wohl aber eine periodische Schwingung (▸ Bild 06).

Unterscheiden sich die Frequenzen der einzelnen Schwingungen nur geringfügig, so bildet sich eine Schwebung aus (▸ Bild 07), die Amplitude nimmt periodisch zu und ab. Diesen Effekt nutzt man z. B. zum Stimmen von Musikinstrumenten, da die damit verbundenen Schwankungen der Lautstärke gut hörbar sind.

2 ⌡ Addiere grafisch zwei phasenverschobene Schwingungen gleicher Frequenz.

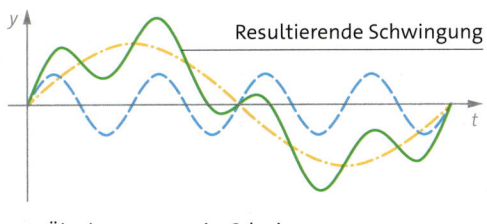

06 Überlagerung zweier Schwingungen

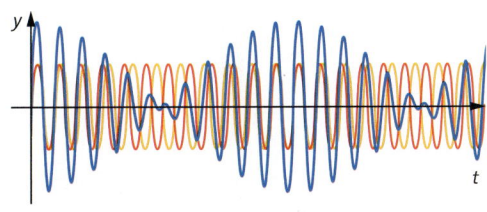

07 Entstehung einer Schwebung

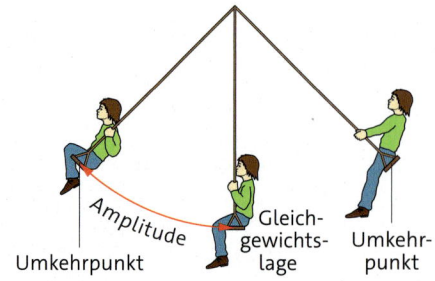

01 Eine Schaukel ist ein Fadenpendel.

ERZWUNGENE SCHWINGUNG · In vielen anderen Fällen ist es erwünscht, den Energieverlust einer gedämpften Schwingung auszugleichen, so z.B. beim Schaukeln. Hier wird der Schwingung durch Verlagerung des Schwerpunktes an den Umkehrpunkten beständig neue Energie zugeführt (▸ Bild 01). Da es sich um eine periodische Anregung der Schwingung handelt, die zur Schwingung mit der Erregerfrequenz f_E führt, spricht man von einer erzwungenen Schwingung. Wird dem System dabei mehr Energie zugeführt als durch Reibung entzogen, schaukelt man zunehmend höher.

Die Erregerfrequenz bestimmt dabei nicht nur die Frequenz der erzwungenen Schwingung, sondern auch das Ausmaß der Energieübertragung. Dies lässt sich bereits erkennen, wenn man durch Bewegungen der Hand versucht, ein Federpendel zu möglichst starken Schwingungen anzuregen (▸ Bild 02 A). Bei bestimmten Frequenzen wird die Amplitude besonders groß, evtl. springt sogar der Pendelkörper von der Feder.

Um die Abhängigkeit von der Erregerfrequenz genauer zu untersuchen, regen wir das Pendel über einen Motor mit variabler Drehzahl an. Damit die Schwingung bei Erreichen besonders großer Amplituden nicht außer Kontrolle gerät, wird die Schwingung in Wasser gedämpft (▸ Bild 02 B). Verschiedene Formen des Pendelkörpers führen zu unterschiedlich starken Dämpfungen.

Die Ergebnisse des Experiments sind in ▸ Bild 03 dargestellt. Es zeigt sich, dass besonders große Amplituden bei geringer Dämpfung entstehen, wenn die Erregerfrequenz gleich der Eigenfrequenz ist, also $f_E = f_0$ gilt. Dann liegt **Resonanz** vor und die Energieübertragung wird maximal. Ist die Erregerfrequenz dagegen deutlich kleiner als die Eigenfrequenz, so bewegt sich der Pendelkörper nur mit der Erregung mit. Bei sehr großen Frequenzen schwingt die Feder gegenläufig zur Anregung und wird im Wechsel gedehnt und gestaucht. In beiden Fällen findet keine dauerhafte Energieübertragung auf die Feder statt.

/// Wird ein schwingungsfähiges System von außen mit seiner Eigenfrequenz angeregt, so ergeben sich besonders große Amplituden. Es liegt Resonanz vor.

RESONANZ – NICHT IMMER ERWÜNSCHT · Bei Musikinstrumenten oder Kirchenglocken ist Resonanz erwünscht. Es gilt, den Klangkörper so zu bauen, dass schöne, aber auch laute Töne bzw. Klänge entstehen.

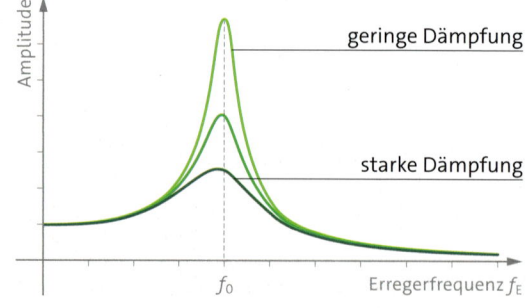

02 Anregung einer Federschwingung

03 Resonanzkurven

04 Resonanzkörper sorgen für schöne Klänge.

05 Brücke mit Dämpfern in den Hängern

Bei einem Klangfrosch entsteht der Ton, indem man mit dem Stab über den Rückenkamm des Frosches fährt (▶ Bild 04). Erreicht man dabei die richtige Geschwindigkeit und damit die passende Erregerfrequenz, gibt der Frosch ein lautes Quaken von sich.

In anderen Fällen sollte eine Resonanzschwingung unbedingt vermieden werden, da es sonst zur Resonanzkatastrophe kommen kann. Besonders gefährdet sind hier Hängebrücken, die durch Marschieren im Gleichschritt oder durch ungünstig stehende Winde in massive Schwingungen versetzt werden können. So ist es im November 1940 im amerikanischen Bundesstaat Washington passiert. Die besonders schlank gebaute Tacoma Narrows Bridge war nur gut vier Monate in Betrieb und wurde wegen ihrer im Wind entstehenden Schwingungen bereits als „Galloping Gertie" bezeichnet. Quer zur Brücke stehende Winde sorgten bei Windstärke 8 dafür, dass sich die Schwingungen innerhalb einer Dreiviertelstunde so weit hochschaukelten,

dass die Brücke einstürzte (▶ Bild 06, 07). Dank rechtzeitiger Sperrung kamen dabei keine Menschen zu Schaden.

Moderne Brücken sind infolge solcher Erfahrungen nicht nur steifer und schwerer gebaut, sondern besitzen auch Dämpfer, die Schwingungen infolge von Winden usw. abfangen (▶ Bild 05). Damit ist der Eintrag der deutschen Straßenverkehrsordnung „Auf Brücken darf nicht im Gleichschritt marschiert werden" eigentlich überflüssig geworden.

1 ⌡ Beschreibe möglichst genau die Energieumwandlungen, die beim Schaukeln mit und ohne Schwungholen auftreten.

2 ⌡ Erläutere Möglichkeiten, die Amplitude einer erzwungenen Schwingung gering zu halten.

3 ⌡ Erläutere, warum bei der Konstruktion einer neuen Motorhaube auf die Vermeidung von Resonanzen geachtet wird.

06 Die Tacoma Narrows Bridge schaukelt sich auf.

07 Die Tragseile reißen.

01 Gekoppelte Schaukeln

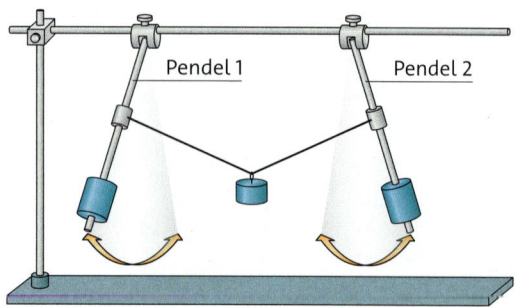

02 Gekoppelte Pendel im Experiment

GEKOPPELTE PENDEL · Die Jugendlichen in ▶ Bild 01 schaukeln, aber ohne selbst Schwung zu holen. Stattdessen wurde nur einer von beiden einmal kräftig angeschubst. Während er schaukelt, fängt aber auch die andere Schaukel langsam an zu schwingen. Die Amplitude der zweiten Schaukel wird dabei immer größer, die der ersten geht allmählich zurück, bis die Schaukel kurz stehen bleibt. Danach wiederholt sich alles in anderer Richtung, bis die Schwingungen aufgrund der Dämpfung zum Erliegen kommen. Über die Kopplung der beiden Schaukeln im Gestänge der Aufhängung wird Energie von einer Schaukel auf die andere übertragen. Im Nachfolgenden soll untersucht werden, wovon diese Energieübertragung abhängt.

Dazu befestigen wir zwei gleiche Pendel an einer waagerechten Stativstange und koppeln sie wie in ▶ Bild 02 über ein kleines Massestück zwischen ihnen. Um das Verhalten der Pendel genauer untersuchen zu können, führen wir verschiedene Variationen des Versuchs durch.

Wir nutzen
* Schwingungen parallel und senkrecht zur Kopplungsrichtung,
* gleich und unterschiedlich lange Pendel,
* unterschiedliche Massen zur Kopplung.

Es zeigt sich, dass das zu Beginn ausgelenkte erregende Pendel und das daran gekoppelte Pendel stets mit der gleichen Frequenz schwingen. Entsprechend gelingt die maximale Energieübertragung auch nur bei gleicher Pendellänge. Es liegt eine Form von Resonanz vor.

Dabei ist das erregende Pendel dem anderen stets um eine Viertelschwingung voraus – unabhängig davon, ob sie parallel oder quer zur Kopplungsrichtung angeregt wird. Zeichnet man die Auslenkungen auf, so ergeben sich die in ▶ Bild 03 dargestellten Verläufe. Die Energie wandert zwischen den Pendeln hin und her. Die entsprechende Schwingungsdauer wird durch die Stärke der Kopplung bestimmt.

/// Wird ein Pendel ausgelenkt, das an ein gleichartiges Pendel gekoppelt ist, so überträgt dieses Energie auf das andere Pendel, bis es selbst zum Stehen kommt und das andere mit maximaler Amplitude schwingt. Danach wiederholt sich der Vorgang in umgekehrter Richtung.

1 ʃ Gib begründet an, wie sich die Periodendauer der Energieübertragung verändert, wenn man die Kopplung z.B. durch ein schwereres Massestück verstärkt.

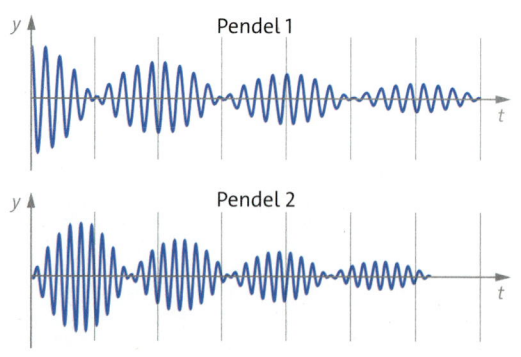

03 Schwingungen der gekoppelten Pendel

VERSUCHE ► Gedämpfte Schwingung und Resonanz

V1 Gedämpftes Federpendel

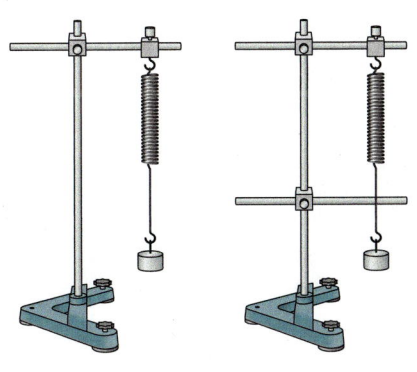

Material:

Metallfeder, Bindfaden, Gewichts-stücke, Stativmaterial, Standzylinder mit Wasser, Messlatte und Stoppuhr oder digitale Messwerterfassung

Durchführung:

a) Baue das Federpendel auf. Be-stimme für eine feste Anfangs-auslenkung die Schwingungsdauer und den Verlauf der Amplitude über die nächsten 40 Schwingungen.

b) Untersuche, wie sich Schwin-gungsdauer und Amplitude ändern, wenn du den Bindfaden an einer Stativstange entlangstreichen lässt.

c) Führe die Untersuchungen noch einmal durch, indem du den Pendel-körper im Wasser schwingen lässt. Achte darauf, dass die Feder nicht eintaucht.

d) Vergleiche die Ergebnisse aus den Teilen b) und c).

V2 Singendes Glas

Material:

verschiedene Weingläser, Wasser

Durchführung:

a) Fülle ein Weinglas mit Wasser und streiche dann mit einem nassen Finger über den Glasrand, um es zum Singen zu bringen.

b) Untersuche, wie du die Tonhöhe beeinflussen kannst, und erkläre deine Beobachtung.

c) Möglicherweise gelingt es dir, so starke Schwingungen zu erzeugen, dass das Wasser spritzt. Erkläre, wie es dazu kommen kann.

Material A ► Gefedertes Fahrrad

Jan ist mit seinem gefederten Mountain-bike unzufrieden. Ausgerechnet bei der Geschwindigkeit, mit der er am häufigs-ten fährt, schwingt das Fahrrad heftig auf und ab.

Jans Mitschüler geben ihm unterschied-liche Ratschläge. Er soll:

a) eine kräftigere Feder einbauen,
b) den Stoßdämpfer wechseln oder
c) eine andere Übersetzung der Gang-schaltung wählen.

Jan kann zwar die ersten beiden Vor-schläge nachvollziehen, sieht aber kei-nen Zusammenhang zum dritten Punkt.

A1 Erkläre, wie es zur Schwingung des Fahrrads kommt.

A2 Gib jeweils begründet an, welche Auswirkungen die vorgeschlagenen Maßnahmen haben würden.

A3 Entscheide dich begründet für einen der Vorschläge.

Material B ► Stoßdämpfer und Verkehrssicherheit

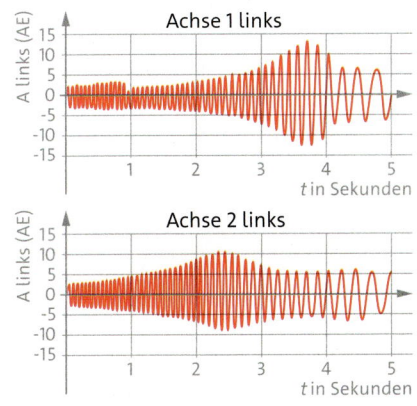

Beim Test eines Stoßdämpfers soll nur sein Verhalten geprüft werden, die Karosserie muss praktisch in Ruhe bleiben. Um dies zu erreichen, steht das Rad in der Autowerkstatt auf einer Platte, die von einem Motor mit hoher Drehzahl gerüttelt wird. Dabei startet man mit einer Erregerfrequenz $f_E > f_0$ und senkt sie allmählich ab.

Nebenstehend ist die Ausgabe des Tests zweier Stoßdämpfer dargestellt.

B1 Erläutere anhand der dargestellten Testmessung, wie sich ein intakter von einem defekten Stoßdämpfer unterscheiden lässt.

B2 Stoßdämpfer sind so gebaut, dass die Dämpfung beim Zurückfedern stärker als beim Einfedern des Rades ist. Begründe dies.

B3 Recherchiere die Bedeutung intakter Stoßdämpfer für die Fahrsicherheit.

Musikinstrumente

01 Verschiedene Musikinstrumente haben unterschiedliche Klänge.

Klänge, Töne und Geräusche · Verschiedene Musikinstrumente haben ganz unterschiedliche Klänge, auch wenn alle den gleichen Grundton spielen. Das liegt daran, dass du auf einem Instrument im physikalischen Sinne gar keinen Ton spielen kannst, sondern immer einen Zusammenklang mehrerer Töne spielst. Dies lässt sich gut erkennen, wenn du den Klang eines Instruments mit einem Mikrofon und einem Oszilloskop aufnimmst (▸ Bild 02). Der Klang stellt zwar eine periodische Schwingung der Luft dar, aber keine harmonische Sinusschwingung wie ein einfacher Ton.

Ein Klang besteht dabei aus der Summe verschiedener Töne – dem Grundton und mehreren Obertönen, die mit unterschiedlichen Intensitäten vertreten sind. Der Grundton bestimmt die Periodendauer und damit die von uns wahrgenommene Tonhöhe. Auf der Geige und der Trompete wurde also für ▸ Bild 02 der gleiche Ton gespielt wie auf der Stimmgabel.

Mittels einer Fourieranalyse lässt sich die Zusammensetzung eines Klangs aus verschiedenen Tönen ermitteln (▸ Bild 03).

Dabei zeigt sich, dass die Frequenzen der Obertöne ganzzahlige Vielfache der Frequenz des Grundtons sind. Die unterschiedliche Zusammensetzung aus den einzelnen Obertönen führt zu den unterschiedlichen Klängen der einzelnen Instrumente. Jeder Klang besteht also aus einer charakteristischen Überlagerung mehrerer sinusförmiger Schwingungen. Er stellt selbst eine periodische Schwingung dar, deren Periodendauer die wahrgenommene Tonhöhe bestimmt.

Dagegen gibt es beim Schlagzeug kaum Klänge, die sich aus mehreren klar definierten Tönen einer Obertonreihe zusammensetzen. Hier sind sehr viele unterschiedliche Frequenzen enthalten, die zusammen keine periodischen Schwingungen mehr ergeben. Aus physikalischer Sicht erzeugt man mit einem Schlagzeug daher vor allem Geräusche.

Obertonreihe und Intervalle · In ▸ Tabelle 04 ist der Beginn einer Obertonreihe angegeben. Wie wichtig die Obertöne für uns sind, erkennt man daran, dass unser Gehirn einen fehlen-

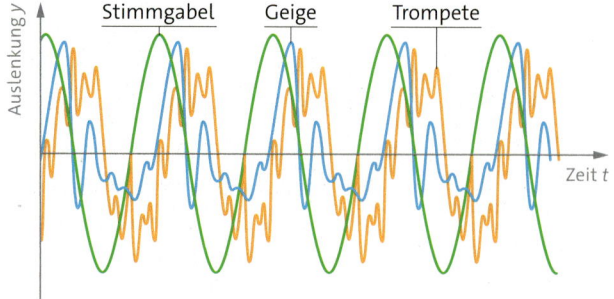

02 Der gleiche „Ton" auf Geige, Trompete und Stimmgabel

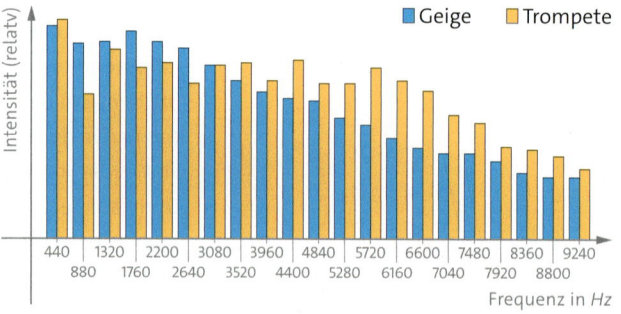

03 Fourieranalysen

	Grundton	Obertöne							
Frequenz	f	$2f$	$3f$	$4f$	$5f$	$6f$	$7f$	$8f$	$9f$
Verhältnis zur vorherigen Frequenz		2:1	3:2	4:3	5:4	6:5	7:6	8:7	9:8
Intervall zum Ton darunter		Oktave	Quinte	Quarte	Große Terz	Kleine Terz			Ganzton
Beispielfrequenz in Hz	66	132	198	264	330	396	462	528	594
Beispielton	C	c	g	c^1	e^1	g^1	$\approx b^1$	c^2	d^2

04 Beginn der Obertonreihe (die Beispieltöne sind zum Teil an die gängigen Stimmungen angepasst)

den Grundton aus der Folge der Obertöne ergänzen kann. Wir hören den Klang dann trotzdem so, als wäre der Grundton vorhanden. Dies ist möglich, da die Periodendauer des Klangs der Schwingungsdauer des Grundtons entspricht (▸ Bild 05). Da in einer Obertonreihe Frequenzen mit ganzzahligen Vielfachen des Grundtons auftreten, finden sich in ihr auch die wichtigsten Intervalle unserer Musik wieder, denn zu jedem Intervall gehört ein bestimmtes ganzzahliges Frequenzverhältnis (▸ Tabelle 04). Dabei werden Intervalle mit einfachen Frequenzverhältnissen als besonders wohlklingend empfunden.

Musikinstrumente · Bei Saiteninstrumenten wie dem Klavier, dem Kontrabass oder der Gitarre wird eine Saite bzw. ein Teil von ihr durch Anschlagen, Streichen oder Zupfen zum Schwingen gebracht. Bei Blasinstrumenten wie der Flöte oder dem Saxofon wird Luft in Schwingungen versetzt, die in einem Rohr eingeschlossen ist. In beiden Fällen entstehen Obertöne, weil die Saite bzw. die Luftsäule nicht nur als Ganzes, sondern auch in ganzzahligen Anteilen schwingt. Ihre Überlagerungen führen zu komplexen Schwingungen, die sich z. B. an einer Kontrabass-Saite auch beobachten lassen (▸ Bild 06, 07).

Entsprechend können auch die Schwingungen der Obertöne die zum Grundton gehörige Saite eines Klaviers anregen. Drückt man die Taste des gewünschten Grundtons nur leicht hinunter, ohne die Saite richtig anzuschlagen, und spielt dann nacheinander die ersten sieben Obertöne an, so ist der Grundton zu hören.

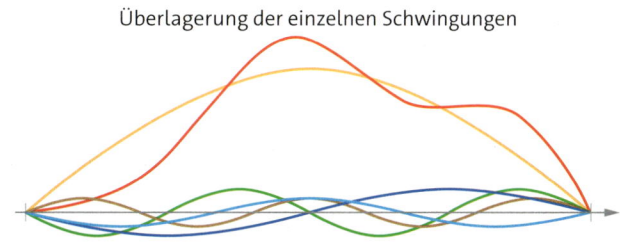

Überlagerung der einzelnen Schwingungen

06 Schwingung einer Saite – schematische Darstellung

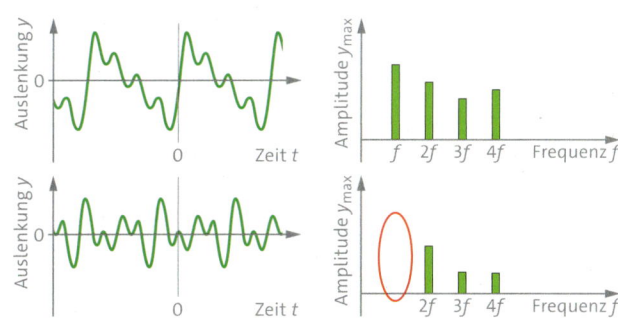

05 Mit und ohne Grundton ergibt sich die gleiche Periodendauer.

07 Momentaufnahme der Schwingung einer Kontrabass-Saite

01 Regentropfen fallen in einen See.

Entstehung und Ausbreitung von Wellen

Regentropfen fallen in den See. Die Wirkungen von Wasserwellen können ganz unterschiedlich ausfallen. Von kleinen kreisförmigen Wellen, die nach kurzer Zeit wieder verschwinden, bis zu den katastrophalen Zerstörungen eines Tsunamis. Doch was sind Wellen und warum können sie so unterschiedliche Wirkungen haben?

ENTSTEHUNG · Fällt ein Regentropfen ins Wasser, verdrängt er Wasserteilchen in seiner Umgebung. Die Teilchen weichen nach unten aus. Am Ort des Eintauchens werden die Wasserteilchen eine Zeit lang in Schwingungen versetzt – immer auf und ab. Es entsteht eine kleine kreisförmige Welle. Der Ursprung der Welle ist eine mechanische Erregung, d.h. eine einsetzende Schwingung am Entstehungsort der Welle. Dafür muss Energie vorhanden sein.

Lenkst du bei einer Anordnung aus mehreren Fadenpendeln (▸ Bild 02 A) ein beliebiges Pendel nach hinten oder vorne aus, schwingt jedes für sich. Jedes Pendel ist somit ein schwingungsfähiges System, das allgemein auch als Oszillator bezeichnet wird. Veränderst du nun den Versuchsaufbau, indem du die Pendel durch kleine Federn miteinander verbindest, entsteht eine Kette von gekoppelten Pendeln (▸ Bild 02 B). Lenkst du das erste Pendel aus, wird nach und nach Energie auf das jeweils nächste Pendel übertragen. So geraten auch die anderen Pendel in Bewegung. Eine Schwingung breitet sich aus (▸ Bild 02 C).

/// Eine mechanische Welle ist die Ausbreitung einer mechanischen Schwingung im Raum. Damit sich eine mechanische Welle bilden kann, müssen Oszillatoren vorhanden sein, zwischen denen Kopplungskräfte wirken.

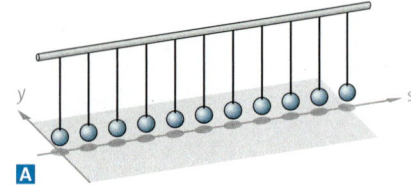
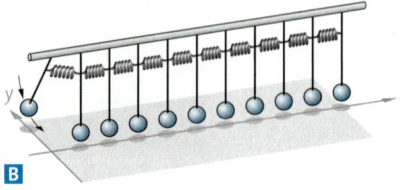
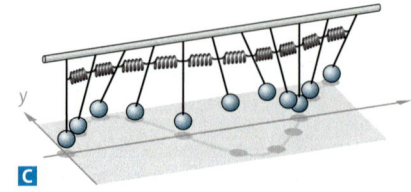

02 Pendel **A** ohne Kopplung und **B** mit Kopplung; **C** Bildung einer Querwelle

ZWEI ARTEN VON WELLEN · Lenkst du bei dieser Anordnung das erste Pendel nicht nach hinten, sondern seitwärts aus, bildet sich wieder eine Welle (▸ Bild 03). Vergleichst du beide Wellen miteinander, erkennst du, dass sich beide Wellen in Richtung der Wegachse *s* ausbreiten. Der wesentliche Unterschied besteht in den Schwingungsrichtungen der Oszillatoren. In ▸ Bild 02 C schwingen die Oszillatoren quer, in ▸ Bild 03 B längs zur Ausbreitungsrichtung.

Schwingen die Oszillatoren quer zur Ausbreitungsrichtung der Welle, spricht man von einer Quer- oder Transversalwelle. Schwingen die Oszillatoren längs der Ausbreitungsrichtung der Welle, spricht man von einer Längs- oder Longitudinalwelle.

Neben Wasserwellen sind auch Schallwellen Beispiele für mechanische Wellen. Nach den oben beschriebenen Merkmalen lassen sich beide einer bestimmten Wellenart zuordnen.

Im Wasser treten verschiedene Rückstellkräfte auf: einerseits die Schwerkraft, andererseits Kohäsionskräfte zwischen benachbarten Molekülen. Insgesamt führt daher eine Auslenkung von Molekülen der Wasseroberfläche zu einer Kreisbahn, die du in ▸ Bild 04 sehen kannst. Beim Anheben bewegen sich die Moleküle geringfügig in Ausbreitungsrichtung der Welle, beim Absenken geringfügig wieder zurück. Da wir aber vor allem das Auf und Ab wahrnehmen, wird die Wasserwelle als Sonderfall der Transversalwelle zugeordnet.

Schlägst du mit einem Stock auf eine Trommelmembran, bewegt sich diese schnell nach vorn und drückt die Luft davor zusammen. Die Luft dehnt sich wie eine gespannte Feder wieder aus und drückt dabei die an sie angrenzende Luftschicht zusammen. Diese Luftverdichtung breitet sich nun im Raum aus (▸ Bild 05). Dabei zeigen sich Bereiche mit größerer Teilchendichte (größerem Druck) und Bereiche mit kleinerer

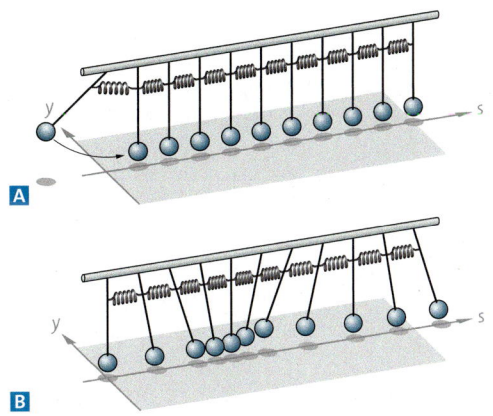

03 Bildung einer Längswelle

Ausbreitungsrichtung der Welle ⟶

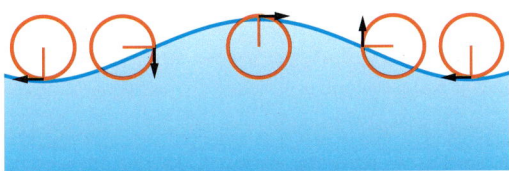

04 Entstehung einer Wasserwelle im Modell

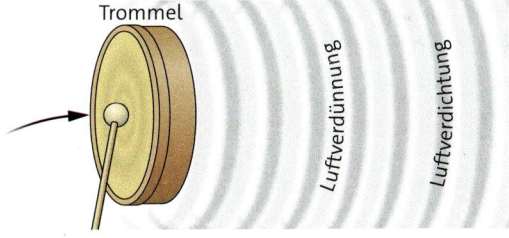

05 Entstehung einer Schallwelle

Teilchendichte (kleinerem Druck). Da in Gasen nur sehr geringe Kohäsionskräfte wirken und die Teilchen vorrangig über Stöße wechselwirken, erfolgt die Ausbreitung des Schwingungszustandes nur in Schwingungsrichtung. Die Schallwelle ist somit eine Longitudinalwelle.

1 Mithilfe einer Sprungfeder (▸ Bild 06) lassen sich die Merkmale von Transversal- und Longitudinalwelle gut demonstrieren. Überlege dir in Partnerarbeit, wie das möglich ist. Präsentiert euer Ergebnis vor der Klasse.

06 Sprungfeder

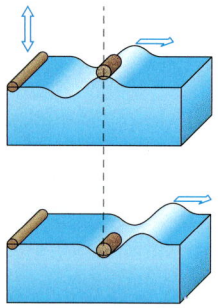

01 Kein Transport von Teilchen

TRANSPORT · Wir erzeugen mit einem Stab in einer mit Wasser gefüllten Wanne eine Oberflächenwelle. Betrachtest du, wie diese sich ausbreitet, könntest du vermuten, dass sich das Wasser zusammen mit der Welle fortbewegt. Dem widerspricht aber die bereits gewonnene Erkenntnis, dass sich die Moleküle geringfügig beim Anheben in Ausbreitungsrichtung bewegen und beim Absenken geringfügig wieder zurück.

Ein einfaches Experiment hilft dir dabei, den Widerspruch aufzuheben. Dazu lässt du ein kleines Stück Kork auf dem Wasser schwimmen. Zu beobachten ist nur das Auf und Ab des Korkstückchens an seinem Ort (▸ Bild 01). Die Teilchen bewegen sich also nicht vom Ort der Erregung fort, sondern nur die Schwingung breitet sich aus. Wird durch eine höhere Energiezufuhr der Erreger weiter ausgelenkt, schwingen auch die anderen Oszillatoren stärker, sodass mehr Energie durch die Welle transportiert wird.

/// Mechanische Wellen übertragen Energie, ein Transport von Teilchen erfolgt nicht.

BESCHREIBUNG VON WELLEN · Auch Wellen können mit Kenngrößen beschrieben werden. Betrachtest du die entstandene Welle an einer Wellenmaschine in ▸ Bild 02 als Momentaufnahme, bei der viele kleine Wippen (Oszillatoren) durch längs gespannte Federn miteinander gekoppelt sind, erkennst du Wellenberge und Wellentäler. Diese besonderen Schwingungszustände haben immer gleiche Abstände.

Der Abstand zweier benachbarter Wellenberge bzw. Wellentäler wird als **Wellenlänge λ** (Lambda) bezeichnet. Diese Kenngröße beschreibt die räumliche Verteilung gleichartiger Schwingungszustände zu einem bestimmten Zeitpunkt.

/// Die Wellenlänge λ gibt den Abstand zweier benachbarter Oszillatoren im gleichen Schwingungszustand an. Die Einheit der Wellenlänge ist ein Meter (1 m).

Um die Ausbreitung der Schwingung zu beschreiben, ist es wichtig, sich auf einen speziellen Schwingungszustand zu konzentrieren und diesen in der Bewegung zu beobachten. Dabei kannst du Wellenberge in ihrer Fortbewegung vom Erregerzentrum meist deutlich erkennen. Die Geschwindigkeit, mit der sich beispielsweise ein Wellenberg bewegt, wird als **Ausbreitungsgeschwindigkeit c** bezeichnet.

/// Die Geschwindigkeit, mit der sich ein Schwingungszustand ausbreitet, bezeichnet man als Ausbreitungsgeschwindigkeit c der Welle. Die Einheit der Ausbreitungsgeschwindigkeit ist ein Meter pro Sekunde $(1 \frac{m}{s})$.

GRAFISCHE DARSTELLUNG DER WELLE · Die Ausbreitung der Schwingung als Welle wird im $y(s)$-Diagramm dargestellt (▸ Bild 03). Der Graph lässt sich zeichnen, wenn du die Welle im Foto festhältst und dem Bild die Auslenkung der Oszillatoren aus der Gleichgewichtslage am jeweiligen Ort s entnimmst. Die Auslenkung eines Oszillators während der Wellenausbreitung wird durch das $y(t)$-Diagramm dargestellt (▸ Bild 04). Diesen Graphen erhältst du, wenn du die Bewegung im Video festhältst und der Aufzeichnung die Auslenkung zur jeweiligen Zeit t entnimmst.

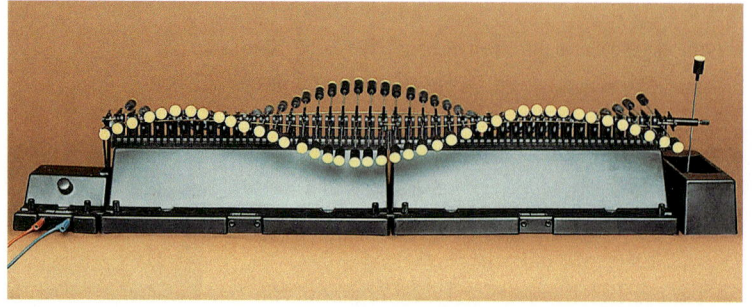

02 Wellenmaschine zur Demonstration der Schwingungsausbreitung

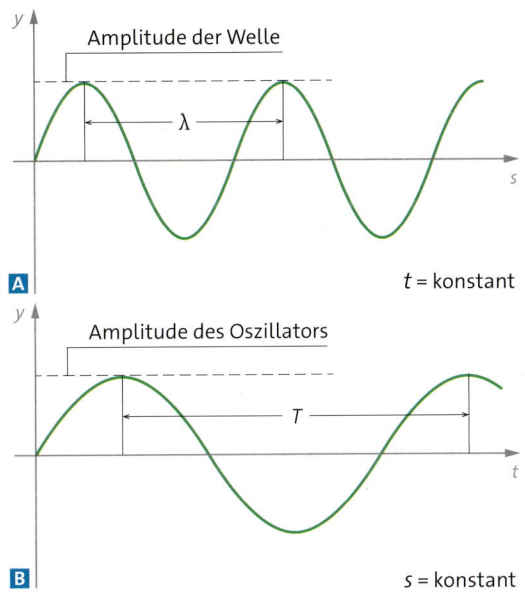

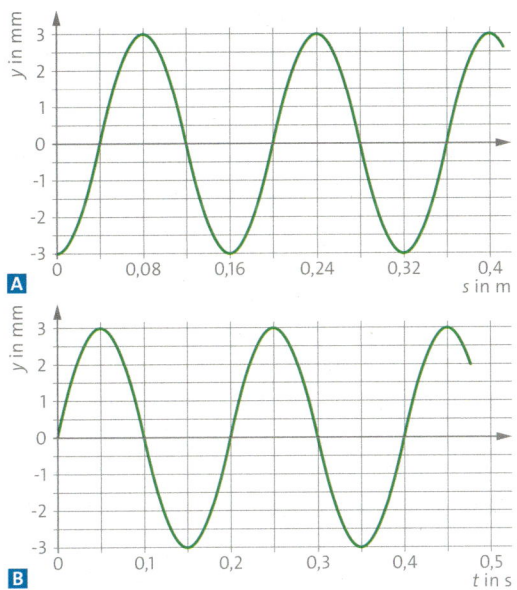

03 **A** $y(s)$-Diagramm und **B** $y(t)$-Diagramm

04 Darstellung einer mechanischen Welle

WELLENPHÄNOMENE ALLGEMEIN · In der Natur und Technik gibt es neben den mechanischen Wellen auch noch andere Wellenarten, wie z.B. die elektromagnetischen Wellen. Bei all diesen Erscheinungen können gleichermaßen Aussagen über die Schwingung an einem Ort und über die Ausbreitung der Schwingung getroffen werden.

Die Schwingung ist durch die zeitlich periodische Änderung physikalischer Größen charakterisiert. Entsprechend zeigen sich bei mechanischen Wellen die Maximalwerte von potenzieller und kinetischer Energie immer im Wechsel nach einer halben Periodendauer. Für die Ausbreitung der Schwingung als Welle zeigen sich diese Werte zu einem bestimmten Zeitpunkt immer im Abstand einer halben Wellenlänge. Ausgehend von diesen Merkmalen und dem Änderungsverhalten weiterer Größen lässt sich die Welle allgemein beschreiben: .

/// Eine Welle ist ein physikalischer Vorgang, der durch eine zeitlich und räumlich periodische Änderung physikalischer Größen beschrieben wird.

1 ɟ Eine brennende Kerze wird in einem Abstand von ca. 1 m vor eine Lautsprecherbox gestellt.
a) Ist es möglich, die Kerze durch laute Musik ($40\,\text{Hz} < f < 20\,\text{kHz}$) zu löschen? Begründe deine Antwort.
b) Stelle begründete Vermutungen auf, wie sich die Kerzenflamme bei unterschiedlichen Frequenzen der Schallwelle zeigen könnte.

2 ɟ Die im ▸ Bild 04 dargestellten Diagramme beschreiben eine mechanische Welle, die sich zur Zeit $t = 0$ s im Erregerzentrum (Nullpunkt) auszubreiten beginnt.
a) Bestimme Amplitude, Schwingungsdauer, Frequenz und Wellenlänge dieser Welle.
b) Welche Auslenkung besitzt ein Oszillator nach 0,35 s in einer Entfernung von 16 cm vom Erregerzentrum?

3 ɟ Erläutere, wie sich bei einer mechanischen Welle die Energie zeitlich und räumlich periodisch ändert. Gehe dabei auf die Energieformen ein und nutze grafische Darstellungen.

02 Zeitrafferbild einer Wasserwelle

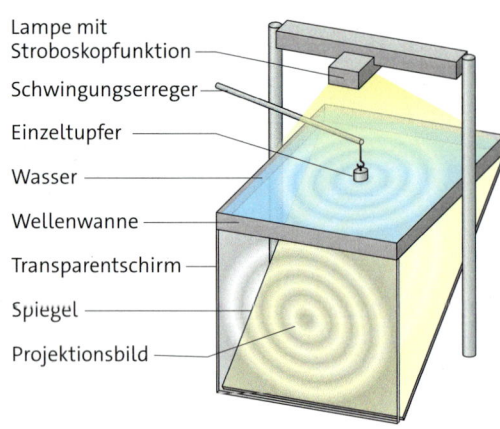

Lampe mit Stroboskopfunktion
Schwingungserreger
Einzeltupfer
Wasser
Wellenwanne
Transparentschirm
Spiegel
Projektionsbild

01 Aufbau Wellenwanne

GESETZ DER WELLENAUSBREITUNG · Um den Zusammenhang zwischen der Wellenlänge λ und der Ausbreitungsgeschwindigkeit c genauer zu untersuchen, nutzen wir eine Wellenwanne (▸ Bild 01), in der kreisförmige Wasserwellen erzeugt werden. Dazu taucht ein kleiner Tupfer mit einer Frequenz von 50 Hz in die ca. 0,7 cm tiefe Wasserschicht ein.

Dadurch entstehen Wellenberge und Wellentäler, die als dunkle und helle Ringe auf den Bildern zu sehen sind. Da unser Auge diese schnellen Veränderungen der voranschreitenden Welle nicht wahrnehmen kann, nutzen wir eine spezielle Kamera mit einer eingestellten Bildrate von 300 Bildern in der Sekunde. Sieben aufeinanderfolgende Fotos sind in der linken Bildspalte (▸ Bild 02) zu sehen. Damit kannst du die Ausbreitung der Welle innerhalb der Periodendauer T gut beobachten.

Der zeitliche Abstand von Bild zu Bild beträgt $\frac{1}{300}$ s. Bei der eingestellten Frequenz von 50 Hz ($T = \frac{2}{100}$ s) entspricht dieser Wert genau $\frac{1}{6}$ der Zeit, die für das Absenken und Anheben des Erregers benötigt wird. Markierst du in ▸ Bild 01 einen beliebigen Schwingungszustand, hier der blaue Punkt, und schaust dir an, wie sich dieser von Bild zu Bild fortbewegt, erkennst du eine gleichmäßige Zunahme der zurückgelegten Strecken.

Die Wellenausbreitung erfolgt gleichförmig, d.h. c = konstant. Vergleichst du das erste Bild mit dem letzten, zeigen sich keine Unterschiede. Wo im ersten Bild der ursprünglich markierte Wellenberg war, taucht der nächstfolgende im letzten Bild auf. Der zum Anfang markierte Wellenberg hat sich in der Zeit T um die Strecke λ weiterbewegt.

Da sich die Welle gleichförmig ausbreitet, kannst du die Geschwindigkeit c als Quotient aus zurückgelegtem Weg s und benötigter Zeit t berechnen. Setzt du für $s = \lambda$ und für $t = T$, dann ergibt sich daraus die Gleichung zur Berechnung der Ausbreitungsgeschwindigkeit c.

/// Wellen breiten sich im homogenen Medium gleichförmig aus. Es gilt: $c = \frac{\lambda}{T} = \lambda \cdot f$.

Die Ausbreitungsgeschwindigkeit c ist stoff- und temperaturabhängig. Dafür verantwortlich sind die Kopplungskräfte der Oszillatoren. Je größer die Kopplungskräfte sind, desto größer ist die Ausbreitungsgeschwindigkeit. Diese Abhängigkeit kannst du nachweisen, wenn du im Anfangsexperiment mit den gekoppelten Pendeln Federn mit einer größeren Federkonstante verwendest. Bei gleichen Auslenkungen zieht jedes Pendel seinen Nachbarn mit größerer Kraft nach, sodass sich die Welle schneller ausbreitet.

1 ⌡ Der Frequenzbereich der menschlichen Stimme liegt etwa zwischen 80 Hz und 12 kHz. Die zugehörigen Wellenlängen betragen 4,29 m und 28,6 mm. Berechne die Ausbreitungsgeschwindigkeiten der beiden Schallwellen, die unsere Stimme begrenzen. Ziehe aus dem Ergebnis Schlussfolgerungen über den Zusammenhang zwischen Frequenz und Ausbreitungsgeschwindigkeit.

2 ⌡ Man sagt: Ein Drittel der Zeit entspricht bei einem Gewitter der Entfernung eines Blitzeinschlages in Kilometern. Beurteile die Faustformel hinsichtlich ihrer Genauigkeit.

VERSUCH ► Wellenlänge und Ausbreitungsgeschwindigkeit einer Schallwelle

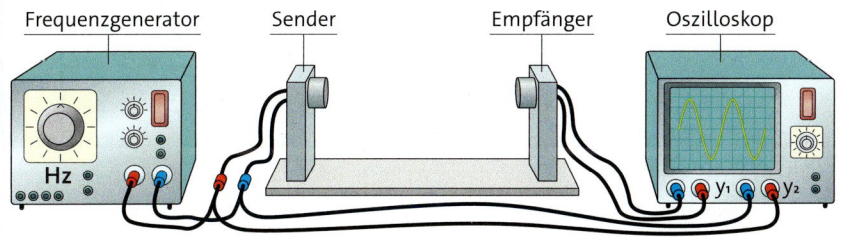

Frequenzgenerator   Sender   Empfänger   Oszilloskop

Material:

Frequenzgenerator, Zweikanal-oszilloskop, 2 Piezolautsprecher oder Ultraschall-Transducer, Anschluss-kabel, Stativmaterial, Maßband

Durchführung:

a) Baue den Versuch wie im Bild oben dargestellt auf. Bei den Einstellungen am Oszilloskop hilft dir deine Lehrerin oder dein Lehrer.

b) Stelle am Frequenzgenerator die angegebene Resonanzfrequenz der verwendeten Lautsprecher ein. Vergrößere langsam die Ausgangsspannung, bis auf dem Oszilloskop zwei gut sichtbare Sinuskurven erscheinen.

c) Verschiebe den Empfänger in Richtung Sender und beschreibe deine Beobachtungen. Erkläre die Veränderung der Oszilloskopbilder während der Bewegung.

d) Suche mithilfe des Empfängers einen Ort in der unmittelbaren Umgebung vom Sender, an dem die Luft im Takt der elektrischen Spannung schwingt. Markiere diesen Ort auf der Gleitschiene.

e) Durch langsames Verschieben des Empfängers weg vom Sender lassen sich weitere Orte mit gleichen Schwingungszuständen finden. Mittels der Abstände s von der Markierungsstelle und der Anzahl n der einzelnen Teilver-schiebungen kannst du die Wellen-länge λ berechnen. Führe mehrere Messungen durch und notiere deine Messwerte in einer Tabelle.

f) Berechne den Mittelwert der Wellenlängen und daraus die Schallgeschwindigkeit. Vergleiche deinen Wert mit dem des Tafel-werks und gib Ursachen für Ab-weichungen an.

Hinweis:

Die beiden Lautsprecher können sowohl als Schallquelle (Sender) als auch als Mikrofon (Empfänger) ein-gesetzt werden. Die Frequenz lässt sich so einstellen, dass sie oberhalb der menschlichen Hörgrenze liegt. Das hat für diesen Versuch den Vor-teil, dass keine Belästigungen durch unangenehme Töne beim Experi-mentieren auftreten.

Material A ► Ausbreitung mechanischer Wellen

A1 Die Internationale Raumstation ISS umkreist die Erde in einer Höhe von ca. 400 km. Das Bild zeigt zwei Astro-nauten bei Reparaturarbeiten außer-halb der ISS. Lisa und Maik unter-halten sich über die technischen Möglichkeiten der Astronauten, um untereinander zu kommunizieren.

Lisa meint, das würden sie per Funk machen. Maik entgegnet, sie könn-ten auch Lautsprecher und Mikro-fone an der Außenhülle ihrer Anzüge haben. Bewerte die getroffenen Aus-sagen.

A2 Eine Stimmgabel mit einer Eigen-frequenz von 100 Hz wird angeschla-gen. Die Amplitude der einsetzenden Schwingung beträgt 1,2 mm. Stelle die Schwingung der Stimmgabel im $y(t)$-Diagramm und die Ausbreitung der Schallwelle im $y(s)$-Diagramm für 20 ms dar. Die Raumtemperatur be-trägt 20 °C.

A3 Eine kreisförmige Wasserwelle wur-de in einer Wellenwanne erzeugt und fotografiert. Der 1 cm lange Zapfen taucht dabei mit 50 Hz in das Wasser ein. Ermittle mithilfe des Bildes die Ausbreitungsge-schwindigkeit der Welle. Vergleicht untereinander eure Ergebnisse.

Darstellung von Wellen

Zeichnerische Darstellung von Wellen · Taucht ein kleiner Zapfen oder eine Schiene rhythmisch in das Wasser einer Wellenwanne ein, bilden sich Oberflächenwellen aus, die ihrer Form nach als kreisförmige Welle (▶ Bild 01) bzw. geradlinige Welle (▶ Bild 02) benannt werden. Damit wir uns bei den weiteren Untersuchungen auf das Wesentliche konzentrieren können, ist es zweckmäßig, Wellen in einer vereinfachten Form darzustellen. So erfolgt die zeichnerische Darstellung einer Welle durch Wellenfronten und Wellennormalen. Verbindet man die benachbarten Orte, an denen die Oszillatoren den gleichen Schwingungszustand haben, z. B.

alle Wellenberge oder Wellentäler, so erhält man Linien. Diese werden als Wellenfronten bezeichnet. Bei einer kreisförmigen Welle werden die Wellenfronten durch konzentrische Kreise dargestellt (▶ Bild 01 B). Bei einer geradlinigen Welle werden die Wellenfronten durch parallele Geraden dargestellt (▶ Bild 02 B).

Breitet sich die Welle in allen drei Dimensionen aus, wie es zum Beispiel bei Schallwellen der Fall ist, dann sind die Wellenfronten Kugeln. Wellennormalen sind gedachte Strahlen, die die Ausbreitungsrichtung der Wellen angeben und senkrecht zu den Wellenfronten stehen.

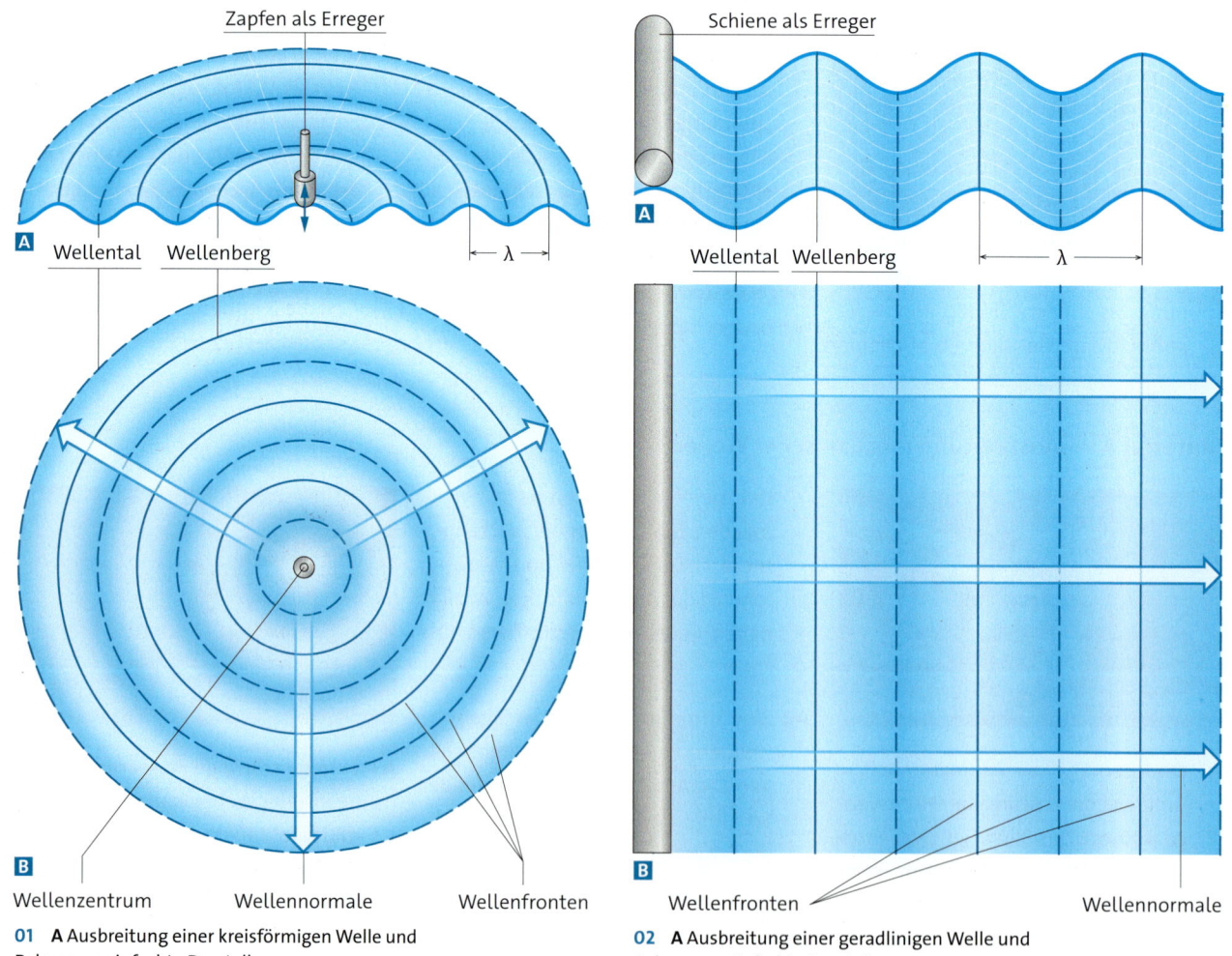

01 A Ausbreitung einer kreisförmigen Welle und
B deren vereinfachte Darstellung

02 A Ausbreitung einer geradlinigen Welle und
B deren vereinfachte Darstellung

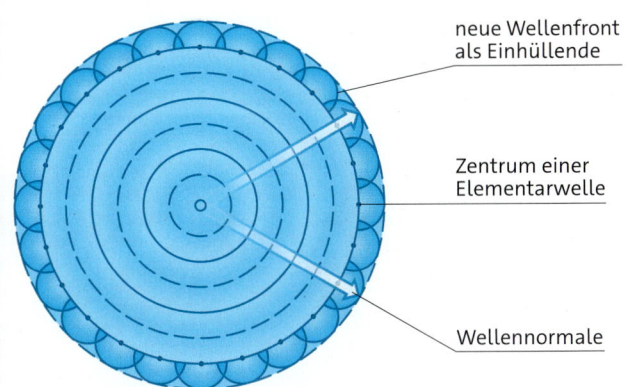

03 Konstruktion einer kreisförmigen Welle nach Huygens

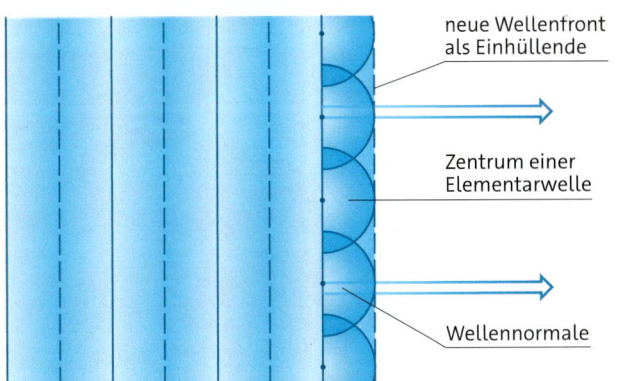

04 Konstruktion einer geradlinigen Welle nach Huygens

Huygenssches Prinzip · Sowohl die kreisförmige Welle als auch die geradlinige Welle lassen sich dadurch erklären, dass die Oszillatoren in der Umgebung des jeweiligen Erregers nach und nach zum Schwingen angeregt werden.

Der holländische Physiker und Mathematiker CHRISTIAAN HUYGENS (1629–1695) entwickelte ein Prinzip, mit dem du dir die Wellenausbreitung besser vorstellen kann. Er betrachtete alle Punkte einer Wellenfront als Erregerzentren für neue Kreiswellen, die auch als **Elementarwellen** bezeichnet werden. Die Ausbreitung der Elementarwellen erfolgt dabei mit gleicher Ausbreitungsgeschwindigkeit und Wellenlänge wie die ursprüngliche Welle, solange sich das Medium nicht verändert.

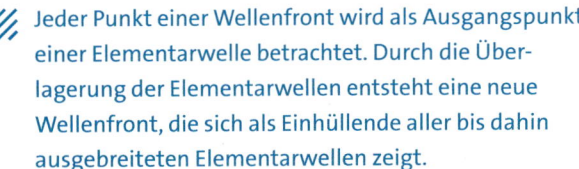 Jeder Punkt einer Wellenfront wird als Ausgangspunkt einer Elementarwelle betrachtet. Durch die Überlagerung der Elementarwellen entsteht eine neue Wellenfront, die sich als Einhüllende aller bis dahin ausgebreiteten Elementarwellen zeigt.

Mithilfe dieser Modellvorstellung kannst du die Ausbreitung von Wellen zeichnerisch sehr leicht konstruieren. In den ► Bildern 03 und 04 sind entsprechende Konstruktionen zu sehen. Dabei sind die Radien der Elementarwellen gleich den Abständen zweier Kreise bzw. zweier Geraden und kennzeichnen damit die Wellenlänge λ. Ebenso lassen sich durch die Anwendung des huygensschen Prinzips neue Gesetzmäßigkeiten zu den Welleneigenschaften gewinnen.

1 ⌡ In einer Wellenwanne wurden mit einem Tupfer als Erreger kreisförmige Wellen der Frequenz 60 Hz erzeugt. Dabei beträgt der Abstand von zehn aufeinanderfolgenden Wellenfronten 3,6 cm. Berechne die Ausbreitungsgeschwindigkeit dieser Welle.

2 ⌡ Konstruiere die Ausbreitung einer geradlinigen Welle nach Huygens innerhalb von 0,3 s. Die Wellenlänge ist mit 2 cm und die Frequenz mit 10 Hz gegeben. Nutze für die Konstruktion mindestens fünf selbst gewählte Punkte im Abstand von 1 cm als Zentrum der Elementarwellen.

3 ⌡ In ► Bild 05 trifft eine geradlinige Welle auf ein Hindernis. Mithilfe des huygensschen Prinzips kannst du herausfinden, wie sich die Welle hinter dem Hindernis ausbreitet. Übertrage das Bild in dein Heft und konstruiere die ersten drei Wellenfronten hinter dem Hindernis. Die blauen Punkte sind Zentren für die sich ausbreitenden Elementarwellen.

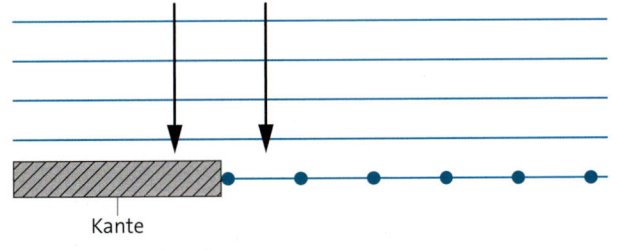

05 Eine Welle trifft auf eine Kante.

01 Echo in den Bergen

Reflexion und Brechung von Wellen

Rufst du in die Berge hinein, hörst du das Echo deiner eigenen Worte (▸ Bild 01). Die Schallwelle ändert mehrfach ihre Richtung und kommt wieder bei dir an. Was sind das für Phänomene, die eine Richtungsänderung der Wellen hervorrufen?

REFLEXION MECHANISCHER WELLEN · Mit einem Experiment kannst du untersuchen, wie sich eine Schallwelle verhält, wenn diese auf eine glatte Oberfläche (z. B. eine Kunststoff- oder Metallplatte) trifft. Dazu legst du eine tickende Uhr auf einen kleinen Schwamm in einen hohen Glaszylinder. Die Uhr darf dabei wie in ▸ Bild 02 die Glaswand nicht berühren.

Halte dein Ohr direkt über das Glas. So kannst du das leise Ticken gut hören. Stellst du dich aber neben das Glas, kannst du das Ticken der Uhr kaum noch oder gar nicht mehr hören. Hält dein Mitschüler eine glatte Platte über das Glas und neigt sie langsam, kannst du das Ticken bei einer bestimmten Neigung und Position der Platte wieder deutlich hören. Der Grund dafür ist die Reflexion der Schallwelle. Trifft die Schallwelle auf die Platte, dann ändert sich ihre Ausbreitungsrichtung, sodass der Schall direkt dein Ohr erreicht.

WELLENWANNE · Wir wollen uns nun dieses Phänomen in einer Wellenwanne genauer anschauen. Eine Wellenwanne verfügt über eine Lampe mit Stroboskopfunktion, die vergleichbar mit einem Lichteffektgerät in Diskotheken ist. Diese Lampe gibt Lichtblitze in sehr regelmäßigen zeitlichen Abständen ab. Das Licht fällt nur dann auf die Wasseroberfläche, wenn sich die Welle um ein Vielfaches der Wellenlänge ausgebreitet hat. Dadurch erhält man ein Bild für einen schnell ablaufenden Prozess, den

02 Schall wird
reflektiert.

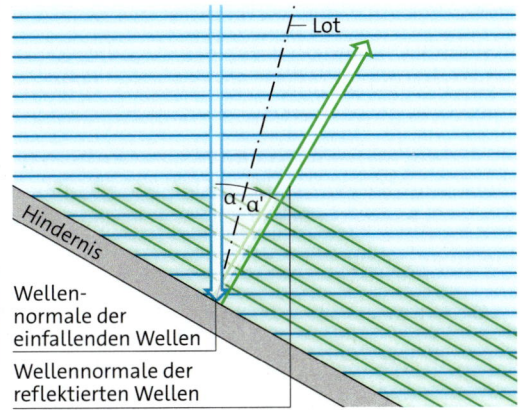

Lot

α α'

Hindernis

Wellen-
normale der
einfallenden Wellen

Wellennormale der
reflektierten Wellen

03 Reflexion einer Wasserwelle

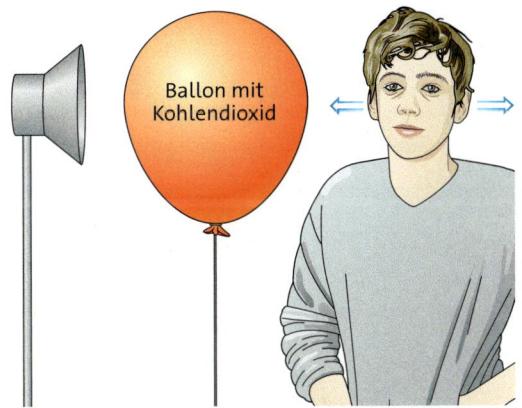

Ballon mit
Kohlendioxid

04 Schallwellen durch einen Luftballon

man sonst nicht beobachten könnte. Du kannst so helle Streifen (Wellenberge) und dunkle Streifen (Wellentäler) auf dem Schirm beobachten, die auf die Änderung der Lichtausbreitung beim Durchdringen der Wasserschichten zurückzuführen sind. Dabei verhalten sich die Wellenberge wie eine Sammellinse und bündeln das Licht, während sich Täler wie eine Zerstreuungslinse verhalten und es seitlich ablenken.

In einer solchen Wellenwanne erzeugen wir geradlinige Wellen. Diese treffen schräg auf ein Hindernis (kleiner Blechstreifen) und werden dort reflektiert. Kennzeichnet man wie in ▶ Bild 03 die Wellenfronten der einfallenden Welle und die der reflektierten Welle farbig, dann ist die Reflexion noch deutlicher erkennbar.

REFLEXIONSGESETZ · Um die Richtungsänderung genau zu beschreiben, werden zwei Winkel herangezogen, die du bereits aus der Optik kennst: der Einfallswinkel α und der Reflexionswinkel α'. Mithilfe von Messungen kann gezeigt werden, dass der Reflexionswinkel immer genauso groß ist wie der Einfallswinkel.

 Wenn eine Welle auf ein Hindernis trifft, wird sie reflektiert. Für die Reflexion einer Welle an einer Grenzfläche gilt:
Der Reflexionswinkel α' ist genauso groß wie der Einfallswinkel α.

BRECHUNG MECHANISCHER WELLEN · Kann man durch einen mit Kohlenstoffdioxid gefüllten Luftballon hindurch sprechen? Dies versuchen wir in einem Experiment: Während ein Mitschüler durch den Luftballon spricht oder Musik durch einen Lautsprecher ertönt, stellst du dich zuerst direkt vor den Ballon und gehst dann langsam zurück. Dabei achtest du darauf, wie deutlich du seine Stimme hörst. Du findest hinter dem Ballon einen kleinen Bereich, in dem sich die Schallwellen bündeln, sodass die gesprochenen Worte plötzlich gut hörbar sind.

Du kennst dieses Phänomen in ähnlicher Form von einer Lupe. In unserem Versuch werden jedoch keine Lichtstrahlen gebrochen. Die Schallwellen ändern beim Übergang von Luft zu Kohlenstoffdioxid und wieder zurück ihre Ausbreitungsrichtung. Sie werden an den Grenzflächen des Luftballons, wie in ▶ Bild 05 gezeigt wird, gebrochen.

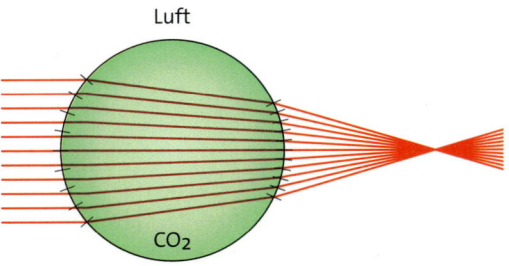

Luft

CO_2

05 Schall wird an den Grenzflächen eines Luftballons gebrochen.

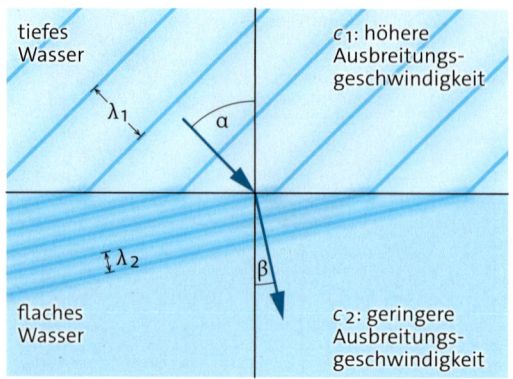

tiefes Wasser

λ_1

α

c_1: höhere Ausbreitungs-geschwindigkeit

λ_2

β

flaches Wasser

c_2: geringere Ausbreitungs-geschwindigkeit

01 Brechung einer Wasserwelle

In der Wellenwanne erzeugen wir erneut gerad-linige Wellen und lassen diese schräg auf eine im Wasser befindliche Glasplatte treffen, die nur geringförmig dünner ist als die Wassertiefe. Die Welle geht also vom tiefen ins flache Wasser über. Im flachen Wasser wird die Welle durch die Reibung zwischen den schwingenden Was-serteilchen und dem Boden der Wellenwanne langsamer und es kommt zur Brechung.

Sowohl die Ausbreitungsrichtung der Welle als auch die Wellenlänge λ haben sich geändert. Die gebrochene Welle besitzt nun eine kleinere Wellenlänge, was du in ▸ Bild 01 am geringeren Streifenabstand erkennen kannst.

Solche Beobachtungen zur Brechung lassen sich auch bei anderen Wellenarten (z.B. Schallwel-len) machen. Voraussetzung ist nur, dass sich beim Übergang der Welle von einem Medium in ein anderes die Ausbreitungsgeschwindigkeit ändert. Unter einem Medium verstehen wir ei-nen bestimmten Stoff, der einen Raum gleich-mäßig ausfüllt und die mechanische Welle trägt.

BRECHUNGSGESETZ · Da sich die Frequenz der Welle bei der Brechung nicht ändert und $c = \lambda \cdot f$ ist, erfolgt die Änderung der Ausbreitungs-geschwindigkeit im gleichen Verhältnis wie die der Wellenlängen. Es gilt somit:

$$\frac{c_1}{c_2} = \frac{\lambda_1}{\lambda_2}$$

Unter Kenntnis der Ausbreitungsgeschwindig-keiten kannst du auch die Richtung der gebro-chenen Welle qualitativ vorhersagen. Trifft die Welle schräg auf die Grenzfläche, dann führt die Änderung der Wellenlänge zu einer Richtungs-änderung. Verlaufen die Wellenfronten dage-gen parallel zur Grenzfläche, dann ändert sich die Richtung nicht.

▨ Wenn eine Welle unter einem Winkel $\alpha \neq 0°$ von einem Medium in ein anderes Medium übergeht und sich dabei die Ausbreitungs-geschwindigkeit verändert, dann ändert sich die Ausbreitungsrichtung der Welle.

Um die Richtungsänderung genauer zu be-schreiben, nutzen wir zwei Winkel, die du be-reits aus der Optik kennst: den Einfallswinkel α und den Brechungswinkel β. Daraus ergeben sich für die Brechung zwei Möglichkeiten: Wird die Ausbreitungsgeschwindigkeit beim Über-gang von einem Medium in ein anderes kleiner, dann wird die Welle zum Lot hin gebrochen, wodurch $\alpha > \beta$ ist. Wird die Ausbreitungsge-schwindigkeit beim Übergang von einem Me-dium in ein anderes größer, wird die Welle vom Lot weg gebrochen, wodurch $\alpha < \beta$ ist.

Wendest du das huygenssche Prinzip an, kannst du die neuen Wellenfronten, die bei der Bre-chung entstehen, konstruieren. Mithilfe der Mathematik lässt sich aus den geometrischen Gegebenheiten das Brechungsgesetz herleiten:

▨ Die Sinuswerte des Einfalls- und des Brechungswinkels verhalten sich wie die Ausbreitungsgeschwindigkeiten der Wellen in den aneinandergrenzenden Medien.

$$\frac{\sin(\alpha)}{\sin(\beta)} = \frac{c_1}{c_2}$$

1 ▸ Bestimme die Ausbreitungsgeschwindig-keit der Welle in ▸ Bild 01 im tiefen Wasser, wenn sie sich im flachen mit $20 \frac{cm}{s}$ aus-breitet.

VERSUCH ▶ Wellenlänge und Ausbreitungsgeschwindigkeit einer Schallwelle

In diesem Versuch bestimmst du die Ausbreitungsgeschwindigkeit des Schalls in Luft.

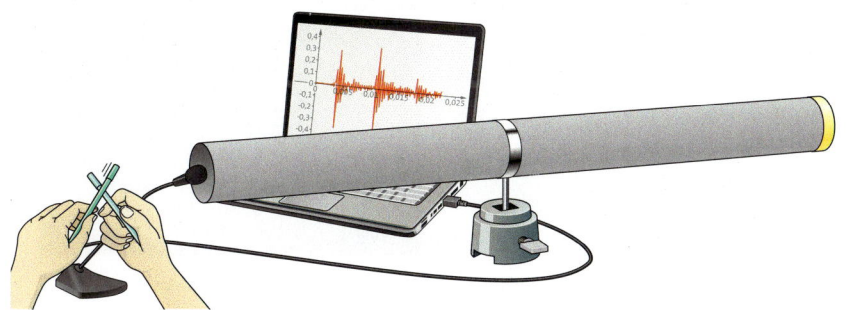

Material:

Papprohr (ca. 1 m lang, ca. 10 cm im Durchmesser) mit Deckel, Lineal, Computer mit Soundeditor, Mikrofon, zwei Stäbe (z. B. kleine Stativstangen)

Durchführung:

a) Baue den Versuch wie im Bild oben auf. Verschließe eine Seite des Papprohrs mit einem Deckel und

stelle das Mikrofon genau vor das offene Ende des Rohrs.

b) Miss die Länge des Rohrs. Starte die Aufnahme im Soundeditor. Erzeuge ein kurzes Schallsignal, indem du die zwei Stäbe einmal aneinanderschlägst. Der Schall erreicht das Mikrofon, breitet sich weiter aus, wird am Ende des Rohrs reflektiert und erreicht dann wieder das Mikrofon.

c) Der zeitliche Abstand zwischen dem direkt gemessenen Signal und dem reflektierten Signal kann im Diagramm abgelesen werden.

d) Führe mehrere Messungen durch und berechne daraus den Mittelwert der Schallgeschwindigkeit. Vergleiche dein Ergebnis mit dem Wert deines Tafelwerks.

Material A ▶ Reflexion und Brechung mechanischer Wellen

A1 Mithilfe des Echos kannst du deinen Abstand zu einer Felswand bestimmen. Du musst nur die Zeit messen, die zwischen einem kurzen Ruf und dem Echo vergeht.
Berechne die Entfernung zu einer Felswand, wenn zwischen Ruf und Echo zwei Sekunden vergehen und die Lufttemperatur 20 °C beträgt.

A2 Beschreibe, was mit einer Schallwelle geschieht, wenn man durch einen mit Helium gefüllten Luftballon hindurch spricht.
Fertige dazu eine Skizze an, aus der hervorgeht, wie sich die Ausbreitung des Schalls verändert.

A3 Eine Welle mit der Frequenz 50 Hz trifft mit einem Einfallswinkel von 45° auf die Grenzfläche zweier Medien. Infolge des Übergangs verringert sich die Ausbreitungsgeschwindigkeit von 70 $\frac{cm}{s}$ auf 50 $\frac{cm}{s}$.
a) Konstruiere mithilfe des huygensschen Prinzips die neuen Wellenfronten, die bei der Brechung entstehen.
b) Bestimme durch Messung und Berechnung den Brechungswinkel β.

A4 Anwohner in der Nähe von Autobahnen oder Bahnlinien können an einigen Tagen im Jahr den Verkehr wesentlich lauter hören als sonst. Dieses Phänomen tritt auch dann noch auf, wenn sich zwischen Schallquelle und wahrnehmender Person Schallschutzwände oder natürliche Barrieren wie Wälder oder Berge befinden.
Erkläre, wie es dazu kommen kann und welche Rolle das Wetter hierbei spielt.

Schallwellen liefern Informationen

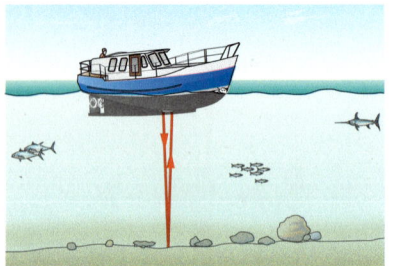

01 Echolotortung

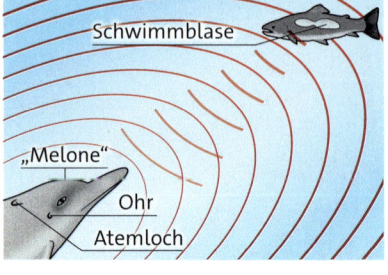

02 Delfin beim Fischfang

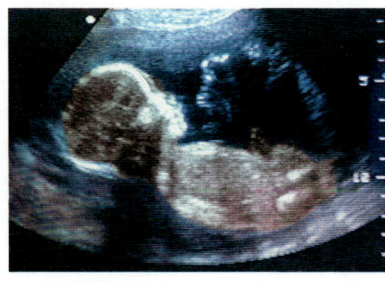

03 Ultraschallbild eines Kindes

Der Mensch kann Töne von 16 Hz bis 20 kHz hören, wobei die Sprache nur zwischen 300 Hz und etwa 5 kHz liegt. Manche Tiere können auch Töne, die kleiner als 16 Hz sind, wahrnehmen. Sie liegen im Infraschallbereich. Infraschall kann durch die Luft und durch das Erdreich übertragen werden. Zur Orientierung und zur Beschreibung des Aufbaus von Stoffen kommen oft Ultraschallwellen zur Anwendung, deren Frequenzen oberhalb von 20 kHz liegen.

Echolotortung · Bei der Echolotortung sind am Schiffsboden ein Sender und ein Empfänger für Schallwellen angebracht. Die ausgesandten Schallimpulse breiten sich nach unten aus. Treffen sie auf den Meeresgrund oder ein anderes Hindernis, dann werden sie reflektiert (▸ Bild 01) und vom Empfänger registriert. Durch Messung der Laufzeit der Schallimpulse kann man die Meerestiefe oder auch die Position eines Fischschwarms berechnen.

Auch Tiere orientieren sich mittels Echolotortung. Fische reflektieren den Schall aufgrund ihrer mit Luft gefüllten Schwimmblase. Die übrigen Körperteile reflektieren den Schall nur wenig. Vor allem in dunklem oder trübem Wasser können sich so beispielsweise Delfine zurechtfinden und auf Beutejagd gehen. Die sogenannte Melone, ein linsenförmiges Gebilde in der Stirn, bündelt dafür die im Ultraschallbereich liegenden Laute, die vorher in den Nasengängen erzeugt wurden. Die von der Beute reflektierten Schallwellen werden in den ölgefüllten Aushöhlungen des unteren Kieferknochens empfangen und zum Ohr und Gehirn weitergeleitet. Das Gehirn zeichnet aus dem Echo ein Bild der Umgebung und erfasst die Entfernung, Größe, Form und Oberflächenstruktur des Objekts.

Ultraschalluntersuchungen · Bei dieser Untersuchung wird ein Schallkopf, der zugleich Sender und Empfänger ist, auf die Haut gesetzt. Ein spezielles Gel sorgt dafür, dass die vom Schallkopf ausgesandten Schallwellen ohne Reflexion auf den Körper übertragen werden. Die Schallwelle durchläuft die verschiedenen Schichten des Körpers. An jeder Grenzfläche wird ein Teil der Schallwelle reflektiert. Die Echos werden vom Schallkopf registriert und an einen Computer übermittelt. Da der Schall in Haut, Fettgewebe, Muskeln, Organe und Knochen unterschiedliche Geschwindigkeiten aufweist, kann der Computer aus der Laufzeit die Entfernung und die Dicke der Schichten berechnen. Ihre Lage wird auf einem Monitor dargestellt. Auf diese Weise erzeugt das Gerät z. B. Bilder eines ungeborenen Kindes (▸ Bild 03).

1 ▸ Das Echolot eines Schiffs registriert bei einer Messung im Meer ein Grundecho nach 133 ms und ein wesentlich schwächeres Echo nach schon 50 ms.
a) Wodurch könnten die beiden Echos verursacht worden sein? Begründe deine Antwort.
b) Berechne die Meerestiefe am Ort der Messung.
c) Erkläre, wie sich die Laufzeit der Ultraschallimpulse bei niedriger Wassertemperatur ändert.

2 ▸ Bei der Materialprüfung durch Ultraschall erkennt man zuverlässig Poren, Bindefehler oder eine fehlerhafte Schweißnaht. Mit der Ultraschall-Wanddickenmessung lassen sich schnell und exakt Abnutzungs- und Korrosionserscheinungen erkennen. Erkläre die Funktionsweise beider Verfahren anhand von Skizzen.

Meereswellen – Von Brandungswellen bis zum Tsunami

04 Tsunamiwelle

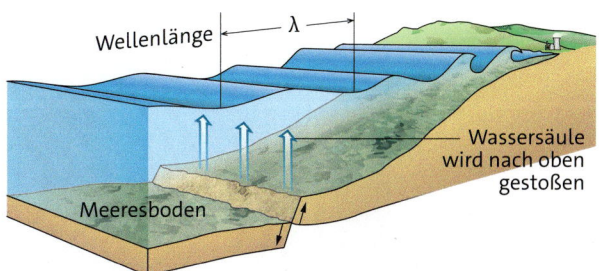

05 Entstehung und Ausbreitung einer Tsunamiwelle

Meereswellen werden durch den Wind, die Gezeiten oder auch durch schlagartige Veränderungen des Meeresbodens, z. B. Seebeben, hervorgerufen.

Arten von Meereswellen · Man unterscheidet je nach Verhältnis von Wassertiefe und Wellenlänge zwischen Tiefwasserwellen und Flachwasserwellen. Bei Tiefwasserwellen ist die Wellenlänge kleiner als die Wassertiefe. Die Wasserbewegung reicht nicht bis zum Meeresboden, Wellenlängen von maximal einigen Hundert Metern und Geschwindigkeiten von weniger als $100 \frac{km}{h}$ sind zu beobachten. Ihre Ausbreitungsgeschwindigkeit hängt nur von der Wellenlänge ab. Ein weiteres Merkmal ist das allmähliche Auseinanderlaufen der Welle. Bei Flachwasserwellen dagegen ist die Wellenlänge größer als die Wassertiefe. Die Wasserbewegung reicht bis zum Grund, ihre Geschwindigkeit hängt nicht von der Wellenlänge, sondern nur von der Wassertiefe ab.

Brandungswellen · Ein typisches Beispiel für Flachwasserwellen sind Brandungswellen. Wird das Wasser flacher, bremst die Reibung zwischen den oszillierenden Wasserteilchen und dem Meeresboden die Welle ab. Läuft eine Welle im tiefen Wasser schräg auf die Küste zu, erreicht ein Teil der Wellenfronten bereits das flache Wasser und wird langsamer, während der Rest noch mit der ursprünglichen Geschwindigkeit weiterläuft. Dadurch ändert sie in Strandnähe ihre Richtung, sie dreht sich allmählich, bis die Geschwindigkeit überall gleich ist und die Welle parallel das Ufer erreicht. Windrichtung oder die Form der Küstenlinie haben darauf kaum einen Einfluss.

Da sich die Frequenz nicht verändert, nimmt mit geringerer Ausbreitungsgeschwindigkeit auch die Wellenlänge ab. Da nun weniger Wasser bei einer kleineren Wellenlänge die gleiche Energie aufnehmen muss, nimmt die Amplitude der Welle zu. Die Wellenberge bewegen sich mit einer höheren Geschwindigkeit als die am Boden befindlichen Wellentäler. Dadurch türmen sich am Ufer die Brandungswellen nicht nur auf, sondern sie schlagen auch um.

Tsunami · Entsteht eine Flachwasserwelle durch ein Seebeben in großen Tiefen, werden die Wassermoleküle bis zum Meeresgrund in Schwingungen versetzt. Es entstehen Wellen, deren Wellenlängen mit 10 bis 500 km deutlich über der Meerestiefe liegen und Geschwindigkeiten von bis zu $900 \frac{km}{h}$ erreichen. Die so entstandene Tsunamiwelle ist auf dem offenen Meer unauffällig, denn ihre Höhe übersteigt kaum einen Meter. Läuft sie auf eine langsam ansteigende Küste zu, wird ein großer Anteil kinetischer Energie in potenzielle Energie umgewandelt. Die Amplituden der Wellen können auf bis zu 30 m ansteigen. Gigantische Wassermengen erreichen das Ufer und können große Zerstörungen anrichten. Faktoren wie die Stärke des Erdbebens, die Lage des Zentrums unterhalb des Meeresbodens und die Verschiebung des Meeresbodens spielen dabei eine Rolle.

3 ❯ Erkläre, wie ein Tsunami entsteht, und begründe, warum es schwierig ist, Tsunamiwarnungen genau und rechtzeitig bekannt zu geben.

4 ❯ Warum steckt in einer Tsunamiwelle so viel Energie?

01 Flügelschlag einer Fliege

Beugung und Interferenz von Wellen

Eine Fliege schlägt mit beiden Flügeln im gleichen Rhythmus auf die Wasseroberfläche (▸ Bild 01). Die beiden Kreiswellen breiten sich aus und überlagern sich. Schaust du genau hin, siehst du, dass neben den Kreiswellen ein streifenförmiges Muster entsteht. Welche weiteren besonderen Eigenschaften weisen Wellen auf?

BEUGUNG AM HINDERNIS · Mit dem folgenden Experiment kannst du untersuchen, ob und wie sich eine Schallwelle um ein Hindernis herum ausbreitet. Das Hindernis ist so beschaffen, dass der Schall nur seitlich vorbeigehen kann, ohne es direkt zu durchdringen (▸ Bild 02).

Dazu wird ein Lautsprecher an einen Frequenzgenerator (Bereich: 1 kHz < f < 10 kHz) angeschlossen. Ein Brett wird mittig zwischen den Lautsprecher und ein Mikrofon gestellt. Mit dem Mikrofon wird die Schallintensität hinter dem Brett bestimmt und auf einem Oszilloskop dargestellt. Verschiebst du jetzt das Mikrofon seitlich und betrachtest die Veränderungen auf dem Oszilloskop, erkennst du, dass die Schall-

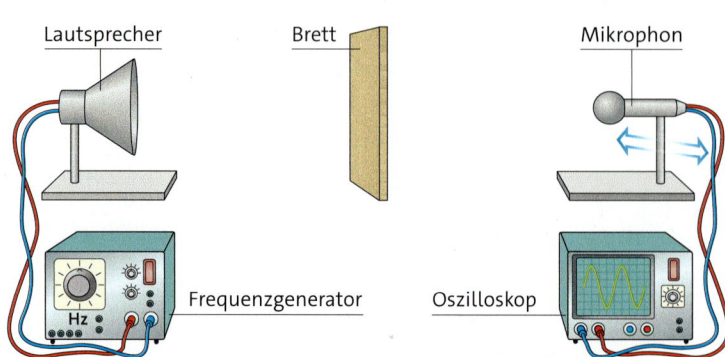

02 Untersuchung der Ausbreitung einer Schallwelle hinter einem Hindernis

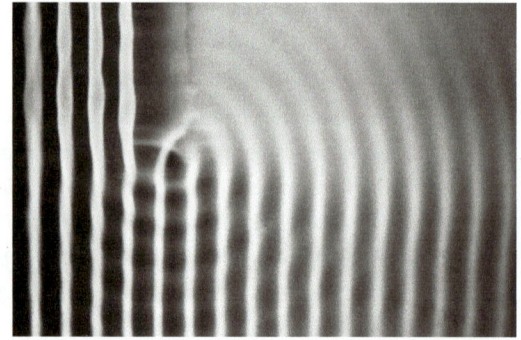

03 Beugung von Wasserwellen am Hindernis

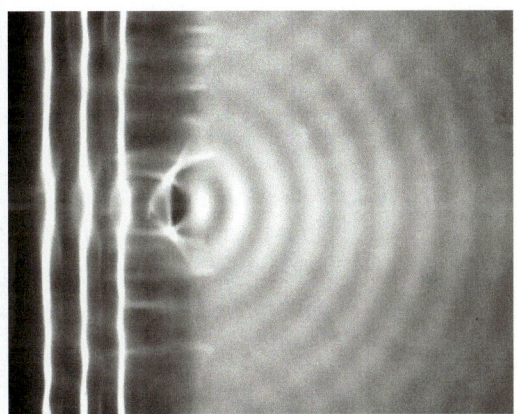

04 Beugung von Wasserwellen am Spalt

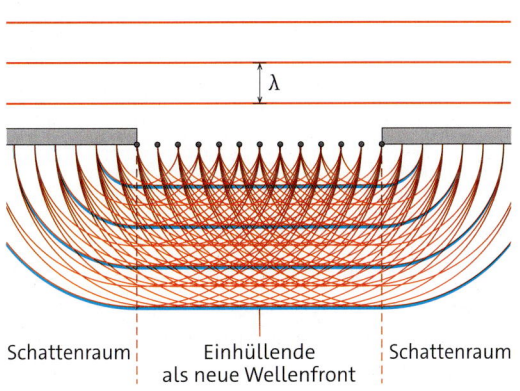

05 Beugungsbild am Spalt nach Huygens

welle auch in den Schattenraum hinter dem Brett eingedrungen ist. Die Welle wurde gebeugt.

Bei niedrigen Frequenzen, d.h. größeren Wellenlängen, dringt der Schall weiter in den Schattenraum ein als bei höheren Frequenzen. Je größer also die Wellenlänge ist, desto stärker werden Wellen gebeugt.

Bewegst du das Mikrofon parallel zum Brett, dann wird die gemessene Intensität des Schalls umso größer, je näher du an den Rand des Bretts kommst. Diese spezielle Welleneigenschaft ist auch dafür verantwortlich, dass du Dinge hören kannst, die hinter einer Hausecke geschehen, auch wenn du nicht sehen kannst, wer oder was die Geräusche verursacht hat.

BEUGUNG AM SPALT · In unserer Wellenwanne erzeugen wir geradlinige Wellen, die nun nicht auf ein Hindernis, sondern auf einen kleinen Spalt treffen. Auch hier sind gekrümmte bzw. kreisförmige Wellenfronten hinter dem Spalt erkennbar. Die Ausbreitung der Welle erfolgt in den Schattenraum hinein.

/// Treffen mechanische Wellen auf ein Hindernis, so dringen sie hinter dem Hindernis in den Schattenraum ein. Diesen Vorgang nennt man Beugung. Je größer die Wellenlänge ist, desto stärker wird die Welle gebeugt.

Mit dem huygensschen Prinzip lässt sich veranschaulichen, wie es zur Beugung kommt (▸ Bild 05). Dazu konstruieren wir das Beugungsbild, das entsteht, wenn eine Welle durch einen Spalt tritt. Dabei ist die Wellenfront von Bedeutung, die sich genau an der Grenze der Spaltöffnung zu den Schattenräumen befindet.

Dazu legst du auf dieser Wellenfront Punkte in regelmäßigen Abständen fest. Diese Punkte stellen die Erregerzentren der sich ausbreitenden Elementarwellen dar. Mit dem Zirkel zeichnest du nun um all diese schwarz markierten Punkte jeweils Halbkreise. Dabei musst du beachten, dass die Radien der Halbkreise ein Vielfaches der Wellenlänge λ sind.

Die Anzahl n der Kreise zeigt dir, wie weit die Welle innerhalb der Zeitspanne $t = n \cdot T$ vorangeschritten ist. In ▸ Bild 05 kannst du zugleich erkennen, warum Wellen hinter einem Hindernis oder an Kanten in den Schattenraum eindringen.

1 ⌡ Erkläre, warum wir nicht um die Ecke sehen, aber sehr wohl um die Ecke hören können.

2 ⌡ Erläutere anhand einer Zeichnung, wie sich eine Welle hinter einem Hindernis in den Schattenraum beugt.

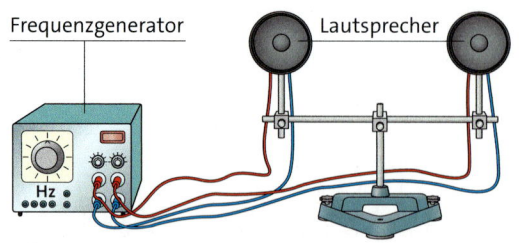

Frequenzgenerator   Lautsprecher

01 Experiment
zur Interferenz von
Schallwellen

INTERFERENZ MECHANISCHER WELLEN · Nun wollen wir untersuchen, was passiert, wenn zwei Schallwellen mit gleicher Frequenz und Intensität aufeinandertreffen. Dazu werden zwei Lautsprecher auf einer Stativstange im Abstand d = 50 cm befestigt und parallel an einen Frequenzgenerator angeschlossen (▸ Bild 01). Es wird eine Frequenz von ca. 3 kHz eingestellt.

Nun hältst du dir ein Ohr zu und läufst langsam mit dem offenen Ohr in Richtung der Lautsprecher an den Schallquellen vorbei. Nach mehrmaligem Abschreiten der Anordnung, auch bei veränderten Abständen, wirst du bemerken, dass abwechselnd laute und leise Töne an immer gleichen Orten zu hören sind. Was ist passiert? Die beiden Lautsprecher senden Schallwellen der gleichen Frequenz aus, die miteinander in gleicher Phase sind. Die Phase kennzeichnet den augenblicklichen Schwingungszustand, dieser wird durch das Produkt $\varphi = \omega \cdot t$ bestimmt. Phasengleichheit bedeutet, dass die Membranen beider Lautsprecher zu jedem Zeitpunkt die gleiche Auslenkung haben. Erzeugt ein Lautsprecher in der Luft ein Druckmaximum oder ein Druckminimum, tut es der andere auch. Diese Druckschwankungen breiten sich aus und überlagern sich (▸ Bild 02).

VERSTÄRKUNG UND ABSCHWÄCHUNG · Bist du an einem Ort, wo der Ton laut wird, hast du einen Bereich der Verstärkung gefunden. Dort treffen im Rhythmus der Frequenz immer Druckmaxima und danach Druckminima jeweils aufeinander, was zu erhöhten Druckschwankungen führt. Bist du aber an einem Ort, wo der Ton leiser wird, hast du einen Bereich

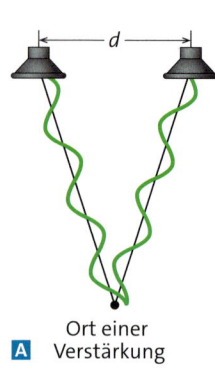

A
Ort einer
Verstärkung

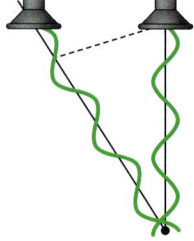

B
Ort einer
Abschwächung

02 **A** Orte der Verstärkung und
B der Abschwächung

der Abschwächung gefunden. Dort treffen Maxima der einen auf Minima der anderen Welle und umgekehrt. Das führt zu abgeschwächten Druckschwankungen.

/// Treffen zwei Wellen aufeinander, überlagern sie sich. Dabei tritt in bestimmten Bereichen eine Verstärkung, in anderen hingegen eine Abschwächung der Wellen auf. Diesen Vorgang nennt man Interferenz.

Die Sinuskurven in ▸ Bild 02 beschreiben modellhaft die sich ausbreitenden Druckschwankungen zu einer bestimmten Zeit und Richtung. Der jeweilige Funktionswert stellt dabei die momentane Druckdifferenz zum Ruhedruck dar. Das Ergebnis der Addition beider Funktionswerte am Ort der Überlagerung gibt dir dann Auskunft darüber, ob eine Verstärkung oder eine Abschwächung auftritt.

/// Kommt es bei der Überlagerung zweier Wellen zur Interferenz, dann entspricht die Gesamtauslenkung am Ort der Beobachtung der Summe der Einzelauslenkungen.

KOHÄRENTE WELLEN · Die Voraussetzung dafür, dass die Bereiche der Verstärkung und Abschwächung immer am selben Ort auftreten, sind konstante Phasendifferenzen der sich überlagernden Wellen. Ist das der Fall, sprechen wir von **kohärenten Wellen** oder kurz von Kohärenz. Nur wenn diese Voraussetzung erfüllt

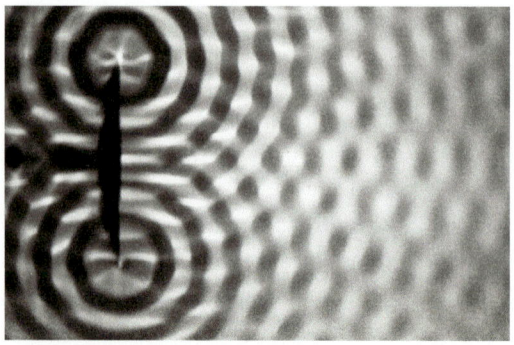

03 Interferenzbild von Wasserwellen

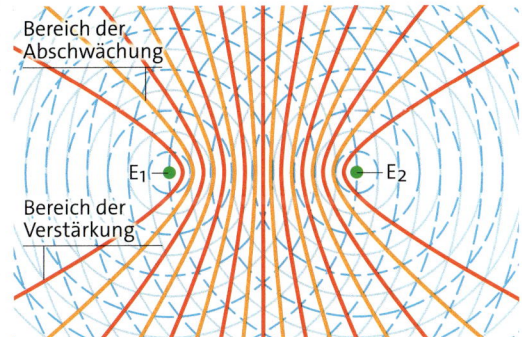

04 Interferenzbild zweier Kreiswellen nach Huygens

ist, lassen sich Interferenzerscheinungen beobachten.

Wellen, die eine konstante Phasendifferenz an gleichen Stellen im Raum haben, heißen kohärent. Die Phasendifferenz ist dabei nur vom Ort, nicht aber von der Zeit abhängig.

INTERFERENZ IN DER WELLENWANNE · Tauchen zwei kleine Zapfen periodisch und im gleichen Takt ins Wasser ein, siehst du zwei kohärente Kreiswellen, die sich ausbreiten und überlagern (▸ Bild 03). Auf der Wasseroberfläche zeigen sich helle Streifen. Dort ist das Wasser nahezu in Ruhe, weil an diesen Stellen Wellenberge auf Wellentäler treffen und sich die Gesamtauslenkung verringert. Es kommt also zur Abschwächung. Zwischen den Streifen erkennst du Stellen, an denen die Wellenberge und Wellentäler deutlicher zu sehen sind. Hier ist das Wasser in stärkerer Bewegung, weil jeweils Wellenberge auf Wellenberge und Wellentäler auf Wellentäler treffen. Dadurch entsteht ein höherer Wellenberg bzw. ein tieferes Wellental. Es kommt zur Verstärkung.

KONSTRUKTION · Mit dem huygensschen Prinzip kannst du auch hier wieder verdeutlichen, wie es zur Interferenz kommt (▸ Bild 04). Dazu zeichnest du die sich ausbreitenden Kreiswellen mit dem Zirkel um die Punkte E_1 und E_2, die als Kreismittelpunkte die Erregerzentren der beiden Kreiswellen darstellen. Dabei ist es

wichtig, dass du sowohl die Wellentäler als auch die Wellenberge als Wellenfronten darstellst. Um diese Schwingungszustände klar voneinander zu trennen, kannst du z.B. die Täler als gestrichelte und die Berge als durchgezogene Kreise zeichnen Verbindest du alle benachbarten Punkte, an denen sich gleichartige Wellenfronten schneiden, erhältst du den Bereich der Verstärkung. Die Verbindung der ungleichartigen Wellenfronten stellt den Bereich der Abschwächung dar.

ARTEN VON INTERFERENZ · Überlagern sich Wellen gleicher Frequenz, sodass es in bestimmten Bereichen zu einer maximalen Abschwächung kommt, bei gleicher Amplitude sogar zur Auslöschung, spricht man von **destruktiver Interferenz.** Verstärken sich die Amplituden maximal, spricht man von **konstruktiver Interferenz.** Die sich abwechselnden Bereiche von konstruktiver und destruktiver Interferenz bilden das **Interferenz muster.**

1 Erkläre folgende Sachverhalte:
a) Hinter der Lärmschutzwand kannst du einen Zug auch dann noch hören, wenn man ihn nicht sehen kann.
b) Den Subwoofer kannst du getrost hinter die Couch stellen, die Hochtöner der Musikanlage sollte man dagegen nicht hinter Möbeln platzieren.

2 Erläutere, wie es bei der Interferenz von Schall- und Wasserwellen zur Verstärkung bzw. Abschwächung kommt.

3 In einer Wellenwanne werden zwei kreisförmige Wasserwellen gleichzeitig erzeugt. Der Doppeltupfer taucht mit einer Frequenz von 20 Hz in das Wasser ein, die Ausbreitungsgeschwindigkeit der Wellen beträgt 20 $\frac{cm}{s}$. Die beiden Tupfer haben den Abstand 2,5 cm. Konstruiere das zu erwartende Interferenzmuster. Kennzeichne die Bereiche von konstruktiver und destruktiver Interferenz farbig.

/// **METHODE** ///

Bedingungen für Interferenzphänomene

In der Akustik wird Interferenz z. B. zur Reduktion von störenden Geräuschen genutzt. Man spricht dabei von Antischall. Dieses Prinzip kommt bei speziellen Kopfhörern oder Autoschalldämpfern zum Einsatz.

Auch beim Licht können wir Interferenzerscheinungen beobachten und gezielt nutzen. Seifenblasen erscheinen im Sonnenlicht bunt, verschiedene Lichtquellen werden mit einer CD in ihre Spektralfarben zerlegt und Brillengläser werden durch Auftragen einer dünnen Schicht entspiegelt.

Um solche Erscheinungen zu erklären und Anwendungen der Interferenz zu ermöglichen, ist es wichtig, den Ort, an dem es zur Abschwächung oder Verstärkung kommt, genau zu kennen. Am Beispiel der Interferenz zweier Kreiswellen lässt sich die Frage nach dem Ort anschaulich beantworten (► Bild 01).

Dazu müssen wir die bis hier bekannten Kriterien für die Entstehung von Abschwächung (Berg–Tal) und Verstärkung (Berg–Berg bzw. Tal–Tal) mathematisch beschreiben. Dafür ist es notwendig, die Wege der beiden Wellen von ihren Erregerzentren bis zum jeweiligen Ort P zu betrachten.

Es ist zweckmäßig, diese Wege nicht in einer üblichen Längeneinheit (z. B. cm) anzugeben, sondern in Vielfachen der halben Wellenlänge, also in $\frac{\lambda}{2}$. So können wir erfassen, wie oft der Wechsel von Berg und Tal stattgefunden hat. Die Wegdifferenz $\Delta s = s_2 - s_1$ mit $s_2 = \overline{E_2 P}$ und $s_1 = \overline{E_1 P}$, die man auch **Gangunterschied Δs** nennt, gibt dann darüber Auskunft, ob es zur konstruktiven oder destruktiven Interferenz gekommen ist.

Ergänzung: Da an jedem Ort stets zwei Schwingungszustände aufeinandertreffen, lässt sich diese Erkenntnis auch auf die Phasendifferenz $\Delta\varphi = \varphi_2 - \varphi_1$ übertragen. Der Zusammenhang zwischen Gangunterschied und Phasendifferenz wird durch die Gleichung $\frac{\Delta s}{\Delta\varphi} = \frac{\lambda}{2\pi}$ beschrieben.

/// Bei der Interferenz zweier kohärenter Wellen, deren Erreger phasengleich schwingen, kommt es zur:
- konstruktiven Interferenz, wenn der Gangunterschied Δs ein geradzahliges Vielfaches der halben Wellenlänge $\Delta s = 2\,k \cdot \frac{\lambda}{2} = k \cdot \lambda$, entsprechend einer Phasendifferenz von $\Delta\varphi = 2\,k \cdot \pi$ mit $k \in \mathbb{Z}$ ist.
- destruktiven Interferenz, wenn der Gangunterschied Δs ein ungeradzahliges Vielfaches der halben Wellenlänge $\Delta s = (2\,k + 1) \cdot \frac{\lambda}{2}$, entsprechend einer Phasendifferenz von $\Delta\varphi = (2\,k + 1) \cdot \pi$ mit $k \in \mathbb{Z}$ ist.

Die folgenden Beispiele helfen dir dabei, die getroffenen Aussagen zur Interferenz besser zu verstehen. Dazu wurden aus ► Bild 01 zwei Punkte ausgewählt.

$$\left. \begin{array}{l} s_1 = 5 \cdot \frac{\lambda}{2} \\ \\ s_2 = 3 \cdot \frac{\lambda}{2} \end{array} \right\} \begin{array}{l} P_{29}: \\ \Delta s = -2 \cdot \frac{\lambda}{2} \ \text{Konstruktive Interferenz} \end{array}$$

$$\left. \begin{array}{l} s_1 = 3 \cdot \frac{\lambda}{2} \\ \\ s_2 = 6 \cdot \frac{\lambda}{2} \end{array} \right\} \begin{array}{l} P_3: \\ \Delta s = +3 \cdot \frac{\lambda}{2} \ \text{Destruktive Interferenz} \end{array}$$

Verbindest du alle Punkte, die einen gleichen Gangunterschied besitzen, dann entstehen Hyperbeln, die das Interferenzmuster darstellen.

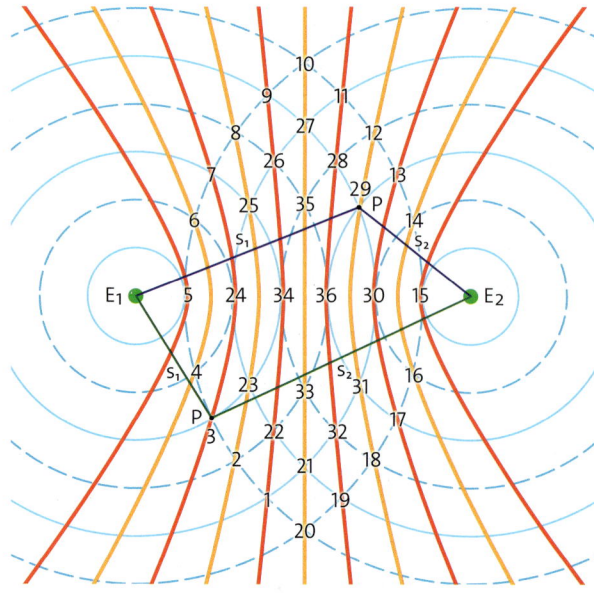

01 Interferenz von Kreiswellen nach Huygens

Material A ▸ Grundlagen zur konstruktiven und destruktiven Interferenz

A1 Übertrage die folgende Tabelle in dein Heft und ergänze alle fehlenden Werte. Nutze dazu das ▸ Bild 01 auf Seite 152 .
Tipp: Die Wege s_1 und s_2 bestimmst du durch Zählen der Kreise. Überlege dir, ob für alle Punkte immer neu gezählt werden muss.

A2 Erläutere mithilfe der Tabelle die getroffenen Aussagen zur Interferenz.

Ort P_n	Verstärkung V/ Abschwächung A	s_1 in $\frac{\lambda}{2}$	s_2 in $\frac{\lambda}{2}$	Δs in $\frac{\lambda}{2}$
1				
2				
3	A	3	6	3
⋮				
29	V	5	3	−2
⋮				
36				

Material B ▸ Interferenz von Schallwellen

B1 Zwei Lautsprecher sind 1,0 m voneinander entfernt und geben gleichphasig Schallwellen der Frequenz 686 Hz ab. Du befindest dich 3,00 m von einem Lautsprecher entfernt und nimmst eine Abschwächung wahr. Gibt es noch weitere Orte, an denen die Schallwellen bei gleicher Entfernung zum Lautsprecher deutlich leiser zu hören sind?
a) Fertige eine Zeichnung an, die alle möglichen Aufenthaltsorte unter Berücksichtigung der notwendigen Bedingungen beinhaltet. Nutze dazu einen geeigneten Maßstab und den Zirkel.
Tipp: Nutze dein Wissen über den Gangunterschied und destruktive Interferenz.
b) Beantworte die Ausgangsfrage und beschreibe die Position einer Person bzgl. der Lautsprecher.
c) Überprüfe deine Ergebnisse im Experiment.

B2 Zwei Ultraschalllautsprecher stehen nebeneinander und senden phasengleich Schallwellen mit einer Frequenz von 24 kHz aus. Die Lufttemperatur beträgt 20 °C. Vor einem der beiden Lautsprecher 1 befindet sich im Abstand von 20 cm ein Mikrofon, welches an ein Oszilloskop angeschlossen ist. Durch langsames seitliches Verschieben des anderen Lautsprechers 2 kann man zeigen, dass die Schallintensität erst abnimmt und danach wieder zunimmt.
a) Beschreibe, was zu beobachten ist, wenn Lautsprecher 2 langsam in x-Richtung verschoben wird.
b) Erkläre, wie es zu den Veränderungen der Schallintensität kommt.
c) Berechne die Abstände x, um die der Lautsprecher 2 zu verschieben ist, damit es zum ersten Minimum und Maximum der Schallintensität kommt.

d) Überprüfe deine Ergebnisse von Aufgabe b) experimentell. Nutze dazu Ultraschalllautsprecher (z. B. OD24K2). Diese können als Lautsprecher (Sender) und als Mikrofon (Empfänger) eingesetzt werden.
e) Erläutere, welche Faktoren das experimentelle Ergebnis beeinflussen und damit für die Begründung von Abweichungen zwischen den berechneten und den gemessenen Abständen relevant sind.

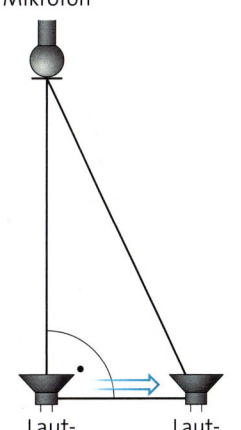

Mikrofon

Lautsprecher 1   Lautsprecher 2

01 Boomwhackers

Stehende Wellen

Boomwhackers sind Plastikrohre unterschied-licher Läge, die Töne erzeugen, wenn man sie auf den Tisch oder einen anderen Gegenstand schlägt. Im gekonnten Zusammenspiel kannst du sogar Musik machen. Wie kommt es zu diesen Tönen und was passiert, wenn das Rohr auf einer Seite verschlossen wird?

ENTSTEHUNG STEHENDER WELLEN · Schlägst du leicht mit der flachen Hand auf das Ende eines langen Plastikrohres oder Gartenschlauchs, hörst du, wie der Druckimpuls mehrfach im Inneren hin- und herläuft. Um solche und ähnliche Vorgänge besser zu verstehen und auch beobachten zu können, experimentieren wir mit einem Gummiband. Dieses wird zwischen zwei Klemmen eingespannt. Mithilfe eines Elektromotors wird es am linken Ende periodisch auf und ab bewegt (▸ Bild 02). Infolge dieser Erregung entsteht im Gummiband eine Transversalwelle, die sich von A nach B ausbreitet und in B reflektiert wird. Die reflektierte Welle überlagert sich mit der hinlaufenden Welle. Es kommt zur Interferenz gegenläufiger Wellen gleicher Amplitude und Wellenlänge.

Wird die Drehzahl des Motors langsam erhöht, kannst du bei bestimmten Drehzahlen Schwingungen beobachten, die immer am gleichen Ort verbleiben (▸ Bild 02 B–D). Eine stehende Welle hat sich gebildet. .

Innerhalb der Schwingungsdauer kommt es jetzt zweimal vor, dass Wellenberge auf Wellentäler treffen. Dazwischen treffen Berge auf Berge und Täler auf Täler. Ein typisches Interferenzmuster ist entstanden. Es gibt Stellen, die nahezu in Ruhe sind, dazwischen bewegt sich das Gummiband besonders heftig auf und ab. Die Stellen maximaler Auslenkung bezeichnet man als Schwingungsbäuche, die mit minimaler Auslenkung als Schwingungsknoten. Der Abstand zweier benachbarter Knoten oder Bäuche beträgt immer $\frac{\lambda}{2}$. Die Oszillatoren zwischen

A Motor

B

C

D

• Schwingungsknoten
| Schwingungsbäuche

02 Stehende Wellen beim Gummiband

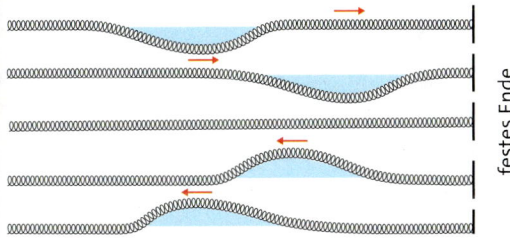

03 Reflexion am festen Ende

festes Ende

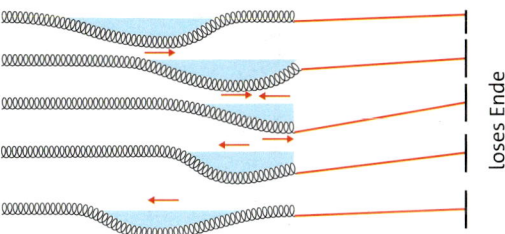

04 Reflexion am losen Ende

loses Ende

zwei benachbarten Knoten schwingen im Gleichtakt, vor und nach einem Knoten aber im Gegentakt.

 Eine stehende Welle entsteht durch Überlagerung zweier gleicher, gegenläufiger Wellen bei der es zur Bildung ortsfester Schwingungsknoten und Schwingungsbäuche gekommen ist. Zwei benachbarte Knoten haben jeweils einen Abstand von $\frac{\lambda}{2}$.

GRUNDSCHWINGUNG · Vergrößern wir die Spannung des Gummibands und wiederholen das Experiment, können wir erst bei höheren Drehzahlen stehende Wellen beobachten. Der Grund dafür ist die größere Ausbreitungsgeschwindigkeit der Welle. Da die stehenden Wellen ein typisches Resonanzverhalten zeigen, d. h. immer nur bei bestimmten Erregerfrequenzen auftreten und diese vom Zustand der jeweiligen Anordnung abhängen, spricht man hierbei auch von Eigenfrequenzen. Die stehende Welle mit der kleinsten Eigenfrequenz f_0 bzw. der größtmöglichen Wellenlänge λ_0 nennt man Grundschwingung (▸ Bild 02 B). Die dann folgenden werden als 1. und 2. Oberschwingung bezeichnet.

Stehende Wellen treten auch bei Schallwellen auf. Schlägst du einen Boomwhacker an, breitet sich im Inneren des Rohrs eine Schallwelle aus. Da diese an den Enden jeweils reflektiert wird, entsteht für einen kleinen Moment eine stehende Welle. Die Tonhöhe, die du hörst, ist gleich der Eigenfrequenz der sich gebildeten Grundschwingung.

REFLEXION AM FESTEN UND LOSEN ENDE · Um zu verstehen, wovon die Tonhöhe des Boomwhackers abhängt, experimentieren wir mit einer langen, weichen Schraubenfeder. Diese legen wir flach und leicht gespannt auf den Fußboden und fixieren ein Ende. Lenkst du das andere Ende kurzzeitig seitwärts so aus, dass nur ein Wellental entsteht und zum festen Ende wandert, erkennst du, wie das Wellental dort reflektiert wird und als Wellenberg zurückwandert. (▸ Bild 03). Die Reflexion erfolgt mit einem Phasensprung von $\Delta\varphi = \pi$, d. h. die rücklaufende Welle ist um die Strecke $\frac{\lambda}{2}$ verschoben.

Wiederholen wir den Versuch mit einem losen Ende, wird das Wellental als Wellental reflektiert und die Reflexion erfolgt ohne Phasensprung (▸ Bild 04).

Durch die starre Befestigung des letzten Oszillators bewegt sich der vorletzte Oszillator weiter durch die Gleichgewichtslage, infolge dessen die Welle mit entgegengesetzter Auslenkung reflektiert wird. Andererseits schwingt dagegen am losen Ende der letzte Oszillator mit, überträgt seine Energie an den vorletzten Oszillator, so als wenn er sie an den nächsten weitergeben würde, dieser ist aber nicht vorhanden.

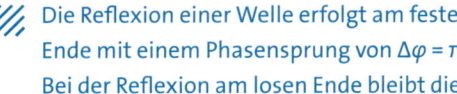 Die Reflexion einer Welle erfolgt am festen Ende mit einem Phasensprung von $\Delta\varphi = \pi$. Bei der Reflexion am losen Ende bleibt die Phase unverändert.

1 ∫ Erkläre, wie es zur Bildung stehender Wellen kommt.

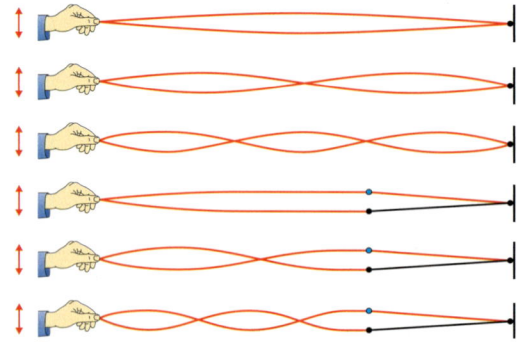

01 Stehende Wellen bei einer Schraubenfeder

REFLEXION GANZER WELLENZÜGE · Erzeugst du vollständige Wellenzüge, indem du deine Hand zunächst langsam, danach schneller hin und her bewegst, kannst du mit etwas Geschick stehende Wellen erzeugen. Die Anzahl der Schwingungsbäuche nimmt mit der Frequenz zu. Aufgrund der unterschiedlichen Befestigungen und der Besonderheiten bei der Reflexion zeigt sich am festen Ende immer ein Schwingungsknoten und am losen Ende ein Schwingungsbauch (▸ Bild 01).

Bemerkenswert ist dabei auch, dass sich die stehenden Wellen immer in ganzzahligen Vielfachen von $\frac{\lambda}{4}$ entlang der Länge L des Wellenträgers zeigen. Das Gummiband, die Schraubenfeder oder die Luft im Boomwhaker sind Beispiele für Wellenträger. Welche Varianten der Verteilung es dabei gibt, kannst du dir in ▸ Bild 02 A–C anschauen. Zuerst ist immer die Grundschwingung dargestellt, danach die 1. und 2. Oberschwingung.

Mithilfe von ▸ Bild 02 kannst du erklären, warum sich die Tonhöhe beim Boomwhaker halbiert, wenn du das Rohr auf einer Seite verschließt. Dabei wirkt die Verschlusskappe wie das feste Ende und die Rohröffnung wie das lose Ende bei Reflexionen des Schalls. Verschließt du das Rohr an einer Seite, verdoppelt sich die Wellenlänge, da sich nur $1 \cdot \frac{\lambda}{4}$ statt $2 \cdot \frac{\lambda}{4}$ auf die gleiche Rohrlänge L verteilen (▸ Bild 02 B). Nach dem Gesetz der Wellenausbreitung ist die Frequenz f indirekt proportional zur Wellenlänge λ, damit hat sich die Tonhöhe bei gleichbleibender Schallgeschwindigkeit c halbiert

ENERGIE EINER STEHENDEN WELLE · Vergleichst du herkömmliche Wellen mit stehenden Wellen, ergeben sich zwei Unterschiede. Bei stehenden Wellen wandert der Schwingungszustand nicht durch den Raum und es findet kein Energietransport statt. In den Bäuchen der stehenden Welle ist die Energie gespeichert. Hier findet fortlaufend eine Umwandlung zwischen kinetischer und potenzieller Energie statt. In den Knoten ist die Energie immer Null. Oft wird die stehende Welle nur durch einmalige Anregung des Wellenträgers, z. B. einer Saite oder Luftsäule, erzeugt. Sie bleibt durch fortwährende Reflexionen an beiden Enden solange erhalten, bis sie ihre Energie nach außen abgegeben hat. Ein hörbarer Ton wird dadurch immer leiser.

/// Durch eine stehende Welle wird keine Energie transportiert. Die Energie wird gespeichert.

1 ͐ Erläutere Möglichkeiten, die Wellenlänge einer stehenden Welle zu bestimmen.

2 ͐ Ein Gummiseil wird zwischen zwei Haken eingespannt. Es wird in Hakennähe sinusförmig quer zur Seilrichtung angeregt. Die Erregerfrequenz wird langsam erhöht. Beschreibe die zu erwartenden Beobachtungen. Wie lassen sich diese erklären?

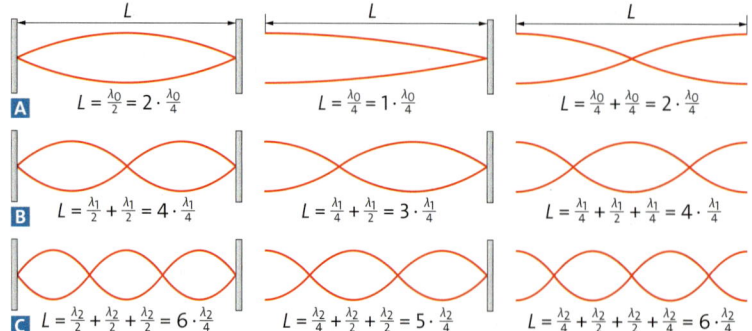

02 Stehende Wellen für **A** zwei feste Enden **B** loses und festes Ende **C** zwei lose Enden

VERSUCH ► Wellenlänge und Ausbreitungsgeschwindigkeit einer Schallwelle

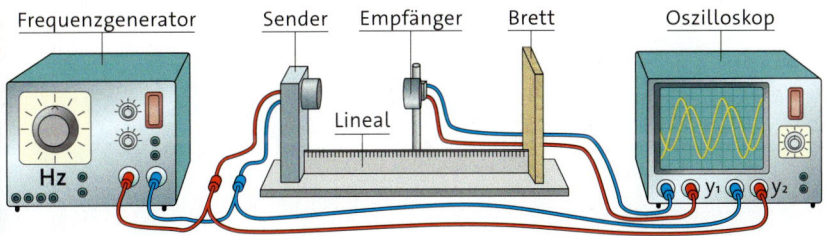

Material:

Frequenzgenerator, Zweikanaloszilloskop, 2 Piezolautsprecher oder Ultraschall-Transducer, Brett, Anschlusskabel, Stativmaterial, Maßband

Durchführung:

a) Baue den Versuch wie im Bild oben dargestellt auf. Sender und Empfänger bilden dabei eine senkrechte Linie zur Reflexionsfläche. Bei den Einstellungen am Oszilloskop hilft dir deine Lehrerin oder dein Lehrer.
b) Stelle am Frequenzgenerator die Frequenz ($f \geq 10$ kHz) und die Ausgangsspannung so ein, bis auf dem Oszilloskop zwei gut sichtbare Sinuskurven erscheinen.

c) Notiere den Frequenzwert.
d) Verschiebe den Empfänger langsam nach rechts und links. Beschreibe und erkläre deine Beobachtungen.
e) Bestimme mithilfe verschiedener Verschiebungsstrecken, die du mit dem Lineal misst, jeweils die Wellenlänge. Erläutere dein Vorgehen.
f) Berechne den Mittelwert der Wellenlänge und daraus die Schallgeschwindigkeit. Diskutiere Abweichungen zum Tabellenwert des Tafelwerks.

Hinweis:

Beachte den Hinweis zum Versuch auf Seite 139.

Material A ► Ausbreitung mechanischer Wellen

A1 Erkläre, wie ein Ton entsteht, wenn du einen Boomwhacker auf einen Gegenstand schlägst. Welchen Einfluss haben die Rohrlänge und das einseitige Verschließen auf die Frequenz? Verdeutliche die Zusammenhänge anhand von Skizzen.

A2 Der trichterförmige Gehörgang des menschlichen Ohrs ist ca. 25 mm lang. Vereinfacht kann er als einseitig offenes Rohr betrachtet werden, an dessen Ende sich das Trommelfell befindet.
a) Berechne die Frequenzen der Grundschwingung, sowie der 1. Oberschwingung stehender Wellen im Gehörgang.
b) Vergleiche die Ergebnisse aus Aufgabe a) mit dem Frequenzbereich, indem vorwiegend die Sprache und Musik anzutreffen ist. Welche Schlussfolgerung kannst du daraus über die Wahrnehmung des Schalls ziehen?

A3 In einem Experiment wird der Zusammenhang zwischen der Kraft F, mit der eine Stahlsaite gespannt wird, und der Wellenausbreitungsgeschwindigkeit c untersucht.

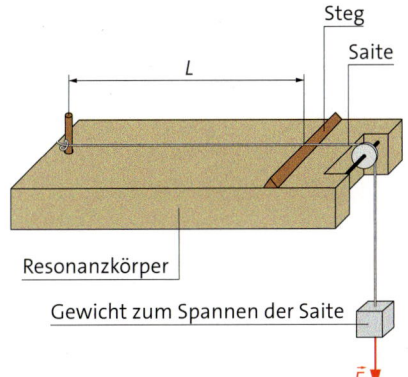

Da c nicht direkt gemessen werden kann, erzeugt man durch Anzupfen der Saite eine Grundschwingung, deren Frequenz 440Hz betragen soll. Dazu ist es erforderlich, die Länge des schwingenden Teils der Saite, durch Verschieben des beweglichen Stegs dieser Frequenz anzupassen. Die Tabelle zeigt die gemessenen Werte.
a) Berechne jeweils die Ausbreitungsgeschwindigkeit c. Stelle c in Abhängigkeit von F grafisch dar. Werte das Diagramm aus.
b) Weise nach, dass F proportional zu L^2 ist. Gib eine Gleichung zur Berechnung von c an.

Spannkraft F in N	5,0	10.0	20,0	30,0	40,0	50,0
Saitenlänge L in m	0,130	0,184	0,260	0,318	0,376	0,411

01 Ein Konzert kann laut werden.

Schall und seine Wirkungen auf uns

Der Genuss von Live-Musik hat für viele Menschen eine besondere Attraktivität. Doch bei aller Freude solltest du als Konzertbesucher deinen Hörsinn nicht außer Acht lassen. Warum ist es notwendig, das Gehör zu schützen? Ab welchen Belastungen solltest du geeignete Maßnahmen treffen?

BESCHREIBUNG DES SCHALLS · Größen, mit deren Hilfe eine mechanische Welle beschrieben wird, kennst du bereits. Frequenz f, Wellenlänge λ und die Ausbreitungsgeschwindigkeit c werden auch zur Beschreibung der Schallwelle genutzt. Die Frequenz als Schnelligkeit der Druckschwankungen bestimmt die Tonhöhe. Die Wellenlänge gibt den Abstand zwischen zwei aufeinanderfolgenden Verdichtungen oder Verdünnungen der Luft an und die Schallgeschwindigkeit beschreibt, wie schnell sich diese ausbreiten. Jetzt fehlt nur noch die Amplitude. Hierbei können verschiedene Größen betrachtet werden, z. B. die Teilchenauslenkung, die Teilchengeschwindigkeit oder der Druck. Bezieht man die Amplitude auf die Größe der Druckschwankungen, gilt: je größer die Amplitude, umso lauter ist der Ton. Maßgeblich für die Beschreibung der Wirkungen von Schall ist aber die transportierte Energie..

SCHALLPEGEL · Um die transportierte Energie einer Schallwelle zu beschreiben, kannst du die Schallintensität I verwenden. Sie gibt an, wie viel Energie innerhalb einer Sekunde auf einen Quadratmeter übertragen wird.
Dabei entspricht die in einer Sekunde übertragene Energie der Leistung P. Für die Schallintensität gilt:

$$I = \frac{P}{A}, \quad [I] = \frac{W}{m^2} = \frac{J}{s \cdot m^2}.$$

Schallquelle	I in $\frac{W}{m^2}$	$\frac{I}{I_0}$	L_{I_i} in dB
Hörschwelle	10^{-12}	10^{0}	0
Flüstern (5 m entfernt)	10^{-9}	10^{3}	30
Normales Gespräch (1 m)	10^{-6}	10^{6}	60
stark befahrene Straße	10^{-5}	10^{7}	70
lautes Konzert, Disco	10^{-2}	10^{10}	100
Martionshorn (10 m)	10^{-1}	10^{11}	110
Düsenflugzeug (60 m), Schmerzschwelle	10	10^{13}	130

02 Beispiele für Schallereignisse

Unser Ohr kann Schallintensitäten in einer Größenordnung von 13 Zehnerpotenzen wahrnehmen. Diese erstrecken sich von der Hörschwelle bis zur Schmerzgrenze. Die Hörschwelle eines durchschnittlichen Menschen liegt bei $1 \cdot 10^{-12} \frac{\text{W}}{\text{m}^2}$ und bezieht sich auf einen Messton von 1 kHz. Die Schmerzgrenze liegt bei ca. $10 \frac{\text{W}}{\text{m}^2}$. Dauerhafte Schäden des Innenohres sind hierbei zu erwarten. Zum Vergleich von Schallintensitäten wie in ▸ Tabelle 02 nutzt man eine logarithmische Darstellung, bei der man den Schallintensitätspegel L_I in Dezibel (dB) angibt.

Es gilt: $L_I = 10 \cdot \lg\left(\frac{I}{I_0}\right)$ dB.

LAUTSTÄRKE · Unsere Wahrnehmung der Veränderung von Lautstärke lässt sich nur bedingt mit einer Schallintensitätsänderung beschreiben. Durch viele Untersuchungen fand man heraus, dass eine Verdopplung der Lautstärke nicht durch zwei gleichartige Schallquellen, sondern erst durch ca. zehn Schallquellen wahrgenommen wird. Damit ergibt sich ein Zusammenhang zwischen der subjektiv empfundenen Lautstärke L, die in der Einheit Phon angegeben wird, und der messbaren Schallintensität I.

Es gilt: $L \approx 10 \cdot \lg\left(\frac{I}{I_0}\right)$ phon.

Die Lautstärke wird oftmals auch nur als Schallstärkepegel bezeichnet. Bei einem Ton von 1 kHz stimmen die Werte von Schallintensitätspegel und Lautstärke überein, 1 dB = 1 phon. Bei tiefen und hohen Frequenzen muss auf unser Trommelfell mehr Energie übertragen werden, damit der Ton gleich laut eingeschätzt wird. Im mittleren Frequenzbereich (1 kHz < f < 4 kHz), dort, wo die Sprache und die Musik vorwiegend anzutreffen sind, ist unser Gehör am empfindlichsten.

LÄRM · Jede Art von Schall, den du als unangenehm empfindest oder der zu gesundheitlichen Schäden führen kann, wird allgemein als Lärm bezeichnet. Dazu gehören beispiels-

weise laute Geräusche von Maschinen und der Straßenverkehr. Aber auch Musik, die nicht deinem Geschmack entspricht, kannst du als Lärm empfinden. Das Lärmempfinden ist bei jedem Menschen unterschiedlich. Unabhängig vom Empfinden kann Schall ab einer bestimmten Lautstärke gefährlich werden. Lärm wirkt sich nicht nur auf unser Gehör, sondern auch auf den Gesamtorganismus aus. Ob Lärm gesundheitliche Schäden verursacht, hängt maßgeblich vom Schallpegel und der Einwirkdauer ab. Akute Gehörschädigungen treten schon nach sehr kurzer Zeit bei Schallpegeln auf, die über der Schmerzgrenze von rund 130 dB liegen. Gehörschädigungen treten aber auch dann auf, wenn wir über einen größeren Zeitraum Schallpegeln ab rund 85 dB ausgesetzt sind.

03 Schallpegelmessgerät

Wie der einzelne Mensch darauf reagiert, ist nicht genau vorhersagbar. Mediziner sprechen deswegen nur von einer sicheren Hördauer, bis zu der die Wahrscheinlichkeit einer Erkrankung des Gehörs gering ist (▸ Bild 04). Je höher der einwirkende Schallpegel ist, desto kürzer ist die Zeit, bis sich ein chronischer Gehörschaden einstellen kann. Diese Schädigung am Gehör ist nicht heilbar.

Lärm geringerer Lautstärke, dem wir ständig ausgesetzt sind, kann zur Beeinträchtigung des Wohlbefindens bis hin zu Konzentrationsstörungen, Stress, einer beschleunigten Alterung des Herz-Kreislauf-Systems und zu einem erhöhten Risiko, an Depressionen zu erkranken, führen. Wann wir dem Lärm ausgesetzt sind, hat auch einen Einfluss auf dessen Wirkung. So wirkt sich Lärm beispielsweise während des Schlafs, der Entspannung und Kommunikation bei gleicher Lautstärke wesentlich stärker aus als während körperlicher Arbeit.

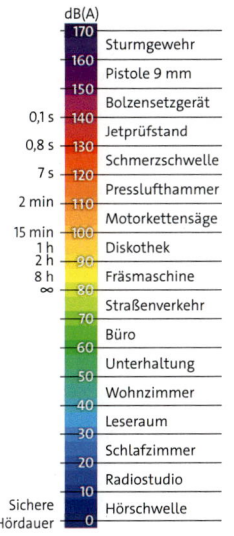

04 Beispiele für eine sichere Hördauer

1 Ein Mofa erzeugt bei einer Geschwindigkeit von $40 \frac{\text{km}}{\text{h}}$ einen Schallpegel von 70 dB. Gib begründet an, wie viele Mofas einen Schallpegel von 73 dB, 76 dB und 80 dB erzeugen.

/// **BLICKPUNKT** //

Lärmreduzierung

01 Schallschutzwand an der Autobahn

02 Noise-Cancelling-Kopfhörer

Passive Lärmreduzierung · Die beste Maßnahme ist die Verringerung des Lärms direkt an der Schallquelle. Andere Maßnahmen zielen darauf ab, die Ausbreitung des Schalls zu behindern. Dabei nutzt man gezielt aus, dass Schall an Körpern reflektiert und von porösen bzw. weichen Stoffen absorbiert wird.

Man spricht von **Schalldämmung,** wenn die Schallausbreitung durch Reflexion in ihrer ursprünglichen Richtung verringert wird. Schallschutzwände an Autobahnen wie in ▸ Bild 01 dämmen auf diese Weise den Schall. Von **Schalldämpfung** ist die Rede, wenn durch Schallabsorption die Schallenergie in nicht hörbaren Schall und thermische Energie umgewandelt wird. Dieses Prinzip nutzt man in Tonstudios.

Oftmals führen Schalldämmung und Schalldämpfung erst gemeinsam zur angestrebten Reduzierung des Schallpegels. Kapselgehörschützer und Gehörschutzstöpsel sind hier zu nennen.

Die einfachste Maßnahme zur Lärmreduzierung ist die Abstandsvergrößerung zur Lärmquelle. Daran solltest du denken, wenn es unerwartet sehr laut werden kann, wie beispielsweise beim Abbrennen von Feuerwerkskörpern oder beim Soundcheck in direkter Nähe zur Lautsprecherbox.

Aktive Lärmreduzierung · Bei dieser Maßnahme zur Lärmreduzierung kommt zusätzliche Energie zum Einsatz: Lärm wird mit Gegenlärm bekämpft. Gegenlärm ist künstlich erzeugter Schall, um mittels destruktiver Interferenz störenden Schall auszulöschen.

Bei Kopfhörern mit aktiver Geräuschunterdrückung (▸ Bild 02), auch unter der Bezeichnung Active Noise Cancellation [ANC] oder Active Noise Reduction [ANR] bekannt, werden mit eingebauten Mikrofonen Umgebungsgeräusche registriert und diese als elektrische Spannungen an die Kopfhörerelektronik weitergeleitet. Hier werden die elektrischen Signale gegenpolig und mit angepasster Amplitude nun dem eigentlichen Nutzsignal (Sprache, Musik) hinzugefügt. Damit löschen sich am Ohr die akustisch eindringenden und die elektrisch hinzugefügten Schallanteile weitestgehend aus. Musik und Sprache werden dabei qualitativ kaum beeinflusst.

Nach einem ähnlichen Prinzip werden in Industrie und Handwerk aktive Kapselgehörschützer eingesetzt, mit denen es möglich ist, starken Lärm auf unter 82 dB(A) zu senken. Die Technik ermöglicht es auch, mit dem Umfeld zu kommunizieren und Warnsignale zu hören, ohne den Gehörschutz absetzen zu müssen.

VERSUCH ▸ Schallpegel

In diesem Versuch misst du den Schallpegel selbst.

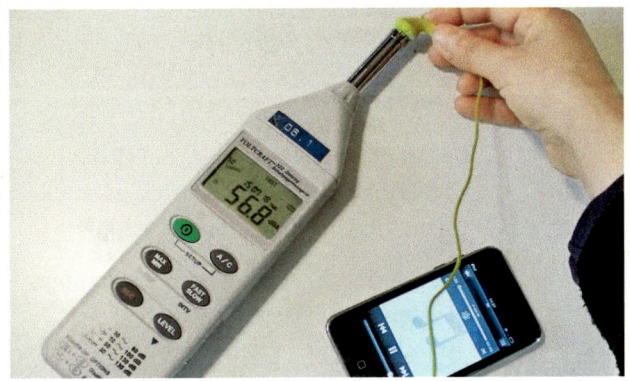

Material:

Schallpegelmesser, Lineal, Funktionsgenerator mit Lautsprecher oder Smartphone mit Tongenerator-App, Bluetoothlautsprecherbox, Smartphone mit Kopfhörer

Durchführung:

a) Schließe deinen Kopfhörer an dein Smartphone an. Wähle deinen aktuellen Lieblingstitel aus und spiele ihn in der Lautstärke ab, wie du auch normalerweise Musik hörst. Miss nun mithilfe des Schallpegelmessers den Schallpegel.

b) Schalte deinen Bluetoothlautsprecher ein und spiele den gleichen Titel nochmals ab. Wähle deine Entfernung und die Lautstärke so, dass du den gleichen Schallpegel erreichst, den du zuvor in Aufgabenteil a) gemessen hast. Beschreibe deine Beobachtung.

c) Erzeuge einen Ton von 1 kHz. Miss den Schallpegel in 2 cm, 4 cm, ..., 20 cm Entfernung. Fertige ein Diagramm an und werte es aus.

Material A ▸ Lärm und seine Auswirkungen

A1 Lärm kann zur Schädigung des Gehörs führen. Das Diagramm zeigt, wie lange das menschliche Gehör einer entsprechenden Dauerschallbelastung ausgesetzt sein kann.

a) Kann ein Besuch in der Disko das Gehör schädigen?

b) Recherchiere, welche Auswirkungen Lärm auf das menschliche Gehör hat. Gehe dabei auf die Bedeutung von Schallpegel und Einwirkdauer ein.

A2 Welche Möglichkeiten des Lärmschutzes gibt es? Nenne Beispiele aus deiner Umwelt und erkläre deren Funktionsweise. Erstelle eine Liste mit Tipps zur Erhaltung des Hörvermögens.

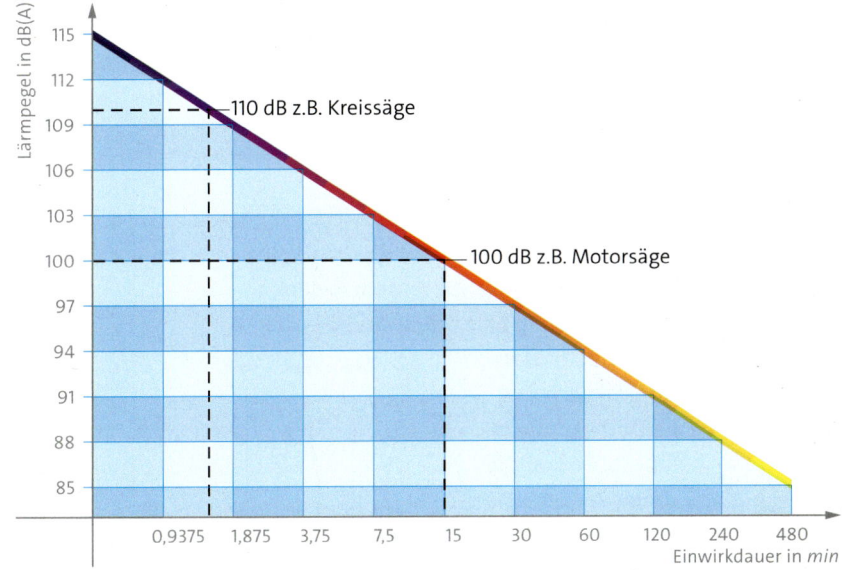

Mechanische Schwingungen

Mechanische Schwingungen: Eine mechanische Schwingung ist die zeitlich periodische Änderung physikalischer Größen. Dabei bewegt sich z. B. ein Körper periodisch um seine Gleichgewichtslage.

Kenngrößen: Eine harmonische Schwingung zeichnet sich durch folgende Kenngrößen aus:

Auslenkung y

Amplitude y_{max}

Schwingungsdauer T

Frequenz $f = \frac{1}{T}$

Kreisfrequenz $\omega = \frac{2\pi}{T} = 2\pi \cdot f$

Schwingungsgleichung: Eine harmonische Schwingung wird durch die Gleichung

$$y(t) = y_{max} \cdot \sin(\omega \cdot t)$$

beschrieben.

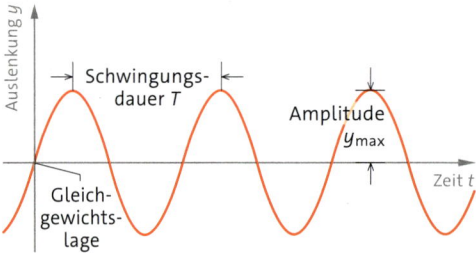

Energieumwandlung: Bei einem Fadenpendel wird die potenzielle Energie, die die Pendelmasse im Umkehrpunkt hat, vollständig in kinetische Energie umgewandelt, wenn sie durch die Ruhelage schwingt. Es gilt:

$$m \cdot g \cdot h = \frac{1}{2} m \cdot v^2$$

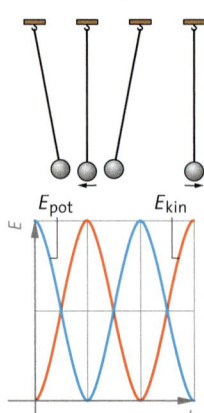

Schwingungsdauer: Die Schwingungsdauer T ist die Zeit, in der ein Pendel eine ganze Schwingung ausführt. Es gilt:

Fadenpendel: $T = 2\pi \cdot \sqrt{\frac{l}{g}}$

Federpendel: $T = 2\pi \cdot \sqrt{\frac{m}{D}}$

Gedämpfte Schwingungen: Bei allen Schwingungen kommt es infolge von Reibung zur Dämpfung der Schwingung.

Resonanz: Wird ein schwingungsfähiges System von außen mit seiner Eigenfrequenz angeregt, ergeben sich besonders große Amplituden. Dieses Phänomen bezeichnet man als Resonanz.

Gekoppelte Pendel: Wird ein Pendel ausgelenkt, das an ein gleichartiges Pendel gekoppelt ist, überträgt dieses Energie auf das andere Pendel, bis es selbst zum Stehen kommt und das andere mit maximaler Amplitude schwingt. Danach wiederholt sich der Vorgang in umgekehrter Richtung.

Mechanische Wellen

Mechanische Wellen: Eine mechanische Welle ist die Ausbreitung einer mechanischen Schwingung im Raum und somit die zeitlich und räumlich periodische Änderung physikalischer Größen.

Mechanische Wellen übertragen Energie, ein Transport von Teilchen erfolgt nicht.

Transversalwellen: Schwingen die Oszillatoren quer zur Ausbreitungsrichtung der Welle, spricht man von einer Quer- oder Transversalwelle.

Longitudinalwelle: Schwingen die Oszillatoren längs der Ausbreitungsrichtung der Welle, spricht man von einer Längs- oder Longitudinalwelle.

Kenngrößen: Eine Welle zeichnet sich zusätzlich durch folgende Kenngrößen aus:

Wellenlänge λ

Ausbreitungsgeschwindigkeit c

Ausbreitungsgeschwindigkeit: Wellen breiten sich in einem homogenen Medium gleichförmig aus. Es gilt:

$c = \frac{\lambda}{T} = \lambda \cdot f$

Reflexionsgesetz: Trifft eine Welle im Winkel α auf ein Hindernis, wird sie an der Grenzfläche im Winkel α' reflektiert. Es gilt: $\alpha = \alpha'$

Brechungsgesetz: Geht eine Welle von einem Medium in ein anderes Medium über, ändern sich ihre Ausbreitungsgeschwindigkeit und ihre Ausbreitungsrichtung. Es gilt:

$\frac{\lambda_1}{\lambda_2} = \frac{c_1}{c_2} = \frac{\sin(\alpha)}{\sin(\beta)}$

Beugung: Eine Welle wird hinter einem Hindernis in dessen Schattenraum abgelenkt. Je größer die Wellenlänge ist, desto stärker wird die Welle gebeugt.

Interferenz: Zwei Wellen können sich überlagern, sodass es zur Verstärkung (konstruktive Interferenz) und zur Abschwächung (destruktive Interferenz) kommen kann.

Bei konstruktiver Interferenz ist der Gangunterschied Δs ein geradzahliges Vielfaches der halben Wellenlänge oder ein ganzzahliges Vielfaches der Wellenlänge. Es gilt:

$\Delta s = 2k \cdot \frac{\lambda}{2} = k \cdot \lambda$ mit $k \in \mathbb{Z}$.

Bei destruktiver Interferenz ist der Gangunterschied Δs ein ungeradzahliges Vielfaches der halben Wellenlänge. Es gilt:

$\Delta s = (2k+1) \cdot \frac{\lambda}{2}$ mit $k \in \mathbb{Z}$.

Überprüfe dich selbst:

Kann ich …

… anhand von Beispielen harmonische und nichtharmonische Schwingungen unterscheiden? (S. 118 f.)

… Schwingungen mit ihren wichtigsten Kenngrößen beschreiben? (S. 118 f.)

… die Energieumwandlung beim Fadenpendel erklären? (S. 123)

… die Schwingungsdauer und Eigenfrequenzen beim Faden- und beim Federpendel bestimmen? (S. 123 f.)

… Beispiele für gedämpfte Schwingungen und Resonanz nennen? (S. 126 f.)

… den Unterschied zwischen Transversal- und Longitudinalwellen erläutern? (S. 134 f.)

… erklären, warum eine Welle keine Teilchen, sondern Energie überträgt? (S. 136)

… Wellen mit dem huygensschen Prinzip zeichnerisch darstellen? (S. 140 f.)

… die Reflexion von Wellen beschreiben und das Reflexionsgesetz erklären? (S. 142 f.)

… das Brechungsgesetz erläutern und anwenden? (S. 144)

… das Prinzip der Beugung von Wellen an einem Hindernis zeichnerisch erklären? (S. 148 f.)

… konstruktive und destruktive Interferenz zeichnerisch und rechnerisch bestimmen? (S. 150 ff.)

… stehende Wellen beschreiben und Bedingungen für sie nennen? (S. 154 ff.)

Eigenschaften des Lichts

In diesem Kapitel beschäftigst du dich mit

- grundlegenden Eigenschaften von Licht. Du lernst, wie sich Licht beim Auftreffen auf glatten Flächen und beim Übergang von einem Stoff in einen anderen verhält.

- der Entstehung von optischen Bildern durch Linsen. Du lernst, mithilfe von Lichtstrahlen optische Bilder zu konstruieren. Dabei erfährst du auch, wie das Auge funktioniert und wie optische Geräte Unsichtbares sichtbar machen.

- der Farbigkeit von Licht. Du lernst, dass weißes Licht aus farbigem Licht zusammengesetzt ist, und erfährst, wie der Farbeindruck von Gegenständen und Körpern entsteht.

Sehvorgang

Eine **Lichtquelle** sendet Licht aus, ohne dass sie beleuchtet wird. Du kannst einen Körper nur dann sehen, wenn er Licht aussendet oder beleuchtet wird und das Licht dein Auge erreicht.

Eigenschaften von Licht

Licht breitet sich **geradlinig** aus. Im **Lichtstrahlenmodell** zeichnet man Licht in Form von **Lichtbündeln** oder vereinfacht als **Lichtstrahlen.**

Wenn Licht auf die Oberfläche eines Körpers trifft, dann kann Folgendes geschehen:
- Bei der **Absorption** verschluckt die Oberfläche das Licht.
- Bei der **Reflexion** wird Licht in eine bestimmte Richtung zurückgeworfen.
- Bei der **Streuung** wird Licht in verschiedene Richtungen zurückgeworfen.

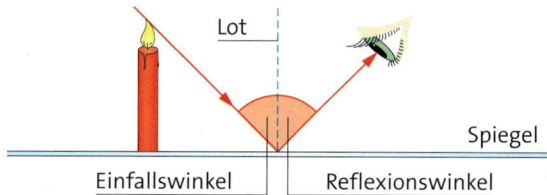

01   Reflexionsgesetz

Bei der Reflexion sind Einfalls- und Reflexionswinkel gleich groß. Der einfallende Lichtstrahl, der reflektierte Strahl und das Lot liegen in einer Ebene.

Mit Licht entstehen Bilder

Wenn Licht auf einen Körper trifft, dann bildet sich dahinter ein dunkler Raum, der **Schattenraum.** Auf einer Fläche im Schattenraum hinter dem Gegenstand kann das **Schattenbild** entstehen.

Gibt es mehrere oder eine ausgedehnte Lichtquelle, entstehen **Teilschatten.** In den **Kernschatten** gelangt von keiner dieser Lichtquellen Licht.

Mit einer Lichtquelle, einer **Lochblende** und einem Schirm kannst du Körper abbilden. Das Bild steht auf dem

Kopf und die Seiten sind vertauscht. Durch Ändern der Gegenstandsweite und der Bildweite kannst du die Größe des Bildes ändern.

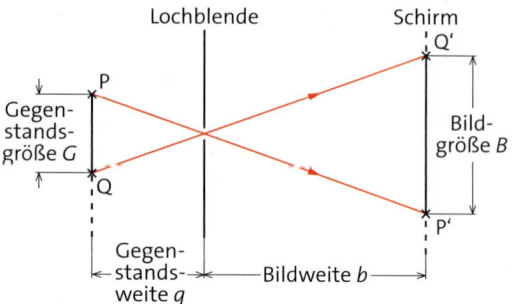

Bei **Spiegelbildern** ist hinten und vorn vertauscht. Oben und unten sowie links und rechts bleiben erhalten.

Finsternisse und Mondphasen

Unsere wichtigste Lichtquelle ist die Sonne.

Zusammen mit Erde und Mond erzeugt die Sonne verschiedene Schattenbereiche (▸ Bild 02). Bei einer **Sonnenfinsternis** fällt der Schatten des Mondes auf die Erde. Bei einer **Mondfinsternis** bewegt sich der Mond durch den Kernschatten der Erde.

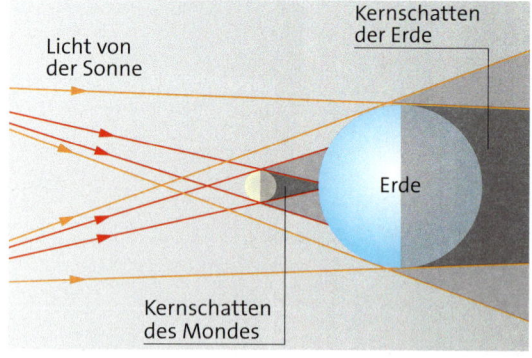

02   Schatträume im All

Zu jedem Zeitpunkt wird eine Hälfte des Mondes von der Sonne beleuchtet. Wir sehen jedoch im Zeitraum von vier Wochen unterschiedliche Anteile der beleuchteten Oberfläche.
So ergeben sich die **Mondphasen:**
Neumond, Halbmond und Vollmond.

Sehen und Lichtausbreitung

1 a) Nenne fünf selbstleuchtende Körper.
b) Entscheide, ob der Mond zu den selbstleuchtenden Körpern gehört. Begründe.

2

Erkläre, warum du die Lichtbündel sehen kannst. Überlege dir ein Experiment, mit dem du die geradlinige Ausbreitung von Licht untersuchen kannst.

3

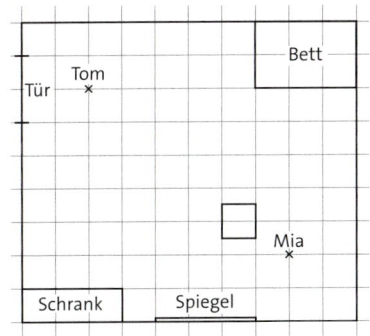

Tom und Mia befinden sich in einem Zimmer. Mia steht hinter dem Sessel.
a) Übertrage den Grundriss in dein Heft. Kann Tom Mia im Spiegel sehen? Erläutere und zeichne den Lichtweg ein.
b) Kann Mia Toms Spiegelbild ebenfalls sehen? Erläutere.
c) Gibt es Orte im Zimmer, an denen Mia stehen kann, ohne von Tom im Spiegel gesehen zu werden? Begründe.

4 Wenn Autoscheinwerfer eine nasse Straße beleuchten, dann erscheint sie dem Autofahrer dunkler als eine trockene. Erläutere, wie es dazu kommt.

5 Du beleuchtest mit einer Taschenlampe einen weißen, einen durchsichtigen, einen durchscheinenden und einen schwarzen Gegenstand. Beschreibe, was passiert. Verwende Fachbegriffe.

6

Das Schattenbild ist mithilfe der abgebildeten Pappschablonen sowie zweier Lichtquellen entstanden.
a) Beschreibe, wie du vorgehen musst, um das Schattenbild vom Küken im Ei nachzustellen.
b) Überlege, welche der beiden Lichtquellen du ausschalten musst, damit nur das Schattenbild des Kükens bzw. des Eies zu sehen ist. Begründe deine Entscheidung.

7

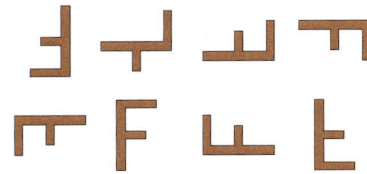

Gianni hat mit einer Lochblende den Buchstaben „F" abgebildet. Gib an, welcher der Buchstaben die Abbildung zeigt.

8

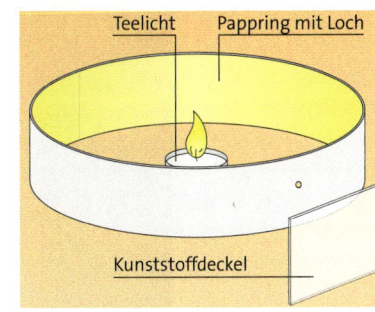

Das Licht der Flamme fällt durch ein kleines Loch auf den Schirm.
a) Beschreibe das Bild der Kerzenflamme auf dem Schirm.
b) Beschreibe, wie sich das Bild auf dem Schirm verändert, wenn du die Bildweite oder die Gegenstandsweite änderst.

9 a) Im Bild unten steht eine Person vor einem Spiegel. Entscheide für jede Skizze, ob sie richtig oder falsch ist. Begründe deine Antwort jeweils.

b) Probiere aus, wie du mit einem Metalllöffel ein Spiegelbild wie in ▶ Bild A erzeugen kannst. Finde eine Erklärung.

01 Laserstrahl Richtung Mond

Lichtgeschwindigkeit

> *Die Entfernung von der Erde zum Mond kann über die Laufzeit eines Laserstrahlimpulses, der auf dem Mond von einem Tripelspiegel reflektiert wird sehr genau bestimmt werden, weil die Lichtgeschwindigkeit bekannt ist.*

BESTIMMUNG DER LICHTGESCHWINDIGKEIT · Schaltest du eine Taschenlampe ein, verteilt sich ihr Licht gefühlt ohne Verzögerung im Raum. Das Licht muss sich mit einer unglaublich hohen Geschwindigkeit bewegen. Kann man diese Geschwindigkeit messen?

Die Lichtgeschwindigkeit beträgt im Vakuum $299\,792\,458\,\frac{m}{s}$. Um solch eine hohe Geschwindigkeit zu messen, werden besondere Messmethoden notwendig. Wir benötigen entweder eine ausreichend lange Strecke von mehreren Millionen Kilometer, um eine längere messbare Zeit zu erhalten, oder wir nutzen eine extrem schnelle Start-Stoppmesseinrichtung.

Erste Vermutungen zur Lichtgeschwindigkeit formulierte der dänischen Astronom OLE RØMER im Jahr 1676. Wissenschaftler seiner Zeit waren sich nicht einig, ob die Lichtgeschwindigkeit endlich oder unendlich sei. RØMER untersuchte die Umlaufzeiten des Jupitermondes Io. Eigentlich sollten die Umlaufzeiten des Jupitermondes ähnlich wie die unseres Erdenmondes immer gleich bleiben. Doch Messungen zu verschiedenen Jahreszeiten ergaben unterschiedliche Umlaufzeiten. Wenn die Erde zwischen Sonne und Jupiter, also Jupiter am nächsten stand, maß er die kürzeste Umlaufzeit. Mit der Umlaufbahn der Erde um die Sonne vergrößerte sich der Abstand zwischen Erde und Jupiter und die Umlaufzeit nahm zu.

Die Verlängerung der Umlaufzeit des Jupitermondes mit vergrößerter Entfernungen musste mit einer endlichen Lichtgeschwindigkeit zusammenhängen.

/// Licht bewegt sich mit einer endlichen Lichtgeschwindigkeit von $299\,792\,458\,\frac{m}{s}$.

Heute kennen wir den genauen Erdbahndurchmesser von $2{,}992 \cdot 10^{11}$ m. Das Licht benötigt für diese Strecke eine Zeit von rund 17 Minuten.

GERADLINIGKEIT · Du weißt bereits, dass sich Licht geradlinig ausbreitet. Mit diesem Wissen kannst du ganz leicht feststellen, ob eine Leiste gerade ist. Du legst ein Ende auf den Boden und peilst es mit einem Auge über das andere Ende an. Sehr genau kannst du dann eine Krümmung feststellen. Neben der Ausrichtung mit dem bloßen Auge funktioniert auch ein Laser oder ein straffer Bindfaden.

LICHT ALS MESSMITTEL · Wegen der Konstanz der Lichtgeschwindigkeit und der geradlinigen Ausbreitung ist Licht ein sehr präzises Messmittel. Die Apollo 11 Mission hat auf dem Mond einen Reflektor aufgestellt, der aus vielen kleinen Tripelspiegeln besteht. Diese spiegeln das Licht genau in die Richtung des einfallenden Lichtstrahls. Somit kann die Entfernung des Mondes über die Laufzeit des Lichtes zur Erde von der Erde aus bestimmt werden. Dazu wird ein Laserlichtimpuls Richtung Mond gesendet und eine Reflexionszeit von ca. 2,56444 s gemessen. Für einen Weg braucht das Licht also die halbe Zeit:

02 Reflektor auf dem Mond

$$s = v \cdot \frac{t}{2} = 299\,792{,}458\,\frac{km}{s} \cdot \frac{2{,}56444}{2}\,s$$
$$s \approx 384\,400\ km.$$

LICHT ALS WELLE · Licht erscheint uns mit zahlreichen weiteren Eigenschaften, die sich nur mit dem Wellenmodell erklären lassen. So kann das Licht ähnlich einer Wasserwelle reflektiert, gebrochen, gebeugt, überlagert oder gestreut werden. Licht ist der für uns sichtbare Teil der elektromagnetischen Wellen. Wir sehen Licht mit Wellenlängen von 380 nm (Violett) bis 750 nm (Rot). In transparenten Stoffen verringert sich die Lichtgeschwindigkeit. Grund sind die elektromagnetische Wechselwirkung mit Elektronen dieser Stoffe.

1 ┘ Erkläre die Messmethode von OLE RØMER mithilfe einer Skizze.

2 ┘ Berechne die Zeit, die das Sonnenlicht zur Erde benötigt.

%%% BLICKPUNKT %%

Blick in die Vergangenheit

Wenn du dir heute die Sterne deines Sternbildes anschaust, siehst du die Vergangenheit. Wie ist das möglich? Da sich das Licht mit einer endlichen Geschwindigkeit bewegt, legt es in einem Jahr eine Strecke von ca. 9,5 Billionen km zurück. Diese Entfernung bezeichnet man als 1 Lichtjahr (1 ly). Ein Lichtjahr ist also keine Zeitangabe, sondern eine Entfernung.

Wenn nun beispielsweise das Licht des Sterns Proxima Centauri unsere Augen erreichen soll, damit wir ihn sehen können, muss das Licht des Sterns etwa 4,24 ly zurücklegen.

Das heißt, dass das Licht für diese Strecke rund 4 Jahre und 3 Monate benötigt. Bei der Ankunft des Lichtes sind also seit seiner Aussendung über vier Jahre vergangen. Wenn heute der Stern Proxima Centauri plötzlich verschwände, würden wir es erst in 4,24 Jahren bemerken. In der Zwischenzeit sehen wir am Himmel einen Stern, der in Wirklichkeit aber gar nicht mehr existiert.

3 ┘ Recherchiere im Internet, wie weit wir über das Licht maximal in die Vergangenheit blicken können.

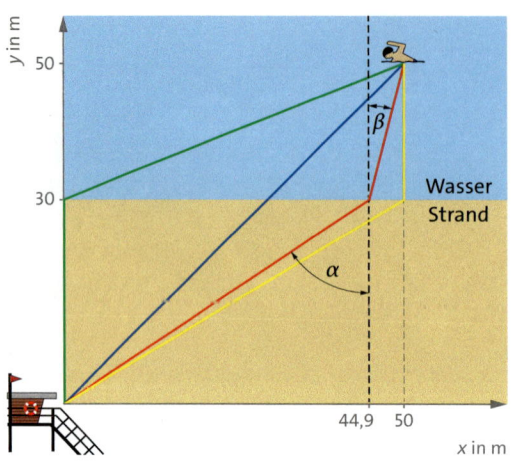

01 Schnellster Weg zum Schwimmer

FERMATSCHES PRINZIP · Der französische Mathematiker PIERRE DE FERMAT (1607–1665) beschäftigte sich u. a. intensiv mit den Eigenschaften des Lichtes. Bei seinen Untersuchungen und Berechnungen fand er schließlich heraus, dass das Licht nicht immer dem kürzesten Weg folgt, sondern sich immer auf dem Weg ausbereitet, für den es die kürzeste Zeit benötigt. Dieses Phänomen wird als das **Fermatsche Prinzip** bezeichnet:

/// Das Licht wählt immer den Weg, für den es die kürzeste Laufzeit benötigt.

Dies kannst du besser verstehen, wenn wir die sehr hohe Geschwindigkeit des Lichtes auf ein Modell übertragen. Das ▸ Bild 01 zeigt einen Rettungsturm und einen Schwimmer in einer Notsituation. Der Rettungsschwimmer wird nun versuchen, möglichst den schnellsten Weg zum Schwimmer im Meer zu nehmen.

Deine erste Vermutung könnte sein, dass der direkte und somit der kürzeste Weg in blau auch der schnellste ist. Doch ein Läufer kann sich am Strand schneller bewegen als im Wasser. Der Rettungsschwimmer ist demnach schneller, wenn er zunächst länger am Strand läuft, bis er schließlich die letzte Strecke durch das Meer nimmt.

Ist also der gelbe Weg die beste Wahl? Mit dem gelben Weg kann der Rettungsschwimmer zwar die meiste Zeit über Sand rennen, der Weg ist aber insgesamt auch am längsten. Deshalb ist der gelbe Weg über den Strand nur fast der schnellste. Der rote Weg läuft zwar eine etwas längere Strecke durch das Wasser, ist aber insgesamt kürzer. Berechnungen ergeben, dass der Rettungsschwimmer für den roten Weg die kürzeste Laufzeit benötigen wird.

Mit einer Tabellenkalkulation kann der Eintauchpunkt in das Wasser (x) variiert werden, um den schnellsten Weg zu finden (▸ Tabelle 02). Dort erkennst du auch, dass der rote Weg 60 cm länger durch das Wasser führt als der gelbe Weg, aber gleichzeitig 4 m kürzer ist. Über weitere Dreiecksberechnungen finden wir den optimalen Eintauchpunkt für $x = 44,9$ m.

Nun können wir nur hoffen, dass die spontane Entscheidung des Rettungsschimmers unserer Rechnung entspricht.

1) Wir haben das Fermatsche Prinzip über die Analogie des Rettungsschwimmers veranschaulicht. Erkläre, warum der Effekt des Fermatschen Prinzips abnimmt, wenn der Strandabstand in x-Richtung abnimmt.

x in m	s_{ST} in m	s_W in m	s_{ges} in m	s_{ST} in s	s_W in s	s_{ges} in s	α in °	β in °
0	30	53,8	83,8	6,0	35,9	41,9	0	68,2
30	42,4	28,2	70,7	8,5	18,8	27,3	45	45
44	52,3	20,8	74,1	10,6	13,9	24,57	55,7	16,7
44,9	54	20,6	74,6	10,8	13,7	24,56	56,3	14,3
46	54,9	20,4	75,3	10,9	13,6	24,58	56,9	11,3
50	58,3	20	78,3	11,6	13,3	0,40	59	0

VERSUCH ► Süße Wissenschaft

Alle elektromagnetischen Wellen breiten sich mit Lichtgeschwindigkeit aus, so auch die Funkwellen und die Mikrowellen. Im Internet kursiert ein Experiment, bei dem die Lichtgeschwindigkeit mit einer Schokolade in der Mikrowelle bestimmt wird. Es funktioniert bei manchen Mikrowellen tatsächlich. Dafür muss sich im Garraum eine stehende Welle ausbilden.

Material:

Mikrowelle, Tafel Schokolade

Durchführung:

a) Nimm den Drehteller heraus und setze die Schokolade ausgewickelt auf einen Porzellanteller in die Mikrowelle.

b) Schalte die Mikrowelle für 40 s ein. Auf der Schokolade sind durch die stehende Welle auf der halben Wellenlänge Hotspots entstanden. Dort ist die Schokolade besonders geschmolzen.

c) Lies die Frequenz der Mikrowelle vom Typenschild ab. Sie sollte bei ca. 2,45 GHz liegen.

d) Berechne damit die Lichtgeschwindigkeit.

Du darfs die Schokolade anschließend essen.

Material A ► Messung der Lichtgeschwindigkeit

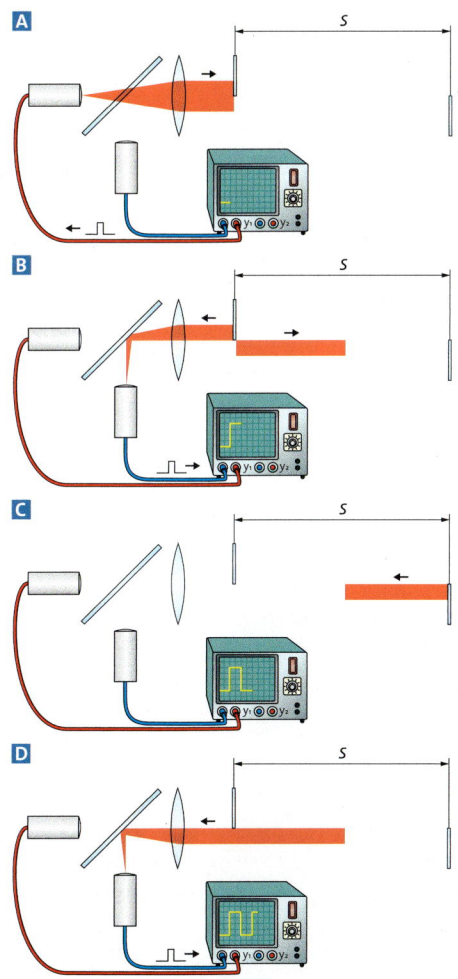

03 Moderne Bestimmung der Lichtgeschwindigkeit

Mit dem Einsatz von elektronischen Messverfahren kann die Lichtgeschwindigkeit präzise bestimmt werden. Dazu wird ein Lichtimpuls durch einen halbdurchlässigen Spiegel und eine Optik auf zwei unterschiedlich entfernte Spiegel geleitet. Am ersten Spiegel teilt sich das Strahlenbündel. Die Reflexion des ersten Spiegels triggert das Oszilloskop (► Bild 03 B). Dies ist der Startzeitpunkt für die eigentliche Geschwindigkeitsmessung des zweiten Strahlenbündels.

A1 Beschreibe die Fortführung der Messung in den weiteren Bildern. Nutze dafür die folgenden Satzanfänge:

    a) (► Bild 03 C) Am zweiten Spiegel ...

    b) (► Bild 03 D) Das rücklaufende Strahlenbündel ...

    c) (► Bild 03 D) Auf dem Oszilloskop entspricht der Abstand ...

A2 Berechne die Lichtgeschwindigkeit für einen Spiegelabstand von 75 cm. Die Zeit zwischen zwei Impulsen beträgt dafür 5 ns.

Material B ► Schleppender Informationsaustausch

B1 Der Marsrover Opportunity ist trotz seiner geplanten Missionsdauer von 3 Monaten schon 13 Jahre auf der Marsoberfläche unterwegs. Er verfügt über eine eigenständige Steuerung und sendet seine Missionsbilder fortlaufend zur Erde. Die Distanz zwischen Mars und Erde beträgt etwa 250 Millionen Kilometer. Vom Mars bis zur Erde benötigt ein Funksignal rund 834 Sekunden, was etwa 13,9 Minuten entspricht. Funkwellen breiten sich auch mit Lichtgeschwindigkeit aus.

a) Überprüfe diese Angaben rechnerisch.

b) Wie lange dauert es, wenn von der Erde ein Bestätigungssignal von der Sonde angefordert wird?

c) Bewerte die Schwierigkeiten der erdgestützten Steuerung des Rovers.

04 Marsrover Opportunity

01 Der Mond wirkt gestaucht.

Brechungsgesetz

Wenn der Mond oder auch die Sonne wie in ▸ Bild 01 tief am Horizont steht, wirkt er gar nicht mehr richtig rund, wie wir ihn sonst vom Himmel kennen. Er erscheint plötzlich gestaucht und gequetscht. Hat der Mond am Horizont wirklich seine Form verändert?

GEKNICKTE LICHTBÜNDEL · Du kennst bestimmt den Zaubertrick, bei dem wir eine Münze in einer Tasse erscheinen ließen, indem wir die Tasse mit Wasser gefüllt haben (▸ Bild 02). Die Münze war natürlich schon vorher in der Tasse, sie war nur hinter der Tassenwand verborgen. Ohne Wasser gelangt kein Licht von der Münze in das Auge, da die Tassenwand im Weg ist. Mit Wasser wird das von der Münze ausgehende Licht an der Wasseroberfläche gebrochen. Licht, das vorher am Auge vorbeigegangen ist, trifft nun in das Auge.

Gleichzeitig wirkt die Tasse innen niedriger. Diesen Effekt kannst du auch im Schwimmbad beobachten. Badende wirken geschrumpft. Unsere räumliche Sehsinnerfahrung geht immer von geraden Lichtstrahlen aus.

02 Zaubertrick mit einer Münze

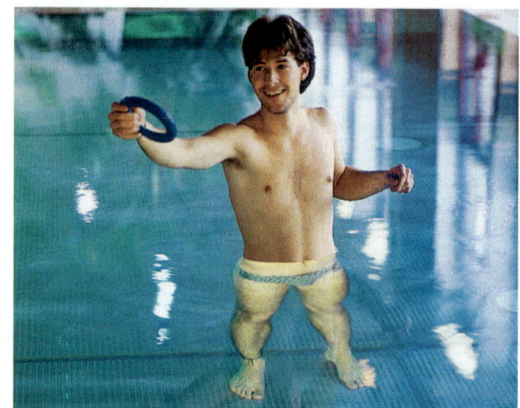

03 Verkürzter Körper im Schwimmbad

BRECHUNG MIT FERMAT · Du hast bereits das Fermatsche Prinzip kennengelernt, nach dem das Licht immer den Weg wählt, für den es die kürzeste Laufzeit benötigt. Schauen wir uns in diesem Zusammenhang die Brechung noch einmal in einem Modell an.

Wir können die Brechung mit einem frontangetriebenen Fahrzeug erklären. Dieses Fahrzeug fährt schräg auf eine Grenzfläche zwischen Asphalt und Sand. Das linke Rad rutscht ein wenig durch und das rechte Rad hat noch *Grip*. Das Auto bewegt sich auf einer kleinen Kurvenbahn. Wenn beide Räder im Sand wieder greifen, behält das Fahrzeug die neue Richtung bei. Bei gleicher Antriebsarbeit wird es sich nun langsamer bewegen.

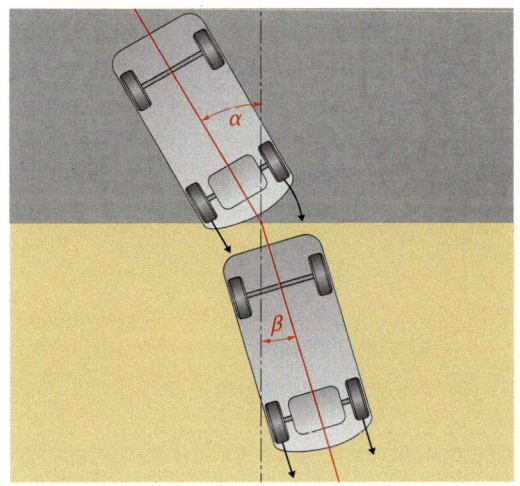

04 Brechung im Modell

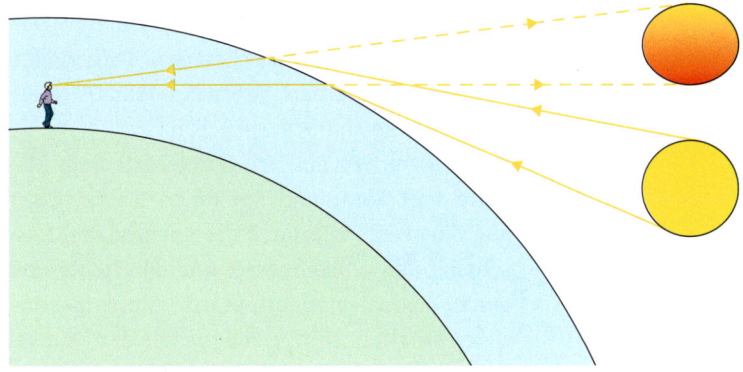

05 Brechung an der Erdatmosphäre

OPTISCHE DICHTE · Licht wird an der Grenzfläche zwischen unterschiedlichen durchsichtigen Stoffen, z.B. Luft und Glas, gebrochen. Dabei hat sich folgende Benennung bewährt. Wenn das Licht an der Grenzfläche zwischen zwei Stoffen zum Lot hin gebrochen wird, dann sagt man: Der erste Stoff ist optisch dünner als der zweite, bzw. der zweite Stoff ist optisch dichter als der erste. Wasser ist also optisch dichter als Luft. Wenn Licht von Luft auf Glas trifft, dann wird es zum Lot hin gebrochen. Glas ist also optisch dichter als Luft.

///⟋ Ein Lichtstrahl, der vom optisch dünneren zum optisch dichteren Medium übergeht, wird zum Lot hin gebrochen wird, während er vom optisch dichteren zum optisch dünneren Medium vom Lot weg gebrochen wird.

GESTAUCHTER MOND · Kommen wir nun zurück zu unserem gestauchten Mond aus ▸ Bild 01. Das reflektierte Mondlicht weist am Horizont einen ziemlich großen Einfallswinkel auf. Nachdem es durch das optisch dünnere Vakuum auf die optisch dichtere Atmosphäre der Erde trifft, wird es an dieser Grenzfläche ge-

brochen. Aufgrund der Ausdehnung des Mondes wird der untere Teil des Mondes stärker gebrochen als der obere Teil.

Da das menschliche Auge den gebrochenen Lichtstrahl nicht zurückverfolgen kann, verlängert unser Gehirn den Lichtweg geradlinig um, sodass der Mond die typische ovale Form erhält. Die Verformung ist daher nur eine optische Täuschung, die auf die Lichtbrechung an der Erdatmosphäre zurückzuführen ist.

1 」 Larisza meint: „Wenn wir sehen, wie die Sonne am Horizont gerade untergeht, ist sie in Wirklichkeit schon unter dem Horizont verschwunden." Hat Larisza Recht? Nimm Stellung zu ihrer Aussage.

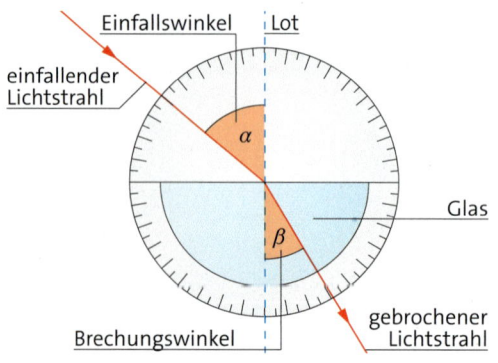

01 Messung an der Winkelscheibe

GLEICHUNG FÜR DAS BRECHUNGSGESETZ ·
Du weißt bereits, dass ein Lichtstrahl vom optisch dünneren zum optisch dichteren Medium zum Lot hin gebrochen wird, während es vom optisch dichteren zum optisch dünneren Medium vom Lot weg gebrochen wird. Dies wollen wir nun über einen Versuch (▸ Bild 01) auch über eine Gleichung ausdrücken.

Dazu lassen wir ein Lichtbündel aus dem Medium Luft kommend auf einen Halbzylinder aus Glas treffen. Dabei ist es wichtig, die Glasscheibe, den Winkelmesser und den Lichtstrahl genau auszurichten, um präzise Messergebnisse zu erhalten. Nun variieren wir den Winkel des einfallenden Lichtstrahls α und notieren den daraus resultierenden Brechungswinkel β. Die Ergebnisse sind in ▸ Tabelle 02 gelistet. Da der gebrochene Lichtstrahl stets senkrecht auf die Mantelfläche des Halbzylinders trifft, wird er beim Übergang von Glas nach Luft nicht gebrochen.

In einem nächsten Schritt wollen wir die gemessenen Einfalls- und Brechungswinkel in Beziehung zueinander setzen. Dazu prüfen wir die beiden Winkelgrößen auf Proportionalität, indem wir den Quotienten $\frac{\sin \alpha}{\sin \beta} = n$ bilden. Dabei stellen wir fest, dass für alle aufgenommenen Winkel ein nahezu konstanter Quotient als Proportionalitätsfaktor ergibt, der etwa bei $n = 1{,}5$ liegt.

BRECHZAHLEN · Dieses Brechungsverhältnis ist für jedes Medium verschieden. Man spricht auch von der Brechzahl n. Vergleichen wir unsere Brechzahl $n = 1{,}5$ mit bekannten Werten aus einer Formelsammlung, kannst du erkennen, dass es sich bei unserem verwendeten Medium um Kronglas handelt (▸ Tabelle 03). Du erkennst anhand dieser Tabelle außerdem, dass Licht beim Übergang von Luft zu Diamant am stärksten gebrochen wird.

Für die Brechung ist es aber nicht nur wichtig, wohin das Licht geht, sondern auch woher es kommt: Da Luft eine Brechzahl von etwa $n_{\text{Luft}} \approx 1$ hat, vereinfacht sich die Berechnung. Wird Licht allerdings von Wasser (Medium 1) nach Glas (Medium 2) gebrochen, können wir verallgemeinernd festhalten:

///▸ Wird Licht auf dem Weg von einem Medium 1 mit der Brechzahl n_1 nach einem Medium 2 mit der Brechzahl n_2 gebrochen, gilt für den Einfallswinkel α und den Brechungswinkel β:
$\frac{\sin \alpha}{\sin \beta} = \frac{n_2}{n_1}$.

α in °	β in °	$\frac{\alpha}{\beta}$	$\frac{\sin \alpha}{\sin \beta}$
10	7	1,4	1,4
20	13	1,5	1,5
30	19	1,6	1,5
40	25	1,6	1,5
50	31	1,6	1,5
60	35	1,7	1,5
70	39	1,8	1,5
80	41	2,0	1,5

02 Messung von Einfalls- und Brechungswinkel

Stoff	n
Vakuum	1
Luft	1,00029
Wasser	1,33
Kronglas	1,51
Flintglas	1,613
Diamant	2,1417
PMMA (Plexiglas)	1,49
Bleikristall	1,93

03 Brechzahlen

Material A ▸ Lichtbrechung an verschiedenen Grenzflächen

A1 In den Zeichnungen ist jeweils ein Lichtstrahl beim Übergang zwischen verschiedenen Grenzflächen eingezeichnet. Entscheide und begründe, ob die Zeichnungen falsch oder richtig sind. Erstelle für die falschen Zeichnungen eine richtige in dein Heft.

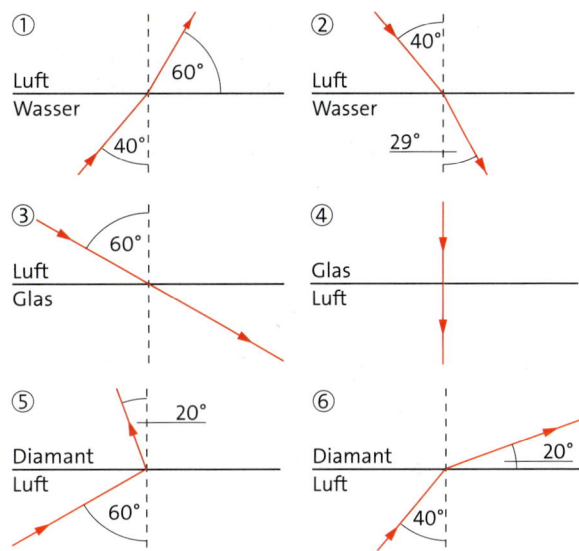

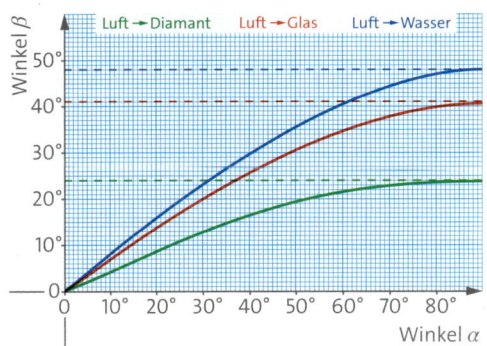

Material B ▸ Lichtbrechung am Prisma

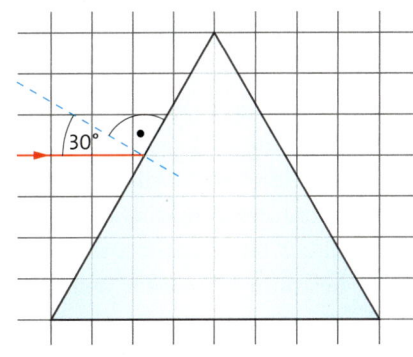

In der Optik untersucht man die Brechung von Licht häufig an einem Glasprisma (▸ Bild links).

B1 a) Übernimm die Zeichnung in dein Heft und zeichne den weiteren Verlauf des gebrochenen Lichtstrahls innerhalb des Prismas ein. Berechne dazu den Brechungswinkel für ein Prisma aus Plexiglas.

b) Berechne den weiteren Verlauf des Lichtstrahls außerhalb des Prismas. Bestimme vorher den Einfallswinkel durch Abmessen.

c) Berechne den Einfallswinkel aus Teilaufgabe b), wenn es sich um ein gleichseitiges Dreieck handelt.

Material C ▸ Unter Wasser

Im Brechungsgesetz können für die Brechzahlen auch die Lichtgeschwindigkeiten im jeweiligen Medium angegeben werden. Es gilt:

$$\frac{\sin \alpha}{\sin \beta} = \frac{n_2}{n_1} \qquad \frac{\sin \alpha}{\sin \beta} = \frac{c_1}{c_2}$$

C1 Drei unbekannte Gegenstände liegen auf dem Grund eines Sees. Von einem Boot aus wird mit einer Taschenlampe in das Wasser geleuchtet.

a) Recherchiere die Geschwindigkeit von Licht in Luft und in Wasser.
b) Berechne, welcher Gegenstand vom Taschenlampenlicht beleuchtet wird. Nutze dazu auch die Angaben im ▸ Bild rechts.

C2 Ist es für den Taucher möglich, mit dem Laserpointer Blinkzeichen an die Oberfläche zu geben, wenn sein Einfallswinkel 50° beträgt? Überprüfe rechnerisch.

01 Eine Lampe aus Lichtleitern

Totalreflexion

Das Licht der Lampe folgt der gekrümmten Glasfaser. Wie ist es möglich, dass das Licht in den Bögen geführt wird, obwohl es sich doch geradlinig ausbreitet?

LICHT FOLGT DER KRÜMMUNG · Du weißt bereits, dass sich Licht geradlinig ausbreitet. Wenn es dabei auf einen anderen durchsichtigen Stoff trifft, kannst du sowohl Reflexion als auch Brechung beobachten. Bei der Lampe scheint es aber keinen gebrochenen Anteil zu geben, denn das Licht bleibt bis zur Spitze in der Glasfaser. Dazu machen wir einen Versuch.

Wir richten aus verschiedenen Winkeln einen Lichtstrahl aus dem Wasser zur Oberfläche. ► Bild 02 A zeigt, wie ein Teil des Lichts an der Grenzfläche von Wasser zu Luft reflektiert, der Rest aber gebrochen wird und das Wasser verlässt. Wenn wir nun den Einfallswinkel vergrößern, wird der Anteil des gebrochenen Lichts kleiner, der Anteil des reflektierten Lichts größer. Ab einem bestimmten Winkel wird das Licht plötzlich vollständig reflektiert, sodass kein Licht mehr das Wasser verlässt (► Bild 02 C). Das nennt man **Totalreflexion** und den Winkel, ab dem dies geschieht, **Grenzwinkel.**

02 Ein Lichtbündel trifft auf die Grenzfläche von Wasser zu Luft: **A** und **B** zeigen Reflexion und Brechung, **C** Totalreflexion.

TOTALREFLEXION IN JEDEM FALL? · Wir betrachten den Versuch noch einmal genauer. Wenn das Licht vom optisch dichteren Wasser zur optisch dünneren Luft übergeht, dann ist der Brechungswinkel immer größer als der Einfallswinkel. Erreicht der Brechungswinkel 90° und das gebrochene Lichtbündel die Wasseroberfläche, verschwindet es und es gibt nur noch das reflektierte Lichtbündel der Totalreflexion.

Im umgekehrten Experiment betrachten wir den Übergang vom optisch dünneren Stoff (Luft) zum optisch dichteren Stoff (Wasser). Der größtmögliche Einfallswinkel beträgt 90°. Weil der Brechungswinkel immer kleiner als der Einfallswinkel ist, kann für jeden Einfallswinkel Licht ins Wasser eindringen: Wir beobachten hier keine Totalreflexion.

BESTIMMUNG DES GRENZWINKELS · In unserem Versuch haben wir die Brechung und die Reflexion bei verschiedenen Winkeln betrachtet. Wenn man die Winkel β und α für den Übergang von Wasser zu Luft misst und grafisch darstellt, erhält man ► Bild 03. In diesem Diagramm lässt sich für den Einfallswinkel $\alpha = 30°$ in Luft der Brechungswinkel $\beta = 22°$ in Wasser ablesen. Man kann das Diagramm aber auch umgekehrt nutzen. So beträgt bei einem Einfallswinkel $\beta = 35°$ in Wasser der Brechungswinkel in Luft $\alpha = 50°$ (Markierung in ► Bild 03).

Beim Übergang von Luft zu Wasser gehört zum maximalen Einfallswinkel von $\alpha = 90°$ der Brechungswinkel $\beta = 49°$ in Wasser (► Bild 03).

Weil der Lichtweg umkehrbar ist, beträgt also der Grenzwinkel der Totalreflexion für den Übergang von Wasser zu Luft 49°.

IST DER GRENZWINKEL IMMER GLEICH? · Wie verhält sich Licht an anderen Grenzflächen? Wir betrachten dazu den Übergang von Glas zu Luft (► Bild 04). Auch hier tritt Totalreflexion auf. Wir messen jetzt einen Grenzwinkel von 42°. Der Grenzwinkel hängt also von den beiden Stoffen ab, die die Grenzfläche bilden.

> /// Totalreflexion tritt dann auf, wenn Licht aus einem optisch dichteren Stoff auf die Grenzfläche zu einem optisch dünneren Stoff fällt und der Einfallswinkel größer als der Grenzwinkel ist. Die Größe des Grenzwinkels hängt von den Stoffen ab, die an der Grenzfläche aufeinanderstoßen.

Licht, das sich wie in ► Bild 01 in einer Glasfaser ausbreitet, wird totalreflektiert, wenn es auf die Außenwand der Faser trifft, und breitet sich dann wieder gradlinig aus. Beim nächsten Auftreffen tritt dann wieder Totalreflexion auf. Das Licht bewegt sich daher auf einem Zickzackkurs innerhalb der Faser (► Bild 05).

1) „Totalreflexion kann nur auftreten, wenn der Strahl vom Lot weg gebrochen wird." Nimm Stellung dazu.

2) Nenne Gemeinsames und Unterschiede von Reflexion und Totalreflexion.

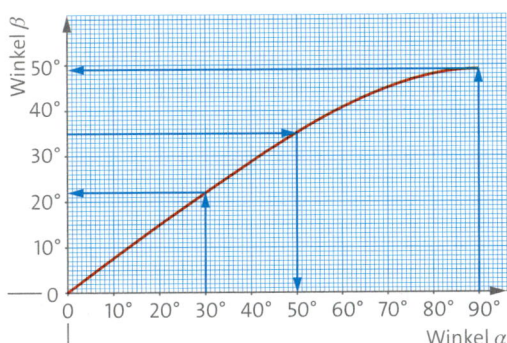

03 Winkelmessung in Wasser (β) und Luft (α)

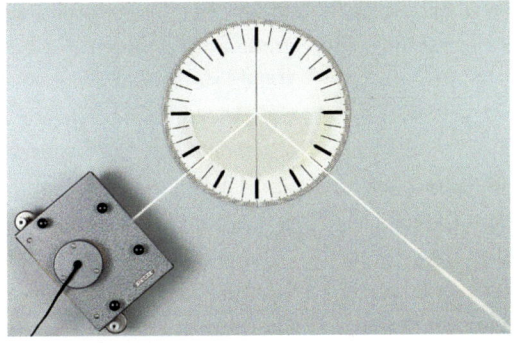

04 Bestimmung des Grenzwinkels Glas – Luft

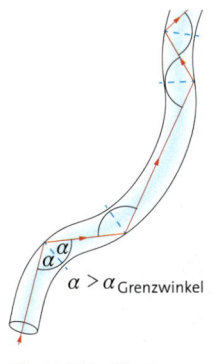

05 Licht in Glasfaser

Totalreflexion in der Medizin und Technik

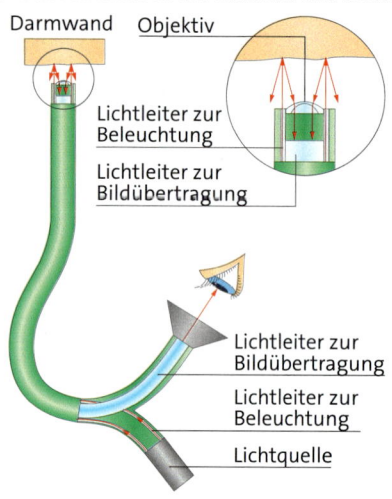

01 Aufbau eines Endoskops

02 Triebwerksuntersuchung per Endoskop

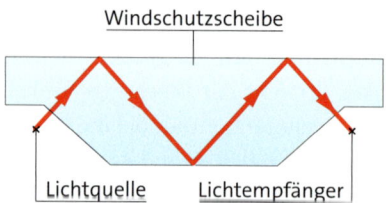

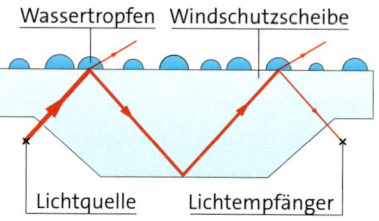

03 Prinzip eines Regensensors

Lenkt man Licht in eine Glasfaser, führt die Totalreflexion an der Wand dazu, dass das Licht auf einem Zickzackkurs Innerhalb der Glasfaser weitergeleitet wird. Solche Lichtleiter werden vielfältig genutzt.

Lichtleiter schaffen Lichteffekte · Mit Lichtleitern können besondere Effekte bei der Beleuchtung erzielt werden. Da sich Lichtleiter biegen lassen, sind Schriftzüge und Umrandungen von Gegenständen möglich. Selbst einen Sternenhimmel kannst du dir mit Lichtleitern in dein Zimmer zaubern.
Die Lichtleiter dienen aber auch als Lichtquelle ohne Wärmestrahlung. So werden wertvolle Gegenstände wie Gemälde schonend beleuchtet.

Einsatz in Medizin und Technik · Wenn ein Arzt innere Organe untersuchen oder operieren will, ohne große Schnitte zu setzen, bedient er sich eines Endoskops. Im Endoskop übertra-

gen Lichtleiter Licht und Bild. ► Bild 01 zeigt den Aufbau.
Auch in der Technik werden Endoskope eingesetzt, wenn der zu untersuchende Ort nicht einsehbar oder schlecht zu erreichen ist. So lassen sich Rohre untersuchen, ohne die Straße aufzubaggern, oder Triebwerke, ohne sie zu zerlegen (► Bild 02). Endoskope ermöglichen auch heikle Wartungsarbeiten aus der Ferne, ohne dass sich ein Mensch in Gefahr bringen muss.

Informationsübertragung · Lichtleiter ermöglichen Datenübertragung mit hoher Geschwindigkeit auch über große Entfernungen. Als Tiefseekabel stellen sie eine Alternative zu Satelliten dar. Mit einer Länge von 15 000 km verbindet das Tiefseekabel „arctic fibre" Asien, die Britischen Inseln und Nordamerika. Es kann Daten mit einer Geschwindigkeit von 24 Terabits pro Sekunde zwischen London und Japan übertragen.

Sensortechnik · Totalreflexion wird auch genutzt, um Messgeräte zu bauen; zum Beispiel **Regensensoren**, mit denen die Scheibenwischer mancher Autos automatisch gesteuert werden. ► Bild 03 A zeigt den prinzipiellen Aufbau: Eine Lichtquelle sendet Licht so aus, dass es bei einer trockenen Scheibe totalreflektiert und von einem Empfänger registriert wird. Wenn Wassertropfen auf der Glasscheibe liegen, trifft das Licht nicht mehr auf den Übergang von Glas zu Luft, sondern von Glas zu Wasser. Dadurch verändert sich der Grenzwinkel und ein Teil des Lichts kann das Glas verlassen (► Bild 03 B): Am Empfänger kommt weniger Licht an und er meldet Regen. Je stärker der Regen ist, desto mehr Wassertropfen liegen auf der Scheibe und desto weniger Licht kommt beim Empfänger an. So kann der Regensensor sogar die Regenstärke messen und die Scheibenwischer entsprechend steuern.

VERSUCHE ▸ „Zaubertricks"

Die folgenden Versuche zeigen auf den ersten Blick ein überraschendes Verhalten von Licht.
Die Erklärung der angeblichen Zaubertricks sollst du selbst geben.

V1 **Der leuchtende Wasserstrahl**

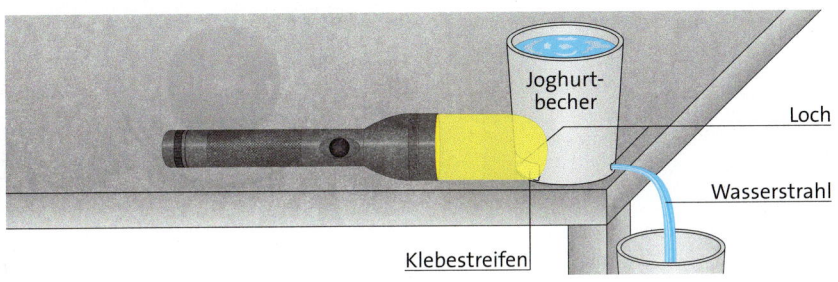

V2 **Die verschwundene Münze**

Material:
  Joghurtbecher, Nagel, transparentes Klebeband, Lampe, Wasser

Durchführung:
  Stich mit dem Nagel zwei Löcher in den Becher, die sich in etwa gegenüber-
  liegen. Verschließe eines der Löcher wasserdicht mit Klebeband. Leuchte mit
  der Lampe mittels der Löcher durch den Joghurtbecher hindurch. Ob du die
  Lampe richtig hältst, kannst du daran erkennen, dass an der Wand ein Licht-
  fleck zu sehen ist.
  Fülle dann Wasser in den Becher. Vergiss nicht, das Wasser aufzufangen!
  Notiere deine Beobachtung und erkläre sie.

Material:
  Glas, Münze, Wasser

Durchführung:
  Befeuchte die Münze mit Wasser
  und stelle das Glas auf die Münze.
  Lass deinen Nachbarn von der Seite
  durch das Glas auf die Münze
  schauen. Sprich ein paar magische
  Worte und gieße Wasser ein.
  Notiere deine Beobachtung und
  erkläre sie.

Material A ▸ Konstruktionen

A1 Im ▸ Bild rechts trifft Licht von links
auf verschiedene Glaskörper.
Übertrage die Skizzen in dein Heft.
Zeichne den weiteren Verlauf des
Lichts ein.

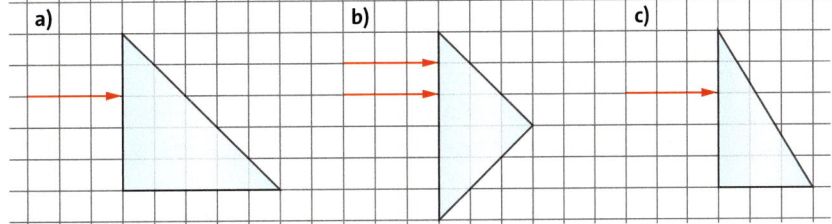

Material B ▸ Was sieht ein Taucher?

B1 Wenn ein Taucher nach unten oder zur Seite schaut, dann sieht er die Unter-
wasserwelt. Was sieht er aber, wenn er nach oben schaut? Als Hilfe kannst du
dir zuerst anhand einer Zeichnung überlegen, wohin das Licht einer Taschenlampe gelangen kann, wenn der Taucher sie in verschiedene Richtungen hält.

01 Von der Loch-
kamera zur modernen
Fotografie

Bildentstehung durch Sammellinsen

Moderne Kameras erzeugen gestochen scharfe Bilder. Anders als eine Lochkamera besitzen sie eine Linse anstelle eines Lochs. Wie entsteht bei der Linse ein scharfes Bild?

ERSTE BILDER · Um auf einem Schirm ein Bild zu erzeugen, nimmt man im einfachsten Fall eine Lochkamera. Allerdings ist dieses Bild entweder scharf und dunkel oder hell und unscharf. Dagegen kann eine Kamera, die mit Linsen arbeitet, Bilder erzeugen, die sowohl scharf als auch hell sind.

In ▸ Bild 02 befindet sich zwischen Kerze und Schirm eine Linse, die wie eine Lupe geformt ist.

Wir stellen die Linse vor eine Kerze. Auf dem Schirm sehen wir einen hellen Fleck. Verschieben wir die Linse, finden wir irgendwann einen Ort, an dem ein scharfes, helles Bild entsteht (▸ Bild 03). Wie bei der Lochkamera steht das Bild auf dem Kopf. Anders als bei der Lochkamera erhalten wir aber nur dann ein scharfes Bild, wenn wir den Abstand zwischen Kerze und Linse, die **Gegenstandsweite,** und den zwischen Linse und Kerze, die **Bildweite,** richtig wählen.

/// Für einen bestimmten Abstand zwischen Gegenstand und Schirm erzeugt eine Linse an genau einem Ort ein scharfes Bild.

02 Kein scharfes Bild erkennbar

03 Scharfes Bild auf dem Schirm

ORT UND GRÖSSE DES BILDES · Wovon hängt es ab, an welchem Ort ein scharfes Bild entsteht? Dazu stellen wir die Linse wie in ▸ Bild 03 auf. Wenn wir nun die Kerze von der Linse wegrücken, also die Gegenstandsweite vergrößern, wird das Bild unschärfer. Ein scharfes Bild ist erst dann wieder zu sehen, wenn wir den Schirm bewegen und die Bildweite verringern. Das Bild ist dadurch kleiner geworden. Größere Bilder bei größerer Bildweite erhalten wir dagegen, wenn wir die Gegenstandsweite verringern. Wenn wir die Kerze allerdings zu nah an die Linse heranrücken, gelingt es uns nicht mehr, ein Bild auf dem Schirm zu erzeugen.

/// Je größer die Gegenstandsweite ist, desto kleiner sind Bildweite und Bildgröße.
Je kleiner die Gegenstandsweite ist, desto größer sind Bildweite und Bildgröße.
Es gibt eine untere Grenze für die Gegenstandsweite. Ist der Abstand kleiner, ist kein Bild mehr zu sehen.

BILDENTSTEHUNG IM MODELL · Von jedem Gegenstandspunkt der Kerze, zum Beispiel der Spitze S der Kerzenflamme, breitet sich Licht in alle Richtungen aus. Ein Teil dieses Lichts trifft auf die Linse. Die Linse ändert die Ausbreitungsrichtung dieses Lichtbündels so, dass es in einem Fleck zusammengeführt wird. Damit das Bild der Flamme scharf wird, müssen sich alle Strahlen des Bündels in einem Punkt S' vereinigen (▸ Bild 04). S' ist der Bildpunkt von S.

Die gleiche Überlegung gilt auch für jeden anderen Gegenstandspunkt: Für alle Gegenstandspunkte P mit gleicher Gegenstandsweite erhalten wir Bildpunkte P' mit gleicher Bildweite. Aus diesen Bildpunkten entsteht ein scharfes und helles Bild – anders als bei der Lochkamera, bei der sich ein helles Bild aus ausgedehnten Lichtflecken zusammensetzt und daher unscharf ist.

Übliche Abkürzungen:
G: Gegenstandsgröße
B: Bildgröße
g: Gegenstandsweite
b: Bildweite

/// Linsen erzeugen scharfe Bilder, indem sie für jeden Gegenstandspunkt das Licht, das auf sie trifft, in jeweils einem Bildpunkt vereinigen.

DER LICHTWEG DURCH LINSEN · Warum verändert eine Linse die Ausbreitungsrichtung des Lichts? Wir betrachten ein Lichtbündel, das von einem Punkt P ausgeht. In diesem Bündel verfolgen wir einzelne Lichtstrahlen, die unter verschiedenen Winkeln auf die Linse treffen (▸ Bild 05). Wir erkennen, dass das Licht sowohl beim Eindringen in die Linse als auch beim Austreten gebrochen wird. Anders als bei einem Durchgang durch eine Glasplatte sind die Lote auf den gekrümmten Oberflächen der Linse nicht parallel zueinander. Deshalb ändert die zweifache Brechung die Ausbreitungsrichtung des Lichts.

1 J Vergleiche die Bildentstehung bei Lochkamera und Linse.

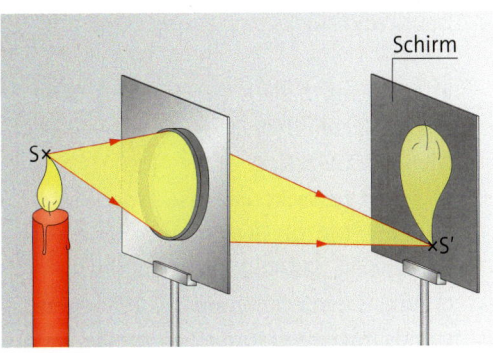

04 Ein Bild aus Punkten

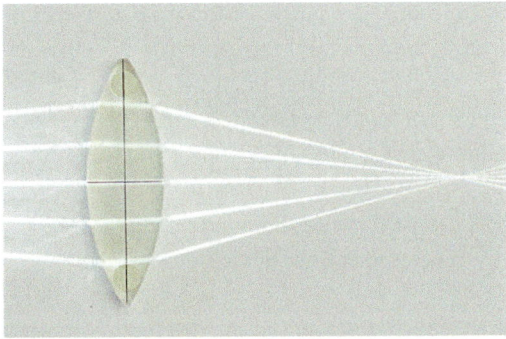

05 Licht wird in der Linse zweimal gebrochen.

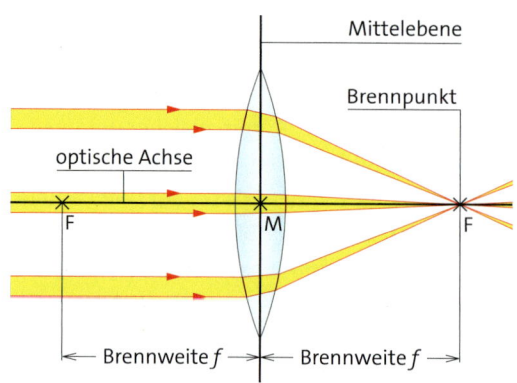

02 Brennweite und Brennpunkte einer Linse

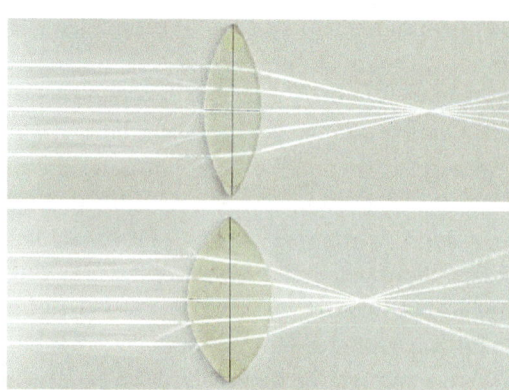

03 Die Form bestimmt die Brennweite.

01 Linse als Brennglas

HALBE LINSE – HALBE KERZE? · Was passiert, wenn wir eine Hälfte der Linse abdecken? Erhalten wir dann nur noch ein Bild der halben Kerze? Ein Versuch widerlegt dies: Die Kerze wird nach wie vor vollständig abgebildet, weil von jedem Punkt der Kerze Licht durch die Linse gelangt. Das Bild ist aber dunkler als zuvor, weil nur die Hälfte der Lichtmenge in den Bildpunkten vereinigt wird.

DIE BRENNWEITE · Mit einer Linse kannst du Licht in einem Punkt bündeln (▸ Bild 01). In diesem Punkt kann es so heiß werden, dass du dort ein Streichholz entzünden kannst.
In einem Versuch stellen wir die Situation nach und wählen drei schmale, zur optischen Achse parallele Lichtbündel aus (▸ Bild 02). Hinter der Linse treffen die Bündel alle in einem Punkt auf der optischen Achse zusammen. Diesen Punkt bezeichnet man als **Brennpunkt F** (von lateinisch *focus*). Den Abstand des Brennpunkts zur Mittelebene der Linse nennt man die Brennweite *f*. Sie ist charakteristisch für die Linse. In der Schnittzeichnung erkennst du die Mittelebene der Linse als Gerade senkrecht zur optischen Achse (▸ Bild 02).

/// Der Abstand des Brennpunkts zur Mittelebene einer Linse heißt Brennweite *f*.

Im Versuch zeigt sich, dass es gleichgültig ist, von welcher Seite wir die Linse beleuchten. In beiden Fällen wird das Licht gebündelt. Es gibt also zwei Brennpunkte. Bei symmetrischen Linsen liegen sie gleich weit von der Mittelebene entfernt.

DICK ODER DÜNN · Wir wollen nun noch untersuchen, wovon die Größe der Brennweite abhängt. In einem Versuch lassen wir dazu wieder schmale Lichtbündel parallel zur optischen Achse auf Linsen treffen (▸ Bild 03). Wir stellen fest: Die Linse mit starker Krümmung ändert die Ausbreitungsrichtung des Lichts stärker als die Linse mit schwacher Krümmung.

/// Je stärker eine Linse nach außen gekrümmt
ist, desto kleiner ist ihre Brennweite.

1 ⌡ Die Brennweite einer Linse ist nicht bekannt. Beschreibe ein Experiment, mit dem du die Brennweite bestimmen kannst.

2 ⌡ David und Niklas experimentieren mit Linsen.
a) Niklas ist unsicher, von welcher Seite aus das Licht durch die Linse treten soll. Gib ihm einen Tipp.
b) David verdeckt die Linse in der Mitte mit einer Münze. Beschreibe, wie sich das Bild ändert, das Niklas beobachtet.
c) Niklas verdeckt einen Teil des Gegenstands mit seiner Hand. Beschreibe, was David nun beobachtet.

VERSUCHE ► Abbildungen mit Linsen

In den folgenden Versuchen untersuchst du, wie du mit Sammellinsen Bilder erzeugst und diese verändern kannst.

Material:

verschiedene Linsen, Kerze, Schirm

V1 Bilder mit Linsen

Durchführung:

a) Stelle Kerze, Linse und Schirm hintereinander auf (Abstand jeweils 25 cm). Verschiebe nun den Schirm, bis du ein scharfes Bild erhältst.

b) Decke einen Teil der Linse ab und beobachte das Bild. Schreibe auf, wie sich das Bild verändert hat.

c) Drehe die Linse um und prüfe, ob sich das Bild verändert hat. Notiere deine Beobachtungen.

V2 Gegenstandsweite und Bild

Durchführung:

a) Bilde die Kerzenflamme mit einer Linse auf dem Schirm ab. Rücke die Kerze schrittweise näher an die Linse und verschiebe den Schirm, bis du wieder ein scharfes Bild erhältst. Schreibe auf, wie der Schirm verschoben werden muss.

b) Formuliere Je-desto-Sätze zum Zusammenhang von Gegenstandsweite, Bildweite und Bildgröße. Findest du immer ein scharfes Bild?

V3 Brennweiten

Durchführung:

a) Bilde die Kerzenflamme mit einer Linse ab. Setze bei gleicher Gegenstandsweite Linsen mit anderen Brennweiten ein. Verschiebe den Schirm, bis du wieder ein scharfes Bild erhältst. Notiere, wie der Schirm verschoben werden muss.

b) Formuliere Je-desto-Aussagen zum Zusammenhang von Brennweite, Bildweite und Bildgröße. Findest du immer ein scharfes Bild?

V4 Ungewöhnliche Linsen

Kannst du auch mit durchsichtigen Gefäßen etwas abbilden?

Material:

durchsichtige Kugelvase, durchsichtige Flasche oder Zylinderglas, Wasser, Teelicht

Durchführung:

a) Fülle die Kugelvase mit Wasser und bilde damit eine Teelichtflamme auf einem Schirm ab. Vergleiche mit dem Bild durch eine Sammellinse. Untersuche auch, wie sich das Bild verändert, wenn die Vase nicht vollständig gefüllt ist.

b) Wiederhole den Versuch mit der gefüllten Flasche. Notiere deine Beobachtungen und vergleiche sie mit den Ergebnissen aus a). Untersuche auch, wie sich das Bild ändert, wenn du die Flasche kippst.

c) Welches Gefäß verhält sich wie eine Sammellinse? Begründe.

Material A ► Schusterkugel

04   Lesen mit Schusterkugel

A1   Vor der Entwicklung der elektrischen Beleuchtung mussten Handwerker abends im Schein von Kerzen bzw. Öl- oder Gaslampen arbeiten. Aber diese Lichtquellen senden nur diffuses Licht aus und beleuchten den Arbeitsplatz nicht ausreichend. Verbreitet war deshalb der Einsatz von Schusterkugeln.
Erkläre, wie die Schusterkugel (► Bild 04) für eine bessere Beleuchtung sorgt.

Material B ► Physik im Garten

05   Tropfen an einem Grashalm

B1   Die Klasse 10a hat die Betreuung eines Beets übernommen.

a) Tim findet in Omas Gartenbuch den Tipp: „Gieße nicht bei Sonnenschein!" Überlege, welche physikalische Begründung hinter diesem Tipp steckt.

b) Frau Lauterjung beschwert sich darüber, dass leere Glasflaschen auf dem Rasen liegen geblieben sind. Tom findet das nicht schlimm. Finde eine physikalische Begründung.

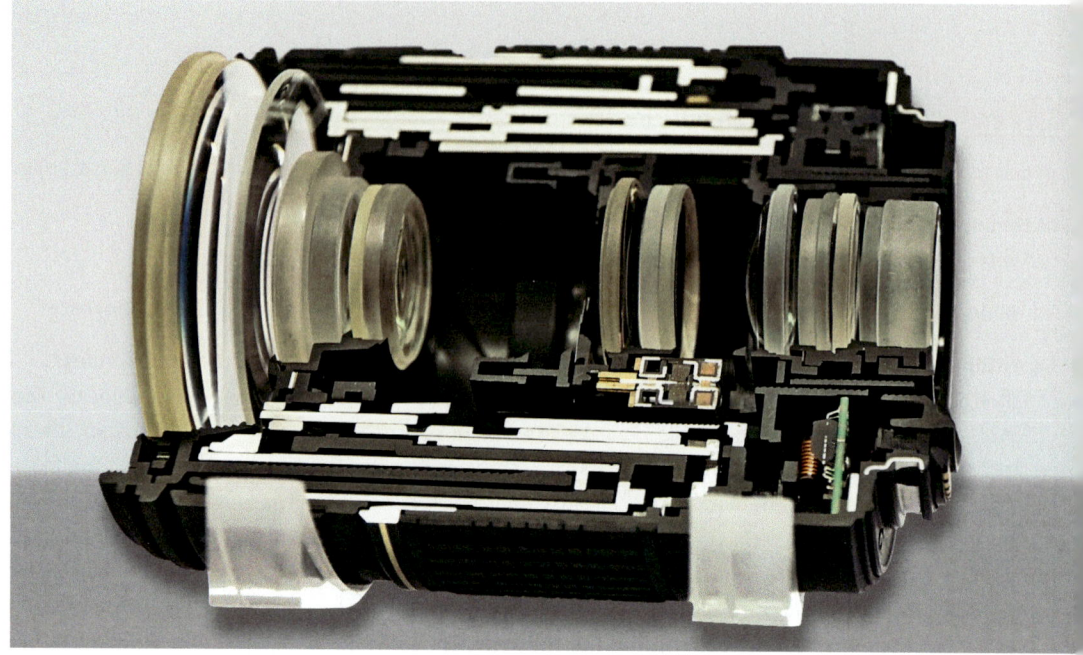

01 Das Innenleben
eines Kameraobjektivs

Konstruktion von Bildern

Von den Linsen in einem Objektiv hängt es ab, ob du mit einer Kamera gute Bilder machen kannst. Für die Herstellung von Objektiven ist es notwendig, den Verlauf der Lichtbündel durch die Linsen vorherzusagen.

BESONDERE LICHTBÜNDEL · Die Bildentstehung haben wir in Experimenten untersucht und im Lichtstrahlenmodell beschrieben. Wir wissen: Licht, das von einem Gegenstandspunkt P ausgeht, wird hinter einer Linse wieder in einem Bildpunkt P' zusammengeführt. Im Versuch nach ▸ Bild 02 treffen drei schmale Lichtbündel mit besonderen Eigenschaften auf eine Linse.

1. Ein Lichtbündel parallel zur optischen Achse, gekennzeichnet durch den **Parallelstrahl,** verläuft hinter der Linse durch den Brennpunkt.
2. Ein Lichtbündel, das durch den Brennpunkt geht, gekennzeichnet durch den **Brennpunktstrahl,** verläuft nach der Brechung parallel zur optischen Achse.
3. Ein Lichtbündel, das durch den Mittelpunkt verläuft, gekennzeichnet durch den **Mittelpunktstrahl,** ändert seine Richtung nicht.

Diese drei Lichtbündel treffen sich hinter der Linse im Punkt P'. Damit haben wir den Bildpunkt P' des Gegenstandspunkts P gefunden.

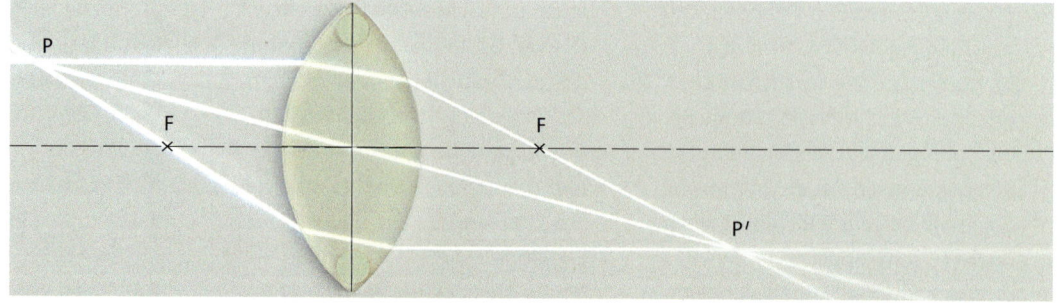

02 Drei besondere Lichtbündel helfen dabei, den Bildpunkt zu finden.

Konstruktion von Bildpunkten

Um Bildpunkte bei Linsen leicht konstruieren zu können, machen wir einige Vereinfachungen:

1. Wir denken uns schmale Lichtbündel als Lichtstrahlen.

2. Wir betrachten nur die drei besonderen Lichtstrahlen **Parallelstrahl**, **Mittelpunktstrahl** und **Brennpunktstrahl.**

3. Wir ersetzen die zweifache Brechung an den Grenzflächen der Linse durch eine einzige an der Mittelebene.

Dabei spielt es keine Rolle, ob die eingezeichneten Lichtstrahlen überhaupt die Linse treffen oder nicht, denn es handelt sich nur um Hilfslinien zur Konstruktion. Deswegen deuten wir die Linse in der Konstruktion nur an. Zwei Lichtstrahlen genügen. Mit dem dritten Strahl kannst du prüfen, ob du korrekt gezeichnet hast.

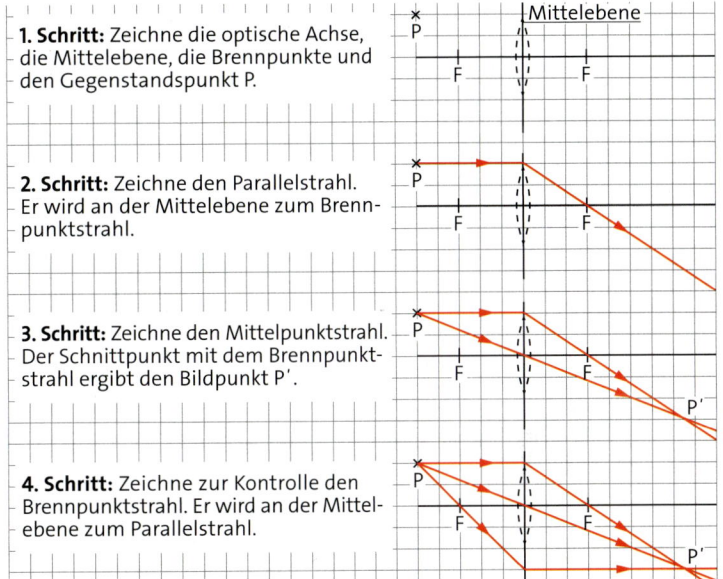

1. Schritt: Zeichne die optische Achse, die Mittelebene, die Brennpunkte und den Gegenstandspunkt P.

2. Schritt: Zeichne den Parallelstrahl. Er wird an der Mittelebene zum Brennpunktstrahl.

3. Schritt: Zeichne den Mittelpunktstrahl. Der Schnittpunkt mit dem Brennpunktstrahl ergibt den Bildpunkt P'.

4. Schritt: Zeichne zur Kontrolle den Brennpunktstrahl. Er wird an der Mittelebene zum Parallelstrahl.

03 So konstruieren wir zum Gegenstandspunkt P den Bildpunkt P'.

UNTERSCHIEDLICHE BILDGRÖSSEN · Mit den besonderen Lichtstrahlen können wir erklären, warum das Bild bei kleinerer Gegenstandsweite größer wird, warum aber kein Bild mehr entsteht, wenn die Gegenstandsweite zu klein wird. ▸ Bild 04 zeigt die Konstruktion für verschiedene Gegenstandsweiten: Der Parallelstrahl ändert seinen Verlauf nicht. Der Mittelpunktstrahl verläuft mit kleiner werdender Gegenstandsweite immer steiler. Bildweite und Gegenstandsweite werden dabei immer größer. Ist die Gegenstandsweite schließlich genauso groß wie die Brennweite der Linse, dann verlaufen die Strahlen hinter der Linse parallel. Jetzt gibt es keinen Bildpunkt P' mehr.

Bei noch kleinerer Gegenstandsweite laufen die Strahlen hinter der Linse auseinander und erzeugen nach deren rückwärtiger Verlängerung auf der Gegenstandsseite ein virtuelles Bild. Die Gegenstandsweite muss also größer als die Brennweite sein, damit ein reeles Bild entsteht.

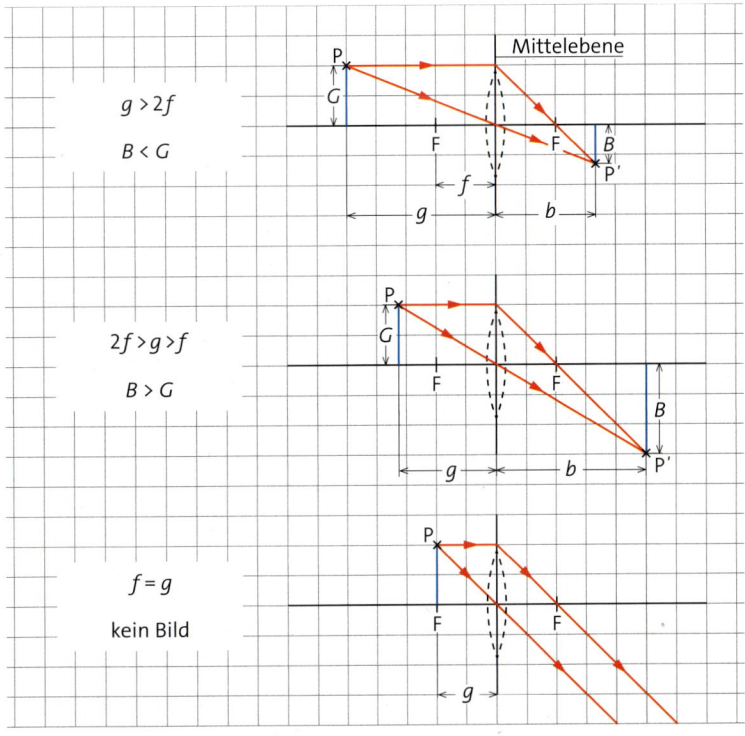

04 Die Gegenstandsweite bestimmt Bildweite und Bildgröße. Wird die Gegenstandsweite zu klein, entsteht kein Bild mehr.

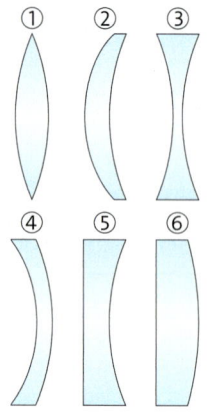

01 Verschiedene Linsenformen

BERECHNUNGEN · Bei bekannter Gegenstandsweite g und Brennweite f kannst du die Bildweite b und die Bildgröße B ermitteln, indem du den Verlauf der Lichtstrahlen konstruierst. Das ist zeitaufwendig und möglicherweise nicht genau genug. Genauer als eine Konstruktion ist eine Rechnung. Dazu nutzen wir, dass Bildgröße und Bildweite proportional zueinander sind, und erhalten so die **Gleichung für den Abbildungsmaßstab,** die für jede Linsenabbildung gilt:

$$\frac{B}{G} = \frac{b}{g}.$$

Mit der Gleichung kannst du jede der vier Größen über die übrigen drei berechnen.

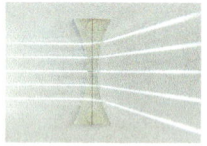

02 Eine Streulinse weitet ein paralleles Lichtbündel auf.

SAMMELN UND STREUEN VON LICHT · Die Linsen, die wir bisher untersucht haben, waren **konvex,** also in der Mitte dicker als am Rand. Sie „sammeln" parallel auftreffendes Licht im Brennpunkt. Man nennt sie deshalb **Sammellinsen.** Es gibt aber auch **konkave** Linsen, die in der Mitte dünner sind als am Rand. Wenn Lichtbündel auf eine solche Linse treffen, beobachten wir, dass auch diese Linse die Ausbreitungsrichtung des Lichts ändert. Im Gegensatz zur Sammellinse laufen die Lichtbündel hinter dieser Linse jedoch auseinander. Man nennt sie deshalb **Streulinsen** (▸ Bild 02).

BILDER, DIE ES NICHT GIBT · Bei der Streulinse stellst du fest, dass du mit einem Schirm nirgendwo ein Bild auffangen kannst. Trotzdem kannst du aus einem geeigneten Blickwinkel ein Bild des Gegenstands durch die Linse hindurch sehen. Solche Bilder nennen wir **virtuelle Bilder.** Sie lassen sich nach den gleichen Regeln konstruieren, die du schon bei den Sammellinsen kennengelernt hast (▸ Bild 03).

Mit Sammellinsen hast du bisher nur solche Bilder konstruiert, die du auch auf einem Schirm sichtbar machen konntest (**reelle Bilder**). Wenn du aber einen Gegenstand zwischen Brennpunkt und Linse aufstellst, dann entsteht auch bei der Sammellinse ein virtuelles Bild (▸ Bild 04).

1 ▸ Bestimme, welche der Linsen in ▸ Bild 01 Sammellinsen, welche Streulinsen sind. Begründe.

2 ▸ Bei der Linse einer Brille ist die Krümmung nicht zu erkennen. Beschreibe eine Möglichkeit herauszufinden, um was für eine Linse es sich handelt.

3 ▸ Beschreibe die Unterschiede zwischen reellen und virtuellen Bildern. Unterscheide auch zwischen Sammel- und Streulinse (▸ Bild 03 und ▸ Bild 04).

03 A Blick durch eine Streulinse **B** Konstruktion des virtuellen Bildes

04 A Blick durch eine Sammellinse **B** Konstruktion des virtuellen Bildes

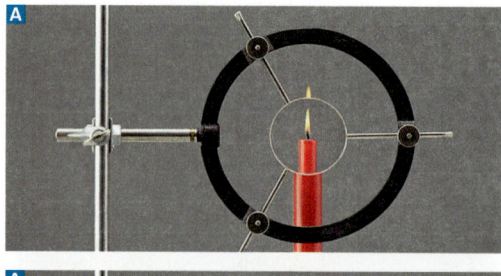

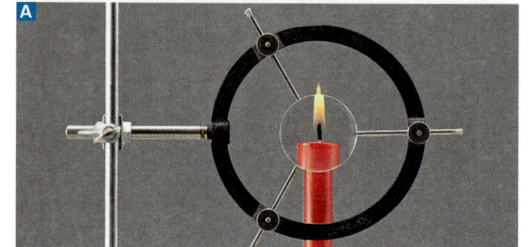

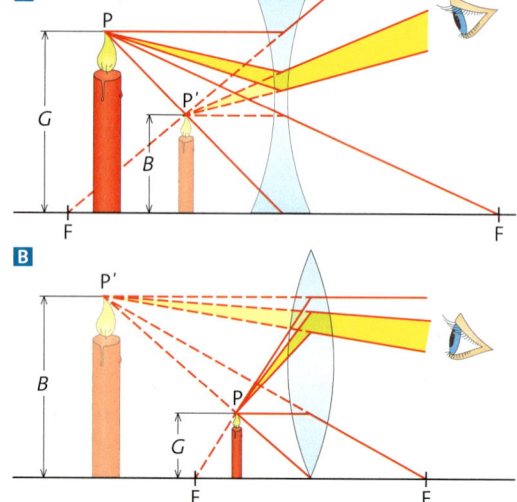

VERSUCHE ► Brennweiten im Experiment

Mit den folgenden Versuchen untersuchst du Sammel- und Streulinsen genauer und bestimmst Brennweiten.

Material: verschiedene Linsen, z. B. einfache, alte Brillen, Lesebrillen oder Lupen, eine Lampe mit Schlitzblende

V1 Brennweiten einzelner Linsen

Durchführung:

a) Sortiere deine Linsen in „Sammellinsen" und „Streulinsen". Beschreibe, nach welchen Kriterien du die Linsen unterschieden hast.

b) Bestimme experimentell die Brennweiten deiner Linsen. Bei welcher Linsensorte gelingt dir dies nicht? Begründe.

V2 Brennweiten von Linsenkombinationen

Durchführung:

a) Wähle jeweils zwei Sammellinsen aus, stelle sie direkt hintereinander auf und bestimme die Brennweite deiner Linsenkombination. Halte die Messwerte in einer Tabelle fest.

b) Untersuche, mit welcher Linsenkombination du eine möglichst große bzw. kleine Brennweite erhältst.

c) Vergleiche die Brennweite der einzelnen Linsen mit der Brennweite der Linsenkombination. Fasse deine Ergebnisse in einem Merksatz zusammen.

d) Wiederhole den Versuchsteil a) mit einer Kombination aus Sammel- und Streulinsen. Beschreibe deine Beobachtung.

Material A ► Abbildungsgleichung

A1 Leite anhand des Bildes rechts die Gleichung für den Abbildungsmaßstab und die so genannte Linsengleichung her: $\frac{1}{g} + \frac{1}{b} = \frac{1}{f}$

Hinweis: Verwende dafür einen Strahlensatz oder die Seitenverhältnisse ähnlicher Dreiecke.

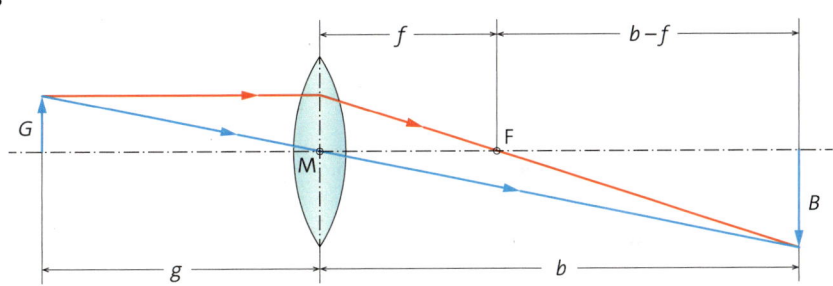

Material B ► Konstruktionen

B1 Ein Gegenstand ist 3 cm hoch und steht 6 cm vor einer Sammellinse mit einer Brennweite von 2 cm. Konstruiere das Bild in deinem Heft.

B2 Sortiere die Kärtchen in die Tabelle ein. Fertige dazu Konstruktionszeichnungen an. Vielleicht kommst du in manchen Fällen auch ohne Zeichnung aus.

B3 Ein Gegenstand wird abgebildet. Bei einer Gegenstandsweite von 4 cm ergibt sich eine Bildweite von 6 cm. Bestimme die Brennweite der Linse durch Konstruktion.

B4 Du kannst die Genauigkeit deiner Konstruktionen durch Rechnungen überprüfen. Dazu misst du z. B. die Bildweite in deiner Zeichnung aus B1 und verwendest die Abbildungsgleichung, um die Bildgröße auszurechnen.

Gegenstandsweite	Bildweite	Bildgröße
$g = f$	kein Bild	kein Bild
...	...	...

$g > 2f$ $2f > g > f$ $g < f$ $b = 2f$

$g = 2f$ $b > 2f$

$b > G$ $2f > b > f$

kein Bild   kein Bild

$B = G$ $B < G$

B5 Für alle Linsen gilt die Linsengleichung: $\frac{1}{f} = \frac{1}{g} + \frac{1}{b}$.

Setze Gegenstandsweite und Bildweite aus B3 ein und vergleiche mit dem Ergebnis für die Brennweite f aus B3.

01 Mit der Lupe siehst du faszinierende Details.

Lupe, Mikroskop und Fernrohr

Die Sesam- und Mohnkörner auf deinem Brötchen sind so klein, dass du die Einzelheiten mit dem Auge allein nicht erkennen kannst. Warum siehst du beim Blick durch die Lupe viel mehr Details?

DIE GRENZE DES SEHENS · Einzelheiten von kleinen, nahen, aber auch von großen, weit entfernten Gegenständen kannst du kaum erkennen, weil das Bild der Gegenstände auf deiner Netzhaut winzig ist. In beiden Fällen ist auch der Sehwinkel, unter dem du den Gegenstand siehst, sehr klein.

Wenn der Sehwinkel zu klein ist, dann treffen Lichtbündel nahe beieinanderliegender Punkte dieselbe Sinneszelle auf der Netzhaut. Es wird nur ein Signal ans Gehirn weitergeleitet. Das bedeutet, dass man nur einen Punkt wahrnimmt. Damit zwei Punkte eines Gegenstands getrennt wahrgenommen werden, müssen die von ihnen ausgehenden Lichtbündel auf zwei unterschiedliche lichtempfindliche Zellen im Auge treffen.

AUFLÖSUNGSVERMÖGEN · Wenn du die Körner in ▶ Bild 01 aus immer größerer Entfernung betrachtest, dann siehst du sie irgendwann nicht mehr getrennt. Man sagt: Das Auge kann die Körner nicht mehr auflösen. Für die Grenze, bis zu der man zwei Punkte noch auflösen kann, ist aber nicht der Abstand der beiden Punkte entscheidend – dieser ändert sich nicht, wenn du das Brötchen weiter entfernst –, sondern der Sehwinkel, unter dem die zwei Punkte gesehen werden. Der minimale Sehwinkel hängt vom Aufbau des Auges ab und lässt sich nicht verkleinern. Beim menschlichen Auge beträgt die untere Grenze etwa $\frac{1}{60}$ Grad. Dieser Sehwinkel ist erreicht, wenn du die Quadrate in ▶ Bild 03, die einen Abstand von 1 mm haben, aus einer Entfernung von 5 m betrachtest.

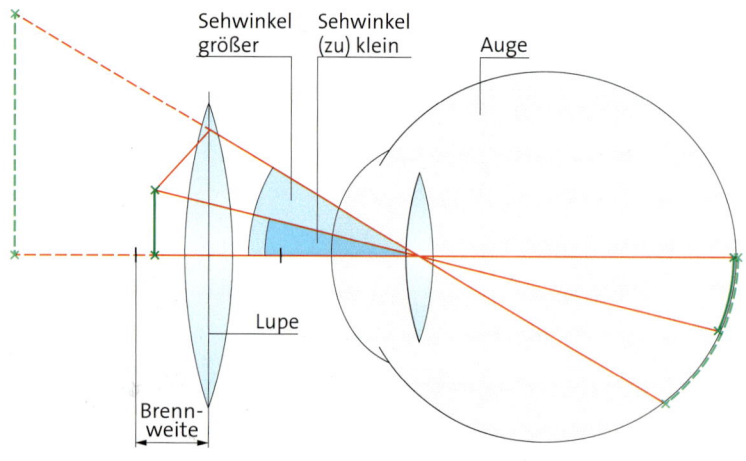

02 Sehwinkel ohne (blau) und mit Lupe (hellblau)

DIE LUPE · Wenn du Details eines Gegenstands sehen möchtest, die dein Auge allein nicht mehr auflösen kann, dann kannst du den Gegenstand mit einer Sammellinse vergrößert auf einem Schirm abbilden. Damit vergrößert sich für dich der Sehwinkel, unter dem du die Details siehst.

Wenn du die Sammellinse aber als Lupe einsetzt, kannst du den Gegenstand ohne störenden Schirm betrachten. Dazu bringst du den Gegenstand zwischen Brennpunkt und Lupe. Jetzt lenkt die Lupe das Licht so um, dass es unter einem größeren Sehwinkel auf die Netzhaut fällt. Der Gegenstand erscheint deutlich vergrößert (▸ Bild 02). Je stärker die Lupe vergrößert,

desto besser kannst du nahe beieinanderliegende Punkte auflösen.

Als Maß für die Vergrößerung durch eine Lupe wird der **Vergrößerungsfaktor** angegeben. Er berechnet sich als Verhältnis von Bildgröße mit Lupe zur Bildgröße ohne Lupe und beträgt meist zwischen 2 und 10.

/// Lupen vergrößern den Sehwinkel.

1 〕 Bestimme die Entfernung, aus der du die Quadrate gerade noch auflösen kannst (▸ Bild 03).
Stelle die Messwerte aus deiner Klasse grafisch dar und berichte.

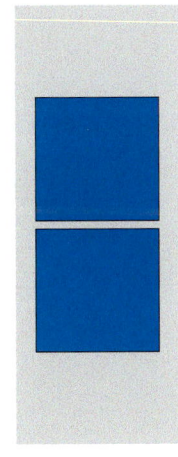

03 Versuch zum Auflösungsvermögen

/// **BLICKPUNKT** ///

Mikroskop

04 Wasserfloh unter dem Mikroskop

Zur Beobachtung von Kleinstlebewesen (▸ Bild 04) reicht die Vergrößerung einer Lupe nicht aus. Hier wird ein Mikroskop eingesetzt, das noch stärker vergrößern kann.

Das Mikroskop arbeitet nach dem Prinzip der zweimaligen Vergrößerung (▸ Bild 05). Die erste Linse, das Objektiv, erzeugt ein vergrößertes Bild des Gegenstands. Dieses reelle Zwischenbild wird dann mit einer Lupe, dem Okular, nochmals vergrößert.

Für den Vergrößerungsfaktor des Mikroskops sind die Brennweiten der Linsen und ihre Positionen entscheidend. Damit das Zwischenbild möglichst groß wird, muss sich der Gegenstand knapp außerhalb der Brennweite des Objektivs befinden. Das Zwischenbild muss dagegen knapp innerhalb der Brennweite des Okulars liegen, damit es wie mit einer Lupe betrachtet werden kann.

Mit verschiedenen Objektiven und Okularen passt man die Vergrößerung an. Aus dem Produkt der einzelnen Vergrößerungsfaktoren von Objektiv und Okular ergibt sich die gesamte Vergrößerung des Geräts.

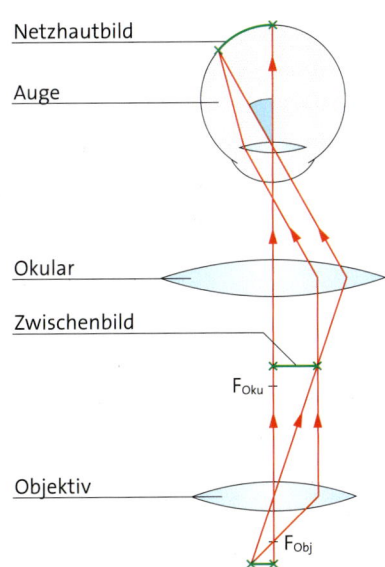

05 Strahlengang im Mikroskop

Mikroskope können etwa auf das 1000-Fache vergrößern. Damit sind zwei Punkte im Abstand von 0,0002 mm gerade noch unterscheidbar. Diese Auflösung ist stark genug, um Zellen und Bakterien zu beobachten.

01 Kepler-Fernrohr

Objektiv · Zwischenbild · Okular · Netzhautbild

virtuelles Bild

F_{Obj} · F_{Oku} · F_{Obj} · F_{Oku}

Auge

f_1 · f_2

02 Strahlengang im Kepler-Fernrohr

DAS FERNROHR · Klein erscheinende Details von weit entfernten Gegenständen wie der Mondoberfläche kannst du nicht mit der Lupe vergrößern, weil der Mond zu weit entfernt ist. Wenn es dir aber gelingt, ein Bild der Mondoberfläche zu erzeugen, dann kannst du dieses Bild mit einer Lupe betrachten. Das **astronomische** oder **Kepler-Fernrohr** (▸ Bild 01) besteht daher aus zwei Sammellinsen: der Objektivlinse, die ein Bild macht, und der Okularlinse, die dieses Bild wie eine Lupe vergrößert.

▸ Bild 02 zeigt den Strahlengang in einen Kepler-Fernrohr. Das Licht fällt zunächst durch das Objektiv. Dahinter entsteht ein verkleinertes, auf dem Kopf stehendes, reelles Zwischenbild. Je größer die Brennweite des Objektivs ist, desto größer wird dieses Zwischenbild. Die Okularlinse wirkt wie eine Lupe und vergrößert das Zwischenbild.
Besonders günstig ist es, wenn das Zwischenbild nur knapp innerhalb der Brennweite des

Okulars liegt und die Okularbrennweite im Vergleich zur Objektivbrennweite klein ist.
Das Kepler-Fernrohr eignet sich für Beobachtungen, bei denen es nicht stört, dass das Bild auf dem Kopf steht und seitenverkehrt ist.

Für Beobachtungen auf der Erde ist das Kepler-Fernrohr wenig geeignet. Hier verwendet man das **terrestrische** oder **Galilei-Fernrohr** (▸ Bild 03). Als Okularlinse dient hier anders als beim Kepler-Fernrohr eine Streulinse, die sich innerhalb der Brennweite des Objektivs befindet. Daher entsteht beim Galilei-Fernrohr kein Zwischenbild. In der Konstruktion im ▸ Bild 04 befinden sich der Brennpunkt von Objektiv und Okular an der gleichen Stelle.

1 „Schiff nähert sich von rechts!" Nach dem Ausruf des Steuermanns greift der Pirat zum Kepler-Fernrohr und ist verwirrt. Was hat er gesehen? Erkläre.

03 Galilei-Fernrohr

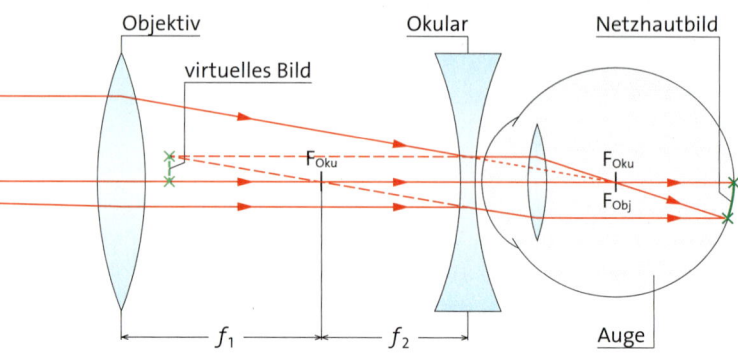

Objektiv · Okular · Netzhautbild

virtuelles Bild

F_{Oku} · F_{Oku} · F_{Obj}

Auge

f_1 · f_2

04 Strahlengang im Galilei-Fernrohr

VERSUCHE ▶ Optische Instrumente näher betrachtet

In diesen Versuchen kannst du untersuchen, wie du mit einer Lupe oder einem Fernrohr gute Vergrößerungen erreichst.

V1 Vergrößerung bestimmen

Material:

Sammellinse, Stativ, Lineal

Durchführung:

Baue den Versuch wie in ▶ Bild 05 auf. Den Abstand zwischen Gegenstand und Lupe wählst du so, dass ein scharfes Bild entsteht.
a) Betrachte mit einem Auge das Lineal und gleichzeitig mit dem anderen Auge durch die Lupe einen Gegenstand. Bestimme, wie groß du den Gegenstand wahrnimmst. Wiederhole den Versuch ohne Lupe. Der Quotient deiner beiden Messwerte gibt die Vergrößerung an.
b) Verändere jetzt den Abstand zwischen Gegenstand und Lupe. Achte dabei darauf, dass der Abstand zwischen Auge und Lupe gleich bleibt. Wiederhole das Experiment aus Aufgabenteil a) mit verschiedenen Abständen. Vergleiche die Vergrößerungen und fasse dein Ergebnis in Form eines Merksatzes zusammen.

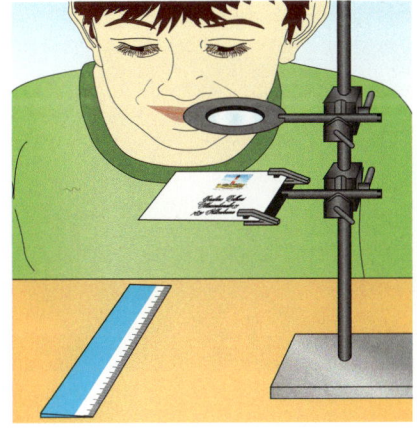

05 Bestimmung des Vergrößerungsfaktors einer Lupe

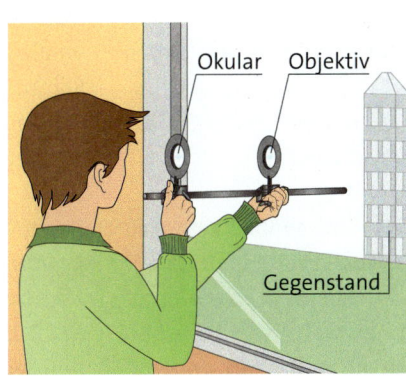

06 Bau eines Kepler-Fernrohrs

V2 Bau eines Kepler-Fernrohrs

Material:

Sammellinsen verschiedener Brennweite, Schiene

Durchführung:

a) Wähle zwei Linsen aus und befestige sie so auf der Schiene, dass du einen weit entfernten Gegenstand scharf siehst. Notiere in einer Tabelle, welche Linse du als Objektiv bzw. als Okular verwendet hast. Wiederhole den Versuch mit anderen Linsenkombinationen und markiere, welche Kombinationen ein vergrößertes Bild liefern.
b) Untersuche, mit welcher Linsenkombination dir der Gegenstand am größten erscheint. Versuche, eine Regel zu formulieren.
c) Drehe dein Fernrohr um und betrachte einen nahen Gegenstand. Beschreibe deine Beobachtung.
d) Durch das Kepler-Fernrohr siehst du alles auf dem Kopf stehen. Erkläre, wie du mit einer weiteren Linse aufrechte Bilder erhältst.

Material A ▶ Der Lesestein

Die ältesten Hilfsmittel zur Vergrößerung eines nahen Gegenstands sind Lesesteine. Bereits 1000 n. Chr. wurden in Asien solche Halbkugeln aus Beryll, einem durchsichtigen Kristall, hergestellt. Unsere Bezeichnung Brille erinnert noch heute an das ursprüngliche Material.

A1 a) Beschreibe, wie man Lesesteine vermutlich verwendet hat. Nenne Gemeinsamkeiten und Unterschiede im Vergleich zur Lupe.
b) Heute werden Lesesteine aus Kunststoff oder Glas in verschiedenen Formen verwendet. Überlege, welche Form für welche Anwendung geeignet ist.
c) Tim behauptet: Ein Wassertropfen wirkt wie ein Lesestein. Probiere aus und erkläre.

07 Ein Lesestein lässt die Schrift größer erscheinen.

01 Eine Kerzenflamme, durch den Spalt zwischen zwei Daumen betrachtet

Beugung und Interferenz von Licht

Leuchtende Gegenstände zeigen manchmal Farberscheinungen, die lange nicht verstanden und eher als störend empfunden wurden. Dahinter steckt aber ein grundlegendes Phänomen: Licht kann gebeugt werden.

BEUGUNG VON LICHT · Im einfachsten Fall kannst du die Beugung von Licht beim Blick auf eine Kerzenflamme durch einen engen Spalt zwischen deinen Daumen wahrnehmen (▸ Bild 01): Die Flamme erscheint verbreitert und von weiteren hellen Bereichen umgeben.

In ▸ Bild 02 ist eine Anordnung dargestellt, mit der wir die Beugung von Licht beim Durchgang durch einen Spalt beobachten können.

Dazu beleuchten wir einen schmalen Spalt mit weißem Licht, das anschließend durch eine Sammellinse auf einem Schirm abgebildet wird. Hinter der Sammellinse stellen wir einen Spalt mit veränderbarer Breite b in den Lichtweg.

Beim Verringern der Spaltbreite kannst du irgendwann Streifen links und rechts des Helligkeitsmaximums in der Mitte erkennen (▸ Bild 03 A). Diese Streifen wandern weiter nach außen, wenn wir den Spalt noch schmaler machen (▸ Bild 03 B und 03 C). Außerdem werden die Streifen breiter und wir können ein Farbmuster erkennen: Außen sind die Streifen rot, in der Mitte gelb und innen blau.

Die hellen Streifen werden auch als Maxima n-ter Ordnung bezeichnet, das Hauptmaximum im Zentrum ist das Maximum nullter Ordnung.

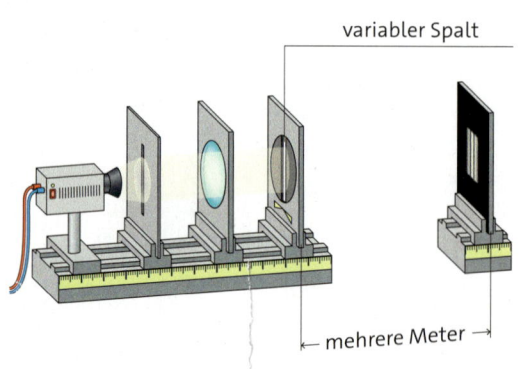

02 Weißes Licht wird durch einen Spalt geschickt.

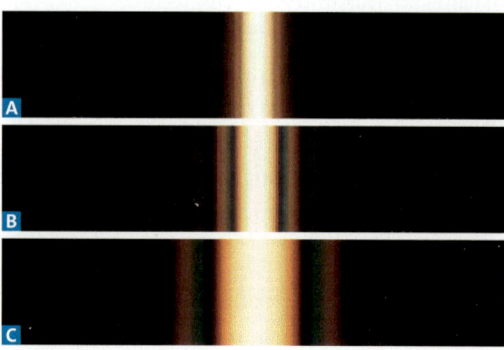

03 Beugungsbilder hinter einem Spalt

LICHT ALS WELLENPHÄNOMEN · Die Beugung von Licht an einem Hindernis, also die Abweichung von der geradlinigen Lichtausbreitung, können wir mit dem Strahlenmodell nicht erklären. Denn sonst müsste auf dem Schirm in ► Bild 02 ein scharf begrenzter heller Bereich entstehen, der mit abnehmender Spaltbreite immer schmaler werden würde.

Beugung tritt bei Wellen auf. Wenn also Licht gebeugt wird, bedeutet das, dass wir die Lichtausbreitung mit dem Wellenmodell erklären können. Wellen, die von zwei kohärenten Erregern ausgehen, können sich gegenseitig verstärken oder abschwächen. Dieser Effekt lässt sich auch mit Licht erzielen.

INTERFERENZ AM DOPPELSPALT · In einem abgewandelten Experiment wird ein Laser verwendet, dessen Licht auf zwei benachbarte enge Spalte trifft (► Bild 04 A). Auf dem Schirm entsteht ein regelmäßiges Muster mit abwechselnd hellen und dunklen Bereichen (► Bild 04 B).

► Bild 05 zeigt, wie du diese Beobachtung mit dem Wellenmodell erklären kannst: Von links laufen ebene Wellenfronten auf den Doppelspalt zu. Von den beiden Spalten gehen dann Kreiswellen aus, die einander überlagern.

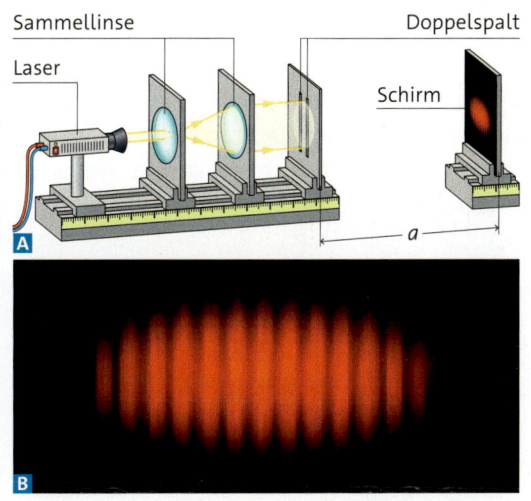

04 **A** Laserlicht wird durch einen engen Doppelspalt geschickt. **B** Interferenzmuster hinter dem Spalt

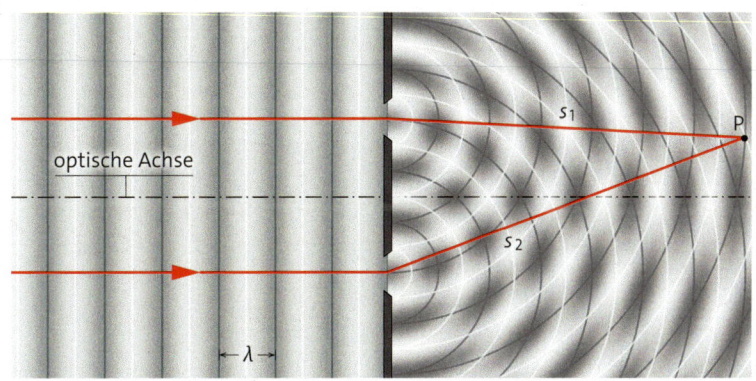

05 Wellenfronten treffen auf einen Doppelspalt: Es entstehen zwei Kreiswellen.

Ob es auf einem Schirmpunkt P zu einer gegenseitigen Verstärkung oder zu einer Abschwächung der Wellen kommt, hängt von den Abständen s_1 und s_2 zu den beiden Spalten ab. Befindet sich der Punkt P auf der optischen Achse, so sind die Wege zu den beiden Spalten gleich lang. Hier trifft also immer ein Wellenberg auf einen Wellenberg und ein Wellental auf ein Wellental. Der Punkt P ist dann an einer Stelle, an der der Schirm dauerhaft hell ist.

Beträgt aber der Gangunterschied $\Delta s = s_2 - s_1$ eine halbe Wellenlänge, treffen im Punkt P ein Wellental und ein Wellenberg aufeinander. Dann kommt es zur Auslöschung.

KOHÄRENZ · Damit zwei Wellen ein stabiles Interferenzmuster im Raum bilden, müssen ihre Phasenbeziehungen zueinander konstant sein. Die Öffnungen eines Doppelspalts stellen zwei kohärente Quellen dar, weil die von ihnen ausgehenden Elementarwellen von derselben Lichtquelle angeregt werden. Dies lässt sich durch die Verwendung einer besonders schmalen Lichtquelle erreichen oder mit Laserlicht, das als Folge seines Entstehungsprozesses über den gesamten Querschnitt des Bündels kohärent ist.

1 ⌡ Beschreibe die Beugungsbilder in ► Bild 03 und bringe sie mit der Spaltbreite in Verbindung.

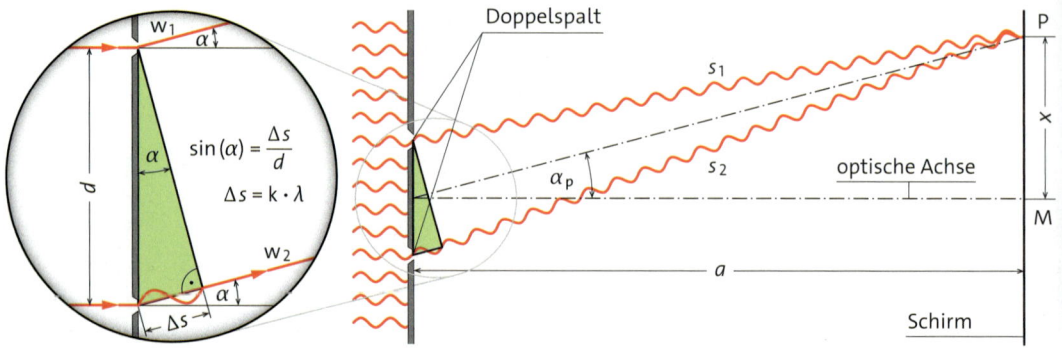

01 Zur Berechnung des Winkels α, unter dem sich auf dem Schirm bei P ein heller Streifen ergibt

BERECHNUNG DES INTERFERENZMUSTERS · Mithilfe einer geometrischen Überlegung kannst du berechnen, unter welcher Bedingung es auf dem Schirm hinter dem Doppelspalt zu einem hellen Bereich kommt. Dabei bezeichnet α den Winkel zwischen der optischen Achse und dem abgelenkten Lichtbündel. In ▸ Bild 01 ist der Spaltabstand d vergrößert dargestellt. Tatsächlich ist d sehr klein, z.B. 0,005 mm, und der Schirmabstand a beträgt mehrere Meter. Auch der Ablenkungswinkel ist sehr klein.

Der hellste Streifen auf der optischen Achse ist das Maximum 0. Ordnung.

Entscheidend für die Helligkeit im Punkt P auf dem Schirm ist der Gangunterschied Δs. Ist Δs gleich null oder ein ganzzahliges Vielfaches der Wellenlänge λ, kommt es im Punkt P zu einer Überlagerung von einem Wellenberg mit einem Wellenberg bzw. von einem Wellental mit einem Wellental.
Es muss also gelten: $\Delta s = k \cdot \lambda$. Dabei ist k eine ganze Zahl. Aus der Konstruktion des Interferenzdreiecks ergibt sich dann: $d \cdot \sin(\alpha) = k \cdot \lambda$.

/// Wird ein enger Doppelspalt mit kohärentem Licht beleuchtet, kommt es dahinter zu einem Interferenzmuster. Für die Helligkeitsmaxima gilt: $d \cdot \sin(\alpha) = k \cdot \lambda$.
Dabei ist d der Spaltabstand, λ die Wellenlänge des Lichts und k eine ganze Zahl.

Je kleiner d ist, desto größer sind die Ablenkwinkel α. Je enger also die Spalte zusammenliegen, desto weiter wird das Interferenzmuster aufgefächert. Bei einem bestimmten Spaltabstand d führt eine größere Wellenlänge λ ebenfalls zu einem weiter aufgefächerten Muster.

Auf dem Schirm entstehen mehrere Interferenzstreifen. Der hellste Streifen entsteht auf der optischen Achse. Rechts und links von ihr siehst du die Maxima 1. Ordnung, deren Abstand mit x angegeben wird.

Das grüne Interferenzdreieck in ▸ Bild 01 ist dem gestrichelten Projektionsdreieck ähnlich. Für das Projektionsdreieck gilt $\tan(\alpha) = \frac{x}{a}$. Für das Interferenzdreieck gilt $\sin(\alpha) = k \cdot \frac{\lambda}{d}$.
Für sehr kleine Winkel ($< 5°$) können wir mit einer Näherung rechnen, bei der $\sin(\alpha) = \tan(\alpha)$ ist. Es ergibt sich die Verhältnisgleichung:

$$\frac{k \cdot \lambda}{d} = \frac{x}{a}.$$

Du kannst diese Formel nun so umstellen, dass du entweder den Spaltabstand oder die Wellenlänge des Lichts berechnen kannst, wenn die anderen Größen gegeben sind.

GITTER · Um ein Interferenzmuster zu erzeugen, kannst du anstelle eines Doppelspalts auch ein optisches Gitter verwenden. Ein solches Gitter wirkt wie eine Aneinanderreihung vieler enger Spalte. Die Winkel, unter denen es zu Interferenzstreifen kommt, sind die gleichen wie beim Doppelspalt. Der Spaltabstand wird dann Gitterkonstante genannt, die in der Regel mit g bezeichnet wird.

VERSUCHE ► Optische Datenträger

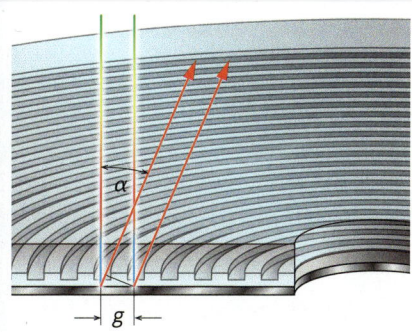

Bei CDs werden mit einem Laser auf einer spiralförmigen Spur Informationen ausgelesen. Der Spurabstand einer CD beträgt etwa 1,6 µm, der einer Blu-Ray-Disc sogar nur etwa 0,32 µm. Bei solch kleinen Spurabständen treten zunehmend Interferenzphänomene auf, die durch die Gitterwirkung erklärbar werden.

Eine CD wirkt wie ein Reflexionsgitter. Wenn sie mit weißem Licht beleuchtet wird, kann unter einem bestimmten Winkel ein Farbspektrum beobachtet werden. Die Farben entstehen durch die wellenlängenabhängigen Beugungserscheinungen. Das kannst du mit den folgenden Versuchen selbst erleben.

V1 Bestimmung der Gitterkonstante einer CD (Reflexionsgitter)

Material:
CD, Schreibtischlampe mit Glühlampe, Lineal, 2 Blatt Papier

Durchführung:
Führt diesen Versuch möglichst zu zweit durch. Decke die CD mit Papier so ab, dass nur ein schmaler Streifen zu sehen ist. Beleuchte die CD senkrecht und mittig mit der Schreibtischlampe. Stelle einen Beleuchtungsabstand von $a = 0,4$ m ein.
a) Schaue mit einem Auge auf einer Seite der Lampe in gleicher Höhe auf die CD. Verändere deinen Abstand zur Lampe, bis du ein Farbspektrum siehst. Beschreibe deine Beobachtungen. Dein Partner misst mög-

lichst genau den Abstand deines Auges zur Lichtquelle.
b) Berechne die Gitterkonstante der CD bei einer Wellenlänge λ_{rot} = 650 nm. Der Abstand x zur Interferenzlinie 1. Ordnung ist gleich der gemessene Augenabstand minus dem Radius des inneren CD-Ringes $r = 0,02$ m. Den Winkel α bestimmst du über $\tan(\alpha) = \frac{x}{a}$.
Lösungsformel:
$$g = \frac{\lambda}{\sin\left(\arctan\left(\frac{d - 0,02\,\text{m}}{a}\right)\right)}.$$
c) Vergleiche die errechnete Gitterkonstante mit dem Spurabstand der CD. Erläutere mögliche Abweichungen.

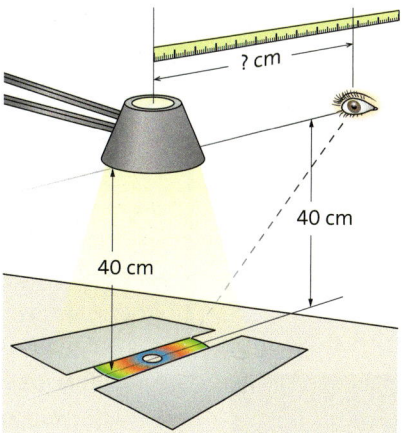

V2 Bestimmung der Wellenlänge eines Laserpointers mit einer CD (Transmissionsgitter)

Material:
CD ohne Reflexionsschicht, Laser mit bekannter Wellenlänge, Maßband, Klebeband

Durchführung:
Die oberste CD einer CD-Spindel besitzt oft keine Reflexionsschicht. Sie eignet sich als Transmissionsgitter.
a) Führe den Interferenzversuch durch: Fixiere dazu die CD senk-

recht vor einer Wand. Bestimme die Entfernung mit dem Maßband. Strahle mit einem Laserpointer durch die CD. Arretiere dazu den Taster mit Klebeband. Miss an der Wand den Abstand x möglichst genau.
b) Berechne die Wellenlänge des Lasers. Weil die Kleinwinkelnäherung aufgrund des großen Beu-

gungswinkels zu ungenau ist, musst du zuerst $\tan(\alpha)$ bestimmen. Nutze für deine Berechnung eine Gitterkonstante von $g = 1,5$ µm.
c) Führe die Messung mit anderen Laserpointern durch.

ACHTUNG!
Schaue niemals in den Laserstrahl!

01 Der Regenbogen – ein beeindruckendes Naturschauspiel

Lichtspektren

> *Es regnet und die Sonne scheint: Ein Regenbogen entsteht. Aber wie entstehen die Farben des Regenbogens? Offensichtlich geschieht etwas mit dem Sonnenlicht, denn von sich aus ist es scheinbar nicht bunt.*

02 Glasmedaillon und Regenbogenfarben

DIE FARBEN DES LICHTS · Wenn Sonnenlicht auf Wassertropfen trifft, werden Farben sichtbar. Ähnliches beobachten wir auch beim Zusammenspiel von Licht mit Glas (▸ Bild 02).

Dieses Zusammenspiel untersuchen wir mit dem Versuch in ▸ Bild 03. Ein schmales Bündel aus weißem Licht trifft auf ein Glasprisma. Dort

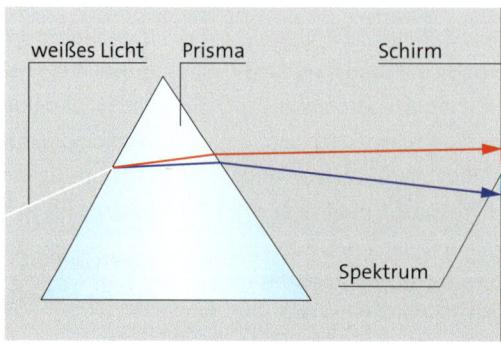

03 Zerlegung weißen Lichts durch ein Prisma

wird es an den beiden Grenzflächen gebrochen. Die Brechung an zwei parallelen Grenzflächen kennst du bereits. Dabei bleibt das Lichtbündel gewöhnlich schmal und weiß. Aber durch die besondere Anordnung der Grenzflächen beim Prisma weitet sich das Lichtbündel hier auf: Der obere Rand sieht rötlich und der untere bläulich aus. Trifft dieses Lichtbündel hinter dem Prisma auf einen Schirm, dann sieht man dort ein farbiges Lichtband, das **Spektrum.** Die Farben des Spektrums nennt man **Spektralfarben.**

WELLENLÄNGEN DES LICHTES · Du weißt bereits, dass Licht auch Welleneigenschaften besitzt. Jede Farbe des Lichtes schwingt dabei mit einer anderen Frequenz bzw. mit einer anderen Wellenlänge. Wir können Licht mit einer Wellenlänge von 380 nm (violett) bis 750 nm (rot) sehen. Infrarotes Licht hat noch größere Wellenlängen. Wir können sie nicht sehen, aber in Form von Wärmestrahlung spüren. Ultraviolettes Licht ist sehr kurzwellig und hat eine viel höhere Energie. Wir spüren es als Sonnenbrand, wenn wir uns zu lange in der Sonne aufgehalten haben. Im schlimmsten Fall kann es sogar Hautkrebs verursachen.

LICHT AM PRISMA · Die unterschiedlichen Wellenlängen bewirken an Grenzflächen unterschiedliche elektromagnetische Wechselwirkungen. Bei der Brechung am Prisma in ▸ Bild 02 ändert sich der Brechungsindex je nach Wellenlänge der Lichtfarbe geringfügig und führt zur Auffächerung des Lichtstrahls (Dispersion). Die vorher vereinten Farben werden nun sichtbar. Doch warum sehen wir die Farben nicht, wenn wir direkt in die Sonne schauen? Das hängt mit unserem Sehsinn zusammen. Wir besitzen 3 unterschiedlich Farbsinneszellen für verschiedene sich überlagernde Frequenzbereiche. Bei gleichzeitiger Reizung empfinden wir die unbunte Farbe Weiß. Werden Farben aus dem Spektrum ausgeblendet, entsteht ein anderer Farbeindruck. Gleichzeitig finden unterschiedliche physiologische Anpassungsvorgänge statt, sodass wir uns auch an verschiedene Weißverschiebungen gewöhnen. Tageslichtweiß hat mehr Blauanteile als Spätnachmittagslicht mit höheren Rotanteilen. Auch eine Glühlampe erzeugt weißes Licht mit höheren Rotanteil und wird als warmes Licht empfunden.

04 Kontinuierliches Spektrum einer Glühlampe

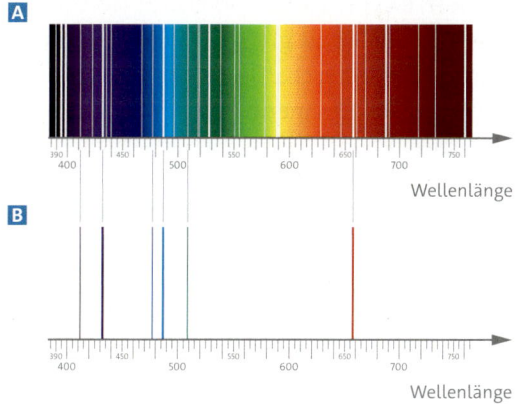

05 **A** Absorptionsspektrum der Sonne, **B** Emissionsspektrum Wasserstoff

SPEKTRALANALYSE · Mit einem Spektroskop kann Licht in die einzelnen Wellenlängenbereiche aufgefächert werden. Sie nutzen die wellenlängenabhängige Brechung an Prismen. Häufig werden auch optische Beugungsgitter verwendet. Mit modernen Verfahren können mehrere Tausend Linien pro Millimeter hergestellt werden. Zusätzlich kann auch die Intensität (Farbanteil) der einzelnen Frequenzen sichtbar gemacht werden. Das Licht der Glühlampe erzeugt ein kontinuierliches Spektrum mit hohen Rotanteilen (▸ Bild 04).

Mit einer Spektralanalyse lassen sich Stoffe allein durch die Farbverteilung im Spektrum nachweisen. Am Beispiel des Sonnenlichtes fallen Unterbrechungen im Spektrum auf, die als schwarze Linien sichtbar werden (▸ Bild 05 A). Es scheinen einige Farben zu fehlen, obwohl die Sonne doch besonders intensive Glühstrahlung abgibt.

Wird hingegen Wasserstoff zum Leuchten gebracht, entsteht ein typisches Linienspektrum (▸ Bild 05 B). Werden das Sonnen- und das Wasserstoffspektrum übereinandergelegt, decken sich die leuchtenden Linien mit den Lücken. Astronomen können somit Nachweisen, dass die Sonne von Wasserstoff umgeben ist. Dieses Gas muss kälter sein als die Sonnenoberfläche, weil es diesen Teil des Spektrums absorbiert. Die anderen Absorptionslinien stammen von weiteren Gasen.

1 ⌡ Erkläre den Unterschied zwischen einem Absorptions- und einem Emissionsspektrum.

2 ⌡ Die Spektralanalyse des Sonnenlichts im Weltall unterscheidet sich von einer Analyse von der Erde aus. Auf der Erde sind mehr Absorptionslinien zu sehen. Erkläre.

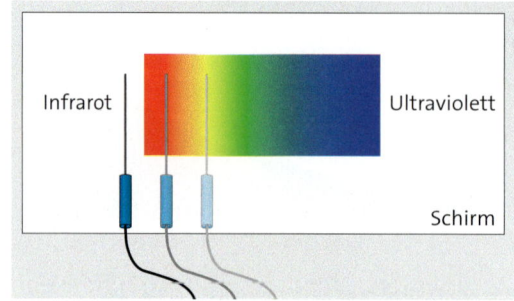

01 Nachweis der Infrarotstrahlung

Abkürzungen:
Infrarot: IR
Ultraviolett: UV

UNSICHTBARES LICHT · Vielleicht weißt du, dass es auch Schall gibt, den wir nicht hören können, den Ultraschall. Gibt es auch Licht, das wir nicht sehen können?

Um eine Antwort zu finden, untersuchen wir das Spektrum einer Glühlampe mit einem empfindlichen Thermometer (▸ Bild 01): Wenn es vom Licht getroffen wird, zeigt es eine höhere Temperatur an. Je weiter wir es im Spektrum in Richtung Rot verschieben, desto höher wird die Temperatur. Erstaunlicherweise ist sie sogar noch höher, wenn wir das Thermometer neben das rote Ende halten. Dabei wird es gar nicht von sichtbarem Licht getroffen!

Das Ergebnis legt nahe, dass das Spektrum nicht nur aus sichtbarem Licht besteht. Das unsichtbare „Licht", das jenseits des roten Bereichs liegt, heißt **Infrarotstrahlung**. Im Alltag nennt man diese Strahlung häufig auch **Wärmestrahlung**.

Mit geeigneten Geräten kann man nachweisen, dass es auch auf der anderen Seite des Spektrums, jenseits des violetten Bereichs, unsichtbare Strahlung gibt, die **Ultraviolettstrahlung**.

/// **BLICKPUNKT** //

Unsichtbares sichtbar machen

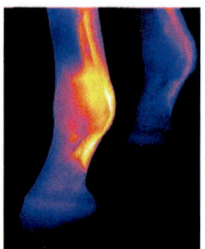

02 Entzündetes Gelenk bei einem Pferd

03 Infrarotlampe

Infrarotstrahlung · Infrarotstrahlung wird von allen Körpern unterschiedlich stark abgestrahlt. Sie wird z. B. in der Medizin genutzt, um Entzündungen zu erkennen. Denn entzündetes Gewebe ist wärmer als gesundes und sendet mehr Infrarotstrahlung aus. Das lässt sich mit Spezialkameras sichtbar machen (▸ Bild 02). Die Infrarotstrahlung ist aber nicht immer mit einer erhöhten Temperatur verbunden: Viele Fernbedienungen verwenden sie z. B. zur Signalübertragung.

Ultraviolettstrahlung · Einige Stoffe leuchten hell, wenn sie von Ultraviolettstrahlung getroffen werden. Diese Stoffe wandeln die Ultraviolettstrahlung in sichtbares Licht um. Sie sind z. B. in Waschmitteln enthalten. Deshalb leuchtet weiße Kleidung im Dunkeln, wenn sie mit „Schwarzlicht"-Lampen angestrahlt werden. Geldscheine werden gezielt mit solchen Stoffen gekennzeichnet, um sie fälschungssicher zu machen (▸ Bild 04).

Auch Hautschuppen und Körperflüssigkeiten leuchten, wenn Ultraviolettstrahlung auf sie trifft. So können in der Kriminalistik Spuren gesichert werden.

1 **a)** Informiere dich über die Einsatzmöglichkeiten einer IR-Lampe (▸ Bild 03).
b) Manche Tiere können UV-Licht sehen. Finde ein Beispiel und beschreibe, welchen Nutzen das Tier dadurch hat.

04 Sicherheitsmerkmal eines Geldscheins

Material A ▸ Regenbogen

05 Mond mit farbigen Ringen

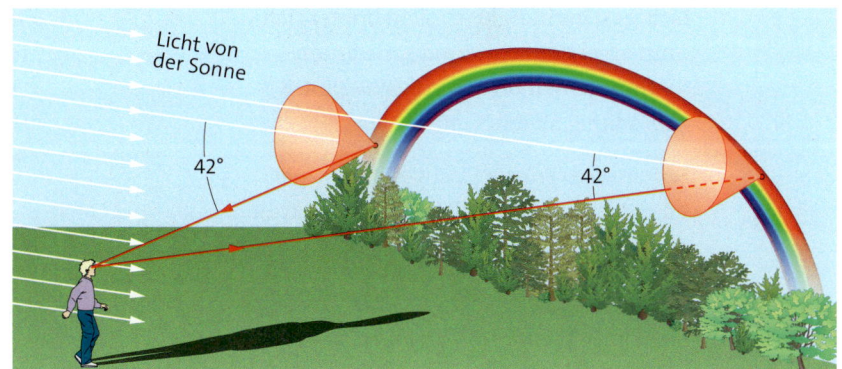

Licht von der Sonne

42°

42°

06 Entstehung der Form des Regenbogens

A1 Nachts kann man manchmal um den Mond herum farbige Kreise sehen (▸ Bild 05). Erkläre, wie diese zustande kommen können.

A2 Du kannst an einem sonnigen Tag mit einem Rasensprenger einen künstlichen Regenbogen herstellen. Schreibe auf, wie du vorgehen musst, damit du einen solchen Regenbogen sehen kannst.

A3 Zwischen dem von der Sonne auf einen Regentropfen fallenden weißen Lichtbündel und dem ins Auge gelangenden roten Lichtbündel besteht ein Winkel von 42°. Dies gilt für alle roten Lichtbündel, die in das Auge des Betrachters gelangen.
a) Erläutere mithilfe von ▸ Bild 06 die kreisbogenförmige Gestalt des Regenbogens.

b) Erläutere, was für die entsprechenden Winkel bei den blauen Lichtbündeln gelten muss.
c) Beschreibe, was für eine Form des Regenbogens sich ergibt, wenn die Sonne sehr hoch steht. Wie verändert sich die Form, wenn sie dicht über dem Horizont steht?

Material B ▸ Unsichtbare Strahlung

°C
7
6
5
4
3
2
1
0
-1
-2
-3

07 Aufnahme eines Gebäudes mit einer Infrarot-Kamera

B1 ▸ Bild 07 zeigt eine Infrarot-Aufnahme eines Gebäudes. Rechts neben dem Foto ist eine Skala, die im oberen Teil mit 7 °C gekennzeichnet ist, im gelbgrünen mit 1 °C und im violetten mit −3 °C.
a) Beschreibe dieses Bild und interpretiere es.
b) Begründe, an welchen Stellen die größten Energieeinsparungen möglich sind.
c) Was siehst du rechts vor dem Haus? Begründe deine Interpretation.

B2 Ultraviolettstrahlung ist auch dafür verantwortlich, dass sich unsere Haut bräunt, wenn wir uns in der Sonne aufhalten. Informiere dich über mögliche Gefahren übermäßiger Sonneneinstrahlung. Welche Schutzmaßnahmen sind geeignet, um diese Gefahren zu verringern?

Licht an Grenzflächen

Lichtgeschwindigkeit: Licht breitet sich mit einer endlichen und konstanten Lichtgeschwindigkeit von $299\,792\,458\ \frac{m}{s}$ geradlinig im Raum aus.

Fermatsches Prinzip: Licht wählt immer den Weg, für den es die kürzeste Laufzeit benötigt.

Lichtbrechung: Wenn Licht auf die Grenzfläche zwischen einem optisch dünneren Stoff (z. B. Luft) und einem optisch dichteren Stoff (z. B. Wasser) trifft, dann wird es zum Lot hin gebrochen.

Das einfallende und das gebrochene Lichtbündel und das Lot liegen in einer Ebene.
Der **Lichtweg** ist umkehrbar.

Brechungsgesetz: Für Licht, das aus dem Medium 1 im Einfallswinkel α kommt und im Medium 2 im Brechungswinkel β gebrochen wird, gilt das Brechungsgesetz:
$$\frac{\sin\alpha}{\sin\beta} = \frac{n_2}{n_1}.$$

Die Brechzahl n ist abhängig vom jeweiligen Medium.

Totalreflexion: Wenn Licht aus einem optisch dichteren Stoff (z. B. Wasser) auf die Grenzfläche zu einem optisch dünneren Stoff (z. B. Luft) trifft, dann tritt ab einem Einfallswinkel, der größer als der **Grenzwinkel** ist, Totalreflexion auf. Das heißt, das Lichtbündel wird vollständig reflektiert.

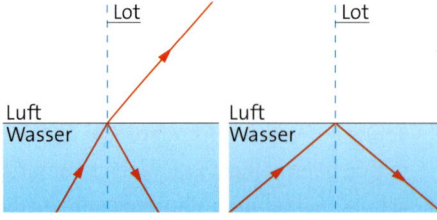

Optische Abbildungen

Bildentstehung: Bei Linsen unterscheidet man zwischen **Sammel-** und **Streulinsen.** Der Abstand des Brennpunkts zur Mittelebene einer Linse heißt Brennweite. Je stärker eine Linse gekrümmt ist, desto kleiner ist ihre Brennweite.

Für eine bestimmte **Gegenstandsweite g** erzeugt eine Sammellinse ein scharfes Bild bei einer bestimmten **Bildweite b.** Dabei vereinigt sie das Licht, das von einem Gegenstandspunkt auf sie trifft, in einem Bildpunkt.

Je kleiner die Gegenstandsweite ist, desto größer sind Bildweite und Bildgröße.

Sammellinsen erzeugen scharfe und helle Bilder nur an einer Stelle. Dabei vereinigen sie das Licht, das von einem Gegenstandspunkt auf sie trifft, in einem Bildpunkt.

Der Abstand des Brennpunkts zur Mittelebene einer Linse heißt **Brennweite f.** Je kleiner die Gegenstandsweite ist, desto größer sind Bildweite und Bildgröße. Bei Gegenstandsweiten kleiner als die Brennweite entsteht kein Bild.

Für die Bildweite b und die Gegenstandsweite g gilt die Abbildungsgleichung:
$$\frac{1}{b} + \frac{1}{g} = \frac{1}{f}$$

Konstruktion: Mit **Parallel- und Mittelpunktstrahl** kannst du das durch eine Linse entstehende Bild konstruieren.

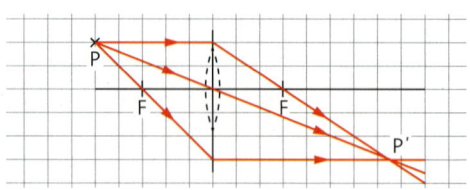

Auge: Beim Sehvorgang entsteht auf der Netzhaut ein scharfes Bild. Dabei wird die Linse des Auges so verformt, dass ihre Brennweite zur Entfernung des Gegenstands passt. Je größer der Sehwinkel ist, unter dem der Gegenstand erscheint, desto größer ist das Bild auf der Netzhaut.

Wellencharakter des Lichts

Doppelspalt: Wird ein enger Doppelspalt im Spaltabstand d mit kohärentem Licht der Wellenlänge λ beleuchtet, kommt es dahinter zu einem Interferenzmuster. Für die Helligkeitsmaxima unter dem Winkel α gilt: $d \cdot \sin(\alpha) = k \cdot \lambda$ mit $k \in \mathbb{Z}$.

Am Doppelspalt wird der Wellencharakter von Licht deutlich.

Farben des Lichts: Weißes Licht kann durch Brechung in Spektralfarben zerlegt werden. Licht unterschiedlicher **Spektralfarben** wird unterschiedlich stark gebrochen.

Am roten Ende des sichtbaren **Spektrums** schließt sich das unsichtbare **Infrarot** an, am violetten Ende das unsichtbare **Ultraviolett.**

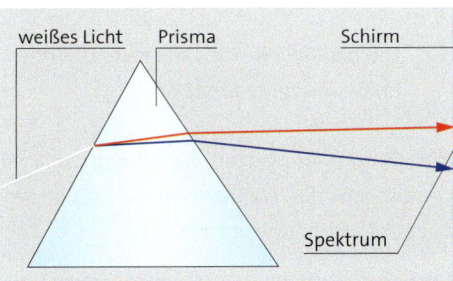

Körperfarbe: Jeder farbige Körper absorbiert einen Teil des Spektrums und streut den Rest. Entscheidend für die Farbwahrnehmung ist, welcher Teil des Spektrums mit dem gestreuten Licht ins Auge gelangt.

Überprüfe dich selbst:

Kann ich ...

... die Lichtgeschwindigkeit in verschiedenen Medien und im Vakuum beschreiben? (S. 168 ff., 172 ff.)

... Beispiele nennen, bei denen Licht als präzises Messmittel genutzt werden kann? (S. 168 f.)

... das Fermatsche Prinzip als grundlegendes Naturgesetz anhand einer Analogie beschreiben? (S. 168)

... das Brechungsgesetz herleiten und anwenden? (S. 172 ff.)

... Beispiele für Totalreflexion aus der Medizin oder der Technik nennen und erläutern? (S. 176 ff.)

... die Abbildungsgleichung und den Abbildungsmaßstab für dünne Linsen herleiten und anwenden? (S. 180 ff., 184 ff.)

... den Strahlengang am Fernrohr beschreiben? (S. 188 ff.)

... den Wellencharakter des Lichts mithilfe eines Experiments erklären? (S. 192 ff.)

... die Interferenz von Licht durch Beugung am Doppelspalt und am Gitter erklären? (S. 192 ff.)

... die Wellenlängenbereiche des Lichtspektrums beschreiben? (S. 196 ff.)

... das kontinuierliche Spektrum einer Glühlampe beschreiben? (S. 197)

... zwischen Absorptions- und Emissionsspektrum unterscheiden und Beispiele dafür nennen? (S. 197)

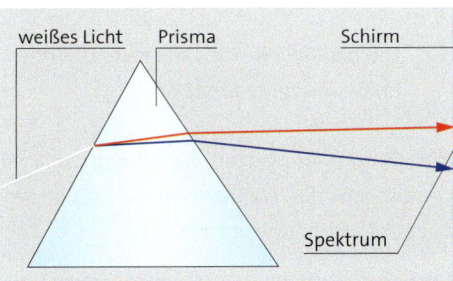

Messen von physikalischen Größen

01   Laura misst in der Einheit „Handspanne".

03   Julia und Hannes messen das Wohnzimmer aus.

Einheiten · Laura misst die Länge eines Schultisches in der Einheit Handspanne (▸ Bild 01). Sie erhält für die Länge etwa 11 Handspannen. Wenn Niko dieselbe Strecke misst, dann erhält er nur $9\frac{1}{2}$ Handspannen. Die Handspanne ist also eine sehr ungenaue und kaum übertragbare Maßeinheit. Unsere Hände sind nun einmal nicht gleich.

Früher wurden als Einheiten die Körpermaße eines erwachsenen Mannes verwendet (▸ Bild 02). Als jedoch der Handel immer weiter zunahm, war es wichtig, die Einheiten exakt und für alle gleich festzulegen. Im 19. Jahrhundert wurden in Frankreich die Einheiten Meter und Kilogramm eingeführt. Daraus hat sich das internationale Einheitensystem entwickelt (siehe Anhang am Ende des Buches).

Messen bedeutet Vergleichen · Laura hat die Länge des Tisches gemessen, indem sie ermittelt hat, wie viele Handspannen für diese Strecke notwendig waren. Die unbekannte Länge des Tisches wird also mit der Einheit „Handspanne" verglichen und als Vielfaches der Handspanne angegeben. So geht man immer vor: Die Messgröße wird mit der Einheit verglichen und als ihr Vielfaches angegeben.

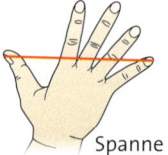 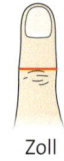 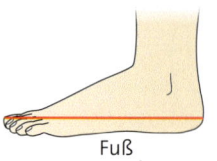

Spanne   Zoll   Fuß

02   Alte Längeneinheiten

Mit Messwerten umgehen · Julia und Hannes wollen die Grundfläche des rechteckigen Wohnzimmers der Familie berechnen. Leider sind nicht alle Ecken des Zimmers mit dem Maßband gut erreichbar; zudem müssen die Fußleisten berücksichtigt werden.

Die abgelesenen Werte sind deshalb ungenau. Ihre Unsicherheit schätzen die beiden auf 1 cm. Für die Länge a und die Breite b des Zimmers geben sie an:

$$a = 7{,}42\,\text{m} \pm 0{,}01\,\text{m}, \quad b = 4{,}95\,\text{m} \pm 0{,}01\,\text{m}.$$

Die Ungenauigkeit betrifft die dritte Stelle, die ersten zwei Stellen stehen aber fest.

/// Gib bei Messwerten alle feststehenden Stellen und die
    erste unsichere Stelle an.

Aus ihren Messwerten berechnen Julia und Hannes die Grundfläche des Wohnzimmers. Dazu bilden sie das Produkt aus der Länge a und der Breite b:

$$A = a \cdot b = 7{,}42\,\text{m} \cdot 4{,}95\,\text{m} = 36{,}729\,\text{m}^2.$$

Die Angabe für den Flächeninhalt hat fünf Stellen, obwohl die Ausgangswerte nur drei Stellen hatten. Kann das Ergebnis einer Rechnung genauer sein als die Eingangsgrößen der Rechnung?

Rechnung mit ...	... Mess-werten	... kleinst-möglichen Werten	... größt-möglichen Werten
Länge a	**7,42** m	7,41 m	7,43 m
Breite b	**4,95** m	4,94 m	4,96 m
$a \cdot b$	**36,7**29 m^2	36,6054 m^2	36,8528 m^2
Fläche A	**36,7** m^2	36,6054 m^2 < A < 36,8528 m^2	

04 Das Rechenergebnis muss sinnvoll gerundet werden.

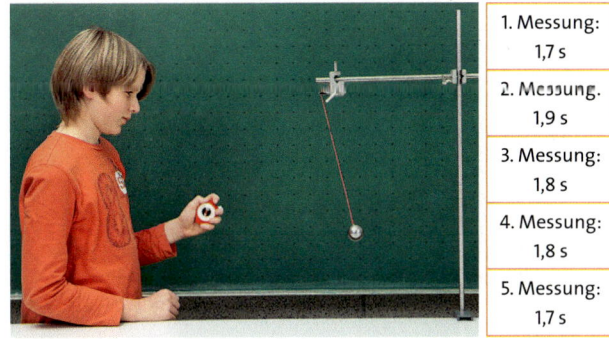

05 Messung der Schwingungsdauer

| 1. Messung: 1,7 s |
| 2. Messung: 1,9 s |
| 3. Messung: 1,8 s |
| 4. Messung: 1,8 s |
| 5. Messung: 1,7 s |

Mit dem Maßband konnten Julia und Hannes auf 1 cm genau messen. Die Länge a von 7,42 m ist also ein gerundeter Wert. Der tatsächliche Wert von a kann etwas kleiner oder größer sein. Bei einer Ungenauigkeit von 1 cm liegt er zwischen 7,41 cm und 7,43 cm. Entsprechendes gilt auch für die Breite b (► Tabelle 04). Der mit diesen Werten berechnete Flächeninhalt liegt zwischen 36,6054 m^2 und 36,8528 m^2. Die ersten zwei Stellen stehen fest, die dritte ist die erste ungenaue Stelle. Wir können diesen Wert daher nicht mit mehr als drei Stellen angeben: $A = 36,7$ m^2.

 Das Ergebnis einer Rechnung hat genauso viele feststehende Stellen wie der ungenaueste Messwert. Zum Ergebnis gehört auch noch die erste unsichere Stelle.

Aber wie groß ist der Fehler beim Berechnen der Grundfläche? Wenn wir wie hier mit einem Metermaß messen, erwarten wir keine Messwerte, die deutlich von den übrigen Messwerten abweichen. Daher genügt eine einfache Fehlerabschätzung, bei der wir die halbe Differenz aus dem größten und dem kleinsten möglichen Ergebnis berechnen. Den Fehler der Größe A nennt man ΔA („Delta A").

$$\Delta A = \frac{1}{2}(36,8528 \text{ m}^2 - 36,6054 \text{ m}^2) = 0,1237 \text{ m}^2$$

Es ist nicht sinnvoll, Fehler mit mehr als einer Stelle anzugeben. Damit erhalten wir für den Flächeninhalt:

$A = 36,7$ m$^2 \pm 0,1$ m^2.

Einmal messen reicht oft nicht · In einem Experiment messen wir die Zeit für eine Hin-und-her-Bewegung eines Pendels (► Bild 05). Es ist schwierig, den Knopf der Stoppuhr genau im richtigen Moment zu drücken. Deshalb haben alle Messungen einen unbekannten Fehler: Mal ist die gemessene Zeit zu kurz, mal zu lang. Um einen möglichst genauen Wert zu erhalten, berechnen wir den Mittelwert. Dabei heben sich zu große und zu kleine Werte teilweise auf.

$$t = \frac{1}{5}(1,7 \text{ s} + 1,9 \text{ s} + 1,8 \text{ s} + 1,8 \text{ s} + 1,7 \text{ s}) = 1,78 \text{ s}$$

Wir sind bei dieser Messung vor größeren Messfehlern nicht sicher. Deshalb schätzen wir den Fehler unseres Ergebnisses ab, indem wir das arithmetische Mittel aller Abweichungen der Messwerte vom Mittelwert berechnen.

$$\Delta t = \frac{1}{5}(0,08 \text{ s} + 0,12 \text{ s} + 0,02 \text{ s} + 0,02 \text{ s} + 0,08 \text{ s}) \approx 0,06 \text{ s}$$

Wir erhalten für die Schwingungsdauer des Pendels $t = 1,78 \text{ s} \pm 0,06 \text{ s}$.

1 Nimm an, Hannes hat nur die ersten beiden Werte gemessen. Wie verändern sich Mittelwert und Fehler? Begründe die Abweichung.

2 Thilo misst 10 einzelne Pendelschwingungen. Ayse misst die Zeit von 10 Pendelschwingungen und teilt dann die Zeit durch 10. Welche Methode erscheint dir besser? Begründe.

Messfehler

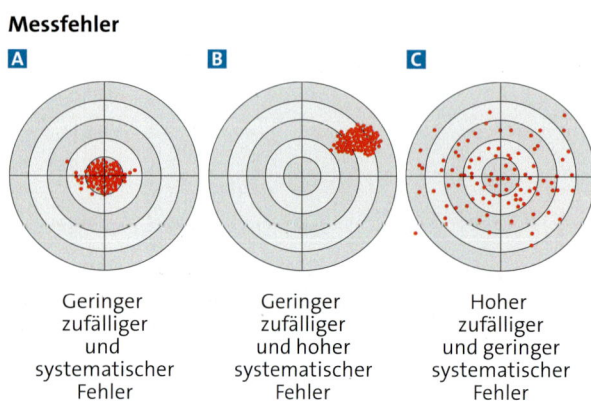

A Geringer zufälliger und systematischer Fehler

B Geringer zufälliger und hoher systematischer Fehler

C Hoher zufälliger und geringer systematischer Fehler

01 Auswirkung zufälliger und systematischer Fehler

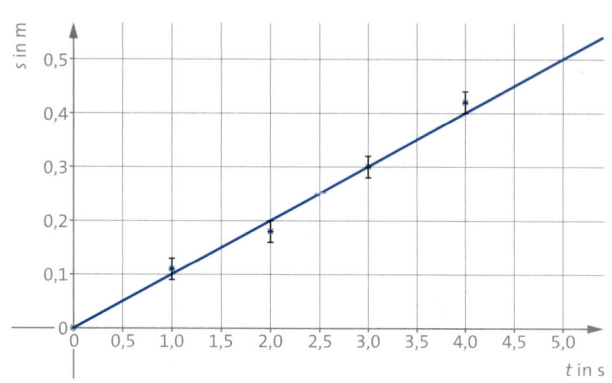

02 Messwerte mit Fehlerbalken und Ausgleichsgerade

Jede Messung ist fehlerbehaftet · Messfehler sind keine Fehler im Sinne von falsch oder richtig. Vielmehr ist jeder Messwert mehr oder weniger ungenau. Messfehler teilen wir in zwei Klassen ein:

1. Kein Messgerät ist perfekt. Fehler, die dadurch entstehen, dass z.B. eine Messapparatur falsch kalibriert ist, nennt man systematische Fehler (▸ Bild 01B). Wenn der **systematische Fehler** bekannt ist, können die Messwerte entsprechend korrigiert werden.

2. Wenn wir ein Experiment, z.B. eine Zeit- oder Längenmessung, mehrfach wiederholen, werden wir nicht immer genau denselben Wert messen. Dieser **zufällige Fehler** führt zu einer unregelmäßigen Abweichung der Messwerte um einen Mittelwert (▸ Bild 01C).

Messwerte und ihre Fehlerbalken · Messwerte sind streng genommen nur zusammen mit einer Fehlerabschätzung vollständig. Das gilt auch für Messwerte, die in einem Diagramm dargestellt sind. Wie aber zeichnen wir Fehler in ein Diagramm ein?

Zuerst zeichnen wir wie üblich den Messwert ein. An den Messwert setzen wir senkrechte oder waagerechte Balken an, je nachdem, ob wir den Fehler der x- oder y-Werte darstellen wollen. Die Länge dieser **Fehlerbalken** im Koordinatensystem entspricht dem angenommenen zufälligen Fehler (▸ Bild 02).

Die Ausgleichsgerade · In einem Experiment messen wir zu festen Zeit den Ort einer sich bewegenden Spielzeuglokomotive. Wir nehmen an, dass sie auf einer Geraden liegen. Aufgrund der Messfehler trifft dies nicht für alle Punkte exakt zu. Einige werden oberhalb, andere unterhalb der gedachten Geraden liegen. Deshalb zeichnen wir eine Ausgleichsgerade so ein, dass sich diese Abweichungen gegenseitig ausgleichen (▸ Bild 02).

Mit unserer Ausgleichsgeraden können wir folgende Fragen beantworten:

1. Liegt den Messwerten tatsächlich ein linearer Zusammenhang zugrunde oder nicht?
   Als Anhaltspunkt sollte dann die Ausgleichsgerade durch etwa zwei Drittel aller Fehlerbalken gehen.

2. Wie groß sind die Steigung und der Achsenabschnitt der Geraden? Wie groß sind damit die physikalischen Größen, die der Steigung und dem Achsenabschnitt entsprechenden?

1 ⌟ Harry stellt fest: „Einer meiner Messwerte ist ein Ausreißer, weil er auf unverständliche und deutliche Weise von den übrigen Messwerten abweicht."
Überlege, ob du solche Ausreißer beim Zeichnen der Ausgleichsgeraden berücksichtigen sollst. Begründe deine Entscheidung.

METHODE

Von der Hypothese zum Naturgesetz

Wie kommt man in der Physik eigentlich auf Aussagen wie den Energieerhaltungssatz? Zu Beginn steht oft eine Beobachtung aus dem Alltag (▸ Bild 01). Ein Fadenpendel schwingt hin und her. Beim Herabschwingen wird die Kugel immer schneller, beim Hinaufschwingen auf der anderen Seite wird sie wieder langsamer. In den Umkehrpunkten ist die Kugel in Ruhe. Am tiefsten Punkt ist sie am schnellsten. Dort hat sie die größte kinetische Energie. In den Umkehrpunkten hat sie keine kinetische Energie, dafür aber ist die potenzielle Energie dort am größten.

In der Physik deuten wir das so: Wenn die Kugel herabschwingt, dann wandelt sich die potenzielle Energie nach und nach in kinetische Energie um. Beim Hinaufschwingen wandelt sich die kinetische Energie wieder in potenzielle um. Daraus ergibt sich die Vermutung: Die Summe aus kinetischer und potenzieller Energie der Kugel bleibt gleich.

Bei einem Gummiball ist es ähnlich (▸ Bild 02). Neben kinetischer und potenzieller Energie tritt hier auch noch Spannenergie des elastisch verformten Balls auf. Wir vermuten: Die Summe aus potenzieller, kinetischer und Spannenergie des Gummiballs bleibt gleich.

Eine Vermutung, die durch viele unterschiedliche Experimente unterstützt wird, nennt man in der Physik eine Hypothese. Nach und nach gewinnt man aus vielen Experimenten die Hypothese, dass die gesamte Energie, also die Summe aller beteiligten Energieformen, erhalten bleibt.

Allerdings stellt man fest, dass die Höhe der Umkehrpunkte beim Fadenpendel ganz allmählich abnimmt. Auch der Gummiball erreicht beim Aufsteigen nicht mehr die Ausgangshöhe. Geht also doch Energie verloren? Hier hilft die Beobachtung weiter, dass bei vielen Vorgängen eine Erwärmung auftritt, z. B. beim Herabrutschen von einer Kletterstange. Mit der Hypothese, dass die Energie erhalten bleibt, können wir die Abnahme der Energie beim Fadenpendel und beim Gummiball erklären: Die Energie verschwindet nicht, sondern wandelt sich allmählich in thermische Energie um. Das Prinzip der Energieerhaltung ist „gerettet".

Die Vermutung, dass sich Bewegungsenergie in thermische Energie umwandeln kann, wurde von R. MAYER und J. P. JOULE experimentell bestätigt (vgl. S. 90). Die Idee ihrer Versuche zeigt ▸ Bild 03: Zwei herabsinkende Eisenklötze treiben eine Art Wasserrad an. Dadurch wird dem Wasser Energie zugeführt. MAYER und JOULE konnten tatsächlich eine Erwärmung des Wassers beobachten. In vielen weiteren Experimenten hat man festgestellt, dass die Energie insgesamt erhalten bleibt. Nach und nach wurde die Hypothese zur Energieerhaltung so zu einem Naturgesetz.

1 Beschreibe die Energieumwandlungen bei einem Jo-Jo. Wenn man das Jo-Jo einfach loslässt, dann erreicht es seine Ausgangshöhe nicht mehr. Erkläre. Durch geschicktes Ziehen an der Schnur kann man erreichen, dass das Jo-Jo wieder an Höhe gewinnt. Widerspricht das dem Energieerhaltungsprinzip? Erkläre.

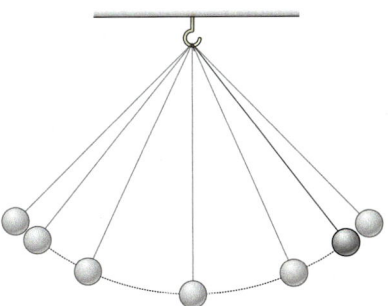

01 Schwingendes Fadenpendel

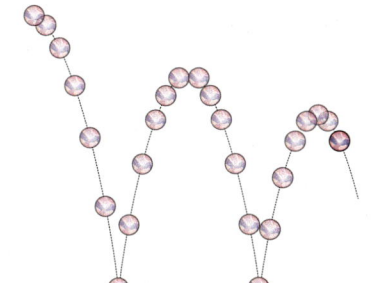

02 Hüpfender Gummiball

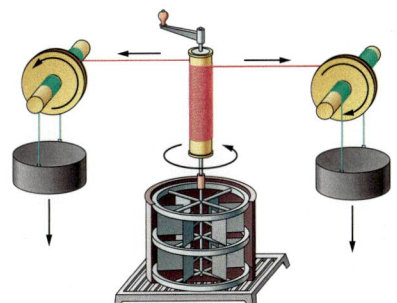

03 Erwärmung von Wasser

//// **METHODE** ///

Erstellen von Diagrammen

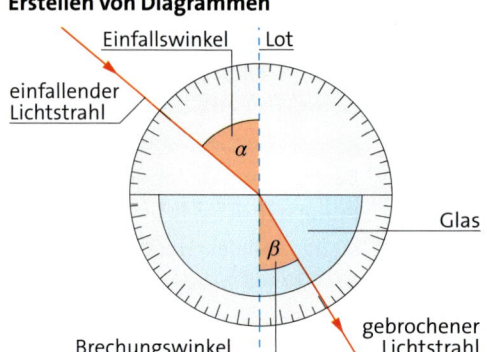

01   Messung an der Winkelscheibe

Beim Übergang vom Glas zur Luft trifft das Licht senkrecht auf die Grenzfläche.

α	β
0°	0°
10°	7°
20°	13°
30°	19°
40°	25°
50°	31°
60°	35°
70°	39°
80°	41°

02   Messwerte

In Diagrammen lassen sich Messwerte übersichtlich darstellen. Wie das funktioniert, erklären wir am Beispiel der Brechung.

In einem Versuch untersuchen wir folgende Frage: Wie verändert sich der Brechungswinkel in Glas, wenn der Einfallswinkel in Luft verändert wird? Dazu verwenden wir eine Winkelscheibe wie in ▸ Bild 01. Wir messen für verschiedene Einfallswinkel α in Luft jeweils den Brechungswinkel β in Glas. ▸ Tabelle 02 zeigt die Messwerte.

Aus diesen Messwerten erstellen wir nun ein Diagramm (▸ Bild 03): In einem Koordinatensystem verwenden wir die waagerechte Achse für den Einfallswinkel α in Luft und die senkrechte Achse für den Brechungswinkel β in Glas.

Die jeweils zusammengehörenden Werte (α, β) tragen wir als kleine Kreuze ein. In ▸ Bild 03 ist markiert, wie man den Punkt einträgt, der zum Einfallswinkel 30° gehört.

Das Diagramm zeigt auf einen Blick, wie Brechungswinkel und Einfallswinkel zusammenhängen. Das erkennt man bei der Tabelle nicht so leicht.

Wie groß ist der Brechungswinkel in Glas bei einem Einfallswinkel von 45° in Luft? Auch bei dieser Frage hilft das Diagramm weiter: Wir zeichnen eine möglichst glatte Kurve durch die eingetragenen Punkte. In ▸ Bild 03 ist sie rot dargestellt. Mit der Kurve können wir nun ablesen: Beim Einfallswinkel 45° ist der Brechungswinkel 28°.

Da der Lichtweg umkehrbar ist, können wir das Diagramm auch umgekehrt lesen. Wenn in Glas der Einfallswinkel 35° ist, dann ist in Luft der Brechungswinkel 60°.

In ▸ Bild 04 ist der Zusammenhang zwischen Einfallswinkel und Brechungswinkel für verschiedene Übergänge dargestellt. Man erkennt leicht, dass Licht beim Übergang von Luft zu Diamant am stärksten gebrochen wird.

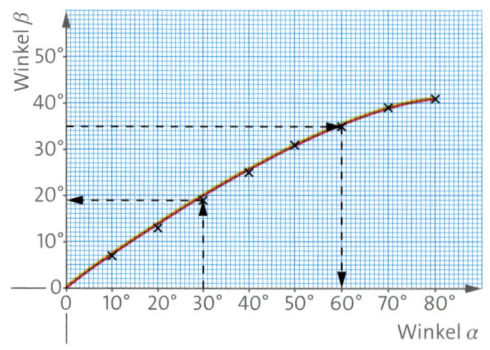

03   Messwerte werden im Diagramm dargestellt.

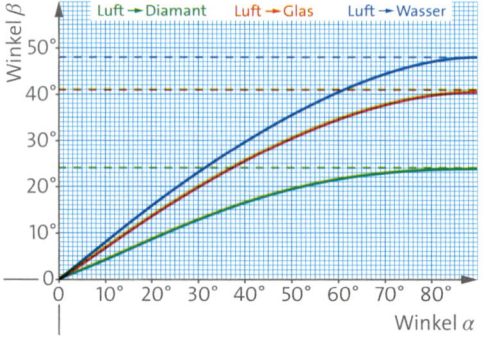

04   Winkel für verschiedene Übergänge

Anfertigen eines Protokolls

Ein wesentlicher Bestandteil der Physik sind Versuche. Mit manchen Versuchen werden ganz konkrete „Fragen" an die Natur gestellt. Du kannst Versuche durchführen, um Vermutungen zu bestätigen oder sie zu widerlegen. Oftmals machst du Versuche ohne konkrete Fragestellung und probierst dabei viele Sachen aus. Etwas jedoch gehört immer zu einem Versuch dazu – das Versuchsprotokoll. In einem Versuchsprotokoll hältst du schriftlich fest, wie du vorgegangen bist. Anhand des Protokolls kannst du oder eine andere Person den Versuch nachvollziehen. ▸ Bild 03 zeigt dir, wie so ein Protokoll aussieht.

Zu einem Protokoll gehören:

Fragestellung ①
Die Fragestellung wird von der Lehrerin oder dem Lehrer vorgegeben oder ergibt sich, wenn du etwas Ungewöhnliches beobachtest und es genauer untersuchen willst.
Formuliere deine Frage möglichst genau.

Material und Skizze ②
Liste alle verwendeten Materialien auf und fertige eine Skizze vom Versuchsaufbau an.

Durchführung ③
Beschreibe die wesentlichen Schritte des Versuchs möglichst genau.

Beobachtung ④
Notiere, was du beobachtest, aber zunächst ohne es zu erklären oder zu deuten.

Auswertung ⑤
Beantworte die Fragestellung ausgehend von deinen Beobachtungen und deinem Vorwissen. Beschreibe auch Probleme, die vielleicht bei der Versuchsdurchführung aufgetreten sind.
Notiere neue Fragen und Ideen.
Bewerte auch die Messgenauigkeit und berücksichtige systematische und zufällig Messfehler.

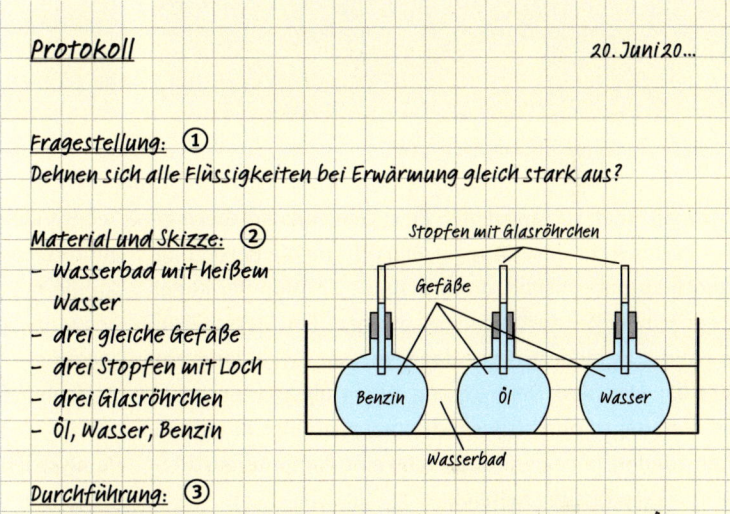

Protokoll   *20. Juni 20…*

Fragestellung: ①
Dehnen sich alle Flüssigkeiten bei Erwärmung gleich stark aus?

Material und Skizze: ②
– Wasserbad mit heißem Wasser
– drei gleiche Gefäße
– drei Stopfen mit Loch
– drei Glasröhrchen
– Öl, Wasser, Benzin

Stopfen mit Glasröhrchen
Gefäße
Benzin   Öl   Wasser
Wasserbad

Durchführung: ③
Drei gleiche Gefäße werden bis zum Rand mit gleichen Mengen an Öl, Wasser und Benzin gefüllt. Die Gefäße werden jeweils mit Stopfen verschlossen, durch die Glasröhrchen laufen. Alle drei Gefäße werden in das heiße Wasserbad gestellt.

Beobachtung: ④
Alle drei Flüssigkeiten steigen in die Glasröhrchen. Benzin steigt höher als Öl und Öl höher als Wasser.

Auswertung: ⑤
Die Flüssigkeiten steigen in die Röhrchen, weil sie sich bei Erwärmung ausdehnen. Offensichtlich dehnen sich die drei Flüssigkeiten unterschiedlich stark aus.
Vielleicht dehnen sich alle Flüssigkeiten bei Erwärmung aus. Allerdings kann man das nur für die drei untersuchten Flüssigkeiten mit Sicherheit sagen.
Es war schwierig, die Gefäße randvoll zu füllen und mit den Stopfen zu verschließen. Trotzdem war die unterschiedliche Steighöhe der Flüssigkeiten deutlich sichtbar.

03 Beispiel für ein Versuchsprotokoll

Computergestützte Messwerterfassung

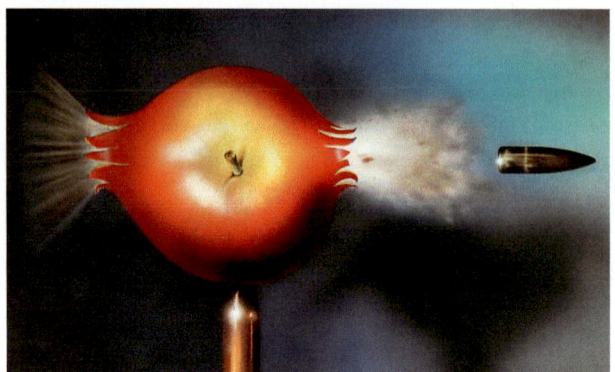

01 Eine Gewehrkugel trifft auf einen Apfel.

02 Der Großglocknergletscher

Zu schnell oder zu langsam? · Eine Gewehrkugel bewegt sich zu schnell für unser Auge (▸ Bild 01). Um die Bewegung dennoch zu untersuchen, muss man die Position der Kugel in sehr kurzen Zeitabständen bestimmen. Ein Gletscher in den Alpen verändert sich dagegen nur sehr langsam (▸ Bild 02). Um diese Veränderung zu verfolgen, muss man viele Messungen durchführen, diesmal allerdings in großen Zeitabständen. In beiden Fällen kann eine computergestützte Messwerterfassung helfen.

Das Prinzip der Messwerterfassung · Am Anfang steht ein Sensor, der die interessierende physikalische Größe automatisch aufnimmt. Dies kann z. B. ein Thermometer oder ein Abstandsmesser sein. Auch die Kamera deines Handys kann als Sensor verwendet werden. Die Verbindung zum Computer stellt ein sogenanntes Interface her. Es übersetzt die Messwerte in eine für den Computer verständliche Sprache — man sagt: Die Werte werden digitalisiert. Der Computer speichert die Messwerte und bietet die Möglichkeit, sie weiter zu bearbeiten.
Ein Beispiel, Messwerte zu erfassen und auszuwerten, ist die **Videoanalyse.** Dafür benötigt man eine Kamera und eine Analysesoftware. Wir untersuchen damit die Fallbewegung eines Tischtennisballs.

Momentaufnahmen · Im ▸ Bild 03 siehst du den Ball zu vier unterschiedlichen Zeitpunkten. Die Bilder wurden aus einer Videoaufnahme ausgeschnitten.

Jedes Video besteht aus vielen einzelnen Bildern, die schnell hintereinander abgespielt werden. Ab ca. 25 Bildern pro Sekunde nehmen wir die Einzelbilder als Film wahr. Hochgeschwindigkeitskameras, mit denen man zum Beispiel die Bewegung der Gewehrkugel auflösen kann, liefern mehrere Tausend Bilder pro Sekunde.

Analyse der Einzelbilder · Der Zeitabstand zwischen den vier Bildern beträgt jeweils Δt = 0,16 s. Mithilfe des abgebildeten Lineals kann man die Strecken Δs bestimmen, die der Ball zwischen den Aufnahmen zurücklegt. Wir legen fest, dass zum ersten Bild der Zeitpunkt t = 0 s und der Ort s = 0 m gehören soll. So erhalten wir für jedes Bild den Zeitpunkt und den Ort des Balles.

Mehr Messwerte · Für das $s(t)$-Diagramm im ▸ Bild 04 A wurden Einzelbilder mit den kleineren Zeitabständen Δt = 0,04 s ausgewertet. Die Werte liegen offensichtlich nicht auf einer Geraden. Man erkennt, dass der Tischtennisball in gleichen Zeitabständen immer größere Strecken zurücklegt. Die Geschwindigkeit nimmt also zu. Wie sieht nun das zugehörige $v(t)$-Diagramm aus?

Auswertung · Um dieses Diagramm zu erstellen, berechnen wir die Geschwindigkeit aus den Messwerten mit $v = \frac{\Delta s}{\Delta t}$. Das $v(t)$-Diagramm im ▸ Bild 04 B zeigt die so berechneten Werte. Die Werte scheinen auf einer Ursprungsgeraden zu liegen. Das würde bedeuten, dass die Geschwindigkeit gleichmäßig

03 Aufnahmen eines fallenden Tischtennisballs

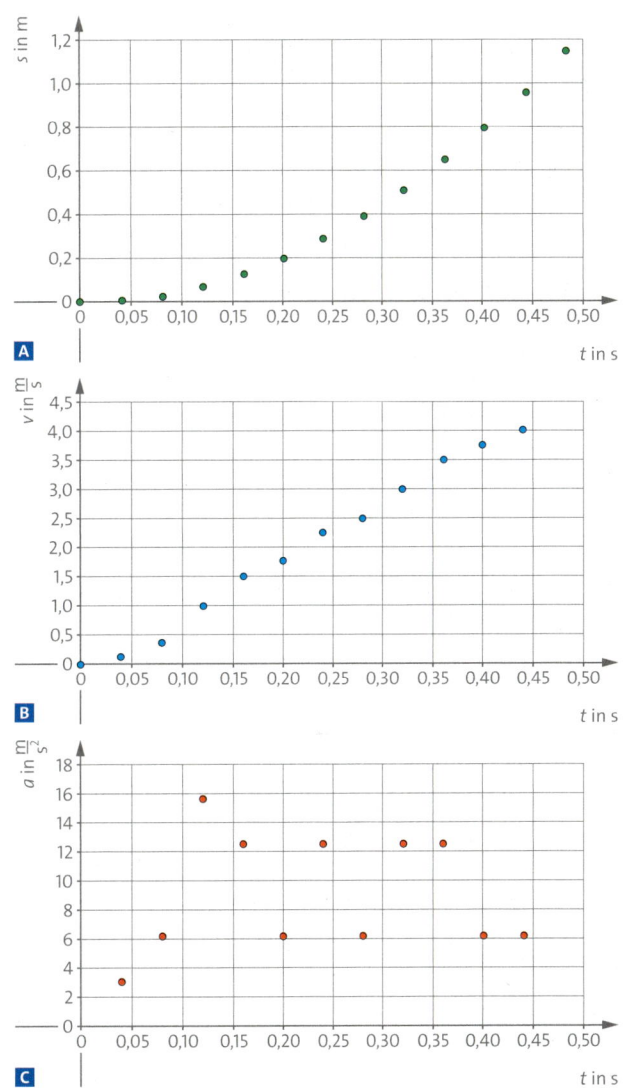

04 **A** s(t)-Diagramm, **B** v(t)-Diagramm, **C** a(t)-Diagramm

zunimmt. Die Beschleunigung des Tischtennisballs müsste demnach konstant sein.

Um dies zu überprüfen, berechnen wir die Beschleunigung aus den Werten für Δv nach $a = \frac{\Delta v}{\Delta t}$ und tragen die Werte in ein $a(t)$-Diagramm ein (▸ Bild 04 C). Das Diagramm zeigt: Die Beschleunigung wird mehrmals größer und kleiner, scheint aber um den Wert von ungefähr 10 $\frac{m}{s^2}$ zu schwanken. Dieser Wert bestätigt sich, wenn wir ein Lineal mit einer feineren Skala verwenden und die Position des Balls genauer bestimmen. Die Werte der Beschleunigung weichen dann weniger von 10 $\frac{m}{s^2}$ ab.

Das Beispiel zeigt: Schon kleine Ungenauigkeiten beim Ablesen der Position des Balls können zu großen Abweichungen bei den berechneten Größen Geschwindigkeit und Beschleunigung führen. Auch der Einsatz eines Messwerterfassungssystems garantiert keine genauen Daten. Man muss darauf achten, die Werte möglichst genau zu bestimmen, vor allem, wenn man mit ihnen weiterrechnen will.

1 Computergestützte Messwerterfassung kommt nicht nur bei sehr schnellen oder sehr langsamen Bewegungen zum Einsatz. Nenne andere Einsatzmöglichkeiten.

2 **a)** Eine Hochgeschwindigkeitskamera liefert 360 Bilder pro Sekunde. Berechne den Zeitabstand zwischen zwei Einzelbildern.

b) Eine Gewehrkugel verlässt den Lauf mit einer Geschwindigkeit von 500 $\frac{m}{s}$. Ihre Bewegung auf den ersten fünf Zentimetern soll per Videoanalyse untersucht werden. Berechne, wie viele Bilder pro Sekunde die Kamera mindestens liefern muss.

METHODE

Messen der elektrischen Stromstärke

Die elektrische Stromstärke misst man mit einem **Stromstärkemessgerät** (Amperemeter). Dabei muss die gesamte elektrische Ladung durch das Stromstärkemessgerät fließen.

Möchte man also die Stromstärke an einer bestimmten Stelle im Stromkreis messen, dann muss man ihn an dieser Stelle öffnen und das Stromstärkemessgerät einbauen. Um die Kabel nicht zu zerstören, ersetzen wir die entsprechende Leitung durch zwei kürzere Leitungen (► Bild 02). Nun können wir das Messgerät anschließen, dabei achten wir auf die richtige Polung.

Das Schaltsymbol für ein Stromstärkemessgerät ist ein Kreis mit einem „A" für Ampere. ► Bild 01 zeigt die Schaltskizze für die Messung der elektrischen Stromstärke.

01 Schaltskizze zur Messung der Stromstärke

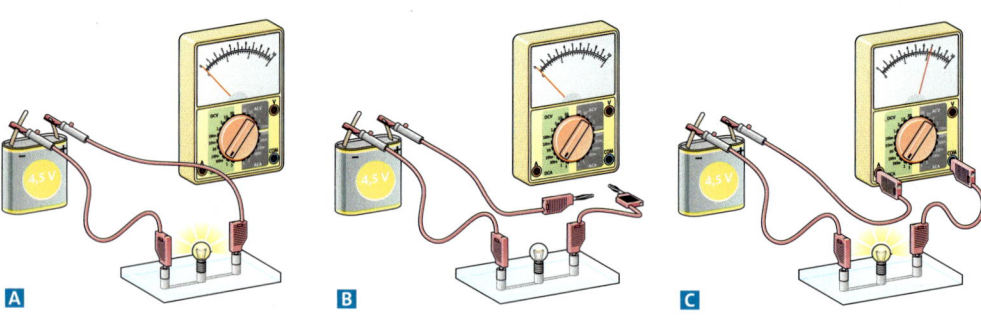

02 Ein Stromstärkemessgerät muss in den Stromkreis eingebaut werden. (Reihenfolge A, B, C)

Zur Messung der Stromstärke wird oft ein sogenanntes **Vielfachmessgerät** verwendet:

1. Wähle die Betriebsart Gleichstrom „A =" (► Bild 03) bzw. „DCA" (► Bild 04).
2. Beginne die Messung mit dem größten Messbereich (manche digitalen Geräte wählen den Messbereich automatisch).
3. Stecke das Kabel, das vom Pluspol kommt, in die Buchse A (wie Ampere).
4. Stecke das Kabel, das vom Minuspol kommt, in die Buchse COM.
5. Lies den Wert für die Stromstärke ab. Beachte bei den digitalen Messgeräten die Einheit (z. B. A, mA). Beachte bei analogen Messgeräten die richtige Skala (0–10 oder 0–3). Achte außerdem darauf, senkrecht auf die Skala zu schauen. Ist der Zeigerausschlag zu gering, dann solltest du in den nächstkleineren Messbereich umschalten.

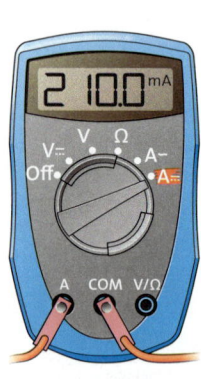

03 Digitales Vielfachmessgerät. Wenn du die Pole vertauschst, wird ein negativer Wert angezeigt.

zum Pluspol   zum Minuspol

04 Vielfachmessgerät zur Messung der Stromstärke

Messen der elektrischen Spannung

Die elektrische Spannung misst man mit einem **Spannungsmessgerät.** Eine elektrische Spannung wird immer zwischen zwei Stellen im elektrischen Stromkreis gemessen. Diese Stellen können z. B. die beiden Pole einer Batterie oder die beiden Anschlüsse einer Glühlampe sein. Spannungsmessgeräte werden also immer parallel zu einem Bauteil angeschlossen. Das Schaltsymbol für ein Spannungsmessgerät ist ein Kreis mit einem „V" für Volt.

▶ Bild 01 A: Gemessen wird die Spannung zwischen den Polen der Batterie. Dazu sind die Anschlüsse des Spannungsmessgeräts mit dem Plus- und dem Minuspol der Batterie verbunden. Das Messgerät zeigt 4,5 V an. Das entspricht dem Aufdruck auf der Batterie.

▶ Bild 01 B: Gemessen wird die Spannung zwischen den Anschlüssen der Glühlampe. Das Messgerät zeigt 4,5 V an. Damit ist die Spannung an der Glühlampe genauso groß wie an der Batterie.

▶ Bild 01 C: Gemessen wird die Spannung zwischen dem Pluspol und dem rechten Anschluss der Glühlampe. Das Messgerät zeigt 0 V an. Entsprechendes gilt auch für die Messung im ▶ Bild 01 D.

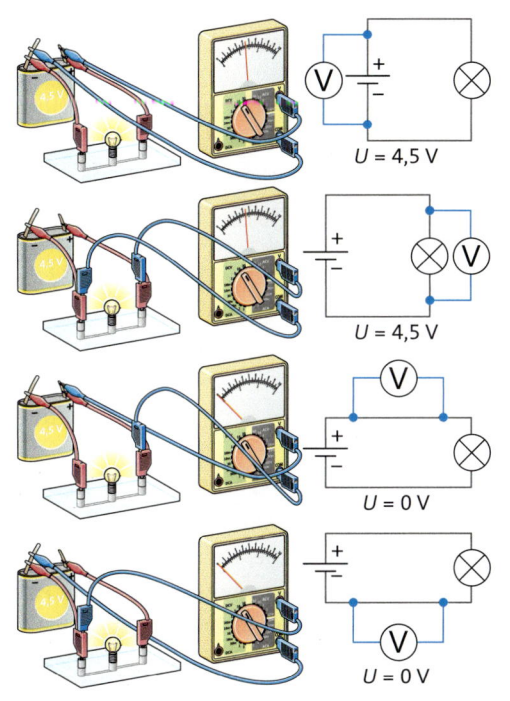

01 Spannungsmessung

Anleitung für eine Spannungsmessung:
1. Wähle die Betriebsart Gleichspannung „V =" (▶ Bild 02) bzw. „DCV" (▶ Bild 03) .
2. Beginne die Messung mit dem gröbsten Messbereich (falls das Gerät den Messbereich nicht automatisch wählt).
3. Stecke das Kabel, das von der 1. Messstelle kommt (aus Richtung Pluspol), in die Buchse V (wie Volt).
4. Stecke das Kabel, das von der 2. Messstelle (Minuspol) kommt, in die Buchse COM.
5. Lies den Wert für die Spannung ab. Achte auf die richtige Einheit/Skala.

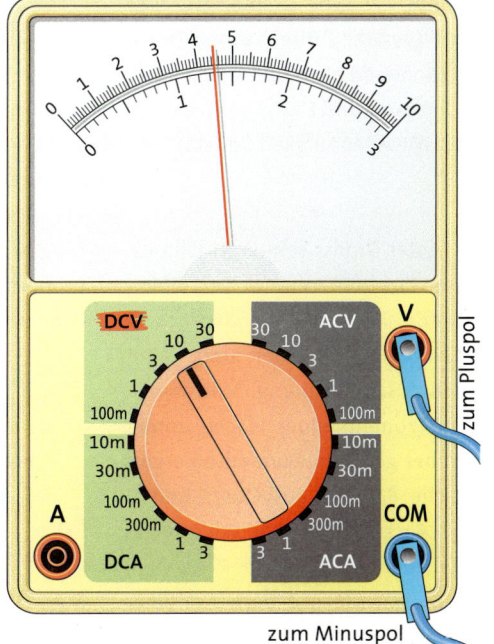

03 Analoges Vielfachmessgerät

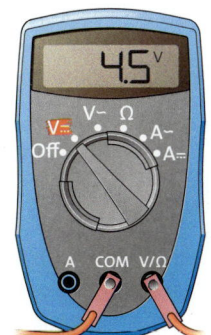

02 Digitales Vielfachmessgerät

METHODE

Proportionalitäten erkennen

Konstantandraht (d = 0,2 mm), U = 5 V				
Länge l in m	0,2	0,3	0,4	0,5
Stromstärke I in A	1,55	1,04	0,78	0,61
Widerstand R in Ω	3,23	4,81	6,41	8,20
$\frac{R}{l}$ in $\frac{Ω}{m}$	16,13	16,03	16,03	16,39
Konstantandraht (l = 0,7 m), U = 5 V				
Durchmesser d in m	0,2		0,3	0,4
Fläche A in mm²	0,031		0,071	0,126
Stromstärke I in A	0,44		0,98	1,75
Widerstand R in Ω	11,36		5,10	2,86
$A \cdot R$ in Ωmm²	0,357		0,361	0,359

01 Messwertetabelle

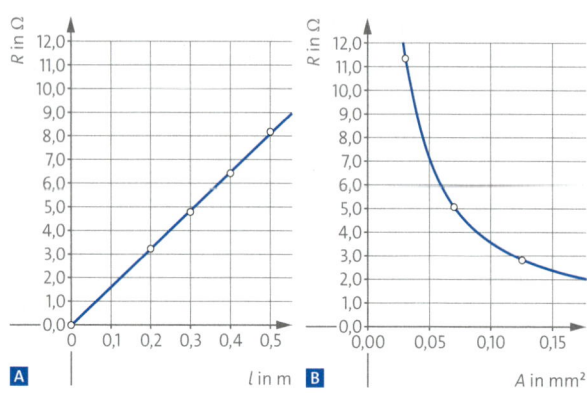

A l in m   B A in mm²

02 Der Widerstand R ist **A** proportional zu l, **B** antiproportional zu A.

Die Formel für den spezifischen Widerstand haben wir bereits kennengelernt, aber nicht mit Messwerten in Verbindung gesetzt. Dazu nutzen wir hier die Messwerte aus ▸ Tabelle 01. Die angegebenen Widerstandswerte wurden jeweils aus den gemessenen Werten der Stromstärke und der Spannung berechnet.

Trägt man in einem Diagramm den Widerstand R gegen die Drahtlänge l auf, so ergibt sich eine Ursprungsgerade (▸ Bild 02 A). Damit ist der Widerstand **direkt proportional** zur Drahtlänge: $R \sim l$. Dies kannst du auch daran erkennen, dass der Quotient aus Widerstand und Drahtlänge für alle Messungen im Rahmen der Messgenauigkeit konstant ist: $\frac{R}{l}$ = konstant.

Variiert man statt der Länge des Drahts seinen Durchmesser d, zeigt sich ein anderer Zusammenhang: Der Widerstand hängt von der kreisförmigen Querschnittsfläche A ab. Es gibt aber keine Quotientengleichheit und damit auch keinen proportionalen Zusammenhang. Stattdessen nimmt der Widerstand mit zunehmender Fläche immer weiter ab und statt des immer gleichen Quotienten ergibt sich jetzt das immer gleiche Produkt aus Querschnittsfläche und Widerstand: $R \cdot A$ = konstant. Der Widerstand ist **indirekt proportional** zur Querschnittsfläche: $R \sim \frac{1}{A}$.
Im Diagramm liegen die Messwerte auf dem Ast einer Hyperbel (▸ Bild 02 B). Insgesamt ergibt sich somit für Drahtlänge, Querschnittsfläche und Widerstand: $R \sim l$ und $R \sim \frac{1}{A}$.

Zusammengefasst heißt das:

$R \sim l \cdot \frac{1}{A}$.

Der Proportionalitätsfaktor ist eine Materialkonstante und wird mit ρ („rho") bezeichnet. Sie stellt den spezifischen Widerstand dar, der durch die Leitfähigkeit des jeweiligen Stoffs bestimmt wird. Für Konstantan hat ρ den Wert $0,5\,Ω \cdot \frac{mm^2}{m}$.

$R = \rho \cdot \frac{l}{A}$

In der Physik untersucht man häufig, wie physikalische Größen zusammenhängen. Oft sind zwei Größen proportional oder antiproportional zueinander, manchmal aber auch nicht. Zur Überprüfung kannst du die Quotienten- bzw. Produktgleichheit nutzen. Oder du prüfst, ob du im Diagramm eine Ursprungsgerade erhältst. Im Falle der Antiproportionalität musst du dazu von einer der Größen die Kehrwerte verwenden.

1 ▸ Ein 1,5 m langer Konstantandraht hat einen Widerstand von 3,75 Ω. Ermittle die Größe seiner Querschnittsfläche.

2 ▸ Trage die Werte aus ▸ Bild 02 B so auf, dass du eine Ursprungsgerade erhältst.

3 ▸ Übertrage die Diagramme aus ▸ Bild 02 in dein Heft und zeichne die entsprechenden Graphen für einen größeren spezifischen Widerstand ein. Begründe.

Messwerte interpretieren

Komplexes Klima · Wovon hängt es ab, mit welcher Frequenz ein Fadenpendel schwingt? Von der Masse des Pendelkörpers? Von der Fadenlänge? Von der Amplitude? Das hast du vielleicht selbst durch Messungen untersucht und kannst die Fragen beantworten. Beim Klima der Erde ist die Situation wesentlich komplexer: Wenn sich die Temperatur auf der Erde ändert, kann das sehr viele verschiedene Ursachen haben. Anders als beim Pendel kann man diese Einflüsse zudem nicht getrennt untersuchen.

Man kann aber mithilfe von Modellen errechnen, welcher Beitrag sich aus den einzelnen Ursachen ergeben müsste. So hat man herausgefunden, dass die relativ regelmäßig wiederkehrenden Temperaturänderungen in den letzten 400 000 Jahren durch Schwankungen in der Erdbahn zustande kommen. Aufgrund solcher Modelle weiß man inzwischen, dass die globale Erwärmung nicht allein durch natürliche Ursachen zu erklären ist.

Sicherheit trotz unsicherer Messungen? · Es ist leicht, die aktuelle Temperatur mit einem Thermometer zu messen – aber die Temperatur von vor 400 000 Jahren? Man kennt sie aufgrund der Untersuchung von über 3 km tief reichenden Eisbohrkernen aus der Antarktis (▸ Bild 02). Aus deren Zusammensetzung in einer bestimmten Tiefe kann man die Temperatur zu einem entsprechenden Zeitpunkt in der Vergangenheit relativ genau bestimmen.

So wie in diesem Fall ist man bei Klimadaten häufig auf indirekte Messungen angewiesen, die für sich genommen mehr oder weniger sicher sind. Sicherheit erhält man durch den Vergleich vieler verschiedener Messmethoden und unterschiedlicher Modelle.

02 Teil eines Eisbohrkerns aus der Antarktis

Präfixe und Exponentialschreibweise

Physiker müssen mit Zahlen auf unterschiedlichsten Größenskalen umgehen, um die Welt zu beschreiben. Der Durchmesser eines Atoms z.B. beträgt 0,000 000 0001 m, der unserer Galaxie, der Milchstraße, 1000 000 000 000 000 000 000 m. Die vielen Nullen kosten Platz und man verzählt sich leicht. Daher benutzt man eine Darstellung, die die Nullen durch Vorsilben, die **Präfixe,** zusammenfasst: das „Kilo" in Kilogramm oder das „Milli" in Millimeter. Das Präfix „Kilo" entspricht einem Faktor 1000, das Präfix „Milli" einem Faktor 0,001. Damit kann man je drei Nullen einsparen. Für jedes Präfix existieren eine ausgeschriebene Form (z.B: „Kilo" in Kilometer) und eine Abkürzung (z.B. „k" in km).

Eine andere Schreibweise, die Nullen vermeidet, ist die **Exponentialschreibweise**: Man schreibt die Zahl als Produkt eines kleinen Faktors und einer Potenz von 10. Für jede Null wird deren Exponent erhöht. 2000 m sind dabei also $2 \cdot 10^3$ m, 5 km werden zu $5 \cdot 10^3$ m. Bei Zahlen kleiner Eins werden die Exponenten negativ: 0,003 m sind z.B. $3 \cdot 10^{-3}$ m oder 3 mm. Die Präfixe und Exponenten von Nano bis (10^{-9}) bis Giga (10^9) findest du im Anhang des Buchs.

Ein Faktor 10 wird auch **Größenordnung** genannt. Ein Millimeter ($1 \cdot 10^{-3}$ m) und ein Kilometer ($1 \cdot 10^3$ m) unterscheiden sich also um sechs Größenordnungen.

214 Physikalische Größen

Größe	Symbol	Einheit	Gleichung
Aktivität		$1\,\text{Bq} = 1\,\frac{1}{s}$	
effektive Äquivalentdosis		$1\,\text{Sv}$	
Beschleunigung	a	$1\,\frac{m}{s^2}$	$a = \frac{v}{t}$ $a = \frac{\Delta v}{\Delta t}$
Dichte	ρ	$1\,\frac{g}{cm^3} = 1000\,\frac{kg}{m^3}$	$\rho = \frac{m}{V}$
Druck	p	$1\,\text{Pa}$ $1\,\text{bar} - 100\,000\,\text{Pa}$	$p = \frac{F}{A}$
Elektrische Ladung	Q	$1\,\text{C} = 1\,\text{A} \cdot \text{s}$	$\Delta Q = I \cdot \Delta t$
Elektrische Leistung	P	$1\,\text{W} = 1\,\text{V} \cdot \text{A}$	$P = U \cdot I$
Elektrisches Potenzial	φ	$1\,\text{V}$	
Elektrische Stromstärke	I	$1\,\text{A} = 1\,\frac{C}{s}$	$I = \frac{\Delta Q}{\Delta t}$ $I = \frac{U}{R}$
Elektrische Spannung	U	$1\,\text{V}$	$\Delta \varphi = U$ $U = R \cdot I$
Elektrischer Widerstand	R	$1\,\Omega$	$R = \frac{U}{I}$
Spezifischer Widerstand	ρ	$1\,\Omega \cdot \frac{mm^2}{m}$	$\rho = R \cdot \frac{A}{l}$
Energie	E	$1\,\text{J}$ $1\,\text{N} \cdot \text{m} = 1\,\text{J}$	$\Delta E = F \cdot \Delta s$
Lageenergie	E_{Lage}	$1\,\text{J}$	$E_{\text{Lage}} = m \cdot g \cdot h$
Bewegungsenergie	E_{Bew}	$1\,\text{J}$	$E_{\text{Bew}} = \frac{1}{2} m \cdot v^2$
Spannenergie	E_{Spann}	$1\,\text{J}$	$E_{\text{Spann}} = \frac{1}{2} D \cdot s^2$
Entropie	S	$1\,\frac{J}{K}$	
Entropieänderung	ΔS	$1\,\frac{J}{K}$	$\Delta S = \frac{\Delta E}{T}$
Frequenz	f	$1\,\text{Hz} = 1\,\frac{1}{s}$	$f = \frac{n}{t}$
Geschwindigkeit	v	$1\,\frac{m}{s}$	$v = \frac{s}{t}$ $\Delta v = \frac{\Delta s}{\Delta t}$
Winkelgeschwindigkeit	ω	$1\,\frac{1}{s}$	$\omega = \frac{2\pi}{T}$
Impuls	p	$1\,\text{kg} \cdot \frac{m}{s}$	$p = m \cdot v$ $\Delta p = F \cdot \Delta t$
Drehimpuls	L	$1\,\frac{kg \cdot m^2}{s}$	$L = J \cdot \omega$
Kraft	F	$1\,\text{N} = 1\,\frac{kg \cdot \frac{m}{s}}{s}$	$F = \frac{\Delta p}{\Delta t}$ $F = m \cdot a$
Gravitationskraft	F_{G}	$1\,\text{N}$	$F_{\text{G}} = \gamma \cdot \frac{m_1 \cdot m_2}{r^2}$ $F_{\text{G}} = m \cdot g$
Zentripetalkraft	F_{Z}	$1\,\text{N}$	$F_{\text{Z}} = m \cdot \omega^2 \cdot r$ $F_{\text{Z}} = \frac{m \cdot v^2}{r}$

Größe	Symbol	Einheit	Gleichung
Drehmoment	M	$1\,\text{N} \cdot \text{m}$	$M = r \cdot F$
Länge, Strecke	l, s	$1\,\text{m}$	
Leistung	P	$1\,\frac{\text{J}}{\text{s}} = 1\,\text{W}$	$P = \frac{\Delta E}{\Delta t}$
Mechanische Leistung	P	$1\,\text{W}$	$P = F \cdot v$
Masse	m	$1\,\text{kg}$	$m = \rho \cdot V$
Trägheitsmoment	J	$1\,\text{kg} \cdot \text{m}^2$	
Ortsfaktor, Fallbeschleunigung	g	$1\,\frac{\text{N}}{\text{kg}}$	$g = \frac{F_G}{m}$
spezifische Wärmekapazität	c	$1\,\frac{\text{kJ}}{\text{kg} \cdot \text{K}}$	$c = \frac{\Delta E}{m \cdot \Delta T}$
spezifische Schmelzwärme	s	$1\,\frac{\text{kJ}}{\text{kg}}$	$q_s = \frac{\Delta E}{m}$
spezifische Verdampfungswärme	r	$1\,\frac{\text{kJ}}{\text{kg}}$	$r = \frac{\Delta E}{m}$
Strahlungsintensität	S	$1\,\frac{\text{W}}{\text{m}^2}$	$S = \frac{P}{A}$ $S = \sigma \cdot T^4$
Temperatur	ϑ T	$1\,°\text{C}$ $1\,\text{K}$	
Volumen	V	$1\,\text{m}^3$ $1\,\text{l} = 1000\,\text{cm}^3$	
Wirkungsgrad	η		$\eta = \frac{\Delta E_{\text{nutz}}}{\Delta E_{\text{zu}}}$ $\eta_{\text{ideal}} = 1 - \frac{T_2}{T_1}$
Zeit	t	$1\,\text{s}$	

Einige physikalische Konstanten und astronomische Daten

Konstante	Zahlenwerte	Konstante	Zahlenwerte
Stefan-Boltzmann-Konstante σ	$5{,}6704 \cdot 10^{-8}\,\frac{\text{W}}{\text{m}^2 \cdot \text{K}^4}$	Erdmasse m_E	$5{,}9737 \cdot 10^{24}\,\text{kg}$
Solarkonstante S_E	$1370\,\frac{\text{W}}{\text{m}^2}$	Erdradius R_E	$6{,}371 \cdot 10^6\,\text{m}$
Boltzmann-Konstante k	$1{,}3807 \cdot 10^{-23}\,\frac{\text{J}}{\text{K}}$	Radius der Erdbahn r_E	$1{,}4960 \cdot 10^{11}\,\text{m}$
Elementarladung e	$1{,}6022 \cdot 10^{-19}\,\text{C}$	Mondmasse m_M	$7{,}349 \cdot 10^{22}\,\text{kg}$
Masse des Protons m_p	$1{,}6726 \cdot 10^{-27}\,\text{kg}$	Mondradius R_M	$1{,}738 \cdot 10^6\,\text{m}$
Masse des Neutrons m_n	$1{,}6749 \cdot 10^{-27}\,\text{kg}$	Radius der Mondbahn r_M	$3{,}844 \cdot 10^{-8}\,\text{m}$
Lichtgeschwindigkeit c	$2{,}99792458 \cdot 10^8\,\frac{\text{m}}{\text{s}}$	mittl. Ortsfaktor auf dem Mond g	$1{,}62\,\frac{\text{m}}{\text{s}^2}$
mittl. Ortsfaktor auf der Erde g	$9{,}814\,\frac{\text{m}}{\text{s}^2}$	mittlere Dichte des Mondes ρ	$3{,}341 \cdot 10^3\,\frac{\text{kg}}{\text{m}^3}$
mittlere Dichte der Erde ρ	$5{,}515 \cdot 10^3\,\frac{\text{kg}}{\text{m}^3}$	Sonnenmasse m_S	$1{,}9891 \cdot 10^{30}\,\text{kg}$
Gravitationskonstante γ	$6{,}674 \cdot 10^{-11}\,\frac{\text{N}\,\text{m}^2}{\text{kg}^2}$	Sonnenradius R_S	$6{,}9599 \cdot 10^8\,\text{m}$

Dichte von Festkörpern, Flüssigkeiten und Gasen

Feste Körper	$\frac{g}{cm^3}$	Flüssigkeiten	$\frac{g}{cm^3}$	Gase	$\frac{g}{cm^3}$
Aluminium	2,70	Benzol	0,8790	Ammoniak	0,0007710
Blei	11,34	Diäthyläther	0,7160	Chlor	0,0032100
Eisen (rein)	7,86	Ethanol	0,7910	Helium	0,0001780
Gold	19,30	Glycerin	1,2600	Kohlenstoffdioxid	0,0019800
Kupfer	8,93	Petroleum	0,8500	Luft	0,0012930
Platin	21,40	Quecksilber	13,5500	Sauerstoff	0,0014300
Silber	10,51	Wasser	0,9986	Stickstoff	0,0012500
Wolfram	19,30			Wasserdampf (100 °C)	0,0006000
Zink	7,14			Wasserstoff	0,0000899

Flüssigkeiten: 18 °C; Gase: 0 °C und 1013 hPa

Schallgeschwindigkeit

in Gasen (bei 0 °C)		in Flüssigkeiten (bei 16 °C)		in Feststoffen (bei 18 °C)	
Kohlenstoffdioxid	$260\,\frac{m}{s}$	Benzin	$1130\,\frac{m}{s}$	Eis (bei 0 °C)	$3250\,\frac{m}{s}$
Sauerstoff	$315\,\frac{m}{s}$	Petroleum	$1330\,\frac{m}{s}$	Eichenholz	$3400\,\frac{m}{s}$
Luft	$331\,\frac{m}{s}$	Wasser (rein)	$1468\,\frac{m}{s}$	Beton	$4000\,\frac{m}{s}$
Wasserstoff	$1270\,\frac{m}{s}$	Glycerin	$1900\,\frac{m}{s}$	Eisen (Stahl)	$5170\,\frac{m}{s}$

Heizwert (Endprodukte gasförmig bei Normaldruck auf 20 °C abgekühlt)

Stoff	$\frac{MJ}{kg}$	Stoff	$\frac{MJ}{kg}$	Stoff	$\frac{MJ}{kg}$
Anthrazit	32,3	Benzin	44 bis 53	Acetylen	48,2
Braunkohle (roh)	7,6 bis 11,6	Brennspiritus	40	Erdgas	38,2
Holz frisch/trocken	10,0/15,5	Dieselkraftstoff	41 bis 44	Kohlenstoffmonoxid	10,1
Hüttenkoks	29,0	Erdöl	42 bis 48	Methan	50,0
Torf (trocken)	15,5	Ethanol	27	Propan	46,5
Trockenspiritus	19,0	Heizöl (EL)	43	Steinkohlegas	36,0
Steinkohle	32,5	Methanol	20	Wasserstoff	120,0

Spezifischer Widerstand (bei 18 °C)

Stoff	$\Omega \cdot \frac{mm^2}{m}$	Stoff	$\Omega \cdot \frac{mm^2}{m}$	Stoff	$\Omega \cdot \frac{mm^2}{m}$
Silber	0,016	Kohle	50 bis 100	Polystyrol	$5 \cdot 10^{18}$
Kupfer	0,017	Germanium	900	Glas	10^{18} bis 10^{19}
Aluminium	0,028	Silicium	1200	Porzellan	10^{19} bis 10^{20}
Wolfram	0,049	Meerwasser	200 000	Glimmer	10^{19} bis 10^{21}
Nickel	0,07	Wasser, destilliert	10^{10}	Hartgummi	10^{19} bis 10^{21}
Messing (66% Cu, 34% Zn)	0,08	Schiefer	10^{12}	Siegellack	10^{22}
Eisen	0,1 bis 0,5	Marmor	10^{13} bis 10^{14}	Paraffin	10^{20} bis 10^{22}
Konstantan	0,5	Pressspan	10^{14}	Bernstein	$> 10^{22}$

Vorsilben für dezimale Vielfache und Teile von Einheiten

Vorsilbe	Deka (da)	Hekto (h)	Kilo (k)	Mega (M)	Giga (G)
Zahlenwert	10	100	1000	1 000 000	1 000 000 000
Potenz	10^1	10^2	10^3	10^6	10^9

Vorsilbe	Dezi (d)	Zenti (c)	Milli (m)	Mikro (μ)	Nano (n)
Zahlenwert	0,1	0,01	0,001	0,000 001	0,000 000 001
Potenz	10^{-1}	10^{-2}	10^{-3}	10^{-6}	10^{-9}

Reibungszahlen

	Haftzahl f_h	Gleitreibungszahl f_{gl}
Stahl auf Stahl	0,15	0,03 bis 0,09
Stahl auf Gusseisen	0,18	0,16
Stahl auf Eis	0,03	0,01
Gummireifen auf Asphalt, trocken	0,9	0,8
Gummireifen auf Asphalt, nass	< 0,7	0,5
Gummireifen auf Beton, trocken	< 1,0	< 0,5
Gummireifen auf Beton, nass	< 0,6	< 0,3
Holz auf Holz	0,5 bis 0,65	0,2 bis 0,4
Metall auf Holz	0,5 bis 0,6	0,2 bis 0,5
Leder auf Metall	0,6	0,25

Umrechnung Druckeinheiten

	$Pa = \frac{N}{m^2}$	bar	mbar	Torr*
$1\,Pa = 1\,\frac{N}{m^2}$	1	10^{-5}	10^{-2}	$0,75006 \cdot 10^{-2}$
1 bar	10^5	1	10^3	$0,75006 \cdot 10^3$
1 mbar	10^2	10^{-3}	1	0,75006
1 Torr*	$1,3332 \cdot 10^2$	$1,3332 \cdot 10^{-3}$	1,3332	1

1 Torr* bedeutet den Druck einer 1 mm hohen Quecksilbersäule von 0 °C am Normort.

Umrechnung Energieeinheiten

	J	kWh	cal*	eV
1 J	1	$2,7777 \cdot 10^{-7}$	0,23884	$0,6242 \cdot 10^{19}$
1 kWh	$3,6 \cdot 10^6$	1	$0,8598 \cdot 10^6$	$2,247 \cdot 10^{25}$
1 cal*	4,1868	$1,163 \cdot 10^{-6}$	1	$2,613 \cdot 10^{19}$
1 eV	$1,602 \cdot 10^{-19}$	$4,45 \cdot 10^{-26}$	$3,826 \cdot 10^{-20}$	1

1 eV ist die Energie, die ein Teilchen mit der Elementarladung $e = 1,602 \cdot 10^{-19}$ C aufnimmt, wenn es die Spannung 1 V durchläuft.

*) Torr und cal sind nicht mehr zugelassene aber in manchen Bereichen immer noch verwendete Einheiten.

AUSZUG AUS DER NUKLIDKARTE (VEREINFACHT)

a Jahr   ms Millisekunde
d Tag   µs Mikrosekunde
h Stunde
m Minute
s Sekunde

Ausschnitt aus der Nuklidkarte im Bereich der leichten Elemente

Z	Element	Nuklide
14	Si 28,0855	Si 22 (6 ms), Si 23 (103 ms), Si 24 (218 ms), Si 25 (218 ms), Si 26 (2,21 s)
13	Al 26,981539	Al 22 (70 ms), Al 23 (470 ms), Al 24 (2,07 s), Al 25 (7,18 s)
12	Mg 24,3050	Mg 20 (95 ms), Mg 21 (122,5 ms), Mg 22 (3,86 s), Mg 23 (11,3 s), Mg 24 (78,99)
11	Na 22,989768	Na 19, Na 20 (446 ms), Na 21 (22,48 s), Na 22 (2,603 s), Na 23 (100)
10	Ne 20,1797	Ne 16, Ne 17 (109,2 ms), Ne 18 (1,67 s), Ne 19 (17,22 s), Ne 20 (90,48), Ne 21 (0,27), Ne 22 (9,25)
9	F 18,998403	F 15, F 16, F 17 (64,8 s), F 18 (109,7 m), F 19 (100), F 20 (11,0 s), F 21 (4,16 s)
8	O 15,9994	O 12, O 13 (8,58 ms), O 14 (70,59 s), O 15 (2,03 m), O 16 (99,762), O 17 (0,038), O 18 (0,200), O 19 (27,1 s), O 20 (13,5 s)
7	N 14,00674	N 11, N 12 (11,0 ms), N 13 (9,96 m), N 14 (99,634), N 15 (0,366), N 16 (7,13 s), N 17 (4,17 s), N 18 (0,63 s)
6	C 12,011	C 9 (126,5 ms), C 10 (19,3 s), C 11 (20,38 m), C 12 (98,90), C 13 (1,10), C 14 (5730 a), C 15 (2,45 s), C 16 (0,747 s), C 17 (193 ms)
5	B 10,811	B 8 (770 ms), B 9, B 10 (19,9), B 11 (80,1), B 12 (20,20 ms), B 13 (17,33 ms), B 14 (13,8 ms), B 15 (10,4 ms)
4	Be 9,012182	Be 6, Be 7 (53,29 d), Be 8, Be 9 (100), Be 10 ($1,6 \cdot 10^6$ a), Be 11 (13,8 s), Be 12 (23,6 ms)
3	Li 6,941	Li 5, Li 6 (7,5), Li 7 (92,5), Li 8 (840,3 ms), Li 9 (178,3 ms), Li 10, Li 11 (8,5 ms)
2	He 4,002602	He 3 (0,000137), He 4 (99,999863), He 5, He 6 (806,7 ms), He 7, He 8 (119 ms)
1	H 1,00794	H 1 (99,985), H 2 (0,015), H 3 (12,323 a)
0		n 1 (10,25 m)

Neutronenzahl (unten): 1, 2, 4, 6, 8, 10, 12

Ausschnitt aus der Nuklidkarte im Bereich der natürlichen Zerfallsreihen

Z	Element	Nuklide
92	U 238,0289	U 218 (1,5 ms), U 219 (~42 µs)
91	Pa 231,03588	Pa 213 (5,3 s), Pa 214 (17 ms), Pa 215 (14 ms), Pa 216 (0,2 s), Pa 217 (4,9 ms), Pa 218 (0,12 ms), Pa 219 (53 s)
90	Th 232,0381	Th 210 (9 ms), Th 211 (37 ms), Th 212 (30 ms), Th 213 (0,14 s), Th 214 (0,10 s), Th 215 (1,2 s), Th 216 (28 ms), Th 217 (252 µs), Th 218 (0,1 µs)
89	Ac 227,0278	Ac 207 (22 ms), Ac 208 (95 ms), Ac 209 (90 ms), Ac 210 (0,35 s), Ac 211 (0,25 s), Ac 212 (0,93 s), Ac 213 (0,80 s), Ac 214 (8,2 s), Ac 215 (0,17 s), Ac 216 (~0,33 ms), Ac 217 (69 ns)
88	Ra 226,0254	Ra 204 (45 ms), Ra 205 (0,22 s), Ra 206 (0,24 s), Ra 207 (1,3 s), Ra 208 (1,3 s), Ra 209 (4,6 s), Ra 210 (3,7 s), Ra 211 (13 s), Ra 212 (13 s), Ra 213 (2,74 m), Ra 214 (2,46 s), Ra 215 (1,6 s), Ra 216 (0,18 µs)
87	Fr	Fr 200 (0,57 s), Fr 201 (48 ms), Fr 202 (0,34 s), Fr 203 (0,55 s), Fr 204 (1,7 s), Fr 205 (3,9 s), Fr 206 (15,9 s), Fr 207 (14,8 s), Fr 208 (58,6 s), Fr 209 (50,0 s), Fr 210 (3,18 m), Fr 211 (3,10 m), Fr 212 (20,0 m), Fr 213 (34,6 s), Fr 214 (5,0 ms), Fr 215 (0,09 µs)
86	Rn	Rn 197 (51 ms), Rn 198 (64 ms), Rn 199 (0,62 s), Rn 200 (1,06 s), Rn 201 (7,0 s), Rn 202 (9,85 s), Rn 203 (45 s), Rn 204 (1,24 m), Rn 205 (2,83 m), Rn 206 (5,67 m), Rn 207 (9,3 m), Rn 208 (24,4 m), Rn 209 (28,5 m), Rn 210 (2,4 h), Rn 211 (14,6 h), Rn 212 (24 m), Rn 213 (25 ms), Rn 214 (0,27 µs)
85	At	At 197 (0,35 s), At 198 (4,2 s), At 199 (7,2 m), At 200 (43 s), At 201 (1,5 m), At 202 (184 s), At 203 (7,4 m), At 204 (9,2 m), At 205 (26,2 m), At 206 (29,4 m), At 207 (1,8 h), At 208 (1,63 h), At 209 (5,4 h), At 210 (8,3 h), At 211 (7,22 h), At 212 (314 ms), At 213 (0,11 µs)
84	Po	Po 196 (5,8 s), Po 197 (56 s), Po 198 (1,76 m), Po 199 (5,2 m), Po 200 (11,5 m), Po 201 (15,3 m), Po 202 (44,7 m), Po 203 (36 m), Po 204 (3,53 h), Po 205 (1,66 h), Po 206 (8,8 d), Po 207 (5,84 h), Po 208 (2,898 a), Po 209 (102 a), Po 210 (138,38 d), Po 211 (0,516 s), Po 212 (0,3 µs)
83	Bi 208,98037	Bi 195 (3,0 m), Bi 196 (5,1 m), Bi 197 (9,3 m), Bi 198 (10,3 m), Bi 199 (27 m), Bi 200 (36,4 m), Bi 201 (1,8 h), Bi 202 (1,72 h), Bi 203 (11,76 h), Bi 204 (11,22 h), Bi 205 (15,31 d), Bi 206 (6,24 d), Bi 207 (31,55 a), Bi 208 ($3,68 \cdot 10^5$ a), Bi 209 (100), Bi 210 (5,013 d), Bi 211 (2,17 m)
82	Pb 207,2	Pb 194 (12,0 m), Pb 195 (~15 m), Pb 196 (36,4 m), Pb 197 (8 m), Pb 198 (2,40 h), Pb 199 (1,5 h), Pb 200 (21,5 h), Pb 201 (9,4 h), Pb 202 ($5,25 \cdot 10^4$ a), Pb 203 (51,9 h), Pb 204 (1,4), Pb 205 ($1,5 \cdot 10^7$ a), Pb 206 (24,1), Pb 207 (22,1), Pb 208 (52,4), Pb 209 (3,253 h), Pb 210 (22,3 a)
81	Tl 204,3833	Tl 193 (22,6 m), Tl 194 (33 m), Tl 195 (1,13 h), Tl 196 (1,8 h), Tl 197 (2,84 h), Tl 198 (5,3 h), Tl 199 (7,42 h), Tl 200 (26,1 h), Tl 201 (73,1 h), Tl 202 (12,23 d), Tl 203 (29,524), Tl 204 (3,78 a), Tl 205 (70,476), Tl 206 (4,20 m), Tl 207 (4,77 m), Tl 208 (3,053 m), Tl 209 (2,16 m)
80	Hg 200,59	Hg 192 (4,9 h), Hg 193 (3,5 h), Hg 194 (520 a), Hg 195 (9,5 h), Hg 196 (0,15), Hg 197 (64,1 h), Hg 198 (9,97), Hg 199 (16,87), Hg 200 (23,10), Hg 201 (13,18), Hg 202 (29,86), Hg 203 (46,59 d), Hg 204 (6,87), Hg 205 (5,2 m), Hg 206 (8,15 m), Hg 207 (2,9 m), Hg 208 (~42 m)

Neutronenzahl (unten): 110, 112, 114, 116, 118, 120, 122, 124, 126, 128

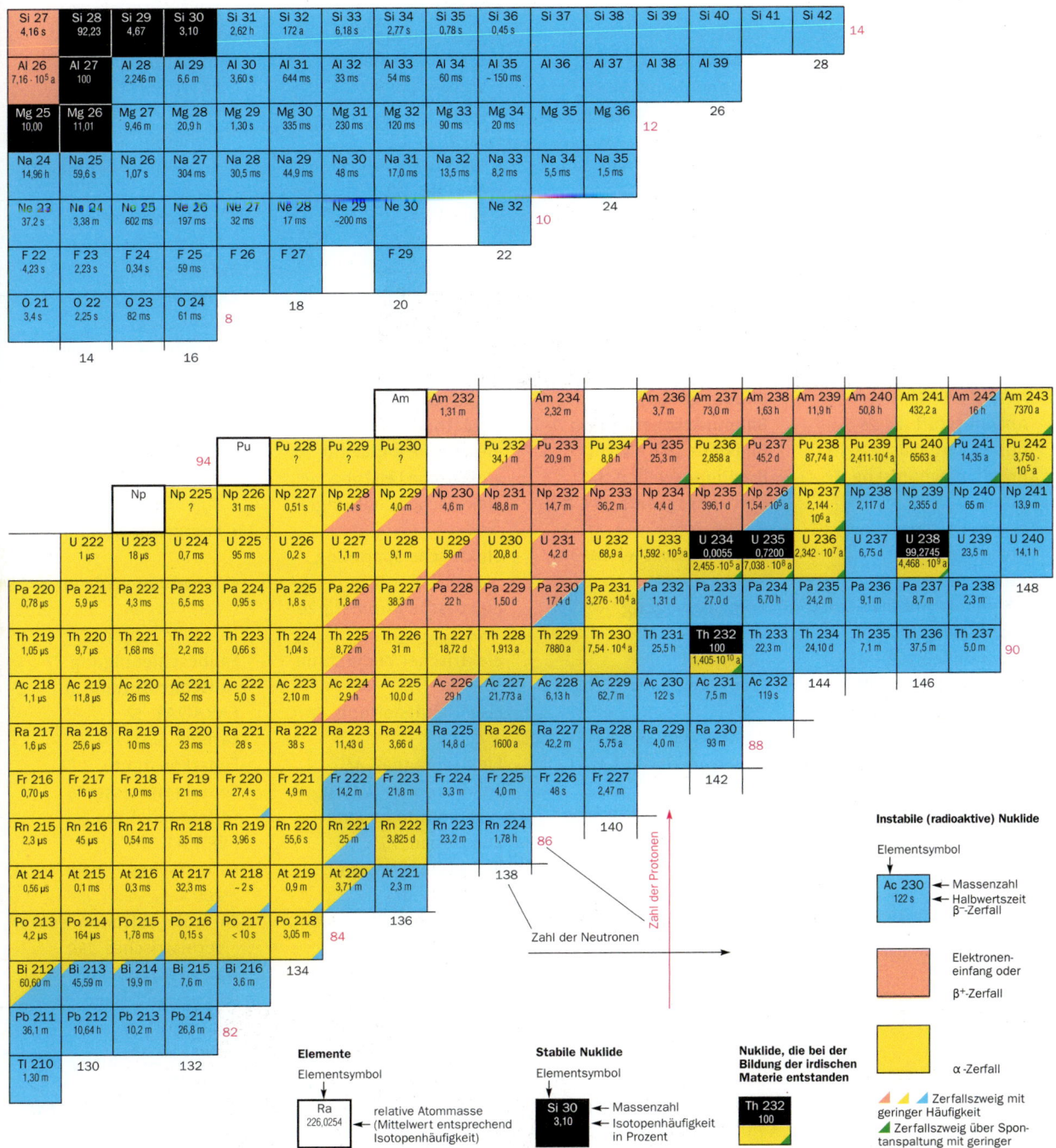

Nach: G. Pfennig, H. Klewe-Nebenius, W. Seelmann-Eggebert: Karlsruher Nuklidkarte. 6. Aufl. 1995, Copyright by Forschungszentrum Karlsruhe GmbH